# Medicare

## por Patricia Barry

### Experta en Medicare

publicado por **Wiley**

## Medicare Para Dummies®

Publicado por: **John Wiley & Sons, Inc.**, 111 River Street, Hoboken, NJ 07030-5774, www.wiley.com

Derechos de autor © 2025 por AARP. Todos los derechos reservados. AARP es una marca registrada.

Derechos de autor © 2025 sobre software y compilación de medios por AARP. Todos los derechos reservados. AARP es una marca registrada.

Publicado simultáneamente en Canadá.

Para obtener información general sobre nuestros productos y servicios, comunícate con nuestro Departamento de Atención al Cliente en EE. UU. al 877-762-2974, fuera de EE. UU. al 317-572-3993, o por fax 317-572-4002. Para soporte técnico, visita https://hub.wiley.com/community/support/dummies.

Wiley publica en varios formatos impresos y electrónicos y por impresión bajo demanda. Algunos materiales incluidos en las versiones impresas estándar de este libro pueden no estar incluidos en los libros electrónicos o en la impresión bajo demanda. Si en este libro se hace referencia a medios como un CD o DVD que no se incluyen en la versión que compraste, puedes descargar este material en http://booksupport.wiley.com. Para obtener más información sobre los productos de Wiley, visita www.wiley.com.

El número de control de la Biblioteca del Congreso es disponible por el editor.

ISBN 978-1-394-32661-7 (pbk); ISBN 978-1-394-26798-9 (ebk); ISBN 978-1-394-26797-2 (ebk)

SKY10100833_032425

# Contenido a la vista

# Tabla de contenidos

# Introducción

Para muchas personas, cumplir 65 años o resultar elegible para Medicare puede sentirse como entrar en territorio desconocido sin una guía. Las señales que esperas no siempre están a la vista y las indicaciones pueden no ser las correctas.

*Medicare Para Dummies*, es la guía perfecta. Este libro está diseñado en un lenguaje sencillo para ofrecerte información precisa y práctica sobre Medicare para ayudarte a evitar errores costosos y a tomar decisiones informadas y seguras, ya que es el resultado de las miles de preguntas que he recibido a lo largo de los años de personas como tú.

Gracias a mi experiencia puedo confirmar que las personas que resultan elegibles para Medicare a menudo reciben información incorrecta de fuentes en las que deberían confiar, como funcionarios del gobierno. Es por esto, que en este libro encontrarás información con base sólida en la ley y algunas veces también se mencionan normativas específicas (por nombre, número y sitio web) para ayudarte a comprobar la legalidad de algunas cuestiones sobre elegibilidad, inscripción, multas por inscripción tardía y más.

Comprender el sistema de Medicare puede ser confuso por dos motivos principales. Primero, sus normativas se aplican según las circunstancias específicas de cada persona, por lo que las decisiones pueden variar entre individuos. Segundo, si no entiendes las diferentes opciones disponibles, elegir la más adecuada puede ser muy difícil.

Piensa en tu tarjeta de Medicare como tu pasaporte a la atención médica garantizada, donde eres bienvenido sin importar tus ingresos o enfermedades preexistentes. Aun así, debes aprender a recorrer el sistema. Considera este libro la guía para ayudarte a encontrar el camino correcto, incluso cuando enfrentes los desafíos más complicados.

# Sobre este libro

En esta quinta edición de *Medicare para dummies* se proporciona información actual sobre Medicare, la Ley del Cuidado de Salud a Bajo Precio (Obamacare) y Medicaid. Aunque los legisladores federales a menudo proponen cambios significativos a estos programas, ninguno se ha convertido en ley al momento de escribir este libro. Los cambios importantes en Medicare tardarían varios años en implementarse y no afectarían a las personas mayores de 55 años en ese momento.

En los siguientes capítulos, aprenderás cómo navegar por Medicare y maximizar tu cobertura. En este libro se abordan preguntas que a menudo se pasan por alto en publicaciones oficiales con recursos adicionales en caso de que necesites ayuda. Como todos los libros de la serie *Para Dummies*, está organizado de manera amigable para el lector, con un lenguaje sencillo y directo.

Debido a la naturaleza de Medicare, encontrarás terminología especializada que no puedes evitar. Entender estos términos te ayudará a comprender los avisos del Gobierno o de los planes de seguros. A continuación te explicaremos algunos:

>> Los nuevos términos de Medicare se explican la primera vez que aparecen y en el glosario del Anexo B.

>> Con el término *Medicare* generalmente se hace referencia a todo el programa (por ejemplo, en la oración "Cuando te inscribes en Medicare. . ."), pero a veces significa la agencia federal que lo administra (por ejemplo, en la oración «Medicare podrá notificarte. . .»). En algunos cuadros se utiliza la frase "los Centros de Servicios de Medicare y Medicaid (CMS)" para referirse a la fuente de la información.

>> Con «Medicare Original» se hace referencia al programa básico de Medicare (Parte A y Parte B). Con "planes Medicare Advantage" o "planes de salud de Medicare" se hace referencia a los planes privados que componen el programa alternativo Parte C.

>> Con las frases *"Parte D"* y *"cobertura de medicamentos de Medicare"* se hace referencia al programa de medicamentos recetados de Medicare. Los planes que proporcionan esta cobertura se llaman "planes de la Parte D" o "planes de medicamentos de Medicare."

Puedes obviar las secciones marcadas con el ícono de Información técnica y los recuadros sombreados. Aunque no son esenciales para entender Medicare, ofrecen perspectivas interesantes, como, por ejemplo, la explicación de cómo el Congreso desarrolló ciertos aspectos del programa.

Si estás leyendo la versión impresa de este libro y notas que las direcciones web se dividen en dos líneas, para visitarlas, escríbelas como si el salto de línea no existiera. Si estás usando un libro electrónico, simplemente haz clic en la dirección para acceder a la página.

# Suposiciones básicas

Al escribir este libro se consideró que no tienes conocimientos previos sobre Medicare. Sin embargo, si ya estás familiarizado con el tema, aún encontrarás ideas prácticas y consejo útiles para navegar el sistema de manera más eficiente y con confianza. Si te identificas con alguno de los siguientes escenarios, este libro puede ayudarte:

» Se acerca tu cumpleaños número 65 y sabes muy poco sobre Medicare o cómo inscribirte.

» Tienes menos de 65 años pero pronto calificarás para Medicare debido a una discapacidad y necesitas entender cómo funcionaría para ti.

» Planeas trabajar después de los 65 años en un trabajo que te brinda un seguro de salud patrocinado por el empleador y no sabes si debes unirte a Medicare.

» Tienes buenos beneficios de salud para jubilados de un antiguo empleador y te preguntas cómo se integran con Medicare o si realmente lo necesitas.

» Vives fuera de Estados Unidos y quieres saber sobre las reglas de inscripción y cobertura de Medicare, ya seas un estadounidense en el extranjero o un inmigrante.

» Ya estás inscrito en Medicare, pero necesitas ayuda para resolver problemas, encontrar mejores ofertas o reducir gastos.

» Necesitas un curso intensivo sobre temas relacionados con Medicare porque estás ayudando a tu padre, madre, familiar o a un amigo con el sistema.

» En tu trabajo o voluntariado con personas mayores o con discapacidades, necesitas una referencia en lenguaje sencillo sobre Medicare.

En este libro no se adopta ninguna postura política. Por lo general, hablar de Medicare genera controversia, ya que para algunos es una red de seguridad social necesaria y para otros es una carga costosa para la economía. En este libro nos enfocamos en brindarte herramientas para comprender y navegar el sistema actual, sin tener en cuenta las posturas individuales. Si tienes alguna opinión política que te gustaría compartir, te sugerimos comunicarte con los miembros del Congreso.

# Iconos utilizados en este libro

Los iconos son los pequeños dibujos que pueden estar en los márgenes de las páginas. A continuación, te contamos qué significan:

**RECUERDA**

Con este icono se indica lo esencial que debes recordar de este libro. Siempre que lo veas, presta atención.

**CONSEJO**

Consejos prácticos y perspectivas que pueden ahorrarte tiempo, esfuerzo y posiblemente dinero.

**ADVERTENCIA**

La información marcada con este icono te alerta sobre reglas de Medicare o posibles trampas que debes conocer para evitar problemas.

**INFORMACIÓN TÉCNICA**

Explicaciones precisas sobre ciertas nociones importantes, pero que no son esenciales para entender Medicare.

# Mucho más que un libro

Además del contenido en este libro impreso o electrónico, también tienes acceso a recursos adicionales en línea. Para obtener consejos esenciales sobre Medicare, orientación sobre cómo inscribirte en el momento adecuado y fuentes clave de asistencia para Medicare, visita www.dummies.com y busca "Hoja de trucos de Medicare para dummies" (*Medicare For Dummies Cheat Sheet*).

# ¿Adónde ir a partir de aquí?

Este libro está diseñado como una referencia en lenguaje sencillo para entender Medicare, un programa utilizado por millones, pero comprendido por pocos. Lee las secciones que abordan los temas que realmente necesitas, sin necesidad de seguir un orden. Por ejemplo:

» Si quieres entender cómo funciona Medicare comienza con la Parte 1 para aprender qué cubre Medicare, sus costos y formas de reducir gastos.

» Si no sabes cuándo o cómo inscribirte puedes leer los Capítulos 6 y 7 en donde se proporcionan instrucciones paso a paso según tu situación.

» Si necesitas elegir entre las diferentes opciones y planes de Medicare consulta los Capítulos 9, 10, 11 y 12.

» Si quieres maximizar los beneficios de Medicare y aprovechar al máximo tu cobertura sin cometer errores comunes, revisa los consejo en la Parte 4.

# 1

# Conceptos básicos de Medicare

Aprende lo básico de Medicare, dividido en cuatro programas: Parte A (servicios de hospitalización), Parte B (servicios médicos ambulatorios), Parte C (planes de salud privados de Medicare), Parte D (cobertura de medicamentos recetados).

Aprende sobre qué servicios cubre Medicare, cuáles no y cuáles tienen límites de cobertura.

Conoce los costos en los que podrías incurrir con Medicare, incluso las primas, deducibles, copagos y posibles recargos en las primas según tus ingresos.

Descubre maneras de reducir los gastos de tu bolsillo, incluso por la asistencia especial para personas de bajos ingresos.

Capítulo **1**

# Aspectos fundamentales de Medicare: qué es y cómo funciona

*M*edicare es un sistema federal de seguros diseñado para ayudar a 66 millones de personas mayores y personas con discapacidades a pagar su atención médica. Desde su creación en 1966, es el único programa de salud nacional en Estados Unidos que garantiza acceso sin restricciones de ingresos, estado de salud o lugar de residencia.

Medicare opera de manera diferente a otros programas de seguros conocidos. Para evitar confusiones, es importante entender la estructura del programa y cómo pueden afectarte sus normas.

En este capítulo se proporciona una visión general de Medicare, al abordar dudas comunes sobre cómo se diferencia de otros tipos de seguros de salud, con información sobre las cuatro partes de la cobertura de Medicare (A, B, C y D). También, se ofrece una lista de control para ayudarte con las decisiones que necesitas tomar para poder elegir entre las opciones de cobertura de Medicare.

**CONSEJO**

Esta información está dirigida principalmente a las personas nuevas del programa. Podrás encontrar más detalles sobre los beneficios y costos en los capítulos posteriores. Pero, si consideras que ya tienes experiencia con Medicare y buscas una guía específica, puedes omitir esta sección y continuar con la Parte 3 o 4.

# Respuestas a preguntas comunes

Cuando inicias el proceso de convertirte en un beneficiario de Medicare, es común darte cuenta de lo poco que sabes sobre el programa. Incluso si crees que sabes mucho, es difícil asegurar que la información que tienes es precisa. Muchos de los conceptos erróneos sobre Medicare provienen de internet o correos masivos diseñados para difundir información engañosa y alarmar a los adultos mayores.

Si en algún momento has tenido un seguro de salud por parte de tu empleador, podría ser abrumador pensar cómo se compara con la cobertura de Medicare. Por eso, antes de analizar en profundidad cómo funciona realmente, te compartiremos algunas dudas comunes:

>> **Como sistema administrado por el Gobierno ¿recibiré una atención inferior con Medicare?**

Básicamente, no. Medicare está bajo la administración y supervisión del Gobierno federal, que también financia en gran medida los servicios médicos que recibes. Sin embargo, estos servicios son, en su mayoría, proporcionados por médicos, laboratorios y hospitales privados que eligen si contratan Medicare o no. Son los mismos profesionales independientes a los que podrías haber acudido por un diagnóstico o tratamiento sin necesidad de contratar Medicare.

>> **¿Tendré menos opciones con Medicare de las que tengo ahora?**

No. Medicare puede ofrecer más opciones que tu seguro anterior. Puedes elegir el programa original de Medicare (con el que puedes consultar con cualquier médico u otro profesional de la salud dentro de Estados Unidos que acepte pacientes de Medicare) o diferentes opciones de planes privados de Medicare Advantage. Según tu ubicación, podrías elegir entre 43 planes de Medicare Advantage y 21 planes de la Parte D para la cobertura de medicamentos recetados.

## » ¿Mis problemas de salud y enfermedades preexistentes jugarán en mi contra?

No. Medicare no tiene en cuenta los problemas de salud actuales o pasados. (Tus primas y copagos no se ven afectados por tu estado de salud, incluso si fumas, consumes alcohol o por obesidad).

## » ¿Será Medicare menos costoso que el seguro que tengo ahora?

Medicare no es gratuito; requiere primas, deducibles y copagos a menos que reúnas los requisitos para un programa de ayuda de bajos ingresos o tengas un seguro adicional que cubra estos costos (consulta el Capítulo 4 para más información). Sin embargo, es necesario considerar las alternativas. Sin Medicare, la mayoría de las personas mayores y con discapacidades no podrían encontrar un seguro de bajo costo en el mercado.

En comparación con la mayoría de los seguros patrocinados por el empleador, Medicare tiene un costo razonable. En el 2024, las primas de Medicare Parte B son de $174.70 por mes por persona. En comparación, según los resultados de una encuesta realizada por la Kaiser Family Foundation en el 2023 sobre los beneficios de salud de los empleadores, las primas de los trabajadores al seguro patrocinado por el empleador de $117 para una sola persona y $548 para una familia de dos o más personas. La Parte A, que cubre la atención hospitalaria y de enfermería, es gratuita si tú o tu cónyuge pagaron impuestos de Medicare mientras trabajaban durante al menos 10 años. Si no reúnes los requisitos para la Parte A sin primas, podrías comprarla.

## » ¿Tendré que pagar un deducible grande antes de obtener cobertura de Medicare?

Los deducibles de Medicare generalmente son más pequeños que los de los planes de salud con deducible alto. (En el Capítulo 3 analizaremos los detalles sobre deducibles, copagos y otros costos).

## » ¿Mis gastos de bolsillo tendrán un límite en Medicare?

Medicare Original no fija ningún límite sobre los gastos de bolsillo, pero puedes contratar un seguro Medigap para cubrirlos (consulta el Capítulo 4 para obtener más información). En los planes de Medicare Advantage se fijan límites anuales sobre estos gastos de hasta $8,850 por año en el 2024. En la Parte D, si alcanzas una cierta cantidad de gastos de bolsillo, puedes optar para la cobertura catastrófica. A partir del 2025, las personas en la Parte D tendrán un límite anual de gastos de bolsillo para medicamentos de $2,000.

**»** **¿Tengo que volver a inscribirme en Medicare cada año?**

No. Tu cobertura se renueva automáticamente cada año a menos que elijas cambiarla durante el período de inscripción abierta que se extiende del 15 de octubre al 7 de diciembre de cada año. Durante este tiempo, puedes cambiar de un plan a otro como se explica en el Capítulo 15.

**»** **¿Medicare cubrirá a mi cónyuge más joven o a otras personas a cargo?**

No. Medicare no ofrece cobertura familiar. Cada persona debe unirse individualmente a los 65 años o calificar por discapacidad como se explica en el Capítulo 5. Ambos cónyuges deben pagar primas separadas a menos que reciban ayuda del Gobierno para pagarlas. Medicare no ofrece descuentos para matrimonios, ni siquiera en sus planes de salud privados Medicare Advantage y planes para medicamentos de la Parte D.

**»** **¿Se cortará mi cobertura de Medicare cuando envejezca?**

¡No! La cobertura de Medicare se basa en la necesidad médica, no en la edad. Cubre los procedimientos necesarios sin importar tu edad.

**RECUERDA**

La idea de que Medicare niega la atención y la cobertura basándose en la edad es un mito difundido para desacreditar la Ley del Cuidado de Salud a Bajo Precio. De hecho, no existe ninguna normativa de Medicare que limite la atención médica de las personas en función de su edad.

# Ayuda para entender los conceptos básicos de Medicare Partes A, B, C y D

¿Es realmente importante conocer qué cubren las Partes A, B, C y D de Medicare? ¿No es suficiente con saber que solo cubre una parte de los gastos médicos? No exactamente. La estructura de Medicare es algo compleja, y cada parte afecta la cobertura que recibes y los costos en que incurres.

Además, para comprender el resto de este libro, es crucial entender qué implica cada parte. Las siguientes secciones proporcionan una visión general básica.

## Parte A

La Parte A por lo general se describe como *seguro de hospital*, frase acuñada originalmente para distinguirla de la Parte B (seguro médico). Pero esto puede ser engañoso ya que algunos pueden entender por "seguro de hospital" que la Parte A cubre la totalidad de una factura de una internación, pero no es así. Los servicios que recibes por parte de los médicos, cirujanos o anestesistas durante una internación hospitalaria se facturan por separado bajo la Parte B. Además, no necesitas estar internado para usar la Parte A, ya que también cubre servicios fuera del hospital y en casa.

**RECUERDA**

Un término más preciso para la Parte A es *seguro de cuidado de enfermería*. Con este seguro se cubre:

>> Los servicios profesionales de enfermería en hospitales, centros de enfermería especializada (como residencias geriátricas o centros de rehabilitación), para internaciones cortas o si cumples con los requisitos para los servicios de salud a domicilio y cuidados paliativos en tu hogar.

>> Una habitación semiprivada en hospitales o centros de enfermería.

>> Todas las comidas proporcionadas por el hospital o centro de enfermería.

>> Otros servicios proporcionados por el hospital o centro de enfermería, incluso las pruebas de laboratorio, medicamentos recetados, suministros médicos y terapia de rehabilitación.

>> Todos los servicios proporcionados por una agencia de servicios de atención médica a domicilio si calificas para el cuidado en el hogar, como se explica en el Capítulo 2.

>> Todos los servicios proporcionados por un programa de cuidados terminales si decides dejar de recibir tratamiento para una enfermedad terminal, como se explica en el Capítulo 2.

La mayoría de las personas en Medicare son elegibles para la Parte A sin pagar primas porque está financiada por los impuestos sobre la nómina de Medicare deducidos de tu cheque de pago o el de tu cónyuge mientras trabajabas. Los detalles sobre esta configuración y las opciones si no reúnes los requisitos para la Parte A sin prima se analizan en el Capítulo 5.

Sin embargo, los servicios de la Parte A no son totalmente gratuitos. Aún necesitas pagar deducibles y copagos por servicios específicos. Estos costos se detallan en el Capítulo 3, y en el Capítulo 4 se brindan opciones para poder reducirlos. En los Capítulos 2 y 14, también se proporciona información adicional sobre ciertos problemas de cobertura de la Parte A.

# Parte B

**RECUERDA**

La mayoría de las personas con Medicare nunca necesitan ir a un hospital, pero casi todos en algún momento visitarán a un médico o necesitarán pruebas diagnósticas o análisis de laboratorio. Aquí es donde la Parte B, conocida como *seguro médico*, es esencial. Cubre una amplia gama de servicios, incluso lo siguiente:

» Servicios médicos y quirúrgicos de cualquier médico que acepte pacientes con Medicare, ya sea en un consultorio, hospital, centro de cuidados a largo plazo o en casa

» Pruebas diagnósticas y de laboratorio realizadas fuera de hospitales y centros de enfermería

» Servicios preventivos como vacunas contra la gripe, mamografías y exámenes de detección de depresión y diabetes, muchos de los cuales son gratuitos

» Algunos equipos y suministros médicos (por ejemplo, sillas de ruedas, andadores, oxígeno, suministros para pacientes diabéticos y unidades de sangre)

» Tratamientos hospitalarios ambulatorios en salas de emergencia, clínicas o unidades quirúrgicas ambulatorias

» Cuidado hospitalario para pacientes bajo observación en el hospital en lugar de ser admitidos formalmente

» Medicamentos recetados para pacientes hospitalizados administrados en un hospital o en el consultorio del médico, usualmente por inyección (por ejemplo, medicamentos para quimioterapia)

» Cobertura para fisioterapia, foniatría y terapia ocupacional

» Atención de salud mental ambulatoria

» En los casos que se necesiten segundas opiniones para cirugías no urgentes

» Servicios de salud en el hogar aprobados que no están cubiertos por la Parte A

» Servicios de ambulancia o rescate aéreo cuando utilizar otro medio de transporte pondría en peligro la salud del paciente

» Asesoramiento gratuito para ayudar a reducir la obesidad, el tabaquismo o el abuso del alcohol

Para recibir servicios de la Parte B, debes pagar una prima mensual a menos que califiques para recibir ayuda estatal debido a bajos ingresos. La mayoría de las personas pagan la prima estándar de la Parte B, determinada anualmente por una fórmula legal ($174.70 en el 2024). Sin embargo, las personas con ingresos más altos deben pagar más.

También compartes el costo de la mayoría de los servicios de la Parte B. En Medicare Original, esto por lo general representa el 20% del costo aprobado por Medicare. Con los planes de Medicare Advantage se pueden cobrar diferentes cantidades, usualmente copagos fijos por cada servicio. En el Capítulo 3 encontrarás información detallada sobre los gastos de bolsillo para la Parte B y en el Capítulo 4 encontrarás formas de reducirlos.

## Parte C

En las dos secciones anteriores, describí la cobertura proporcionada por la Parte A y la Parte B, que juntas forman lo que se conoce como *Medicare tradicional* u *Original*. Este programa, establecido en 1966, también se llama *Medicare de pago por servicio* porque cada proveedor, ya sea un médico, hospital, laboratorio o proveedor de equipos médicos, recibe un pago por cada servicio.

Hoy en día, Medicare también ofrece una alternativa al programa original: una variedad de planes de salud que principalmente proporcionan atención a través de organizaciones para el mantenimiento de la salud (HMO) u organizaciones de proveedores preferidos (PPO). Estos planes, gestionados por compañías de seguros privadas, deciden anualmente si continúan en el programa. Medicare paga a cada plan una tarifa fija por cada afiliado, independientemente de la cantidad de atención médica utilizada. Este programa se llama *Medicare Advantage* o Medicare Parte C.

**RECUERDA**

Por ley, los planes Medicare Advantage deben cubrir los mismos servicios que la Parte A y la Parte B de Medicare Original. Por ejemplo, si necesitas un reemplazo de rodilla, estará cubierto tanto si estás inscrito en un plan Medicare Advantage como en el programa original. Sin embargo, estos planes pueden ofrecer beneficios adicionales que no los cubre Medicare Original, como atención rutinaria de la vista, el oído y dental. La mayoría de los planes como parte de su paquete de beneficios también incluyen cobertura de medicamentos recetados de la Parte D.

Inscribirse en un plan Medicare Advantage difiere significativamente de usar el programa original de Medicare. Los gastos de bolsillo y las opciones de proveedores varían. En el Capítulo 9 analizo las diferencias entre Medicare Original y los planes Medicare Advantage. Además, en el Capítulo 11 explico los diversos tipos de planes y cómo compararlos para encontrar el que mejor se adapte a tus necesidades.

## Parte D

La Parte D cubre los medicamentos recetados para pacientes ambulatorios, que son los medicamentos que tomas tú mismo en lugar de aquellos administrados en un hospital o en el consultorio del médico. Este beneficio se añadió a Medicare en el 2006, 40 años después de la creación de Medicare. Desde entonces, ha reducido significativamente los costos para millones de personas y ha hecho que muchas personas puedan acceder a medicamentos esenciales.

RECUERDA

Sin embargo, la Parte D es compleja y requiere un poco de tiempo para acostumbrarse. A continuación encontrarás algunas diferencias clave con respecto a otras coberturas de medicamentos:

>> Durante un año calendario, la cobertura pasa por cuatro fases distintas y en cada fase el mismo medicamento puede tener diferentes costos.

>> Para obtener la cobertura, debes elegir un plan privado que proporciona medicamentos de la Parte D entre muchas opciones disponibles.

>> Diferentes planes cubren distintos conjuntos de medicamentos; ningún plan cubre todos los medicamentos.

>> Los planes establecen sus propios copagos para cada medicamento, que pueden variar significativamente incluso para el mismo medicamento.

>> Algunos planes pueden requerir que tú o tu médico deban pedir autorización antes de cubrir ciertos medicamentos o pueden pedirte que pruebes una versión menos costosa.

>> Los planes pueden cambiar sus costos y beneficios o retirarse de Medicare completamente cada año.

Navegar por la Parte D puede parecer desalentador, pero es posible hacerlo. En el Capítulo 10 encontrarás estrategias para comparar planes y elegir el que mejor se adapta a tus necesidades. En el Capítulo 12, aprenderás quién puede ayudarte en este proceso. Además, en el Capítulo 2 comparto lo que incluye la Parte D, en los Capítulos 3 y 4 los costos involucrados y en los Capítulos 13 y 14 explico cómo resolver cualquier problema que surja.

# Reconocer tus opciones disponibles y cómo tomar decisiones oportunas

RECUERDA

Medicare *no* es un sistema único para todos. Ofrece varias opciones, lo que requiere decisiones oportunas. A continuación encontrarás una lista rápida para ayudarte:

>> **Inscribirse en el momento correcto según tus circunstancias.** Si no entendiste bien las reglas o las ignoraste, puedes recibir multas financieras

permanentes y pasar varios meses sin cobertura. En el Capítulo 6 encontrarás los detalles sobre estas posibles situaciones y cómo evitarlas.

» **Investiga tus opciones.** Debes entender las diferencias entre el programa Medicare Original y los planes de salud privados de Medicare Advantage. Consulta el Capítulo 9 para más información.

» **Aprende a tomar decisiones inteligentes si eliges Medicare Original.** Esto significa decidir si necesitas la cobertura de medicamentos recetados de la Parte D y elegir el mejor plan para ti. También significa que debes decidir si quieres comprar un seguro complementario Medigap y, de ser así, aprender cuándo comprarlo para asegurar garantías y protecciones federales de suma importancia. En el Capítulo 10 analizaremos estas decisiones.

» **Aprende a tomar decisiones inteligentes si eliges los planes de Medicare Advantage.** Esto significa comparar los planes según tus necesidades y preferencias. Entiende tus opciones si decides volver a Medicare Original. Consulta el Capítulo 11 para obtener más información.

» **Busca ayuda para tomar tus decisiones cuando la necesites.** En el Capítulo 12 ofrezco ayuda personal de fuentes legítimas e informadas que te ayudarán a evitar estafas y fraudes.

» **Entiende tu derecho a cambiar de cobertura cada año y en otros momentos según las circunstancias.** En el Capítulo 15 explico el objetivo de los diferentes períodos de inscripción, sus fechas límite y el proceso de cambio de planes o tipos de cobertura.

EN ESTE CAPÍTULO

» Entiende la cobertura de Medicare
Parte A y Parte B

» Aprende lo que cubre
Medicare Parte D

» Conoce lo que Medicare no cubre

» Reconoce los límites de cobertura

Capítulo **2**

# Qué cubre Medicare: una visión general

Medicare es un programa extenso que cubre numerosos servicios médicos, listarlos y detallarlos todos llenaría todo este libro. Y para describir cada servicio o ítem en detalle, en cuanto a los requisitos o límites de cobertura que pueden aplicarse según las circunstancias, necesitaría escribir varios libros.

Por lo tanto, en este capítulo encontrarás una visión general de las categorías de atención que Medicare Parte A, Parte B y Parte D cubren. (En los Capítulos 1, 9 y 11 encontrarás la información necesaria sobre el programa de Medicare Advantage, también conocido como Parte C). En este capítulo también se explican ciertos tipos de atención que Medicare no cubre y se resalta los servicios con limitaciones de cobertura, lo que significa que Medicare solo paga por ellos hasta cierto punto dentro de un período específico.

RECUERDA

Muchos detalles de la cobertura son muy sencillos, simplemente muestras tu tarjeta de Medicare (o la tarjeta del plan de Medicare Advantage o del plan de medicamentos de la Parte D, según corresponda) para obtener la cobertura para el copago requerido o, en algunos casos, sin costo alguno. Pero algunos otros son más complejos y pueden ser difíciles de entender. En el Capítulo 14, hago hincapié en esos temas y proporciono información esencial para ayudarte a navegar efectivamente la cobertura de Medicare.

# Entender qué cubren las Partes A y B

Las Partes A y B son la base de Medicare. Forman la cobertura que recibes si te inscribes en el programa de *Medicare tradicional* u *Original*, que ha existido desde 1966. A lo largo de los años, se han añadido muchos servicios. Si estás en un plan de salud Medicare Advantage, las Partes A y B todavía sirven como la base de tu cobertura, ya que con estos planes están obligados por ley a cubrir los mismos servicios que Medicare tradicional. Sin embargo, los planes Medicare Advantage pueden ofrecer beneficios adicionales. (Consulta el Capítulo 9 para obtener una comparación detallada entre Medicare Original y los planes del Medicare Advantage).

Como ya expliqué en el Capítulo 1, las Partes A y B de Medicare cubren servicios completamente diferentes. Sin embargo, a veces trabajan en conjunto. Por ejemplo, si necesitas hospitalización, la Parte A generalmente cubre tu habitación, las comidas y la atención de enfermería después de que hayas cumplido con el deducible. Mientras tanto, la Parte B cubre los tratamientos médicos proporcionados por cirujanos, médicos y anestesistas. Esta división de cobertura también se aplica a las estadías en centros de enfermería especializada para el cuidado continuo después del alta hospitalaria, servicios de atención médica en el hogar y cuidados paliativos.

En las siguientes secciones se describen las categorías generales de servicios cubiertos por las Partes A y B.

## Atención médica necesaria

Medicare generalmente cubre servicios considerados razonables o necesarios para salvar vidas o mantener y mejorar la salud. Esto incluye elementos de alto costo como trasplantes de órganos, cirugías complejas y tratamientos contra el cáncer, entre otros, que pueden costar a Medicare decenas de miles, o incluso cientos de miles, de dólares. También cubre servicios más rutinarios y menos costosos, que van desde inyecciones para alergias hasta radiografías.

La cobertura de Medicare puede ser específica. Por ejemplo, puede cubrir ciertos servicios en algunas situaciones pero no en otras. Un ejemplo notable es que

Medicare cubre vehículos operados por energía, como *scooters* y sillas de ruedas manuales, solo si necesitas uno para moverte dentro de tu hogar, pero no si lo necesitas solo para moverte fuera de tu hogar. En el 2018, Medicare comenzó a requerir autorización previa para 46 tipos de sillas de ruedas motorizadas antes de cubrir su costo. Además, la cobertura para ciertos tratamientos puede variar según la región. (En el Capítulo 14 explico las diferencias entre las *determinaciones de cobertura nacional*, que cubre los gastos de las personas con necesidades en todo el país, y otras determinaciones que son regionales). Pero en términos generales, Medicare paga una gran cantidad de los servicios médicos que necesitan las personas.

**RECUERDA**

Algunas personas se preocupan de que el uso extensivo de servicios o tratamientos costosos pueda agotar su cobertura de Medicare. En general, no hay un límite en la cantidad de cobertura para servicios necesarios, excepto en algunas situaciones específicas detalladas más adelante en este capítulo.

## Cuidado preventivo

Prevenir problemas médicos es mejor que tratarlos. Medicare ha ampliado recientemente la cobertura para servicios preventivos para ayudar a evitar o retrasar enfermedades muy graves y que generen altos costos. Gracias a la Ley de Cuidado de Salud a Bajo Precio del 2010, muchas de estas pruebas preventivas, exámenes y sesiones de asesoramiento ahora son gratuitas (sin copagos ni deducibles).

**RECUERDA**

Para recibir estos servicios de forma gratuita, debes visitar a médicos que acepten la *asignación*, es decir, que acepten la cantidad aprobada por Medicare como pago completo. (Para obtener más detalles sobre el costo de lo que te pueden cobrar los doctores de Medicare, consulta el Capítulo 13). De lo contrario, es posible que tengas que pagar un copago o, en algunos casos, el costo total.

A continuación, en la Tabla 2-1 se muestra la gama de servicios preventivos, exámenes y sesiones de asesoramiento que Medicare cubre en la Parte B y si tienen algún costo. ¡Es una lista muy completa!

## Cuidado especializado en ciertas circunstancias

Medicare Parte A se asocia comúnmente con la atención hospitalaria. Sin embargo, también incluye ciertos servicios especializados fuera del hospital, principalmente cuidados de enfermería. De manera similar, Medicare Parte B cubre algunos cuidados especializados, como la fisioterapia. A continuación, ofrecemos un breve resumen.

**TABLA 2-1**     Servicios de cuidado preventivo que Medicare cubre

| Servicio | Cuántas veces lo cubre | Costo para ti |
|---|---|---|
| Chequeo de "Bienvenido a Medicare" | Una vez durante los primeros 12 meses en la Parte B. | Gratis, pero otras pruebas que tu médico solicite pueden requerir un copago. |
| Chequeo de bienestar | Una vez cada 12 meses después de un año en la Parte B. | Gratis si solicitas una visita de bienestar y no un "examen físico". |
| Examen en busca de aneurisma de aorta abdominal | Ecografía para personas en riesgo, una única vez. | Gratis |
| Examen y asesoramiento sobre el uso indebido de alcohol | Un examen y hasta cuatro sesiones de asesoramiento por año. | Gratis |
| Examen de densitometría ósea | Cada 24 meses si estás en riesgo de fracturas; más si es médicamente necesario. | Gratis |
| Examen de cáncer de mama (mamografías) | Anualmente para mujeres de 40 años o más. | Gratis |
| Enfermedad cardiovascular (terapia conductual) | Anualmente | Gratis |
| Examen de enfermedad cardiovascular | Una vez cada cinco años. | Gratis para las pruebas; generalmente se requiere un copago para la visita al médico. |
| Examen de cáncer cervical/ vaginal | Una vez cada 24 meses, o cada 12 meses si estás en la población de alto riesgo. | Gratis |
| Examen de cáncer colorrectal — enema de bario (cuando se utiliza en lugar de la sigmoidoscopia flexible o la colonoscopia) | Una vez cada 48 meses, o cada 24 meses si estás en la población de alto riesgo. | Se requiere copago. |
| Examen de cáncer colorrectal — colonoscopia | Una vez cada 120 meses, o cada 24 meses si estás en la población de alto riesgo. | Gratis para la prueba; se requiere copago si se encuentra y elimina un pólipo durante la prueba. |
| Examen de cáncer colorrectal — prueba de sangre oculta en heces | Una vez cada 12 meses para personas de 45 años o más. | Gratis |
| Examen de cáncer colorrectal — sigmoidoscopia flexible | Una vez cada 48 meses para personas de 45 años o más. | Gratis |

| Servicio | Cuántas veces lo cubre | Costo para ti |
|---|---|---|
| Examen de cáncer colorrectal — prueba de biomarcadores en sangre y prueba de ADN en heces de múltiples objetivos | Una vez cada tres años. | Gratis |
| Vacunas contra COVID-19 | Según sea necesario para completar la serie de vacunas y cualquier refuerzo adicional. | Gratis |
| Examen de depresión | Una vez al año en un entorno de atención primaria. | Examen gratuito; se requiere copago para la visita al médico y el cuidado de seguimiento. |
| Prevención de la diabetes | Una vez en la vida para personas con prediabetes; sesiones semanales durante seis meses con seguimiento mensual por seis meses. | Gratis |
| Capacitación sobre diabetes | Capacitación sobre cómo autogestionar la diabetes. Hasta 12 horas en el primer año y hasta dos horas anuales a partir de entonces. | Se requiere copago; se aplica el deducible de la Parte B. |
| Prueba para la detección de diabetes | Hasta dos pruebas anuales si estás en la población en riesgo de desarrollar diabetes. | Gratis |
| Vacunas contra la gripe | Una vez al año durante la temporada de gripe. | Gratis |
| Pruebas de glaucoma (enfermedad ocular) | Una vez cada 12 meses si estás en la población de alto riesgo. | Se requiere copago; se aplica el deducible de la Parte B. |
| Vacunas contra la hepatitis B | Una serie (2 a 4 dosis) para personas en riesgo medio o alto. | |
| Prueba para la detección de infección por el virus de la hepatitis B (VHB) | Anualmente para personas en riesgo que no hayan recibido la vacuna contra la hepatitis B. | Gratis |
| Prueba para la detección de hepatitis C | Prueba de única vez; anualmente para personas en alto riesgo o nacidas entre 1945 y 1965. | Gratis |
| Exámenes de VIH | Una vez cada 12 meses o hasta tres veces durante el embarazo. | Gratis |
| Prueba de detección de cáncer de pulmón | Una vez al año para personas de 55 a 77 años que actualmente fuman o que fumaban con un promedio de un paquete al día durante 30 años, sin síntomas de enfermedad pulmonar. | Gratis |

*(continuación)*

**TABLA 2-1** *(continuación)*

| Servicio | Cuántas veces lo cubre | Costo para ti |
|---|---|---|
| Examen y asesoramiento sobre obesidad | Sesiones de asesoramiento conductual si el índice de masa corporal (IMC) es de 30 o más. | Gratis |
| Vacuna contra el neumococo | Hasta tres dosis después de los 65 años. | Gratis |
| Prueba de tacto rectal para detección del cáncer de próstata | Una vez cada 12 meses para hombres mayores de 50 años. | Se requiere copago; se aplica el deducible de la Parte B. |
| Prueba de PSA para el cáncer de próstata | Una vez cada 12 meses para hombres mayores de 50 años. | Gratis |
| Exámenes y asesoramiento sobre infecciones de transmisión sexual | Una vez cada 12 meses o con mayor frecuencia si estás embarazada; hasta dos sesiones de asesoramiento con un proveedor de atención primaria. | Gratis si lo ordena un médico y se realiza en un laboratorio aprobado por Medicare. |
| Asesoramiento para dejar de fumar y el uso de tabaco | Hasta ocho sesiones en cualquier período de 12 meses. | Gratis |
| Radiografías, resonancias magnéticas, tomografías computarizadas, electrocardiogramas, etc. | Según lo ordene un médico para el diagnóstico. | Se requiere copago; se aplica el deducible de la Parte B. |

*Fuente: Centros de Servicios de Medicare y Medicaid (CMS)/Dominio público*

**Nota:** *con los servicios etiquetados como "gratis" (es decir, con los que no se requiere ningún copago o deducible) se asume que realizas una consulta con un médico que acepta pagos completos de Medicare.*

## Cuidado en un centro de enfermería especializado

Tomemos el siguiente ejemplo: has estado en el hospital, recibes el alta, pero necesitas cuidados de enfermería especializados en tu casa, como la fisioterapia para que puedas volver a caminar después de un reemplazo de cadera, foniatría después de un derrame cerebral, necesitas una infusión intravenosa de líquidos continúa o cuidados de heridas, Medicare Parte A puede cubrir este cuidado permanente en un *centro de enfermería especializado* (por lo general en una residencia geriátrica) si se cumplen ciertas condiciones.

La condición más importante para calificar para la cobertura de Medicare en un centro de enfermería especializada es que debes haber sido admitido formalmente en el hospital por al menos tres días (la regla de los tres días tiene una particularidad: hay situaciones en las que en el hospital te admiten como en "observación" en lugar de hacerlo oficialmente, un detalle clave que debes tener en cuenta (para más información consulta el Capítulo 14). Un médico debe ordenar los servicios necesarios de profesionales como enfermeras registradas, kinesiólogos o audiólogos. Y el centro de enfermería especializado debe estar aprobado por Medicare.

Medicare Original cubre hasta 100 días en un centro de enfermería especializado en un período de beneficios. Los primeros 20 días están completamente cubiertos, mientras que desde el día 21 al 100 requieren un copago diario que aumenta levemente todos los años ($200 por día en el 2024). Algunas pólizas Medigap cubren estos copagos por completo. (Consulta el Capítulo 4 para obtener más información sobre el seguro Medigap). Si tienes un plan de salud de Medicare Advantage, revisa tus documentos de cobertura o contacta a tu plan para conocer los costos específicos relacionados con los centros de enfermería especializados.

CONSEJO

Para obtener información más detallada, consulta la publicación oficial "Cobertura de Medicare para el cuidado en centros de enfermería especializados" en www.medicare.gov/Pubs/pdf/10153-Medicare-Skilled-Nursing-Facility-Care.pdf.

## Servicios de atención médica en el hogar

Los servicios de atención médica en el hogar ofrecen cuidados similares a los que podrías recibir en un centro de enfermería especializado, pero en la comodidad de tu propia casa. Estos servicios incluyen:

>> **Cuidados de enfermería especializados** disponibles a tiempo parcial, por períodos de hasta ocho horas al día durante un máximo de 21 días. Abarca servicios como la administración de inyecciones, alimentación por sonda, cambio de catéteres y cuidado de heridas.

>> **La fisioterapia, la foniatría y la terapia ocupacional** por parte de terapeutas profesionales para ayudarte a caminar de nuevo, superar problemas del habla o recuperar la capacidad de realizar tareas diarias como alimentarte y vestirte, lo que necesites según tu enfermedad.

>> **Ayuda de parte de cuidadores a domicilio** en actividades personales como ir el baño, bañarse, vestirse o preparar una comida ligera, cuando sea necesario por una enfermedad o lesión. (Ten en cuenta que si el cuidado personal es el único servicio necesario, no calificas para la cobertura de atención médica en el hogar).

>> **Suministros médicos** como catéteres y vendajes de heridas.

>> **Servicios sociales médicos** como asesoramiento en cuestiones sociales o emocionales relacionadas con tu enfermedad o lesión y ayuda para encontrar recursos comunitarios si es necesario.

Medicare cubre completamente estos servicios y le paga a una agencia de servicios de atención médica en el hogar por 60 días de atención a la vez. Sin embargo, las reglas para poder recibir este valioso beneficio son estrictas. Para recibir cobertura de Medicare, debes cumplir todas las condiciones que se enumeran a continuación:

>> Debes estar *confinado en casa*, es decir, no puedes salir de casa sin un gran esfuerzo o sin ayuda.

>> Un médico debe certificar que necesitas uno o más servicios profesionales de los listados anteriormente (enfermería especializada, fisioterapia, terapia ocupacional o foniatría).

>> Debes estar bajo un plan de atención establecido y supervisado por un médico regularmente.

>> La agencia de servicios de atención médica en el hogar debe estar aprobada por Medicare.

Si calificas, la agencia debe proporcionar todos los servicios especificados en el plan de atención del médico. Pero si necesitas (o pides) un servicio o artículo que Medicare no cubre, la agencia debe informarte por adelantado y explicarte el costo. Si necesitas equipos médicos como sillas de ruedas o andadores al mismo tiempo que necesitas la ayuda en el hogar, puedes obtenerlos a través de la agencia, pero pagarás el copago normal del 20% (como lo explicaré más adelante en este capítulo) a menos que esté cubierto por un seguro Medigap.

CONSEJO

Para obtener más información sobre los beneficios de los servicios de atención médica en el hogar y aprender a seleccionar y evaluar una agencia de atención médica en el hogar, consulta la publicación oficial "Medicare y servicios de atención médica en el hogar" en la siguiente dirección: www.medicare.gov/Pubs/pdf/10969-Medicare-and-Home-Health-Care.pdf.

## Cuidados terminales

Cuando los tratamientos para una enfermedad grave dejan de ser efectivos o exceden lo que el paciente puede soportar, los *cuidados terminales* ofrecen una alternativa para los últimos días o meses de vida. En lugar de intentar curar la enfermedad, con los cuidados terminales se proporciona el mayor bienestar posible, tanto médico, social, emocional como espiritual.

Medicare comenzó a cubrir los cuidados terminales en 1983 y sigue siendo uno de los beneficios más generosos que brinda el programa, con un costo muy bajo para los pacientes terminales o sus cuidadores. Los pacientes que optan por recibir estos cuidados tienen la posibilidad de elegir una variedad amplia de servicios médicos y de apoyo completos, generalmente en sus casas. También está disponible el cuidado temporal en instalaciones como hospitales o residencias geriátricas si sus cuidadores necesitan un descanso.

Para calificar para el beneficio de cuidados terminales, debes cumplir con estas condiciones:

>> Elegir recibir cuidados terminales y renunciar a los tratamientos destinados a curar tu enfermedad terminal.

>> Tu médico y el director médico de un programa de cuidados terminales deben certificar que probablemente tengas menos de seis meses de vida.

>> Debes inscribirte en un programa de cuidados terminales aprobado por Medicare.

>> Debes tener Medicare Parte A, seguro de hospital.

Si cumples con los requisitos, Medicare cubre completamente (100%) una amplia gama de servicios, como, por ejemplo:

>> Atención médica y de enfermería con guardias las 24 horas

>> Equipos y suministros médicos

>> Servicios de ama de casa y atención médica a domicilio

>> Fisioterapia

>> Servicios de un trabajador social y asesoramiento sobre hábitos alimenticios

>> Apoyo para tu cuidador

>> Asesoramiento sobre duelo y pérdida para ti y tu familia

Tus costos están limitados a un máximo de $5 por receta para medicamentos para manejar síntomas y dolor, y al 5% de los costos de servicios de relevo si estás en una residencia geriátrica para dar un descanso a tu cuidador. Si tienes un seguro suplementario Medigap, estos costos están completamente cubiertos, tal como se explica en el Capítulo 4. (En Medicare Parte B o Parte D se cubren los costos por enfermedades distintas a tu enfermedad terminal, como de costumbre).

**RECUERDA**

Puedes detener los cuidados terminales en cualquier momento y reanudarlos si lo deseas. La cobertura continúa mientras tu médico y un médico de cuidados terminales certifiquen que tienes una enfermedad terminal, incluso si vives más de seis meses. Si tu salud mejora y ya no necesitas cuidados terminales, el beneficio termina, pero puedes apelar esta decisión. Si tu salud vuelve a empeorar, el beneficio puede reanudarse.

**CONSEJO**

Para obtener más detalles, consulta la publicación oficial "Beneficios de cuidados terminales de Medicare" en la dirección: www.medicare.gov/Pubs/pdf/02154-Medicare-Hospice-Benefits.pdf.

## Cuidados paliativos

Los cuidados paliativos tienen como objetivo aliviar el dolor y el sufrimiento relacionados con enfermedades graves, incluso si no son terminales. Su objetivo principal es mejorar la calidad de vida tanto de los pacientes como de sus cuidadores. ¿Qué diferencia hay entre los cuidados terminales y los paliativos? Los cuidados paliativos no requieren que los pacientes dejen de buscar tratamientos que curen su enfermedad y pueden ser administrados en cualquier etapa de la enfermedad, independientemente de la expectativa de vida.

Medicare no reconoce los cuidados paliativos como un beneficio distinto. Sin embargo, sus componentes pueden estar cubiertos en Medicare Parte B, por ejemplo, a través de servicios de atención médica en el hogar o departamentos ambulatorios de hospitales. Para obtener más información sobre las opciones de cuidados paliativos o dónde puedes obtenerlos en tu área, consulta a tu médico. El Centro para el Avance de los Cuidados Paliativos (*the Center to Advance Palliative Care*) proporciona un directorio en línea de hospitales que ofrecen cuidados paliativos en getpalliativecare.org/providers.

## Asesoramiento sobre cuidados paliativos terminales

La planificación de los cuidados al final de la vida se está convirtiendo en una práctica más habitual, ya que cada vez más personas comprenden la importancia de garantizar que se respeten sus deseos, incluso si no pueden expresarlos debido a una enfermedad. Este proceso, conocido como asesoramiento sobre cuidados al final de la vida o planificación anticipada de cuidados, implica discutir tus preferencias con un médico.

Durante una sesión de asesoramiento, te ofrecerán información sobre la elaboración de una directiva anticipada de cuidados. En este documento legal se reflejan tus deseos de continuar o no con el tratamiento o si quieres ser reanimado si te encuentras cerca de la muerte. También puedes designar a alguien (un miembro de la familia, amigo o asesor legal) con poder legal para tomar decisiones médicas en tu nombre si estás incapacitado. Además, la sesión puede cubrir opciones de cuidados terminales y paliativos.

Desde el 2016, Medicare cubre estos temas como un beneficio voluntario. Como es voluntario, nadie puede obligarte a aceptarlo y si te lo ofrecen, pero no lo deseas, puedes rechazarlo sin perder el derecho de aceptarlo en el futuro. Puedes elegir recibir asesoramiento mientras estás saludable, después de enfermarte o mientras recibes cuidados terminales o paliativos.

Medicare cubre una sesión inicial de asesoramiento de 30 minutos con tu médico u otro profesional médico autorizado, como un enfermero practicante. También se cubren sesiones adicionales de 30 minutos si es necesario, sin límite en el número de sesiones. Estas sesiones pueden llevarse a cabo en varios entornos, incluso consultorios médicos, hospitales y centros de enfermería. Si el asesoramiento se realiza durante una visita anual de bienestar, es gratuito, siempre que el médico acepte la asignación. Para las sesiones programadas fuera de la visita de bienestar, pagarás el copago habitual de la Parte B, y se aplicará el deducible de la Parte B a menos que tengas un seguro complementario que cubra estos costos.

## Embarazo y parto

Medicare cubre el embarazo y el parto, aunque a menudo se ve como un programa para personas mayores. Las personas más jóvenes con discapacidades que reúnen los requisitos para Medicare también pueden recibir esta cobertura.

Según el Manual de política de beneficios de Medicare, la cobertura incluye manejo médico especializado desde el diagnóstico del embarazo, luego el parto y el cuidado postnatal. Medicare también cubre el tratamiento para abortos espontáneos y abortos en los casos en los que el embarazo es el resultado de incesto o violación o en condiciones que amenazan la vida. Los abortos por elección no están cubiertos.

Para acceder a los servicios hospitalarios, necesitas el seguro de hospital de la Parte A. Para los servicios de los médicos y los procedimientos ambulatorios, como las pruebas de laboratorio, necesitas la cobertura de la Parte B. Si calificas para Medicaid debido a bajos ingresos, este puede cubrir algunos o todos los costos de Medicare, según las reglas de tu estado. Medicaid también puede cubrir la atención médica de tu bebé. Sin embargo, después del nacimiento, Medicare no cubre ningún servicio para tu bebé.

# Suministros y equipos médicos

Si necesitas una silla de ruedas, una extremidad artificial, un tanque de oxígeno u otros artículos funcionales, Medicare clasifica estos como *equipos médicos duraderos (DME, por su sigla en inglés)*. El término *duradero* indica que estos artículos son de larga duración. Generalmente, Medicare no cubre artículos desechables que se usan solo una o dos veces.

Para calificar para la cobertura de Medicare de los equipos médicos duraderos debes tener en cuenta que:

>> Deben ser médicamente necesarios para ti, no solo prácticos

>> Deben estar recetados por un médico o profesional de atención primaria

>> No deben ser fáciles de usar para alguien que no está enfermo o lesionado

>> Deben ser reutilizables y con una expectativa de duración de tres años o más

>> Deben ser aptos para uso en el hogar

>> Deben ser provistos por proveedores aprobados por Medicare

Medicare Parte B cubre equipos médicos duraderos, incluso andadores, muletas, *scooters*, sillas de ruedas (manuales y motorizadas), sillas con inodoro, camas de hospital, dispositivos respiratorios, marcapasos, prótesis (extremidades y ojos artificiales), ortesis (aparatos ortopédicos para extremidades, cuello y espalda) y más. Aunque algunos suministros como las tiras reactivas para diabéticos y lancetas están cubiertos, la mayoría de los artículos desechables, como los pañales, no lo están.

**RECUERDA**

Para ciertos artículos, como equipos de oxígeno o elevadores de asientos, un médico debe completar un certificado de necesidad médica. Medicare requiere pruebas rigurosas para la cobertura para prevenir fraudes y gestionar recursos, pero la responsabilidad de proporcionar esta prueba recae en tu médico y el proveedor.

El equipo médico generalmente se alquila, aunque algunos artículos pueden comprarse. Medicare Parte B cubre el 80% del costo, y tú pagas el 20% restante a menos que tengas un seguro Medigap. Este es el desglose si utilizas un proveedor que acepta el monto aprobado por Medicare como pago completo. Si no, podrías pagar más. La cobertura bajo los planes de Medicare Advantage es similar, aunque los copagos pueden variar; consulta tu plan para obtener detalles más específicos.

**CONSEJO**

Para obtener más información y para encontrar proveedores aprobados, consulta la publicación oficial "Cobertura de Medicare para equipos médicos duraderos y otros dispositivos" en www.medicare.gov/media/publication/11045-medicare-coverage-of-dme-and-other-devices.pdf.

# Conoce qué cubre la Parte D

La *Parte D*, el programa de medicamentos recetados de Medicare, es único y complejo. Comprenderlo antes de inscribirse es crucial. En esta sección se explican los detalles de la Parte D, incluso su variabilidad a lo largo del año, las diferentes listas de medicamentos que cubren de varios planes, y cuáles son los medicamentos que no están dentro de la cobertura y cuáles sí.

## Cómo es la cobertura de medicamentos durante todo el año

**RECUERDA**

Puede parecer extraño, pero puedes pagar diferentes cantidades de dinero por los mismos medicamentos en distintos momentos del año. Esta variación se debe a la cobertura de medicamentos de la Parte D, que se divide en cuatro fases dentro de un año calendario. La cantidad de fases que enfrentas depende de tus costos de medicamentos recetados, a menos que califiques para Ayuda Adicional (consulta el Capítulo 4). Aquí tienes una explicación de las fases:

» **Fase 1 "Deducible anual":** si tu plan de la Parte D tiene un deducible, debes pagar el precio completo de tus medicamentos hasta alcanzar un límite establecido por la ley ($545 en el 2024). Muchos planes tienen deducibles más bajos o ninguno en absoluto. Este período comienza el 1.º de enero o cuando empieces a usar tu cobertura de medicamentos de Medicare.

» **Fase 2 "Período de cobertura inicial":** esta fase comienza después de cumplir con cualquier deducible. De lo contrario, comienza el 1.º de enero o cuando empieces a usar la cobertura de medicamentos de Medicare. Durante este período, pagas copagos por cada receta y el plan cubre el resto. Esta fase termina cuando el costo total de tus medicamentos (tus pagos más los pagos del plan) alcanza un límite legal ($5,030 en el 2024).

» **Fase 3 "Período sin cobertura":** a menudo conocido como "doughnut hole", esta fase comienza cuando superas el límite de cobertura inicial y termina cuando tus gastos de bolsillo alcanzan otro límite ($8,000 en el 2024).

En este período, pagas el 25% del costo de los medicamentos de marca y genéricos, más el 25% de la tarifa de dispensación (generalmente $2 a $3). Para los medicamentos de marca, tanto tu pago como el pago del fabricante (el 95% del costo del medicamento) cuentan para tus gastos de bolsillo. Para los medicamentos genéricos, solo tu pago cuenta. (El tema se explica con más detalle en el Capítulo 14.)

**RECUERDA**

A partir del 2025, el período sin cobertura se cerrará debido a la Ley de Reducción de la Inflación (Inflation Reduction Act), que limita los gastos de bolsillo a $2,000 para todos los beneficiarios de Medicare Parte D y esto podría reducir los costos de bolsillo en $7,400 millones.

>> **Fase 4 "Cobertura catastrófica":** una vez que alcanzas el límite de gastos de bolsillo ($8,000 en el 2024), entras en la fase de cobertura catastrófica. En esta fase, no pagas nada por tus medicamentos cubiertos por la Parte D durante el resto del año. La cobertura catastrófica termina el 31 de diciembre. Al día siguiente, 1.° de enero, vuelves a la Fase 1 (o Fase 2 si tu plan no tiene deducibles) y el ciclo se reinicia.

Con la Figura 2-1 se ofrece una manera rápida y sencilla de observar el mismo ciclo de cobertura.

| Fase de cobertura | Qué significa en cada año calendario | Límites en el 2024 | Límites en el 2025 |
|---|---|---|---|
| 1. Deducible anual (si tu plan tiene uno) | Antes de que comience la cobertura pagas el 100% de los costos de los medicamentos, hasta que alcanzas el deducible de tu plan, que debe estar dentro del límite máximo estipulado por ley. | $545 | La Ley de Reducción de la Inflación del 2022 limita los costos de bolsillo para los beneficiarios a $2,000 por año desde el 2025. |
| 2. Cobertura inicial | Pagas un copago por cada receta y tu plan paga el resto hasta que el total de estos costos de medicamentos alcanzan el límite. | $5,030 | |
| 3. Período sin cobertura (*doughnut hole*) | Tu plan no cubre nada, pero recibes descuentos de los laboratorios farmacéuticos y el Gobierno hasta que tus gastos de bolsillo en el año (incluso la mayoría de los descuentos) alcanzan el límite. | $8,000 | |
| 4. Cobertura catastrófica | No pagas nada hasta el final del año calendario. | | |

**FIGURA 2-1:** Fases de la cobertura de medicamentos de la Parte D y límites en dólares.

© John Wiley & Sons, Inc.

Con la Figura 2-2 se puede observar esta información de otra manera. En esta imagen se pueden encontrar ejemplos de costos para medicamentos de marca con precios de $100, $200 o $300 por mes, y cuánto pagarías por ellos en cada fase de cobertura. Estos ejemplos se basan en un copago de $45 durante el período de cobertura inicial. Ten en cuenta que los copagos varían entre los planes de la Parte D.

| Fase de cobertura | Lo que pagas por un medicamento cuyo costo total en un mes es $100 | Lo que pagas por un medicamento cuyo costo total en un mes es $200 | Lo que pagas por un medicamento cuyo costo total en un mes es $300 |
|---|---|---|---|
| 1. Deducible anual (si tu plan tiene uno) | $100 | $200 | $300 |
| 2. Cobertura inicial (con un copago de $45) | $45 | $45 | $45 |
| 3. Período sin cobertura (pagabas un 25% por los medicamentos de marca en 2024) | $25 | $50 | $75 |
| 4. Cobertura catastrófica (no pagabas nada en 2024). | $0 | $0 | $0 |

© John Wiley & Sons, Inc.

**FIGURA 2-2:** Ejemplos de los costos durante las cuatro fases de cobertura.

# Qué son los formularios de medicamentos

**RECUERDA**

Un *formulario* es un término con el que te familiarizarás en la Parte D porque impacta directamente en tus costos. Un formulario es simplemente una lista de medicamentos que cada plan de la Parte D cubre. (No existe un formulario nacional). Aquí tienes por qué es crucial que tus medicamentos estén incluidos en el formulario de tu plan:

» **Generalmente, tienes que pagar el costo total de los medicamentos que no están cubiertos.** Tu plan paga su parte durante las fases de cobertura inicial y catastrófica (Fases 2 y 4). Sin embargo, para cualquier medicamento que no está cubierto por el plan, pagas el precio completo en todas las fases a menos que obtengas una excepción del plan. La diferencia en gastos de bolsillo entre un medicamento que está cubierto y uno que no lo está puede ser de cientos de dólares al mes.

» **Sin crédito en el período sin cobertura para medicamentos que no están cubiertos.** Si caes en el período sin cobertura (Fase 3), el costo de cualquier medicamento que no cubre tu plan no cuenta para el límite de gastos de bolsillo que te ayuda a salir de este período y activa la cobertura catastrófica sin costo.

» **Hay más posibilidades de que tomes tus medicamentos y completes correctamente el tratamiento:** necesitas los medicamentos para mejorar tu salud. Si tus medicamentos están cubiertos y no tienes que pagar el precio completo, es más probable que llenes todas tus recetas y no omitas las dosis.

Ningún plan de la Parte D cubre todos los medicamentos recetados, y el número de medicamentos cubiertos varía significativamente entre los planes. Por lo tanto, el objetivo es elegir un plan que cubra todos, o al menos la mayoría, de los medicamentos específicos que tomas. En el Capítulo 10 describo una estrategia para poder hacerlo.

En las siguientes secciones, hago hincapié en los medicamentos que la Parte D debe cubrir y en aquellos que no paga.

## Cuáles son los medicamentos que los planes de la Parte D deben cubrir

La ley de Medicare exige que los planes de la Parte D cubran al menos dos medicamentos en cada clase de medicamentos. Una *clase* se refiere a todos los medicamentos similares utilizados para tratar la misma enfermedad. Aunque muchos planes cubren más de dos medicamentos por clase, cada plan debe cubrir "todos o casi todos" los medicamentos en las siguientes seis clases:

>> **Medicamentos contra el cáncer:** utilizados para detener o ralentizar el crecimiento de las células cancerosas, a menos que estén cubiertos por la Parte B.

>> **Anticonvulsivos:** se utilizan principalmente para prevenir crisis epilépticas.

>> **Antidepresivos:** utilizados para contrarrestar la depresión y los trastornos de ansiedad.

>> **Antipsicóticos:** utilizados para tratar enfermedades mentales como la esquizofrenia, la manía, el trastorno bipolar y otras condiciones delirantes.

>> **Medicamentos para tratar la infección por VIH/SIDA:** utilizados para bloquear o ralentizar la infección por VIH y tratar los síntomas y efectos secundarios.

>> **Inmunosupresores:** utilizados para prevenir el rechazo de órganos y tejidos trasplantados, y para tratar trastornos del sistema inmunológico y algunas enfermedades inflamatorias.

Medicare requiere que los planes de la Parte D cubran casi todos los medicamentos en estas categorías debido a los problemas clínicos que pueden surgir cuando los pacientes dejan de tomar estos medicamentos abruptamente o cambian a otros.

## Cuáles son los medicamentos que Medicare no cubre

**ADVERTENCIA**

Por ley, Medicare no cubre ciertos tipos de medicamentos. Los planes de la Parte D no tienen restricciones para cubrirlos, pero Medicare no reembolsa sus costos. En consecuencia, la mayoría de los planes eligen no cubrirlos. Los medicamentos excluidos son:

» Medicamentos de venta libre (se pueden obtener sin receta médica)

» Medicamentos para la anorexia, pérdida de peso o aumento de peso

» Medicamentos con fines estéticos y para el crecimiento del cabello

» Medicamentos para estimular la fertilidad

» Medicamentos para tratar la disfunción sexual o eréctil

» Medicamentos para tratar los síntomas de la tos o del resfriado

» Vitaminas y productos minerales con receta

Medicare puede cubrir medicamentos en estas categorías si se utilizan cuando es "adecuado por razones médicas". Por ejemplo, los medicamentos recetados por un médico para mejorar las enfermedades como el asma, medicamentos para la impotencia recetados para el tratamiento de enfermedades vasculares, o medicamentos para dejar de fumar recetados por un médico.

Hasta el 2013, Medicare también excluía los barbitúricos (para la ansiedad y convulsiones) y las benzodiazepinas (para la ansiedad y problemas de sueño) debido a que estos medicamentos suelen ser mal utilizados. Sin embargo, esta prohibición se eliminó por completo, y los planes de la Parte D ahora pueden cubrir estos medicamentos para cualquier uso aceptado por razones médicas.

## Identificar en qué situaciones los medicamentos tienen la cobertura por la Parte A, la Parte B o la Parte D

**RECUERDA**

Medicare Parte A, Parte B o Parte D pueden cubrir los medicamentos, según las circunstancias específicas. A veces un medicamento idéntico puede tener la cobertura de los tres, pero puede cobrarse en uno o en otro según las situaciones en particular. Esto es así porque algunos medicamentos tenían la cobertura en la

Parte A o B antes de que existiera la Parte D. Aquí tienes una guía simplificada para entender qué parte cubre qué:

>> **La Parte A** cubre los medicamentos administrados cuando eres paciente en un hospital o en un centro de enfermería especializado.

>> **La Parte B** cubre los medicamentos administrados en el consultorio del médico (como los medicamentos quimioterapéuticos inyectables), en departamentos de pacientes ambulatorios del hospital y, a veces, por un profesional de un centro para enfermos terminales o de atención médica a domicilio.

>> **Parte D** cubre los medicamentos ambulatorios que tomas tú mismo, o que te da un cuidador en casa o te dan si vives en una residencia geriátrica. (Estos medicamentos suelen ser pastillas, pero también pueden incluir, por ejemplo, insulina autoinyectable para la diabetes).

Estas reglas pueden ser más complejas en ciertas situaciones. Por ejemplo, si Medicare cubrió tu trasplante de órgano, los medicamentos inmunosupresores necesarios después están cubiertos por la Parte B. Sin embargo, si tu trasplante no fue cubierto por Medicare (quizás porque ocurrió antes de que te unieras al programa), los medicamentos caen bajo la Parte D.

**ADVERTENCIA**

La Parte D no cubre los medicamentos que cubren las Partes A o B. Por lo tanto, si hay alguna duda sobre tus medicamentos, puede que te soliciten información y a tu médico sobre los tratamientos médicos relacionados, como una cirugía, antes de proporcionar la cobertura de la Parte D. Para determinar la cobertura adecuada, los planes de la Parte D a menudo imponen una *restricción de autorización previa* sobre dichos medicamentos. Tu médico puede resolver esto por teléfono o ayudarte a presentar una solicitud de excepción rápida, tal como se explica en el Capítulo 14. En cualquier caso, tu médico debe explicar por qué la autorización previa no debería aplicarse.

# Períodos sin cobertura: ¿qué no cubre Medicare?

Medicare ofrece una amplia gama de servicios médicos, pero también tiene amplios periodos sin cobertura. A continuación, se presentan áreas clave que Medicare normalmente no cubre, junto con consejo para soluciones alternativas. Saber cuáles son los períodos sin cobertura de antemano puede ayudarte a evitar decepciones si Medicare niega la cobertura.

# Cuidados básicos para la salud auditiva, visual, dental y de los pies

A medida que envejeces, es posible que necesites más atención profesional para tus oídos, ojos, dientes y pies. Sin embargo, Medicare no cubre los servicios de rutina para estas áreas. El término *rutina* es crucial aquí. Medicare solo paga por tratamientos considerados necesarios por razones médicas, como cirugía de cataratas, restauración de la mandíbula después de una lesión y tratamiento de enfermedades del oído. No cubre el cuidado regular, como, por ejemplo:

>> Exámenes de oído, audífonos o ajustes de audífonos

>> Pruebas de visión, gafas o lentes de contacto

>> Controles bucales, limpieza de dientes, extracciones o dentaduras

>> Corte de uñas de los pies o eliminación de callos y durezas

CONSEJO

Si estás afiliado a un plan Medicare Advantage con beneficios adicionales, puede ser que el plan incluya la cobertura de los cuidados básicos de salud auditiva, visual y dental. Algunos planes ofrecen estos servicios como paquetes de beneficios separados por una prima adicional. No todos los planes proporcionan esta cobertura, pero aquellos que lo hacen pueden identificarse usando el buscador de planes en el sitio web de Medicare (www.medicare.gov/find-a-plan/questions/home.aspx). Consulta el Capítulo 11 para obtener más información sobre cómo usar el buscador de planes para comparar los detalles de los planes Medicare Advantage.

Existen excepciones en Medicare. El cuidado de los pies puede estar cubierto en ciertas situaciones, como si tienes problemas en los pies debido a condiciones como diabetes, cáncer, esclerosis múltiple, enfermedad renal crónica, desnutrición o inflamación de las venas relacionada con coágulos sanguíneos. En particular, si cortar las uñas de los pies pudiera representar un riesgo para tu salud a menos que lo realice un profesional. Para recibir cobertura de Medicare para el cuidado de los pies, tu médico o podólogo debe proporcionar evidencia de que el cuidado es necesario por causas médicas.

# Artículos de seguridad en el hogar

Medicare gasta miles de millones anualmente en tratar lesiones relacionadas con caídas. Los adultos mayores en Estados Unidos tienen cinco veces más probabilidades de ser hospitalizados debido a caídas que por cualquier otra lesión. A pesar de esto, Medicare no cubre muchos artículos de seguridad que podrían prevenir caídas.

Medicare sí cubre algunos artículos necesarios por razones médicas prescritos por un médico, como, por ejemplo, elevadores de asiento para ayudar a las personas con discapacidades a sentarse o levantarse de una silla, o barras trapezoidales que ayudan a las personas a incorporarse o cambiar de posición cuando están confinados a la cama. Sin embargo, no cubre artículos que califica como equipos de comodidad en lugar de una necesidad médica. Esto incluye elevadores de escaleras, elevadores de bañera, barras de apoyo, calentadores de habitación, aires acondicionados, humidificadores, sillas de postura, dispositivos de masaje, equipos de entrenamiento físico y sistemas de alerta médica de emergencia.

CONSEJO

Pero es posible que puedas encontrar ayuda de otras maneras:

» Los planes de Medicare Advantage pueden ofrecer beneficios adicionales como equipos para mejorar la calidad del aire interior y prevenir caídas. Consulta los planes individuales para obtener más información y saber si calificas para recibirlos.

» Si eres un veterano con discapacidades, ten en cuenta que el Departamento de Asuntos de Veteranos cuenta con programas poco conocidos que brindan subsidios en efectivo para ayudar a los veteranos que cumplen ciertos requisitos a mejorar la seguridad en sus hogares. Contacta la línea de beneficios de VA al 877-827-1000 o visita www.benefits.va.gov/homeloans/adaptedhousing.asp.

» Si tus ingresos son limitados, comunícate con la organización sin fines de lucro Rebuilding Together que ofrece voluntarios para realizar reparaciones en el hogar e instalar equipos de seguridad de forma gratuita. Comunícate con ellos al 800-473-4229 o visita la página web rebuildingtogether.org para obtener información local.

» Si presentas una declaración de impuestos detallada, es posible que puedas deducir los costos de las mejoras en el hogar realizadas por razones médicas. En el Capítulo 4 podrás encontrar más detalles.

## Cuidados en residencias geriátricas

Muchos se sorprenden al saber que Medicare no cubre el cuidado a largo plazo en residencias geriátricas. No me refiero a las internaciones cortas en centros de enfermería especializados después de recibir el alta del hospital. Aunque Medicare sí cubre estancias cortas bajo circunstancias específicas. (Más adelante en este capítulo describo este tipo de atención de enfermería y en el Capítulo 14 explico los detalles sobre cómo calificar para recibirla).

Pero, ¿qué pasa si estoy muy enfermo o incapacitado de vivir en mi casa y necesito el cuidado constante a largo plazo que una residencia geriátrica ofrece? Medicare continuará pagando los servicios necesarios por razones médicas, pero no pagará lo que se conoce como *cuidados básicos*. Los cuidados básicos incluyen ayuda con las actividades diarias como usar el baño y vestirse. Medicare tampoco pagará la habitación y las comidas en una residencia de ancianos. Estas reglas también se aplican a los centros de vivienda con servicios de apoyo.

La mayoría de los residentes de las residencias de ancianos pagan por los cuidados básicos de su propio bolsillo, a menudo con un seguro de cuidado a largo plazo, si está disponible. Cuando sus recursos se agotan, generalmente pueden solicitar Medicaid. Medicaid, un sistema de salud administrado por el estado para personas con ingresos y recursos limitados, cubre los cuidados básicos para ciertos individuos. Es común confundir Medicare y Medicaid, pero tienen propósitos diferentes, especialmente en lo que respecta al cuidado a largo plazo.

Las reglas para poder acceder a Medicaid varían según el estado, y el programa puede tener nombres diferentes, como MediCal en California, MassHealth en Massachusetts y TennCare en Tennessee. Para obtener información sobre cómo se aplican las reglas a ti o a un miembro de la familia, es posible que necesites consultar a un consejero informado o a un abogado especializado en cuidado de adultos mayores.

**CONSEJO**

Para más información, consulta el documento oficial "Su guía para elegir una residencia geriátrica" en www.medicare.gov/publications/02174-s-your-guide-to-choosing-a-nursing-home.pdf. También puedes visitar la página web www.medicare.gov/nursinghomecompare/search.html.

## Servicios médicos en el extranjero

Por lo general, Medicare no cubre servicios médicos fuera de Estados Unidos y sus territorios, excepto en situaciones muy raras:

>> Si estás viajando entre Alaska y otro estado y tienes una emergencia médica que requiere tratamiento en Canadá.

>> Ocurre una emergencia médica mientras estás en Estados Unidos o sus territorios, pero el hospital más cercano está en un país extranjero, como Canadá o México.

>> Vives en Estados Unidos o sus territorios y necesitas atención hospitalaria, independientemente de si es una emergencia, pero el hospital más cercano está en un país extranjero.

Algunas pólizas de seguro suplementario de Medigap (C, D, F, G, M o N) cubren tratamiento de emergencia o urgente en el extranjero. (En el Capítulo 4 explico el seguro de Medigap). En estos casos, debes pagar un deducible y el 20% de los costos médicos, hasta un máximo de por vida de $50,000. Algunos planes de Medicare Advantage, beneficios de empleadores y beneficios militares de TRICARE también cubren emergencias en el extranjero. De lo contrario, necesitas comprar un seguro de viaje que incluya emergencias médicas cuando planees viajes al extranjero.

**CONSEJO**

¿Qué pasa si vives en el extranjero? El tratamiento médico en otros países suele ser menos costoso que en Estados Unidos, lo que puede hacer que los pagos de tu bolsillo sean manejables. En algunos casos, puedes recibir atención del programa nacional de salud del país en el que resides. Sin embargo, comprar un seguro de salud en el mercado abierto puede ser difícil o muy costoso. Una opción es unirte a la Asociación de Estadounidenses Residentes en el Extranjero (AARO – *Association of Americans Resident Overseas*) en www.aaro.org. La asociación AARO aboga por la disponibilidad de Medicare en el extranjero y ofrece a sus miembros acceso a varios planes de seguro de salud privado que pueden usarse en muchos países.

(También puedes inscribirte en Medicare mientras vives en el extranjero. Para más información sobre este tipo de inscripción, consulta el Capítulo 6.)

## Servicios que pueden ser convenientes, pero no son necesarios

No es sorpresa que Medicare no cubra cirugías estéticas como estiramientos faciales o abdominoplastias. Estos procedimientos están estrictamente excluidos. (Sin embargo, Medicare sí cubre la cirugía bariátrica para individuos muy obesos, pero solo para reducir el riesgo de problemas de salud graves, no por razones estéticas).

Medicare Original también excluye la acupuntura y otras prácticas médicas alternativas. Tampoco cubre las clases de entrenamiento físico y las membresías de gimnasios. Sin embargo, algunos planes de Medicare Advantage pueden ofrecer membresías de gimnasios como beneficios adicionales.

El cuidado quiropráctico es otra área con cobertura limitada. Los quiroprácticos tratan el dolor de la columna y las articulaciones, generalmente a través de la manipulación ósea. Medicare cubre el tratamiento manipulativo de un quiropráctico licenciado si tienes una lesión o dolor relacionado con la columna, y es evidente que el tratamiento mejora tu condición. Sin embargo, no cubre la manipulación de otras articulaciones (como hombros o rodillas) u otros tratamientos quiroprácticos como masajes o tracción. Tampoco cubre el cuidado de mantenimiento para mantener tu estabilidad si no se demuestra una mejora evidente en tu condición.

En entornos hospitalarios, Medicare no cubre habitaciones privadas (a menos que sean necesarias por razones médicas), enfermería privada o comodidades como teléfonos o televisores si se facturan por separado.

# ¿Cuándo tiene límites la cobertura?

Medicare no niega la cobertura para tratamientos necesarios. Por ejemplo, si necesitas una segunda prótesis de cadera después de una caída, o si estás luchando contra la neumonía por tercera vez, Medicare aún cubrirá los gastos. Incluso si tienes más de 90 años con insuficiencia cardíaca o cáncer, Medicare no rechazará el tratamiento debido a la edad. A pesar de las afirmaciones engañosas sobre "paneles de la muerte" y "racionamiento," Medicare, por ley, no puede racionar el cuidado basado en tales criterios. El factor clave es la "necesidad médica".

Sin embargo, Medicare impone límites en ciertos tipos de cobertura. Estas restricciones tienen como objetivo controlar los costos y prevenir el fraude, pero pueden afectar negativamente a algunos pacientes. Para prepararte, las siguientes secciones describen las cuatro áreas principales donde la cobertura tiene límites: estancias hospitalarias, estancias en centros de enfermería especializados, beneficios de salud mental y servicios de terapia.

## Límites en las estancias hospitalarias

Hoy en día, la mayoría de las estancias hospitalarias son breves, generalmente duran solo unos pocos días. El riesgo de contraer una infección hospitalaria grave, una de las principales causas de muerte, anima a los pacientes a salir lo antes posible. Por lo tanto, es poco probable agotar la cobertura de Medicare durante una estancia hospitalaria. Sin embargo, si necesitas una estancia hospitalaria prolongada, las siguientes secciones explican cómo funcionan estos límites.

### Si estás inscrito en Medicare Original

Cuando te admiten en el hospital por una sola enfermedad, llamada *período de beneficio*, Medicare cubre el 100% de tus costos de enfermería y estancia durante los primeros 60 días después de que cumplas con un deducible. Desde el día 61 hasta el 90, debes pagar un copago diario. (Los detalles sobre estos costos están en el Capítulo 3, y los períodos de beneficio se analizan en el Capítulo 14).

No hay límite en el número de períodos de beneficio que puedes tener, siempre y cuando hayan pasado 60 días entre cada uno. Sin embargo, si tu estancia en el hospital supera los 90 días en un solo período de beneficio, debes pagar el costo total tú mismo o usar hasta 60 días adicionales llamados *días de reserva de por vida*. Puedes usar tantos como desees o guardar algunos por si los necesitas en el futuro. Pero una vez que se usan, se pierden permanentemente.

Todas las pólizas de seguro suplementario Medigap (explicadas en el Capítulo 4) extienden la cobertura hospitalaria de la Parte A por hasta 365 días adicionales en tu vida después de que se agoten los beneficios de Medicare. La mayoría de las pólizas Medigap también cubren el deducible hospitalario de la Parte A. Si estás inscrito en Medicaid (asistencia médica estatal), generalmente cubre los copagos por los días de reserva de por vida.

## Si estás inscrito en un plan de salud Medicare Advantage

Los planes Medicare Advantage generalmente tienen un sistema sencillo para los cargos hospitalarios. A menudo requieren un copago diario por los primeros días y no cobran nada por los días restantes. La mayoría de los planes no limitan el número de días cubiertos y eliminan la necesidad de días de reserva de por vida. Sin embargo, algunos planes sí tienen límites, pero pueden no cobrar copagos por los días de reserva de por vida. Comparar los planes Medicare Advantage con Medicare Original en lo que respecta a las estancias hospitalarias es un tema importante que analizo en detalle en los Capítulos 9 y 11.

# Límites en las estancias en los centros de enfermería especializados

Si necesitas cuidados de enfermería especializados continuos después de una estancia en el hospital y cumples con condiciones específicas (como se detalló anteriormente en este capítulo y en el Capítulo 14), Medicare cubrirá tu estancia en un centro de cuidados de enfermería especializados. Sin embargo, esta cobertura tiene límites. Medicare cubre hasta 100 días por período de beneficios. Después de esto, tendrás que pagar el costo total a menos que tengas un seguro adicional. Algunos o todos estos costos pueden estar cubiertos si tienes un seguro adicional a través de Medicaid, beneficios de salud del empleador, seguro de cuidado a largo plazo o seguro complementario Medigap. Revisa tu póliza para obtener más detalles. La mayoría de los planes Medicare Advantage también limitan la cobertura a 100 días por período de beneficios.

# Límites en los beneficios de salud mental

Medicare, como muchos planes de seguro, trata el cuidado de la salud mental de manera diferente a otros problemas de salud. Aunque esta discriminación ha disminuido, algunos límites en los beneficios de salud mental permanecen, como se detalla a continuación.

## Servicios psiquiátricos ambulatorios

Para el cuidado psiquiátrico ambulatorio, pagas un copago estándar del 20%, y Medicare cubre el resto, siempre y cuando veas a un proveedor participante. Si tienes un seguro Medigap, estos copagos están cubiertos. Si estás en un plan de Medicare Advantage, pagas según los requisitos de tu plan.

## Cuidado psiquiátrico en un hospital

Los pacientes de Medicare tienen un límite de por vida de 190 días para el tratamiento como pacientes internados en hospitales psiquiátricos, que se especializan en condiciones de salud mental. Sin embargo, no existe tal límite para el cuidado en hospitales generales. Por lo tanto, cualquier día pasado en un hospital no psiquiátrico, incluso para el tratamiento de salud mental, no cuenta para el límite de 190 días de por vida.

**RECUERDA**

Ya sea que recibas atención sobre tu salud mental en hospitales psiquiátricos o en generales, el deducible del hospital de la Parte A y los copagos para el cuidado de salud mental son los mismos que para otras condiciones médicas. Estos costos se detallan en el Capítulo 3.

Medicare también cubre la *hospitalización parcial* en ciertas situaciones. Esto implica recibir tratamiento durante el día en el departamento ambulatorio de un hospital, clínica o un centro comunitario de salud mental, sin quedarse a pasar la noche. Los costos de la hospitalización parcial varían, pero según las reglas de Medicare, no pueden exceder el 40% de la cantidad aprobada por Medicare.

**CONSEJO**

Para más información, consulta la publicación "Medicare y sus beneficios de salud mental" en www.medicare.gov/Pubs/pdf/10184-Medicare-and-Your-Mental-Health-Benefits.pdf.

## Beneficios de salud mental en los planes Medicare Advantage

Los beneficios de salud mental en los planes Medicare Advantage pueden variar, por lo que es importante revisar los documentos de evidencia de cobertura de tu plan. Generalmente, la mayoría de los planes se adhieren a un límite de por vida de 190 días para la atención hospitalaria en un hospital psiquiátrico.

# Límites en los servicios de terapia

Medicare Parte B cubre la fisioterapia (PT, por su sigla en inglés), la foniatría (SLP, por su sigla en inglés) y la terapia ocupacional (OT, por su sigla en inglés). Antes, Medicare tenía un límite de terapia que restringía la cobertura anual para estos servicios. Sin embargo, desde el 2019, Medicare cubre la terapia ambulatoria al 80% del monto aprobado por Medicare. Al utilizar un proveedor participante, pagas un copago del 20% después de cumplir con tu deducible de la Parte B, que en el 2024 era de $240.

Estos límites en dólares incluyen el costo total de los servicios recibidos en un año, tanto lo que paga Medicare (80%) como lo que debes pagar (20%). Medicare puede continuar cubriendo los servicios más allá de estos límites anuales si tienes una enfermedad que requiere terapia continua, como rehabilitación extensa por un derrame cerebral o una enfermedad cardíaca. Para calificar para esta excepción, los terapeutas deben justificar la necesidad al facturar a Medicare. Si el costo total alcanza los $3,000 en un año, Medicare revisará automáticamente su caso.

**CONSEJO**

Para más información, consulta la publicación "Cobertura de Medicare para servicios de terapia" en es.medicare.gov/publications/10988-medicare-coverage-therapyservices.pdf.

EN ESTE CAPÍTULO

» ¿Qué son las primas, los deducibles y los copagos de Medicare?

» ¿Se pagan primas más altas si tus ingresos superan un límite determinado?

» ¿Cuáles son las razones por las que podrías pagar primas más altas que otras personas en algunos años?

» ¿Debes continuar pagando los impuestos de Medicare mientras recibes sus beneficios?

# Capítulo **3**

# Cómo entender tus pagos en Medicare

¿**C**uánto te costará Medicare y cuánto ahorrarás? Esta pregunta es crucial para los recién llegados al programa. La respuesta depende de tu situación de seguro anterior. Si tenías un seguro de bajo costo proporcionado por tu empleador, Medicare puede parecer caro. Por el contrario, si luchabas con pólizas individuales costosas o no podías pagar un seguro, Medicare puede ser un alivio económico.

Es importante repetir: Medicare no es gratis. Algunos suponen que los impuestos de nómina de Medicare que se pagan durante el empleo serán suficientes para cubrir todos los costos de salud después de los 65 años. Desafortunadamente, este no es el caso. En promedio, Medicare cubre solo alrededor de la mitad de los costos totales de salud de los beneficiarios sin un seguro adicional.

En este capítulo explicaremos los diversos costos asociados con Medicare, primas, deducibles y copagos, y cómo afectan tus finanzas. También, analizaremos en detalle las primas más altas para la Parte B y la Parte D basadas en los ingresos, ayudándote a entender si te impactan y de qué manera. Además, analizaremos por qué algunas personas pagan primas diferentes en ciertos años y cuándo podrías necesitar pagar impuestos de Medicare mientras recibes beneficios.

# ¿Qué son las primas, los deducibles y los copagos?

**RECUERDA**

Medicare cubre una parte de tu atención médica, conocida como *cobertura*. Sin embargo, también necesitas pagar ciertos gastos de tu bolsillo, incluso primas, deducibles y copagos. Si estás familiarizado con el seguro de salud en EE.UU., estos términos te resultarán reconocibles. Si no, aquí tienes una breve explicación:

» **Prima:** una *prima* es la cantidad mensual que pagas por la cobertura. Piénsalo como tu cuota de entrada al programa.

» **Deducible:** un *deducible* es la cantidad que pagas antes de que Medicare comience a cubrir los costos. Es como un pago inicial antes de que Medicare empiece a contribuir.

» **Copago:** esta es tu parte del costo por cada servicio que recibes. Normalmente, los *copagos* son cantidades fijas (por ejemplo, $20), mientras que el *coseguro* es un porcentaje del costo (por ejemplo, el 20%). Para simplificar, usaremos *copagos* aquí.

En el pasado si tenías seguro, probablemente pagaste una sola prima y deducible para todo el año, junto con copagos por cada servicio. Medicare, sin embargo, se divide en cuatro partes, cada una con sus propios costos. En las siguientes secciones encontrarás una explicación sobre cada conjunto de costos en los planes la Parte A, Parte B, Parte D y Medicare Advantage (Parte C). En la Figura 3-1 se muestran los costos para las Partes A, B y D. *Nota:* los costos en la tabla son para las personas inscritas en Medicare Original más los planes individuales para medicamentos de la Parte D. Los costos de los planes de Medicare Advantage varían.

## Costos de la Parte A

La *Parte A* cubre el cuidado de enfermería, la habitación y las comidas en un hospital o en un *centro de enfermería especializado* (como un centro de rehabilitación o una residencia de ancianos), servicios de salud a domicilio y cuidados terminales. A continuación se presentan los posibles costos de bolsillo para estos servicios. *Nota:* estos costos se aplican si estás inscrito en el programa Medicare Original. Los costos pueden variar si estás en un plan de Medicare Advantage, como un HMO o PPO. Consulta la sección "Costos de Medicare Advantage" para más detalles.

|  | Parte A | Parte B | Parte D |
|---|---|---|---|
| **Primas** | Ninguna si tú o tu cónyuge han ganado 40 o más créditos de trabajo a través del pago de impuestos sobre la nómina en el trabajo. $278 al mes si tú o tu cónyuge tienen entre 30 y 39 créditos. $505 al mes si tú o tu cónyuge tienen entre 0 y 29 créditos | Para la mayoría de las personas: $174.70 al mes, según las circunstancias. Si estás sujeto a recargos por ingresos más altos, pagarás primas de entre $244.60 y $594 al mes, según el nivel de ingresos. | Las primas varían entre los planes de la Parte D, desde $0 a $200 por mes, y la mayoría ronda los $35. Si eres responsable de pagar primas por ingresos más altos, deberás pagar un recargo adicional de entre $12.90 y $81 por mes, según el nivel de ingresos. |
| **Deducibles** | $1,632 por cada período de beneficio de hospital. | Deducible anual: $240. | Deducible anual: $0 a $545 según el plan. |
| **Copagos** | <u>Estancias hospitalarias:</u> **Días 1 al 60:** sin copagos una vez alcanzado el deducible. **Días 61 al 90:** $408 por día en cada período de beneficio. **Días 91 al 150:** $816 por día por cada día de reserva de por vida. <u>Centros de enfermería especializados:</u> **Días 1 al 20:** sin copagos. **Días 21 al 100:** $204 por día en cada período de beneficio. **Después de 100 días:** pagas todos los costos. | Ninguno para la mayoría de los servicios preventivos. Veinte por ciento del costo aprobado por Medicare para otros servicios, a menos que tengas otro seguro que cubra esos costos. | Los copagos dependen de lo que tu plan cobra por cada medicamento y de la fase de cobertura en la que te encuentres en un momento determinado del año. |

**FIGURA 3-1:**
Resumen sobre primas, deducibles y copagos de 2024.

© John Wiley & Sons, Inc.

## Primas

No pagas primas por la cobertura de la Parte A si tú o tu cónyuge ganaron al menos 40 créditos (también conocidos como trimestres) al pagar impuestos de nómina de Medicare mientras trabajaban. Si no tienes suficientes créditos de tu historial laboral o del de tu cónyuge, puedes comprar los servicios de la Parte A al pagar primas. En el 2024, las primas eran de $278 por mes si tenías de 30 a 39 créditos y de $505 por mes si tenías menos de 30 créditos. Estas cantidades pueden cambiar ligeramente cada año. (Los créditos laborales se explican con más detalle en el Capítulo 5).

## Deducible

La Parte A no tiene un deducible anual, pero aplica un deducible a cada *período de beneficios hospitalarios*. Este período comienza cuando eres admitido por primera vez en un hospital y termina cuando has estado fuera del hospital durante 60 días. En el Capítulo 14 explico este periodo raro. El deducible para cada período de beneficios hospitalarios en el 2024 era de $1,632 (aumenta ligeramente cada año). Después de cumplir con este deducible, Medicare cubre todos los costos por hasta 60 días.

## Copagos (hospital y centro de enfermería especializado)

Si te quedas en el hospital por más de 60 días dentro de un período de beneficios, se te cobrará un copago diario desde el día 61 hasta el día 90. En el 2024, este copago era de $408 por día y aumenta ligeramente cada año. Si necesitas quedarte más de los 90 días, puedes usar tus *días de reserva de por vida*. Estos días tienen un copago más alto (en el 2024 era de $816 por día) y están limitados a 60 días durante toda tu vida. Una vez que se agoten estos días de reserva, deberás pagar todos los costos.

Para una estadía en un centro de enfermería especializado (SNF, por su sigla en inglés) después de haber estado en el hospital durante los 3 días obligatorios, Medicare cubre el costo total durante los primeros 20 días y no pagas nada. Desde el día 21 hasta el día 100, pagas un copago diario (en el 2024 era de $204). Si tu estadía se extiende más allá de 100 días en un período de beneficios, eres responsable del costo total.

Los días de reserva de por vida no pueden usarse para extender la cobertura del SNF.

## Copagos (cuidado en el hogar y centros para cuidados terminales)

Si calificas para servicios de atención médica en el hogar (lee el Capítulo 2), Medicare cubre los costos a través de una agencia de salud en el hogar, y tú no pagas nada. Sin embargo, si solicitas un servicio que no está incluido en el contrato de la agencia, debes pagarlo ya sea en su totalidad o como un copago del 20% de la Parte B (lee la sección "Costos de la Parte B").

Para los servicios de cuidados paliativos de una agencia aprobada por Medicare (lee el Capítulo 2), generalmente no pagas nada. Hay dos excepciones:

>> Para los medicamentos recetados necesarios para manejar los síntomas, como el dolor de tu enfermedad terminal, pagas hasta $5 por receta.

>> Si ingresas temporalmente a una residencia geriátrica para darle un descanso a tu cuidador, eres responsable del 5% del costo.

### Límites de gastos de bolsillo

Medicare no establece un límite anual en tus gastos en la Parte A. Sin embargo, una póliza Medigap (que describo en el Capítulo 4) u otro seguro adicional puede cubrir el deducible del hospital y los copagos de la Parte A.

# Costos de la Parte B

La *Parte B* cubre los servicios de los médicos (en consultorios, hospitales, otras instalaciones o en casa), la atención ambulatoria como pruebas de laboratorio y exámenes, y ciertos equipos y suministros médicos. *Nota:* los costos de la Parte B que se analizan a continuación se aplican a aquellos inscritos en Medicare Original. Para los costos del plan Medicare Advantage, consulta la sección "Costos de Medicare Advantage".

### Primas

Todas las personas inscritas en la Parte B deben pagar una prima mensual para recibir servicios, a menos que califiquen para la asistencia estatal (como se detalla en el Capítulo 4). Cada otoño, el gobierno federal anuncia la prima de la Parte B para el próximo año. En el 2024, la prima estándar fue de $174.70 por mes. El término *estándar* es clave aquí. Si tus ingresos superan cierto límite, pagarás una prima más alta. Además, en años sin ajustes por costo de vida (COLA, por su sigla en inglés) del Seguro Social o con ajustes mínimos, tu prima puede diferir de la de otros. Más adelante en este capítulo, proporciono más detalles sobre el recargo para ingresos altos y los efectos de los COLA nulos o pequeños.

### Deducible y copagos

En el 2024, el deducible anual de la Parte B fue de $240. Esta cantidad por lo general aumenta ligeramente cada año y se anuncia junto con la prima de la Parte B. En general, Medicare cubre el 80% del costo aprobado por Medicare para los servicios de la Parte B, mientras que eres responsable del 20% restante. Sin embargo, si visitas a un proveedor que no acepta el costo aprobado por Medicare como pago completo, es posible que te cobren más del 20%, como se explica en el Capítulo 13.

## Límites de los gastos de bolsillo

Medicare Original Parte B no tiene un límite en los gastos de bolsillo. Sin embargo, si tienes un seguro complementario Medigap (detallado en el Capítulo 4), puede cubrir tus copagos de la Parte B total o parcialmente, según la póliza que elijas.

## Costos de la Parte D

La *Parte D* cubre medicamentos recetados por un médico para uso en el hogar. Puedes obtener esta cobertura inscribiéndote en un plan de medicamentos de la Parte D independiente (si tienes Medicare Original) o a través de un plan Medicare Advantage que incluya tanto cobertura médica como de medicamentos de la Parte D.

### Primas

Todos los planes independientes de la Parte D tienen primas mensuales. Estas primas iban de $1 a $108 por mes en el 2024, con la mayoría de los planes con un costo de aproximadamente $34.50 por mes. Muchos planes de Medicare Advantage combinan servicios de salud y medicamentos en una sola prima, y algunos no cobran ninguna prima. Ambos tipos de planes pueden ajustar sus primas anualmente.

### Deducible

En cualquier año, no se te cobrará más de una cantidad establecida por el deducible anual de la Parte D, ya sea que estés en un plan independiente o en un plan de Medicare Advantage. En el 2024, el deducible máximo fue de $545. Sin embargo, muchos planes pueden cobrar cantidades menores o, en algunos casos, ningún deducible.

### Copagos

Dos factores determinan tus copagos de la Parte D:

>> **La cantidad que tu plan cobra por cada medicamento específico:** los copagos en dólares fijos permanecen constantes durante todo el año, pero los que se basan en un porcentaje del costo del medicamento pueden cambiar a medida que fluctúa el precio del medicamento. (En el Capítulo 14 analizo los detalles sobre cómo los planes determinan los copagos).

>> **La fase de cobertura que se aplica a ti en el ciclo anual de la Parte D:** ¿Estás en la fase de deducible, cobertura inicial, sin cobertura o con cobertura catastrófica cuando llenas tus recetas en diferentes momentos del año? (En el Capítulo 2 explico las cuatro fases de cobertura de la Parte D).

**RECUERDA**

Los planes de la Parte D pueden ajustar los copagos para cada medicamento cada año calendario. Los copagos también varían significativamente entre diferentes planes, incluso para el mismo medicamento. Es fundamental comparar los planes cada año debido a estas variaciones, para asegurarte así que obtienes la mejor oferta. En el Capítulo 15 encontrarás las instrucciones sobre cómo hacerlo.

### Límites de los gastos de bolsillo

La Parte D no establece un límite fijo para tus gastos anuales en medicamentos. Sin embargo, si tus costos superan un cierto límite, recibes un alivio financiero. En este punto, comienza la *cobertura catastrófica*, lo que significa que no pagas por tus medicamentos hasta el final del año calendario. Para calificar para esta cobertura, debes alcanzar un nivel significativo de gastos de bolsillo, como se detalla en el Capítulo 2.

## Costos de Medicare Advantage

Bajo el *programa Medicare Advantage*, puedes optar por recibir tus beneficios de Medicare a través de un plan de salud privado, como un HMO o un PPO, en lugar de Medicare Original. Cuando te inscribes en un plan de Medicare Advantage, debes cumplir con sus términos, condiciones y costos asociados.

### Primas

La mayoría de los planes requieren una prima mensual, además de la que se paga al gobierno por los servicios de la Parte B. El número de opciones de planes de Medicare Advantage aumentó de 33 en el 2019 a 43 en el 2024. Las primas de los planes varían desde $0 hasta más de $100 por mes. Las primas bajas no indican planes inferiores; a menudo se encuentran en áreas urbanas densamente pobladas donde la competencia es alta. En el 2024, la prima mensual promedio del plan Medicare Advantage fue de $18.50.

### Deducible

La mayoría de los planes de Medicare Advantage no tienen sus propios deducibles anuales para servicios médicos, aparte del deducible estándar de la Parte B. Sin embargo, algunos planes sí lo tienen. Estas cantidades varían según el plan y pueden cambiar anualmente. Los planes que incluyen cobertura de medicamentos recetados pueden cobrar un deducible anual para los medicamentos de la Parte D hasta un cierto límite (en el 2024 fue de $545) aunque algunos planes cobran menos o nada en absoluto. En general, la mayoría de los planes de Medicare Advantage no tienen un deducible para estancias hospitalarias.

## Copagos

En los planes de Medicare Advantage, los copagos difieren significativamente del Medicare tradicional:

» Puedes pagar una cantidad fija por cada servicio médico en lugar de un porcentaje del costo. Por ejemplo, un plan podría cobrar $25 por una visita de atención primaria y $35 por un especialista, a diferencia del 20% de Medicare Original. Sin embargo, los copagos en base a porcentajes se están volviendo más comunes en los planes de Medicare Advantage.

» Los copagos varían mucho entre planes y pueden cambiar anualmente dentro del mismo plan. Sin embargo, la cantidad cobrada por un servicio específico en enero no puede aumentar durante el resto del año.

» Algunos planes, especialmente los PPO, cobran copagos más altos por servicios de proveedores fuera de la red.

» La mayoría de los planes no tienen un deducible fijo para estancias hospitalarias como Medicare Original. En su lugar, cobran copagos diarios, que pueden variar mucho entre planes. Esto puede ser más o menos costoso que un deducible fijo, como se analiza en el Capítulo 11.

» Los planes que ofrecen atención rutinaria de la vista, el oído o los dientes como beneficios adicionales cobran copagos por estos servicios o los ofrecen como paquetes opcionales que requieren una prima separada.

» Los planes de Medicare Advantage no pueden cobrar más que Medicare Original por ciertos servicios, como quimioterapia, diálisis y equipo médico.

## Límites de gastos de bolsillo

RECUERDA

Los planes de Medicare Advantage, a diferencia de Medicare Original, deben establecer límites anuales en los gastos (deducibles y copagos) para los servicios cubiertos que los afiliados pagan cada año. Estos límites varían según el tipo de plan y si los costos son dentro o fuera de la red. Para detalles específicos, contacta a tu plan.

# Pagar primas más altas por tener ingresos elevados

Históricamente, Medicare no diferenciaba las primas según los ingresos; todos pagaban la misma cantidad. Incluso en la actualidad, a nadie se le niega la cobertura de Medicare debido a sus ingresos. Sin embargo, desde el 2007, como resultado de la Ley de Modernización de Medicare (Medicare Modernization Act) del 2003, las personas con ingresos más altos deben pagar primas más altas para la Parte B. La Ley del Cuidado de Salud a Bajo Precio del 2010 también extendió este requisito a la Parte D.

En esencia, aquellos que pagan primas más altas reciben un subsidio menor del Gobierno federal para su atención médica. El Gobierno federal subsidia aproximadamente el 75% de los costos para los servicios de la Parte B y Parte D con los dólares de los contribuyentes, mientras que los beneficiarios cubren aproximadamente el 25% a través de primas. La razón para estos recargos de ingresos más altos es la equidad; las personas más ricas pueden y deben contribuir con más del 25% de sus costos de Medicare.

La mayoría de las personas no pagan estas primas más altas. Sin embargo, los límites de ingresos no son tan altos como para que solo afecten a millonarios. Por lo tanto, es importante saber si es probable que te cobren estos recargos y qué acciones puedes tomar si esto sucede y crees que no se justifica el recargo. En las siguientes secciones exploramos estos temas en detalle.

## Entender quién es responsable por los recargos

**RECUERDA**

Debes pagar primas más altas para los servicios de la Parte B y Parte D si tu ingreso bruto ajustado modificado (MAGI, por su sigla en inglés) supera los $103,000 (para las personas solteras) o $206,000 (si estás casado, convives con tu pareja y presentas una declaración conjunta), según tu última declaración de impuestos federales.

Esa declaración, en pocas palabras, es una respuesta precisa a la pregunta sobre responsabilidad. Pero, para determinar si el recargo podría afectarte, considera los siguientes puntos:

>> Primero, considera la frase *tal como aparece en tu última declaración de impuestos federal*. La última declaración de impuestos que presentaste mostró los ingresos que recibiste en el año anterior. Por ejemplo, si pagas los recargos sobre tus primas del 2024, se calculan sobre los ingresos del 2022, según lo declarado en las declaraciones de impuestos que presentaste en el 2023.

>> ¿Qué significa exactamente el *ingreso bruto ajustado modificado* (MAGI)? No es simplemente tu ingreso total. Tu ingreso total (bruto) incluye todo el dinero recibido de cualquier fuente. Tu *ingreso bruto ajustado* (AGI, por su sigla en inglés) es la cantidad sobre la que se puede aplicar impuestos después de que

se realicen las deducciones permitidas. El MAGI es la cantidad que queda después de que se suman ciertas deducciones que fueron excluidas del AGI, como los intereses libres de impuestos y las deducciones de préstamos estudiantiles. Aunque es complejo, el MAGI suele ser menor que tu ingreso total.

**CONSEJO**

El ingreso puede cambiar significativamente en dos años, especialmente para aquellos que se han jubilado o han perdido sus empleos. Si esto se aplica a ti, o bajo ciertas otras circunstancias, es posible que no seas responsable del recargo y puedas solicitar una exención. Explico este proceso más adelante en la sección "Cómo obtener la exención de los recargos."

En las siguientes secciones analizamos las situaciones específicas que pueden afectar si pagas primas más altas.

## ¿Cuándo podrías ser responsable, aún si tus ingresos no son elevados?

Varios factores pueden hacer que las personas superen el límite del recargo, incluso si sus ingresos regulares son modestos. Estos incluyen:

» Un aumento de ingresos en un año por la venta de una propiedad, como una casa, incluso si es tu residencia principal.

» Un aumento de ingresos en un año por retirar parte o la totalidad de un activo diferido de impuestos, como una cuenta de jubilación individual (IRA, por su sigla en inglés) o por vender acciones.

» Un aumento de ingresos en un año por un golpe de suerte, como una herencia.

**RECUERDA**

Estos aumentos de ingresos en un solo año pueden resultar en un recargo en la prima. Sin embargo, este recargo no es permanente. El año siguiente, las primas se basarán en tus ingresos regulares.

Aquí hay algunos ejemplos que ilustran cómo puede cambiar la responsabilidad del recargo:

» En el 2020, unos años después de que Bob y Julia se jubilaran, vendieron su casa familiar y se mudaron a un departamento más pequeño. En su declaración de impuestos conjunta presentada en abril del 2021, declararon el dinero ganado por la venta de la casa en el 2020. Esta cantidad elevó su MAGI por encima del límite para una pareja casada. En consecuencia, en el 2022, tuvieron que pagar un recargo en sus primas de la Parte B y la Parte D, aunque sus ingresos habían disminuido. En el 2024, con base en sus declaraciones de impuestos del 2023 que reflejaban sus ingresos regulares del 2022, ya no tuvieron que pagar un recargo y volvieron a pagar primas estándar.

>> Cuando Jim se jubiló, puso algunos ahorros en una IRA libre de impuestos. En el 2022, al cumplir 70.5 años, la ley le obligó a retirar dinero de la cuenta. Este retiro contó como ingreso imponible en la declaración de impuestos que presentó en el 2023, lo que elevó su MAGI por encima del límite para una persona soltera. Como resultado, pagó recargos en las primas de la Parte B y la Parte D en el 2024.

## ¿Cuándo eres responsable del recargo de la Parte D, incluso sin un plan de la Parte D?

Algunas personas se sorprenden al descubrir que deben pagar un recargo de la Parte D por ingresos altos, a pesar de no recibir su cobertura de medicamentos recetados de Medicare. En su lugar, sus medicamentos están cubiertos bajo beneficios de jubilación proporcionados por antiguos empleadores. Después de consultar con Medicare, se confirmó que algunas personas en planes de jubilación deben pagar el recargo de la Parte D. ¿Por qué sucede esto?

Los funcionarios de Medicare explican que muchas personas creen que solo tienen cobertura de medicamentos para jubilados. Sin embargo, su empleador podría contratar un plan de la Parte D para proporcionar esta cobertura. En consecuencia, estas personas pueden no darse cuenta de que están recibiendo cobertura de medicamentos de Medicare sujeta al recargo de la Parte D.

Aquí está cómo determinar si necesitas pagar el recargo de la Parte D:

>> Si estás inscrito en un plan de medicamentos regular de la Parte D o en un plan de salud Medicare Advantage que incluye cobertura de medicamentos, y elegiste y pagaste por este plan tú mismo (sin que sea parte de los beneficios de jubilación), la situación es sencilla. Si tus ingresos te califican para el recargo, debes pagarlo además de la prima de tu plan.

>> Si el plan de atención médica para jubilados de tu antiguo empleador recibe un subsidio de medicamentos para jubilados del gobierno, no eres responsable del recargo.

>> Si el plan de salud para jubilados de tu antiguo empleador contrata Medicare para proporcionar cobertura de la Parte D, ya sea a través de un plan de medicamentos de la Parte D o un plan de salud que incluya cobertura de la Parte D, eres responsable del recargo si tus ingresos superan el nivel especificado.

**CONSEJO**

Si tienes cobertura de medicamentos a través de un plan de jubilación, ¿cómo puedes determinar si eres responsable del recargo? Tu plan puede informarte, o podrías enterarte primero cuando la Administración del Seguro Social envíe una carta de notificación. En tales casos, contacta a tu plan de jubilación para confirmar y preguntar si tú o tu antiguo empleador pagarán el recargo.

Si el plan de jubilación paga tus primas de la Parte D (como algunos planes lo hacen), el empleador también puede optar por pagar cualquier recargo, aunque no están obligados a hacerlo. De todos modos, sigues siendo legalmente responsable de asegurarte de que el recargo se pague cada mes.

## ¿Cómo calcular el costo de los recargos?

Si eres responsable del recargo, tus primas más altas se calculan en una escala móvil basada en tu ingreso bruto ajustado modificado (MAGI). La mayoría de las personas pagan alrededor del 25% de los costos de Medicare a través de primas estándar. Aquellos que pagan recargos pagan primas en cuatro niveles diferentes según su MAGI: 35, 50, 65 u 80% de los costos de la Parte B y Parte D. Para entender cómo funciona esto, consulta la Tabla 3-1 a continuación, en la que se detallan los diferentes montos de recargo requeridos en el 2024 para las primas de la Parte B y Parte D según tu MAGI del 2022, tal como se presentó en tus declaraciones de impuestos del 2023.

Un cálculo que no se muestra en la Tabla 3-1 es que para parejas casadas que presentan declaraciones de impuestos por separado, cada cónyuge paga un recargo basado en su MAGI individual en uno de dos niveles: de $103,000 a $397,000, y $397,000 y más.

**INFORMACIÓN TÉCNICA**

Los montos de los recargos cambian ligeramente cada año porque se basan en porcentajes de los costos totales de la Parte B y Parte D del año anterior, que pueden fluctuar. Sin embargo, los *límites* de MAGI que determinan tu nivel de prima se congelaron durante el 2019 y se han ajustado desde el 2020 todos los años por la inflación.

## ¿Cómo lograr que se eliminen los recargos?

Muchas cosas pueden cambiar entre el año en que se evalúa tu ingreso y el año en que se aplican los recargos. Por ejemplo, en el año de evaluación (año A), podrías estar ganando un ingreso alto, mientras que en el año del recargo (año B), podrías estar jubilado con un ingreso significativamente menor. En el año A, podrías estar casado, pero para el año B, podrías ser viudo o estar divorciado. De manera similar, podrías tener una cartera de acciones fuerte en el año A, pero para el año B, el mercado podría colapsar, dando como resultado pérdidas sustanciales.

**TABLA 3-1**

## Primas de la Parte B y Parte D para ingresos altos en el 2024

| Tu MAGI del 2022 (según las Declaraciones del 2023) | Tu prima mensual de la Parte B en el 2024 | Tu prima mensual de la Parte D en el 2024 |
| --- | --- | --- |
| Persona soltera: $103,000 o menos<br><br>Pareja casada declaración conjunta: $206,000 o menos | Prima estándar del 2024:<br>$174.70 | Tu prima regular del plan Parte D |
| Persona soltera: $103,000 a $129,000<br><br>Pareja casada declaración conjunta: $206,000 a $258,000 | $244.60 | Tu prima del plan Parte D más $12.90 |
| Persona soltera: $129,000 a $161,000<br><br>Pareja casada declaración conjunta: $258,000 a $322,000 | $349.40 | Tu prima del plan Parte D más $33.30 |
| Persona soltera: $161,000 a $193,000<br><br>Pareja casada declaración conjunta: $322,000 a $386,000 | $454.20 | Tu prima del plan Parte D más $53.80 |
| Persona soltera: $193,000 a $500,000<br><br>Pareja casada declaración conjunta: $386,000 a $750,000 | $559.00 | Tu prima del plan Parte D más $74.20 |
| Persona soltera: $500,000 o más<br><br>Pareja casada declaración conjunta: $750,000 o más | $594.00 | Tu prima del plan Parte D más $81.00 |

*Fuente: Centros de servicios de Medicare y Medicaid (CMS)/Dominio público*

En tales casos, ¿puedes lograr que se eliminen los recargos? Las siguientes secciones describen cambios en la vida y otras situaciones que pueden calificarte para solicitar una excepción por parte del Seguro Social. (Ten en cuenta que es la Administración del Seguro Social, no Medicare, quien evalúa los recargos por ingresos altos).

## ¿Qué califica como un evento que cambia la vida?

En algunas situaciones específicas, si tus ingresos han disminuido recientemente, puedes evitar pagar un recargo de prima por ingresos altos. La Administración del Seguro Social identifica las siguientes situaciones como *eventos que cambian la vida*:

» Te casas, te divorcias, anulas tu matrimonio o muere tu cónyuge.

» Tú o tu cónyuge dejan de trabajar (por ejemplo, por jubilación o pérdida de empleo).

- ➤ Tú o tu cónyuge reducen las horas de trabajo.

- ➤ Tú o tu cónyuge dejan de recibir ingresos debido a que terminó o se modificó el plan de pensiones de su antiguo empleador.

- ➤ Tú o tu cónyuge reciben un acuerdo de su empleador actual o anterior debido a cierre, bancarrota o reorganización, este aumento de ingresos no contribuye a un recargo de prima.

- ➤ Tú o tu cónyuge pierden una propiedad que genera ingresos (por ejemplo, propiedad de alquiler, tierras de cultivo o ganado) debido a un desastre u otros eventos fuera de su control.

CONSEJO

Si ocurrió alguno de estos eventos y resultó en una reducción de ingresos, y ya estás pagando o has sido notificado para pagar el recargo, comunícate con el Seguro Social al 800-772-1213 (o TTY 800-325-0778) y solicita una *nueva determinación inicial*. Este proceso permite que el Seguro Social reevalúe tu necesidad de pagar el recargo sin una apelación formal.

Para solicitar una nueva determinación inicial, proporciona prueba del evento que cambia la vida (por ejemplo, un certificado de defunción o una carta de tu antiguo empleador) y una declaración de impuestos más reciente que muestre una MAGI reducida. Si no has presentado una declaración de impuestos para el año en curso, estima tus ingresos reducidos y envía una copia firmada de la declaración después de presentarla al IRS.

El Seguro Social generalmente procesa una solicitud de nueva determinación el día en la que se recibe, siempre que la documentación esté completa. Si se aprueba, el Seguro Social actualizará sus registros, y los recargos de prima serán eximidos o reducidos. Cualquier pago en exceso será reembolsado. Si la solicitud es denegada o no estás de acuerdo con la determinación, tienes el derecho de apelar, para hacerlo llama al Seguro Social al 800-772-1213.

A continuación encontrarás algunos ejemplos:

- ➤ Kate se jubiló a los 68 años en el otoño del 2022. Sus primas de Medicare Parte B y D incluían recargos por ingresos altos basados en su declaración de impuestos del 2022. Después de la jubilación, sus ingresos disminuyeron significativamente. Dado que la jubilación es un evento que cambia la vida, Kate solicitó una reevaluación. Sus primas se redujeron a cantidades estándar, y recibió un reembolso por los pagos en exceso.

- ➤ José, un consultor autónomo, falleció repentinamente, como resultado los ingresos de Maria se redujeron de manera significativa. María siguió el consejo de un amigo y solicitó al Seguro Social que redujera sus primas de Medicare a la tarifa estándar. La muerte de José fue considerada un evento que cambia la vida, y la solicitud de María fue concedida.

### ¿Qué otras situaciones califican para una exención?

¿Qué pasa si tus ingresos disminuyeron por otras razones? Por ejemplo, perder ingresos por inversiones debido a un colapso del mercado de valores no cuenta como un evento que cambia la vida para el Seguro Social. Por lo tanto, no puedes solicitar una nueva determinación. En su lugar, puedes presentar una declaración de impuestos enmendada con el IRS. Si es aceptada, envíala al Seguro Social para mostrar tu menor ingreso bruto ajustado modificado (MAGI).

Otra situación a tener en cuenta es si tus ingresos se reducen por fraude o actividad criminal, como un esquema Ponzi. En este caso, el Seguro Social puede considerar eximirte de un recargo en la prima. Sin embargo, debes proporcionar prueba del fraude o delito y mostrar que el perpetrador ha sido condenado.

Si no puedes pagar el recargo debido a la pérdida de ingresos, pero no calificas para una exención por evento que cambia la vida, generalmente tienes que pagar la prima más alta hasta que tu próxima declaración de impuestos refleje tus ingresos reales. No obstante, el Seguro Social puede eximirte del recargo si pagar las primas causaría una grave dificultad financiera. Si este es tu caso, contacta al Seguro Social y solicita una exención.

# ¿Puede ser que algunas personas paguen diferentes primas que otras en ciertos años?

Esto ha ocurrido en raras ocasiones, la última en el 2021, pero en ciertos años, algunos beneficiarios de Medicare pagan una prima de la Parte B y otros pagan mucho más. Esta situación surge cuando el Seguro Social no proporciona un ajuste por costo de vida (COLA) o proporciona solo uno mínimo.

Por ley, las personas que reciben beneficios del Seguro Social están protegidas contra una reducción en sus pagos debido a un aumento en las primas de la Parte B. Por lo tanto, si en un año específico no se aplica un COLA del Seguro Social o es muy bajo, y la prima de la Parte B aumenta, estas personas están "protegidas", lo que significa que no tienen que pagar las primas más altas. Esto parece justo, ya que evita una reducción en sus beneficios netos.

Sin embargo, las primas de la Parte B de Medicare están obligadas por ley a cubrir aproximadamente el 25% de los costos esperados del programa para el próximo año. Cuando los costos aumentan, las primas aumentan. Pero, si las personas protegidas por la cláusula de no perjuicio no contribuyen a este aumento, ¿quién lo paga? La respuesta es: el resto de las personas en Medicare. Entre ellos se encuentran:

>> **Las personas que no reciben beneficios del Seguro Social o de retiro ferroviario:** este grupo consiste en personas que no han solicitado beneficios, exfuncionarios del Gobierno a nivel federal, estatal o local con sus propios sistemas de pensiones y personas menores de 65 años cuyas prestaciones por discapacidad han sido descontinuadas pero aún califican para Medicare.

>> **Nuevos beneficiarios de Medicare que sí reciben beneficios del Seguro Social:** para estar protegidos, uno debe haber recibido beneficios en noviembre y diciembre y haber tenido las primas de Medicare deducidas por adelantado para diciembre y enero.

>> **Beneficiarios de ingresos más altos:** aquellos que pagan primas más altas relacionadas con los ingresos, independientemente de si reciben pagos del Seguro Social. Consulta la sección anterior "Pagar primas más altas por tener ingresos elevados" para más detalles.

>> **Beneficiarios de bajos ingresos que reciben Medicaid o primas de la Parte B que las paga el estado:** en estos casos, el estado cubre la prima aumentada, no el beneficiario.

Aquí es donde entra en juego la disposición de Exención de responsabilidad de Medicare. Esta disposición garantiza que las personas que reciben Seguro Social no experimenten reducciones significativas en sus pagos mensuales cuando las primas de Medicare Parte B superan el ajuste por costo de vida (COLA) cada año.

El COLA del Seguro Social se basa en el Índice de precios al consumidor (CPI, por su sigla en inglés), que mide la inflación general pero no incluye los costos de atención médica. Los costos de atención médica son una parte significativa de los gastos para los estadounidenses, especialmente aquellos en el grupo de edad de Medicare. Por ejemplo, el CPI en el 2024 fue del 3.9%, más bajo que el 6.3% del año anterior, pero no se tuvo en cuenta el aumento de los costos de atención médica.

# Pagar impuestos de Medicare mientras se reciben beneficios de Medicare

Me han hecho esta pregunta muchas veces: "Tengo más de 65 años, sigo trabajando y estoy inscrito en Medicare. ¿Mi empleador debería seguir deduciendo los impuestos de nómina de Medicare de mis ganancias?"

**RECUERDA**

Sí. La ley requiere que se paguen impuestos de Medicare sobre todas las ganancias mientras continúes trabajando, independientemente de que estés recibiendo beneficios de Medicare.

También, me han preguntado lo contrario: "Tengo 60 años y mi empleador ha dejado de descontar recientemente Medicare y el Seguro Social de mi salario. ¿Esto es correcto?"

**ADVERTENCIA**

No, *absolutamente* no. No pagar estos impuestos puede poner en peligro sus beneficios futuros. A veces, los empleadores dejan de retener impuestos por error, pensando que pueden tratar a los empleados como contratistas independientes. Esta clasificación incorrecta es un problema serio y puede llevar a sanciones para la empresa. Si está clasificado como empleado, su empleador debe pagar la mitad de sus impuestos de nómina de Medicare y del Seguro Social. Como contratista independiente, usted es responsable del monto total.

**CONSEJO**

El IRS dice que si eres un empleado que cree que está clasificado incorrectamente como contratista independiente, debes presentar el Formulario SS-8, Determinación del Estatus del Trabajador para Propósitos de Impuestos Federales sobre el Empleo y Retención de Impuestos sobre la Renta. Los empleadores también pueden usar este formulario para aclarar la clasificación del trabajador. El Formulario SS-8 está disponible en línea en www.irs.gov/pub/irs-pdf/fss8.pdf.

## Capítulo 4

# Cómo reducir tus gastos de bolsillo en Medicare

Medicare implica varios costos de bolsillo: primas, deducibles y copagos, junto con servicios no cubiertos por Medicare. Si tienes beneficios de jubilación de un empleador anterior, estos pueden ayudar a reducir tus gastos. (En el Capítulo 8 analizamos como otros seguros se complementan con Medicare). De lo contrario, puede estar buscando formas de disminuir estos costos. Afortunadamente, existen varias formas de asistencia, aunque no todas aplican para todos:

» **Seguro Medigap:** si puedes pagarlo, puedes comprar un seguro suplementario Medigap para reducir tus costos. Esto implica pagar primas de Medigap para reducir los deducibles y copagos que cobra Medicare Original. Aunque pueda parecer contradictorio, esto puede ahorrarte una cantidad significativa de dinero. Aproximadamente uno de cada cinco beneficiarios de Medicare compra estas pólizas.

» **Medicare Advantage:** otra opción es unirse a un plan de Medicare Advantage, que también puede reducir costos. En los Capítulos 9 y 11 brindo información más detallada de estos planes, por eso no los incluyo aquí.

» **Ayuda estatal y federal:** con un ingreso muy limitado, puedes calificar para asistencia estatal para ayudar a pagar los costos de Medicare. Además, el programa federal llamado Ayuda Adicional ofrece cobertura de medicamentos recetados de la Parte D a un costo mucho menor para aquellos con ingresos limitados.

En este capítulo exploramos Medigap, la asistencia estatal y federal, y otras estrategias para reducir gastos, junto con consejo prácticos sobre cómo implementarlas.

# Cómo adquirir un seguro Medigap

*El seguro complementario de Medicare*, también conocido como *Medigap*, no es un programa del gobierno. Es un seguro privado que puedes comprar por separado para reducir tus costos en Medicare Original. Si no tienes cobertura complementaria de otras fuentes (como beneficios de jubilación) y puedes permitirte las primas adicionales, vale la pena considerar Medigap. Cubre muchos de los copagos y deducibles que de otro modo pagarías de tu bolsillo, además de alguna cobertura adicional dependiendo de la póliza específica.

**RECUERDA**

Esta sección explora los detalles de las pólizas de Medigap y cómo compararlas. En el Capítulo 10, hablaré sobre cómo elegir la mejor póliza para tus necesidades y el momento óptimo para comprarla, incluso si tienes menos de 65 años. Primero, aquí hay algunos datos clave sobre Medigap:

» Debes estar inscrito tanto en Medicare Parte A como en Parte B.

» El seguro Medigap solo se puede usar con Medicare Original, no con un plan Medicare Advantage.

» Debes pagar una prima mensual además de tu prima de la Parte B.

» Medigap no cubre los costos de medicamentos recetados a menos que tengas una póliza antigua comprada antes del 2006.

» Si tienes 65 años o más, la ley federal proporciona importantes protecciones al consumidor, pero solo si compras una póliza en el momento adecuado. Durante períodos específicos, una compañía de seguros no puede negarte cobertura ni cobrar primas más altas por problemas de salud.

» Si tienes menos de 65 años, no recibes estas protecciones federales, pero algunos estados tienen leyes similares para sus residentes.

**CONSEJO** Para obtener información más detallada sobre la compra de un seguro Medigap, consulta la publicación oficial "Elegir una póliza de Medigap" en `www.medicare.gov/publications/02110-medigap-guide-health-insurance.pdf`.

## Cómo son las pólizas de Medigap

*Nota:* Esta sección es para personas de 65 años o más. Si eres más joven, consulta la información proporcionada en el Capítulo 10.

Las pólizas Medigap están estandarizadas y etiquetadas con letras: A, B, C, D, F, G, K, L, M y N. Las pólizas más antiguas etiquetadas como E, H, I y J ya no están disponibles. Cada póliza ofrece un conjunto único de beneficios, y la ley federal asegura que las pólizas con la misma letra proporcionen beneficios idénticos, aunque las primas pueden variar entre las compañías de seguros. Por lo tanto, es aconsejable comparar precios.

**RECUERDA** A partir del 2020, los nuevos beneficiarios de Medicare no pueden comprar planes que cubran el deducible de la Parte B. En consecuencia, los Planes C y F no están disponibles para nuevos inscritos. Sin embargo, si tenías estos planes antes del 2020, puedes conservarlos y si eras elegible para Medicare antes de enero del 2020 pero no te inscribiste, aún puedes comprar estos planes. Los Planes C y F son los únicos que cubren el deducible de la Parte B.

Consulta la Figura 4-1, que describe los beneficios cubiertos por cada póliza. Las pólizas que cubren solo parte del costo de un beneficio se indican con porcentajes, y el resto lo pagas tú.

En la Figura 4-1 se muestra la cobertura básica de las pólizas Medigap. Toma en cuenta los siguientes detalles:

» El beneficio de atención de emergencia en el extranjero tiene un deducible de $250, un copago del 20% y un límite de por vida de $50,000.

» El beneficio de cargos en exceso de la Parte B, disponible solo en las pólizas F y G, cubre los costos que exceden la cantidad aprobada por Medicare. Esta práctica, conocida como facturación de saldo, se detalla en el Capítulo 13. Recuerda que el Plan F no está disponible para nuevos inscritos en Medicare.

» La Póliza N cubre la mayoría de los copagos del 20% de la Parte B, pero requiere hasta un copago de $20 para algunas visitas al consultorio y hasta un copago de $50 para visitas a la sala de emergencias que no resulten en admisión hospitalaria.

| Beneficios cubiertos | A | B | C | D | F | G | K | L | M | N |
|---|---|---|---|---|---|---|---|---|---|---|
| Copagos hospitalarios de la Parte A más 365 días adicionales | Sí | Sí | Sí | Sí | Sí | Sí | Sí | Sí | Sí | Sí |
| Deducible hospitalario de la Parte A | No | Sí | Sí | Sí | Sí | Sí | 50% | 75% | 50% | Sí |
| Copagos de la Parte B | Sí | Sí | Sí | Sí | Sí | Sí | 50% | 75% | Sí | Sí |
| Deducible de la Parte B | No | No | Sí | No | Sí | No | No | No | No | No |
| Cargos por exceso de la Parte B | No | No | No | No | Sí | Sí | No | No | No | No |
| Copagos de los centros de enfermería especializados | No | No | Sí | Sí | Sí | Sí | 50% | 75% | Sí | Sí |
| Copagos de centros para cuidados terminales | Sí | Sí | Sí | Sí | Sí | Sí | 50% | 75% | Sí | Sí |
| Los primeros 3 litros de sangre | Sí | Sí | Sí | Sí | Sí | Sí | 50% | 75% | Sí | Sí |
| Atención de urgencia en el extranjero (según límites del plan) | No | No | Sí | Sí | Sí | Sí | No | No | Sí | Sí |

**FIGURA 4-1:** Beneficios cubiertos en las pólizas Medigap.

© John Wiley & Sons, Inc.

>> Las Pólizas K y L cubren la mitad o tres cuartas partes de la mayoría de los costos de servicios, pero pagan el 100% por el resto del año si tus gastos de bolsillo superan ciertos límites anuales.

>> Una versión alternativa con deducible alto de las pólizas F y G está disponible en algunos estados y ofrece primas más bajas, pero requiere un deducible anual de $2,800 (en el 2024) antes de que comience la cobertura. Este deducible puede cambiar anualmente.

>> Algunas pólizas tienen una versión "SELECT" con primas más bajas pero requieren que uses proveedores de la red, excepto en emergencias.

>> Las Pólizas C y F cubren el deducible anual de la Parte B ($240 en el 2024), pero este beneficio no está disponible en las pólizas vendidas después del 2020.

CONSEJO

Para comparar las pólizas Medigap, necesitas conocer los detalles de cada una para poder compararlas adecuadamente. Puedes hacerlo al visitar el sitio web de Medicare:

1. **Ve a** `http://www.medicare.gov/medigap-supplemental-insurance-plans/`.

2. **Ingresa tu código postal y haz clic en "Comenzar" (Start)".**

   Verás una lista de pólizas Medigap.

3. **Haz clic en "Detalles del Plan (Plan Details)".**

   Para ver qué compañías de seguros venden un plan, haz clic en el enlace "Ver Pólizas (View Policies)". Contacta a las compañías directamente para obtener información exacta sobre las primas, por teléfono o mediante la información de contacto que aparecerá en sus páginas web.

También, puedes llamar a la línea de ayuda de Medicare al 800-633-4227 (TTY 877-486-2048) para solicitar detalles por correo. Además, puedes buscar asistencia de un consejero en tu Programa Estatal de Ayuda para Seguros de Salud (SHIP, por su sigla en inglés). Consulta el Anexo A para conocer los números de teléfono del SHIP.

## Si vives en Massachusetts, Minnesota, o Wisconsin

Massachusetts, Minnesota, y Wisconsin implementaron políticas estandarizadas de Medigap antes de que la ley federal las exigiera, lo que permite que estos programas continúen.

Aunque la mayoría de los beneficios de Medigap en estos estados son similares a las políticas nacionales, hay algunas diferencias. Por ejemplo, los beneficios de Wisconsin incluyen 175 días adicionales de cobertura para salud mental hospitalaria y 40 visitas más de atención médica en el hogar que las que proporciona Medicare. Minnesota ofrece un beneficio adicional para la fisioterapia. Sin embargo, hay menos opciones de políticas disponibles en comparación con otros estados.

Si resides en uno de estos estados, puedes ingresar tu código postal en el buscador de planes Medigap en el sitio web de Medicare para ver las políticas disponibles y sus beneficios específicos.

## Si vives en un estado donde se venden pólizas Medigap "innovadoras"

Algunos estados han aprobado recientemente nuevas pólizas Medigap conocidas como pólizas "innovadoras". Estas ofrecen beneficios adicionales en comparación con las estándar.

Estas pólizas innovadoras varían según el estado y la compañía. Los beneficios adicionales pueden incluir cobertura para cuidado dental, visual y auditivo de rutina; exámenes físicos anuales; una línea telefónica de asesoramiento de enfermeras; programas de entrenamiento físico; y cobertura extendida para centros de enfermería especializados. Las pólizas de la mayoría de los estados proporcionan uno o dos de estos beneficios.

Estos beneficios adicionales se añaden a las pólizas estándar existentes. Por ejemplo, una "póliza innovadora" incluye todos los beneficios de una póliza regular (como se muestra en la Imagen 4-1), más cualquier extra permitido por el estado y elegido por la compañía de seguros. No se te puede cobrar primas más altas que las de la póliza regular en tu área.

Para más información, comunícate con el departamento de seguros de tu estado. Visita www.naic.org/state_web_map.htm y selecciona tu estado.

## Qué sucede si tienes una póliza Medigap que ya no se vende

Con los años, el seguro Medigap ha evolucionado para ofrecer más protecciones al consumidor. Hace más de 20 años, la ley federal simplificó las pólizas disponibles en diez conjuntos estandarizados de beneficios (con excepciones en tres estados), lo que facilita el proceso de selección. Se han descontinuado algunas pólizas, específicamente E, H, I y J. Aunque estas pólizas ya no pueden venderse a nuevos clientes, los titulares actuales pueden seguir usándolas.

Si mantienes una de estas pólizas descontinuadas, tus beneficios originales permanecen sin cambios. Sin embargo, puedes notar un aumento en las primas. Esto se debe a que el grupo de asegurados con el mismo plan se reduce cada año. A medida que estas personas envejecen y enfrentan más problemas de salud, los costos del seguro aumentan, lo que lleva a primas más altas.

Las pólizas H, I y J fueron populares en su momento, pero costosas debido a su cobertura de medicamentos recetados, que era única antes de que Medicare ofreciera ese tipo de beneficios. Desde el 2006, cuando comenzó Medicare Parte D, ya no se ofrecían estas pólizas a nuevos clientes. En ese momento, los asegurados podían dejar la cobertura de medicamentos, cambiar a una póliza Medigap sin cobertura de medicamentos e inscribirse en la Parte D, o mantener sus pólizas existentes.

Si te inscribiste en la póliza C o F antes del 2020 (que cubría el deducible de la Parte B), podrías cambiar a otra póliza. Sin embargo, en la mayoría de los estados, esto requiere una evaluación médica, lo que permite a la compañía de seguros cobrar primas más altas basadas en tu salud actual y enfermedades preexistentes.

Algunos estados permiten cambios de póliza en momentos específicos sin evaluación médica. (Consulta el Capítulo 15 para más detalles sobre cómo cambiar de póliza).

**ADVERTENCIA**

Un problema significativo es que la cobertura de medicamentos bajo las pólizas H, I y J no es *acreditable*, lo que significa que Medicare no la considera equivalente a la cobertura de la Parte D. Si cambias a la Parte D ahora después de mantener una de estas pólizas, incurrirás en penalizaciones permanentes por inscripción tardía, aumentando tus primas de la Parte D. Estas penalizaciones se basan en el número de meses desde mayo del 2006, la fecha límite de inscripción en la Parte D para los beneficiarios existentes de Medicare.

Por ejemplo, Alice tenía una póliza Medigap J que cubría el 50% de sus costos de medicamentos hasta un límite anual. La mantuvo después de que comenzó el beneficio de la Parte D en el 2006. A finales del 2016, su póliza se había vuelto costosa, por lo que consideró cambiar a un plan de la Parte D. Sin embargo, debido a que había pasado 127 meses sin cobertura acreditable (desde junio del 2006 hasta diciembre del 2016), enfrentaba penalizaciones permanentes por inscripción tardía de aproximadamente $43 mensuales añadidos a sus primas de la Parte D.

## Elegir y comprar una póliza de Medigap

En el Capítulo 10, hablo de consideraciones importantes para seleccionar una póliza de Medigap. Explico el momento óptimo para comprar una póliza de Medigap, especialmente cuando las protecciones federales para el consumidor aplican si tienes 65 años o más, y por qué el momento afecta el costo. Además, menciono que las protecciones federales no aplican si tienes menos de 65 años, pero algunos estados pueden ofrecer protecciones similares o alternativas.

# ¿Cómo calificar para obtener la ayuda de tu estado?

Si tienes dificultades para costear los costos básicos de Medicare, incluidos extras como Medigap (descritos en este capítulo), podrías calificar para asistencia estatal. Millones se han beneficiado de estos programas, y deberías considerar aplicar, especialmente si estás pensando en dejar de pagar tus primas. Explora todas las opciones para mantener tu cobertura.

Muchas personas elegibles no aplican a los programas estatales, a menudo porque no saben que existen o no están seguras de cómo aplicar. En esta sección se describe la ayuda disponible. Si estás enfrentando dificultades financieras, considera las siguientes opciones:

>> **Medicaid:** es un programa administrado por el estado que complementa Medicare, si calificas proporciona atención médica prácticamente gratuita.

>> **Programas de gastos médicos de Medicaid:** si no calificas directamente para Medicaid, podrías ser elegible temporalmente bajo ciertas circunstancias.

>> **Programas de ahorros de Medicare (MSP, por su sigla en inglés):** si no eres elegible para Medicaid, aún podrías calificar para que se paguen tus primas de Medicare a través de los MSP.

>> **Planes PACE:** los Programas de Cuidado Integral para Ancianos (PACE, por su sigla en inglés) ofrecen servicios valiosos para las personas con bajos ingresos y enfermas, aunque la disponibilidad es limitada.

>> **Programa Estatal de Asistencia Farmacéutica (SPAP, por su sigla en inglés):** estos programas ayudan a las personas a costear los medicamentos recetados.

# Medicaid

*Medicaid* es un programa nacional de atención médica que cubre los costos médicos para ciertos grupos, incluidos los ancianos y las personas con discapacidades, que tienen ingresos limitados. Aproximadamente 80 millones de personas están inscritas en Medicaid, y más de uno de cada cinco son beneficiarios de Medicare que reciben ambos beneficios. A estos individuos se les conoce como *beneficiarios con doble elegibilidad.*

Si calificas para beneficios completos de Medicaid, deberías pagar poco o nada por la atención médica porque Medicaid:

>> Cubre tus gastos de bolsillo de Medicare.

>> Proporciona más cobertura que Medicare para algunos servicios, como estancias prolongadas en centros de enfermería especializados.

>> Paga por artículos que Medicare no cubre, como gafas y audífonos.

>> Cubre el cuidado a largo plazo en residencias geriátricas, lo cual Medicare no hace.

>> Te califica automáticamente para cobertura de medicamentos recetados de manera gratuita o de bajo costo a través del programa Ayuda Adicional de la Parte D. (Más adelante en este capítulo, explico el programa de Ayuda Adicional).

**RECUERDA**

Medicaid es administrado por cada estado en asociación con el Gobierno federal. (En algunos estados, se lo conoce con diferentes nombres, por ejemplo MaineCare en Maine, MassHealth en Massachusetts y Green Mountain Care en Vermont). Esto significa que las reglas de elegibilidad pueden variar según el estado. Generalmente, para calificar, debes:

>> Tener un ingreso mensual por debajo del nivel establecido por tu estado.

>> Tener ahorros y recursos por debajo de un cierto valor.

>> Vivir en el estado.

>> Ser ciudadano estadounidense o residente legal (Tener una tarjeta verde).

Si estás casado y vives con tu cónyuge, tu elegibilidad se basa en el ingreso conjunto. Si vives con otra persona, como un familiar, podrías ser evaluado como un "hogar de una persona" si no estás casado o no eres dependiente en sus declaraciones de impuestos. Si te declaran como dependiente, su ingreso será considerado, lo que probablemente te descalifique de Medicaid.

Navegar por el proceso de elegibilidad puede ser lento y complicado. Podrías calificar para Medicaid un año y perderlo al siguiente. Encontrar médicos que acepten Medicaid también puede ser un desafío. El Fondo de la Commonwealth (Commonwealth Fund) encontró que casi 3.8 millones de beneficiarios de Medicaid perdieron la cobertura después de que terminó la emergencia de salud pública por COVID-19, a menudo debido a barreras administrativas.

Para determinar tu elegibilidad, comunícate con tu oficina local de Medicaid. Puedes llamar a Medicare al 800-633-4227 (TTY 877-486-2048) para obtener el número de teléfono o visitar www.medicaid.gov/about-us/beneficiary-resources/index.html para obtener información sobre el programa de Medicaid de cada estado.

Para aquellos que califican tanto para Medicaid como para Medicare, algunos planes Medicare Advantage, conocidos como Planes de Necesidades Especiales (SNP, por su sigla en inglés), están diseñados específicamente para beneficiarios con doble elegibilidad. Los SNP atienden a grupos particulares, como aquellos con enfermedades crónicas, los que están en cuidado a largo plazo y los beneficiarios con doble elegibilidad. Con estos planes se coordinan los servicios de Medicare y Medicaid para maximizar los beneficios, aunque no están disponibles en todas partes. Para más información, consulta el Capítulo 9.

# Programas de gastos médicos de Medicaid

Algunos estados ofrecen un sistema que permite a las personas con ingresos superiores al límite de Medicaid del estado ser elegibles una vez que sus gastos médicos de bolsillo alcanzan un cierto nivel dentro de un año calendario. Esta opción se conoce como *gasto médico* o *programa de necesidad médica*.

Estos programas tienen varias reglas de elegibilidad, generalmente otorgan cobertura por un período limitado, por ejemplo, seis meses. Después de este período, es posible que necesites volver a aplicar. Este proceso recurrente ocurre porque, con Medicaid, tus gastos médicos disminuyen, lo que podría hacer que pierdas la elegibilidad hasta que incurras en más facturas médicas.

A pesar de esto, si calificas para Medicaid a través de estos programas, la mayoría de tus costos de Medicare de bolsillo están cubiertos por ciertos períodos. Además, calificas automáticamente para la Ayuda Adicional, que proporciona cobertura de medicamentos de Medicare a bajo costo. Una vez inscrito en la Ayuda Adicional, recibes sus beneficios hasta al menos el final del año calendario, incluso si tu cobertura de Medicaid termina antes.

Para determinar si tu estado tiene un programa de gastos médicos, comunícate con tu oficina local de Medicaid. Puedes llamar a Medicare al 800-633-4227 (TTY 877-486-2048) para obtener el número de teléfono.

# Programas de Ahorro de Medicare

Para calificar para un Programa de Ahorro de Medicare (MSP, por su sigla en inglés), tus ingresos y ahorros deben estar por debajo de ciertos límites, que varían según el estado. Generalmente, estos límites son más altos que los de Medicaid, y algunos estados no consideran los ahorros en absoluto. Por lo tanto, es beneficioso aplicar.

Existen cuatro tipos de MSP, cada uno con diferentes límites de ingresos.

>> **Beneficiario Calificado de Medicare (QMB, por su sigla en inglés, también denominado "Quimby"):** cubre tus primas de la Parte B y, si corresponde, las primas de la Parte A y otros costos de Medicare como deducibles y copagos.

>> **Beneficiario de Medicare de Bajos Ingresos Especificados (SLMB, por su sigla en inglés, también denominado "slimby"):** cubre solo las primas de la Parte B.

- » **Individuo Calificado (QI, por su sigla en inglés):** cubre solo las primas de la Parte B, con límites de ingresos y recursos ligeramente más altos que SLMB.

- » **Individuos Discapacitados y Trabajadores Calificados (QDWI):** cubre solo las primas de la Parte A para personas de bajos ingresos que tienen Medicare por discapacidad pero que ya no tienen derecho a la cobertura gratuita de la Parte A debido a que volvieron a trabajar.

Calificar para un MSP, incluso si solo cubre la prima de la Parte B, tiene beneficios significativos. Eres automáticamente elegible para la Ayuda Adicional completa bajo el programa de medicamentos recetados de la Parte D, lo que resulta en costos muy bajos. (Más adelante en este capítulo, explico el programa de Ayuda Adicional). Además, si incurres en una penalización por inscribirte tarde en la Parte B, el estado cubrirá tu prima de la Parte B y la penalización se eliminará.

Para determinar tu elegibilidad para un MSP, contacta a tu Programa Estatal de Ayuda para Seguros de Salud (SHIP) (consulta el Anexo A). También puedes comunicarte con tu oficina local de Medicaid o llamar a Medicare al 800-633-4227 (TTY 877-486-2048) para obtener más ayuda.

# Planes PACE

*Los Programas de Cuidado Integral para Ancianos* (PACE) integran servicios de Medicare y Medicaid, que ofrecen valiosos beneficios a bajo costo para las personas elegibles. Sin embargo, no están disponibles en todas partes. En el 2024, PACE tenía más de 70,000 participantes inscritos en 155 programas en 32 estados y el Distrito de Columbia.

Los planes PACE permiten que las personas que de otro modo necesitarían cuidados en una residencia geriátrica puedan vivir en su casa o con su familia en la comunidad durante el mayor tiempo posible. Proporcionan servicios médicos y sociales integrales, incluso cuidado en el hogar, cuidado diurno, fisioterapia, odontología, comidas, asesoramiento de trabajo social, transporte y más. También se incluye cuidado hospitalario y en residencias geriátricas si es necesario.

En un plan PACE, no puedes elegir a tus propios médicos. En su lugar, te asignarán un médico de atención primaria que forma parte de un equipo de atención médica que trabaja contigo y tu familia para cuidar tu salud. Este equipo también apoya a tus cuidadores. Los servicios PACE incluyen cobertura de medicamentos, eliminan la necesidad de un plan de medicamentos recetados de la Parte D por separado.

Puedes unirte a un plan PACE si:

>> Tienes 55 años o más.

>> Tu estado te certifica como elegible para cuidados a nivel de residencia de ancianos después de una evaluación por parte del equipo de atención del plan PACE.

>> Un programa está activo en tu área y acepta nuevos inscritos.

>> Estás inscrito en Medicare, Medicaid o ambos.

>> Puedes vivir de manera segura en la comunidad con la asistencia de PACE.

Los planes PACE no cobran deducibles ni copagos por ningún servicio, cuidado o medicamento recetado aprobado por tu equipo de atención. Otros costos dependen de tu situación:

>> Si calificas para Medicaid, pagas un pequeño pago mensual, sin costo para el cuidado a largo plazo si es necesario. El plan PACE determina esta cantidad.

>> Si no calificas para Medicaid, pagas una prima mensual por la parte de cuidado a largo plazo del beneficio PACE y una prima mensual por los medicamentos de la Parte D de Medicare, según lo requiera el plan.

Si calificas para un PACE disponible, puedes unirte en cualquier momento. Inscribirse en un plan PACE otorga un período de inscripción especial para dejar Medicare Original o un plan Medicare Advantage. (No puedes estar inscrito en un plan PACE y estos programas al mismo tiempo). También puedes dejar un plan PACE en cualquier momento para cambiarte a Medicare Original o a un plan Medicare Advantage.

Para verificar si hay un programa PACE disponible en tu área, llama a Medicare al 800-633-4227 (TTY 877-486-2048), o visita www.npaonline.org/find-a-pace-program e ingresa tu código postal o estado. Si hay un programa disponible y estás interesado en unirte, comunícate con el plan para organizar una visita a domicilio o una visita al centro PACE. El plan programará una reunión para una evaluación médica y social para determinar tu elegibilidad. Para más información sobre cómo funcionan los planes PACE, visita el sitio web de la Asociación Nacional PACE en https://www.npaonline.org/.

## Programas Estatales de Asistencia Farmacéutica

Cuarenta y tres estados, el Distrito de Columbia, Puerto Rico y las Islas Vírgenes de EE.UU. tienen Programas Estatales de Asistencia Farmacéutica (SPAP). Estos programas ayudan a las personas con ingresos limitados a pagar los medicamentos recetados, incluso si sus ingresos son demasiado altos para calificar para Medicaid. Algunos SPAP tienen límites de ingresos más altos que el programa de Ayuda Adicional de la Parte D de Medicare (que explico en la siguiente sección) y pueden no considerar tus ahorros y otros recursos.

Los beneficios de los SPAP varían ampliamente. Algunos ofrecen una gama de servicios que complementan la Ayuda Adicional y asisten a muchos inscritos en la Parte D que no califican para este programa. Otros brindan apoyo para enfermedades específicas, como el cáncer, u ofrecen tarjetas de descuento para usar en farmacias.

Para averiguar si tu estado tiene un SPAP y aprender cómo calificar y aplicar, visita www.medicare.gov/pharmaceutical-assistance-program/state-programs. aspx. También puedes llamar a Medicare al 800-633-4227 (TTY 877-486-2048) para solicitar un folleto.

# Averigua si la Ayuda Adicional puede reducir tus costos de medicamentos

Si tomas múltiples medicamentos o medicamentos muy caros, las recetas pueden ser tu mayor gasto médico. El programa de medicamentos recetados de la Parte D (que presenté en los Capítulos 1 y 2) ayuda hasta cierto punto, pero las primas, los deducibles y los copagos, incluso los costos más altos del período sin cobertura, pueden sumar cantidades imposibles de pagar. Cómo expliqué en el Capítulo 2 y en el 14, en el período sin cobertura por lo general se requiere que pagues más de tu bolsillo por las recetas después de que tus costos totales de medicamentos superen una cierta cantidad, hasta que alcances la cobertura catastrófica.

Aquí es donde entra *Ayuda Adicional*. Este programa dentro de la Parte D ofrece cobertura de medicamentos de bajo costo y elimina el período sin cobertura para aquellos con ingresos y ahorros por debajo de cierto nivel.

Millones de beneficiarios de Medicare han ahorrado cientos o miles de dólares anualmente en costos de medicamentos gracias a la Ayuda Adicional. Más importante aún, ha permitido que muchas personas sin cobertura previa de medicamentos puedan pagar sus recetas necesarias por primera vez.

**RECUERDA**

En esta sección, explico cómo funciona la Ayuda Adicional y cómo solicitarla. Aquí están los puntos principales:

» Si estabas en Medicaid antes de unirte a Medicare, tu cobertura de medicamentos ahora proviene de la Ayuda Adicional de la Parte D, no de Medicaid, incluso si aún calificas para Medicaid.

» Calificas automáticamente para la Ayuda Adicional si tienes cobertura completa de Medicaid, Seguridad de Ingreso Suplementario (SSI, por su sigla en inglés; un programa federal de ayuda financiado del Seguro Social), si tu estado paga tus primas de Medicare o si calificas para un programa de reducción de gastos médicos de Medicaid. Medicare te enviará una carta de confirmación (en un sobre morado). De lo contrario, necesitas solicitarla.

» Solicitar la Ayuda Adicional es más simple que muchos programas de asistencia, pero debes proporcionar detalles de tus ingresos y activos (principalmente tus ahorros).

» Todos los que califican para la Ayuda Adicional, ya sea total o parcial, reciben cobertura completa de medicamentos durante todo el año. Nadie que reciba la Ayuda Adicional debe enfrentar el período sin cobertura.

» La Ayuda Adicional te permite cambiar a un plan de medicamentos de la Parte D diferente en cualquier momento del año, sin esperar al período de inscripción abierta.

» Recibir la Ayuda Adicional no afecta tu elegibilidad para SSI o ayuda con los costos de calefacción o refrigeración. Los cupones de alimentos y la vivienda subsidiada podrían reducirse, pero los ahorros de la Ayuda Adicional deberían compensar estas pérdidas.

» Calificar para la Ayuda Adicional es solo el primer paso. Aún debes inscribirte en un plan de medicamentos de la Parte D para que tus recetas estén cubiertas. Puedes elegir un plan tú mismo, pero si no lo haces, Medicare te asignará uno, que podría no ser el ideal. (Para obtener más detalles sobre cómo elegir un plan, consulta la sección que figura más adelante "Elegir un plan de medicamentos con Ayuda Adicional" y los Capítulos 10, 11 y 12).

# ¿Cómo calificar para obtener la Ayuda Adicional?

La Ayuda Adicional tiene cinco niveles de elegibilidad. Los primeros tres niveles consideran solo tus ingresos y requieren que ya hayas calificado para otros programas de asistencia, lo que automáticamente te califica para la Ayuda Adicional. Medicare te enviará una carta de confirmación. Para los niveles cuatro y cinco, debes aplicar al completar un formulario que pregunta sobre tus ingresos y ahorros. La Administración del Seguro Social revisará tu solicitud y te notificará sobre tu elegibilidad.

A continuación, se muestran los criterios de elegibilidad y los costos para la cobertura de medicamentos en cada nivel en el 2024:

» **Nivel Uno: tienes beneficios completos de Medicaid y vives en una institución (por ejemplo, una residencia geriátrica).** Calificas para la Ayuda Adicional automáticamente, sin pagar primas o deducibles, ni costos por tus medicamentos.

» **Nivel Dos: tienes cobertura completa de Medicaid y servicios basados en el hogar y la comunidad.** Calificas para la Ayuda Adicional de manera automática, sin pagar primas o deducibles, ni costos por tus medicamentos.

» **Nivel Tres: tienes beneficios completos de Medicaid con ingresos anuales no superiores a $22,590 ($30,660 para parejas).** Calificas para la Ayuda Adicional de manera automática, sin pagar primas ni deducible anual. Pagas $4.50 por medicamentos genéricos, $11.20 por medicamentos de marca por receta.

» **Nivel Cuatro: tienes beneficios completos de Medicaid con ingresos superiores a $22,590 ($30,660 para parejas), o recibes SSI o primas de Medicare pagadas por el estado.** Calificas para la Ayuda Adicional de manera automática, sin pagar primas ni deducible anual. Pagas un copago de $4.50 para genéricos y $11.20 para medicamentos de marca por receta.

» **Nivel Cinco: tus ingresos no superan los $22,590 ($30,660 para parejas) y tus ahorros están por debajo de $17,220 ($34,360 para parejas).** Calificas para la Ayuda Adicional, pero debes solicitarla. No pagas primas ni deducible anual. Pagas $4.50 por genéricos y $11.20 por medicamentos de marca por receta.

Los límites de ingresos y activos para el 2024 se muestran arriba y aumentan ligeramente cada año. Para obtener las cantidades actualizadas, comunícate con el Seguro Social (800-772-1213 o TTY 800-325-0778) o consulta la Sección 3 del folleto "Su Guía para la Cobertura de Medicamentos de Medicare" en http://www.medicare.gov/publications/11109-Medicare-Drug-Coverage-Guide.pdf.

**CONSEJO**

Si tus ingresos están cerca de los límites, aplica de todas formas. Los límites son más altos en algunas circunstancias que los que se muestran en la lista anterior, por ejemplo, si tienes algunos ingresos del trabajo que no se cuentan, si vives en Alaska o Hawái, o si tienes familiares dependientes que viven contigo.

## Solicitar la Ayuda Adicional

Si tus ingresos y recursos son limitados pero no estás inscrito automáticamente en un programa que califique, necesitas solicitar Ayuda Adicional. Puedes solicitarla en cualquier momento: cuando te unas por primera vez a Medicare, cuando un cambio en tu vida reduzca tus ingresos, o si recientemente descubriste la Ayuda Adicional mientras ya estabas inscrito en la Parte D.

Para solicitarla, llena un formulario y envíalo a la Administración del Seguro Social (no a Medicare), que determinará tu elegibilidad. Las siguientes secciones responden a preguntas comunes sobre este proceso.

### ¿Cómo puedo obtener el formulario?

Puedes obtener el formulario de solicitud utilizando uno de los siguientes métodos:

» **En línea:** visita el sitio del Seguro Social en secure.ssa.gov/i1020/start para completar y enviar el formulario en línea. Ten en cuenta que la solicitud en línea está disponible solo en inglés. Puedes imprimir el formulario para practicar, pero debes enviar la solicitud en línea.

» **Por teléfono:** llama gratis al Seguro Social al 800-772-1213 (TTY 800-325-0778) para solicitar el formulario en inglés o español.

» **En persona:** obtén el formulario y ayuda en tu oficina local del Seguro Social o en la oficina del Programa Estatal de Ayuda para Seguros de Salud (SHIP). Para obtener la información de contacto de SHIP, consulta el Anexo A.

### ¿Qué debo hacer si el inglés no es mi primer idioma?

La solicitud se puede completar en inglés o en español. Sin embargo, hay instrucciones detalladas disponibles en otros 13 idiomas: lenguaje de señas norteamericano, árabe, chino, farsi, francés, griego, italiano, coreano, polaco, portugués, ruso, español y vietnamita. Puedes acceder a estas instrucciones en línea en www.socialsecurity.gov/multilanguage. Selecciona tu idioma y luego elige la información de Ayuda Adicional. Además, puedes solicitar asistencia de un consejero de SHIP que hable tu idioma nativo, tal como se explica en el Anexo A.

## ¿Qué cuenta como ingreso?

Incluye lo siguiente en el formulario si aplican a ti:

» Salarios antes de impuestos o ganancias por trabajo por cuenta propia.

» Beneficios del Seguro Social o de jubilación ferroviaria antes de las deducciones.

» Beneficios para veteranos.

» Pensiones y anualidades.

» Compensación por accidentes laborales.

» Manutención conyugal.

» Ingresos netos de propiedades en alquiler.

Puedes excluir:

» Efectivo o crédito de un préstamo o una hipoteca inversa.

» Reembolsos de impuestos federales sobre la renta y pagos del crédito tributario por ingresos del trabajo.

» Compensación a víctimas.

» Becas y subsidios educativos.

» Asistencia de cupones de alimentos, agencias de vivienda, programas de asistencia energética o programas públicos de reubicación.

» Contribuciones de cualquier persona para tu comida, hipoteca, alquiler, combustible para calefacción, gas, electricidad, agua e impuestos sobre la propiedad.

» Ayuda para pagar tratamientos médicos y medicamentos.

» Asistencia por desastres.

## ¿Qué se considera como activos?

*Los activos*, también conocidos como *recursos*, representan el valor de ciertas cosas que posees, principalmente ahorros. Debes incluir lo siguiente:

» Cuentas bancarias, incluso cuentas corrientes, de ahorros y certificados de depósito.

» Ingresos de un préstamo si se ahorran más allá del mes en que se reciben.

>> Dinero en efectivo guardado en casa o en otro lugar.

>> Cuentas de jubilación individual (IRA) y 401(k)s.

>> Acciones y bonos.

>> Fondos mutuos.

>> Bienes raíces (excepto tu hogar principal).

**Puedes excluir:**

>> Tu hogar principal y el terreno en el que se encuentra.

>> Tu(s) vehículo(s).

>> Posesiones personales, incluso joyas y muebles.

>> Propiedad necesaria para el autoabastecimiento, como tierra utilizada para cultivar tu propia comida.

>> Parcelas de entierro.

>> Pólizas de seguro de vida.

**RECUERDA**

Las reglas del Seguro Social para Ayuda Adicional te permiten gastar o regalar parte de tus ahorros para reducirlos por debajo del límite de los activos. Solo se cuentan los activos que tienes durante el mes en que aplicas. Sin embargo, ten en cuenta que los regalos o el gasto pueden afectar tu elegibilidad para otros programas de asistencia, especialmente Medicaid, que tiene reglas estrictas sobre este asunto, si los necesitas dentro de unos años.

## ¿Cómo se definen los términos "soltero" y "casado" en relación con los ingresos?

Los niveles de ingresos se aplican a individuos solteros o parejas casadas que viven juntas, sin importar si son cónyuges de sexo opuesto o del mismo sexo. Si estás casado y vives con tu cónyuge, ambos pueden aplicar con el mismo formulario. Incluso si solo uno de ustedes está aplicando, deben proporcionar información sobre los ingresos y activos de su cónyuge. Se te considera soltero si estás casado pero viven separados; tu cónyuge vive permanentemente en una residencia geriátrica u otro centro de cuidado a largo plazo; o tienes una pareja de hecho. Si tienes un matrimonio de hecho, consulta con el Seguro Social, ya que ser reconocido como soltero o casado puede depender de las leyes de tu estado.

## ¿Qué pasa si mantengo a otros miembros de la familia?

Si algún pariente (por sangre, matrimonio o adopción) vive contigo y depende de ti (o de tu cónyuge) para al menos la mitad de su sustento, asegúrate de responder la pregunta sobre el tamaño de la familia. Cada persona adicional aumenta los límites de ingresos y mejora tus posibilidades de calificar para la Ayuda Adicional.

## ¿Quién puede ayudarme a solicitar la Ayuda?

CONSEJO

Muchas situaciones, como una enfermedad o un duelo reciente, pueden hacer que manejar esta solicitud solo sea un desafío. Si es así, no dudes en buscar ayuda. Aquí hay algunas opciones:

>> **Alguien que conozcas:** cualquiera puede ayudarte a llenar la solicitud o solicitar en tu nombre. Un familiar, un amigo, un representante legal, un trabajador social o cualquier persona en quien confíes.

>> **Ayuda personal gratuita y de expertos:** los consejeros en tu SHIP están capacitados para ayudarte con las opciones de la Parte D y pueden ayudarte a solicitar la Ayuda Adicional. Consulta el Anexo A para obtener la información de contacto de tu SHIP.

>> **Seguro Social:** para obtener ayuda con preguntas específicas, llama al Seguro Social al 800-772-1213 (TTY 800-325-0778) o visita tu oficina local del Seguro Social.

>> **Grupos Comunitarios:** los miembros de lugares de culto, centros para personas mayores u otros grupos comunitarios pueden ayudarte a completar el formulario. Si el inglés no es tu primer idioma, organizaciones o grupos de tu nacionalidad pueden ofrecer apoyo adicional. (Consulta el Anexo A para fuentes de ayuda en otros idiomas).

## ¿Cómo completo el proceso de solicitud?

Al firmar el formulario, declaras legalmente que toda la información proporcionada es verdadera según tu conocimiento. Si estás casado y viven juntos, tu cónyuge también debe firmar, incluso si no está solicitando la Ayuda Adicional. Si alguien más firma en tu nombre, esa persona debe completar a sección del formulario que solicita su nombre, dirección y relación contigo. Luego puedes enviar el formulario utilizando una de las siguientes opciones:

>> **Mediante el formulario de solicitud impreso:** coloca el formulario completado en el sobre con la dirección ya establecida y envíalo por correo. Si falta el sobre, envía el formulario a Social Security Administration, Wilkes-Barre Data Operation Center, P.O. Box 1020, Wilkes-Barre, PA 18767.

» **Solicitud en línea:** sigue las instrucciones en el sitio web del Seguro Social (secure.ssa.gov/i1020/start). Completa todas las preguntas, firma el formulario electrónicamente y envíalo.

## ¿Qué sucede después de que presento mi solicitud?

Ya enviaste la solicitud y estás esperando la decisión. ¿Qué más tienes que hacer?

» **Después de enviar tu solicitud, recibirás un aviso del Seguro Social que confirma la recepción y que tu solicitud está siendo procesada.** Si no recibes este aviso en un par de semanas, comunícate con el Seguro Social al 800-772-1213 (TTY 800-325-0778) para verificar el estado.

» **El Seguro Social puede contactarte por teléfono o correo si tienen preguntas adicionales.** Te podrán contactar si tu solicitud está incompleta. También se comunicarán contigo si hay discrepancias entre tu información financiera y otros registros gubernamentales.

» **Podrías recibir un aviso anterior a la decisión donde te informan que es probable que tu solicitud sea denegada.** Este aviso especificará las razones de la denegación, como ingresos o activos que exceden los límites. Si la información es incorrecta, tienes diez días desde la fecha del aviso para corregirla mediante comunicación con tu oficina local del Seguro Social.

» **El Seguro Social decidirá sobre tu elegibilidad para recibir la Ayuda Adicional.** Dentro de los 60 días posteriores a la recepción de tu solicitud recibirás ya sea un "Aviso de adjudicación" si calificas para la Ayuda Adicional completa o parcial, o un "Aviso de denegación" si no calificas. El aviso de denegación incluirá instrucciones sobre cómo apelar la decisión si no estás de acuerdo con ella.

## ¿Qué pasa si el Seguro Social me rechaza?

RECUERDA

Si no estás de acuerdo con la decisión del Seguro Social, puedes apelar dentro de los 60 días posteriores a recibirla. Hay dos maneras de apelar:

» **Solicitar una audiencia telefónica:** llama a tu oficina local del Seguro Social o al número nacional (800-772-1213 o TTY 800-325-0778) para solicitar un formulario de apelación. Complétalo y envíalo por correo. Recibirás una carta con la fecha de tu audiencia y el número al que debes llamar. Si es necesario, puedes solicitar una conferencia telefónica para obtener apoyo adicional. La carta también explicará cómo enviar cualquier documento de respaldo.

>> **Solicitar una revisión del caso:** un agente del Seguro Social revisará tu solicitud y cualquier información adicional que proporciones. No puedes presentar tu caso en persona durante una revisión del caso.

Después de revisar tu apelación, el Seguro Social te enviará una carta con la decisión. Si ganas, recibirás Ayuda Adicional retroactiva al primer día del mes en que originalmente solicitaste. Si pierdes y aún no estás de acuerdo, puedes presentar una nueva apelación en un tribunal federal dentro de los 60 días posteriores a recibir la carta (como se explica más adelante en el Capítulo 16).

**RECUERDA**

Si te niegan la Ayuda Adicional, considera volver a aplicar, especialmente si tus ingresos o activos estaban cerca de los límites. Recuerda, los límites aumentan ligeramente cada año, y hasta un pequeño cambio en tus finanzas puede ayudarte a calificar con una nueva solicitud.

## Si califico, ¿por cuánto tiempo recibiré la Ayuda Adicional?

En la mayoría de los casos, seguirás recibiendo la Ayuda Adicional hasta el final del año, incluso si tu situación financiera cambia durante los 12 meses anteriores. Sin embargo, para seguir recibiendo Ayuda Adicional el próximo año a partir del 1 de enero, tu situación financiera será reevaluada. Podrías perder la Ayuda Adicional o (recibir un beneficio reducido) el próximo año si:

>> Tus ingresos superan los límites para la Ayuda Adicional

>> El valor de tus ahorros y otros activos contables supera los límites de activos para la Ayuda Adicional

>> Ya no calificas para uno de los programas que automáticamente te hacen elegible para la Ayuda Adicional, como Medicaid, SSI, que tu estado pague tus primas, o estar en un programa de reducción de gastos de Medicaid

Además, debes informar inmediatamente cualquiera de los siguientes eventos matrimoniales para que se revise tu elegibilidad para la Ayuda Adicional:

>> Fallece tu cónyuge.

>> Tú y tu cónyuge comienzan a vivir separados, se divorcian o anulan su matrimonio.

>> Tú y tu cónyuge vuelven a vivir juntos después de haber estado separados.

>> Te casas.

Si ocurre alguno de estos eventos, contacta al Seguro Social al 800-772-1213 (o TTY 800-325-0778) para informarlo. Necesitarás completar un formulario de reevaluación por teléfono, en tu oficina local del Seguro Social, o por correo. Si completas este formulario dentro de los 90 días de haber informado el evento, Seguro Social decidirá si continúa o si termina tu Ayuda Adicional. Cualquier cambio tendrá efecto el mes siguiente al mes en que presentaste el informe. Si no completas el formulario requerido dentro de los 90 días, tu Ayuda Adicional terminará.

### ¿Cómo sé si mi Ayuda Adicional continuará?

Lo que suceda el próximo año depende de cómo calificaste inicialmente para la Ayuda Adicional:

>> **Calificación automática:** si tu situación permanece sin cambios, no necesitas hacer nada. Continuarás recibiendo la Ayuda Adicional. Sin embargo, si ya no recibes apoyo de Medicaid, SSI, o tienes primas pagadas por el estado, Medicare te notificará en papel gris que ya no calificas automáticamente. Aún puedes solicitar la Ayuda Adicional.

>> **Programa de Gastos Médicos de Medicaid:** si tus gastos médicos de este año te mantienen en Medicaid, continuarás recibiendo la Ayuda Adicional el próximo año. Si tus gastos no son lo suficientemente altos para calificar para Medicaid, probablemente recibirás una carta indicando que tus beneficios de Ayuda Adicional se detendrán a partir del 1 de enero. Si tu nombre aún está en el sistema en julio, continuarás recibiendo beneficios durante todo el próximo año.

>> **Calificación basada en una solicitud:** en agosto o septiembre, el Seguro Social puede enviarte una carta preguntando sobre cambios en tus circunstancias financieras. Debes completar y devolver el formulario dentro de los 30 días. Si no lo haces, tu Ayuda Adicional terminará el 31 de diciembre. El Seguro Social revisará tu información y te informará si aún calificas para la Ayuda Adicional el próximo año y si tus beneficios cambiarán. Por ejemplo, si tus ingresos han disminuido, podrías obtener copagos más bajos; si han aumentado, podrías recibir Ayuda Adicional parcial en lugar de completa. Cualquier cambio comenzará el 1 de enero.

## Elegir un plan de medicamentos con la Ayuda Adicional

Calificar para la Ayuda Adicional es solo el primer paso. Aún debes inscribirte en un plan de medicamentos de la Parte D de Medicare para recibir cobertura de medicamentos. Al igual que todos los demás, tienes el derecho de elegir tu plan de medicamentos de Medicare. Para tomar una decisión informada, compara los planes en función de los medicamentos que necesitas. (Los detalles sobre cómo comparar planes se proporcionan en los Capítulos 10 y 11). Sin embargo, ten en cuenta dos reglas específicas para la inscripción en Ayuda Adicional para evitar sorpresas.

## ¿Cómo funciona el sistema de inscripción automática?

Si calificas automáticamente para la Ayuda Adicional y no eliges un plan de inmediato, Medicare te inscribirá en uno para asegurarse de que sigas recibiendo tus medicamentos. Esto es particularmente importante si estás haciendo la transición de Medicaid a Medicare para la cobertura de medicamentos.

**ADVERTENCIA**

Medicare asigna a los beneficiarios de Ayuda Adicional a planes al azar. Este proceso es similar a sacar nombres de un sombrero; Medicare no considera tus necesidades específicas ni si el plan cubre tus medicamentos. Por lo tanto, puedes terminar en un plan que no sea ideal a menos que elijas uno activamente. La Ayuda Adicional te permite cambiar de plan en cualquier momento.

Cuando Medicare te inscribe en un plan a través de *inscripción facilitada*, recibirás un aviso en papel verde. Este aviso incluye el nombre del plan, la información de contacto y una lista de otros planes en tu área en los que puedes elegir inscribirte si lo prefieres.

## Aclarando las Primas Cero

Antes en este capítulo, mencioné que con la Ayuda Adicional completa, no tienes que pagar una prima por tu cobertura. Sin embargo, esto es cierto solo si te unes a un plan de medicamentos con primas por debajo de una cierta cantidad.

Según las reglas de Medicare, no pagas una prima si la prima de tu plan está por debajo de la prima promedio en tu región para ese año. Si eliges un plan más caro, debes pagar la diferencia entre la prima promedio y la prima completa. Por ejemplo, si la prima mensual promedio en tu región es de $30 y la prima de tu plan es de $37, pagarías $7 cada mes.

Este promedio regional, conocido como *punto de referencia*, cambia anualmente. Cada otoño, Medicare envía cartas a algunos beneficiarios de la Ayuda Adicional, informándoles si su plan actual ya no tendrá primas cero o si los han cambiado a otro plan con primas cero. Asegúrate de leer cualquier aviso azul de Medicare o de tu plan durante el otoño para evitar primas inesperadas en enero.

**CONSEJO**

Para saber qué planes ofrecen primas cero en tu área cada año, consulta el aviso azul de Medicare. Para determinar tus costos exactos por cada medicamento bajo la Ayuda Adicional, tienes tres opciones:

» **Usa el Buscador de Planes en Línea de Medicare.** Describo el funcionamiento de este programa en los Capítulos 10 y 11. Pero aquí comparto cómo encontrar los detalles que son específicos de la Ayuda Adicional:

1. **Visita** http://www.medicare.gov/ **y haz clic en "Encontrar planes de salud y medicamentos (Find Health & Drug Plans)".**

   Aquí, se te solicitará que inicies sesión, crees una cuenta o continúes sin iniciar sesión. Luego, debes responder una pregunta rápida sobre el tipo de cobertura de Medicare para el 2024 que deseas; selecciona "Plan de medicamentos (Parte D)". Se te solicitará que ingreses tu código postal y confirmes tu país.

2. **Pasaras a una pantalla con una pregunta.**

   Aquí te preguntarán: "¿Recibes ayuda con tus costos de uno de estos programas?" Las opciones incluyen Medicaid, SSI, MSP, Ayuda Adicional del Seguro Social, "No estoy seguro" o "No recibo ayuda de ninguno de estos programas". Debido a que esta sección trata sobre la Ayuda Adicional, debes elegir "Ayuda Adicional del Seguro Social".

3. **Ingresa tus preferencias de búsqueda.**

   Primero te preguntarán: "¿Desea ver los costos de tus medicamentos al comparar los planes?" Selecciona sí o no. Luego te preguntarán: "¿Cómo normalmente obtiene sus recetas?" Selecciona "Farmacia minorista", "Farmacia de pedidos por correo" o "Ambas". Haz clic en "Siguiente".

   Aquí comienzas a agregar tus medicamentos recetados. Completa con la información sobre tu primer medicamento y haz clic en "Agregar medicamento". Si hay una versión genérica disponible, aparecerá una ventana que describe tu medicamento y el nombre de la versión genérica de menor costo, y te preguntarán si deseas agregar el genérico a la lista. Haz clic en "Agregar genérico" o "Agregar marca en su lugar".

   Luego debe identificar la dosis, cantidad y frecuencia. Luego haz clic en "Agregar a mi lista de medicamentos". Continúa agregando la información de tu medicamento hasta que hayas terminado y haz clic en "Terminé de agregar medicamentos".

   A continuación, aparecerá una lista de farmacias. Selecciona tres farmacias para comparar los precios de los medicamentos y haz clic en "Listo". También puedes seleccionar "Farmacia de pedidos por correo" en la parte superior de la lista si prefieres pedir sus recetas por correo.

4. **A partir del 2024, los planes se ordenan por "costo de medicamento + prima más baja" para mostrar primero los planes con el costo total estimado más bajo para tus medicamentos y primas del plan.**

Puedes cambiar el orden de clasificación en cualquier momento.

El buscador de planes muestra sus costos bajo cada plan en tu área. Si ves "$0.00" para la prima, significa que este plan está por debajo del promedio regional y no te pagará nada. Si ves un monto en dólares, ese monto es lo que debes pagar: la diferencia entre el promedio regional y la prima completa, como se explicó anteriormente en esta sección.

*Nota:* debes iniciar sesión con una cuenta para ver que los copagos reflejan el monto que pagas con Ayuda Adicional. Si solo usas la búsqueda general de planes sin iniciar sesión, verás los copagos de un miembro sin Ayuda Adicional. Pero si ves un copago de $0.00, significa que el plan no cobra regularmente nada por este medicamento, por lo que tú tampoco pagarías nada.

>> **Llama a la línea de ayuda de Medicare (800-633-4227 o TTY 877-486-2048).** Habla con el representante de atención al cliente y dile que calificas para la Ayuda Adicional y que deseas comparar los planes de la Parte D en tu área. Comparte con el representante la lista de los medicamentos que tomas (nombre, dosis y frecuencia con la que los tomas) y pídele que realice una búsqueda en el buscador de planes. Puedes solicitar que le envíen los resultados por correo.

>> **Llama a su Programa Estatal de Ayuda para Seguros Médicos (SHIP).** Habla con un asesor del SHIP que te puede brindar ayuda personal gratuita para elegir un plan de medicamentos de la Parte D que satisfaga tus necesidades de acuerdo con tu nivel de beneficios de Ayuda Adicional. Encuentra el número de tu SHIP en el Anexo A.

# ¿Qué otras formas existen para reducir costos?

El seguro suplementario Medigap, los programas de Medicaid y la Ayuda Adicional pueden reducir significativamente los gastos de bolsillo en Medicare. Sin embargo, no todos califican para Medicaid y Ayuda Adicional, y no todos pueden pagar Medigap o prefieren un plan de Medicare Advantage. Las siguientes secciones exploran opciones adicionales disponibles.

# Deducciones del impuesto sobre la renta por costos de Medicare

Muchas personas pasan por alto esta estrategia, pero es legítima: puedes deducir los costos de atención médica, incluidos los de Medicare, del impuesto federal sobre la renta como un gasto médico autorizado si presentas una declaración de impuestos detallada en el Anexo A (Formulario 1040).

Para calificar, debes cumplir con las reglas del IRS. La regla clave es que solo puedes deducir los gastos que excedan el 7.5% de tu ingreso bruto ajustado (AGI). El AGI es tu ingreso imponible después de ciertas deducciones. Este beneficio fiscal generalmente favorece a aquellos con altos costos de atención médica y bajos ingresos más que a aquellos con buena salud y mayores ingresos.

Por ejemplo, si tu AGI es de $30,000, el 7.5% de eso es $2,250. Si tus gastos médicos totales permitidos para el año son $4,000, puedes deducir $1,750 ($4,000 menos $2,250). Por otro lado, si tu AGI es de $60,000 y tus gastos médicos totales permitidos son $3,000, no puedes deducir nada ya que $3,000 es solo el 5% de tu AGI.

**CONSEJO**

La lista del IRS de gastos médicos permitidos es extensa e incluye algunos elementos inesperados, como los costos de viaje para atención médica y las modificaciones en el hogar por razones médicas. Para una lista completa, consulta la Publicación 502 del IRS, "Gastos médicos y dentales", en www.irs.gov/publications/p502/index.html. También puedes encontrar el Capítulo 4 de la Publicación 554, "Guía de Impuestos para Personas Mayores", en www.irs.gov/publications/p554/ch04.html.

Como beneficiario de Medicare, puedes contar los siguientes elementos específicos:

>> Primas para la Parte A (si aplica), Parte B, planes de medicamentos Parte D, planes Medicare Advantage, seguros Medigap y, en algunos casos, seguros de cuidado a largo plazo.

>> Deducibles y copagos de tu bolsillo para servicios de Medicare.

>> Cantidades pagadas de tu bolsillo por medicamentos recetados, incluidos los del período sin cobertura de la Parte D y los no cubiertos por tu plan.

>> Costos de servicios no cubiertos por Medicare, como audífonos, gafas, tratamiento dental y cuidados en residencias geriátrica.

>> Salarios o costos de cuidados de enfermería privada, ya sea en casa o en otra instalación de cuidado.

>> Costos de modificaciones en el hogar por razones médicas o instalación de equipos de seguridad.

**ADVERTENCIA**

Sin embargo, no puedes contar los siguientes costos:

>> Primas para seguros de salud grupales patrocinados por el empleador pagadas con dólares antes de los impuestos.

>> Pagos por servicios cubiertos por un asegurador u otra fuente.

>> Gastos pagados con una cuenta de ahorros para la salud o una cuenta de ahorros médicos Archer.

>> Penalizaciones por pagos tardíos añadidas a las primas de la Parte B o Parte D.

>> Cirugía o tratamientos por razones estéticas.

>> Gastos para la salud general, incluso si son recomendados por un médico, como cuotas de clubes de salud, costos de actividades como natación y contratación de ayuda doméstica.

>> Medicamentos sin receta, vitaminas y suplementos.

>> Medicamentos comprados o pedidos fuera de Estados Unidos.

# ¿Cómo reducir los costos de medicamentos sin la Ayuda Adicional?

A menudo puedes reducir los costos de los medicamentos recetados sin depender de la Ayuda Adicional o de la asistencia estatal. A continuación, te presento métodos prácticos para ahorrar dinero, los cuales también pueden extender tu cobertura de medicamentos de la Parte D. Empecemos con uno que podría sorprenderte.

## Revisar tus medicamentos

Considera todos los medicamentos que tomas actualmente. ¿Realmente necesitas cada uno de ellos? Esta es una pregunta importante porque recetar en exceso es común, a menudo sin que los pacientes se den cuenta. En un sistema de salud fragmentado, donde puedes ver a múltiples doctores con poca coordinación, es fácil terminar con más medicamentos de los necesarios. Tu médico de atención primaria puede recetar algunos medicamentos, y varios especialistas pueden añadir más.

**RECUERDA**

Esta revisión no se trata solo del costo. Algunas combinaciones de medicamentos pueden interactuar de manera dañina. Nuevos síntomas a veces pueden ser efectos secundarios de los medicamentos que ya estás tomando. Sin reconocer esto, podrías volver a tu médico de atención primaria, quien podría recetar aún más pastillas.

**RECUERDA**

No estoy sugiriendo que dejes de tomar ningún medicamento o que desconfíes de tu médico. Más bien, asegúrate de que todos tus medicamentos sean necesarios y compatibles entre sí. Si algunos no lo son, reducir su uso puede ayudarte a ahorrar dinero y proteger tu salud.

Reúne todos los medicamentos que tomas, incluso los medicamentos recetados, medicinas de venta libre, vitaminas, remedios herbales y suplementos. Llévalos a tu médico o farmacéutico y solicita una revisión. Haz preguntas específicas sobre cada medicamento: ¿Todavía lo necesito? ¿Es seguro con los otros que estoy tomando? ¿Es adecuado para mi edad? Mantener una lista de tus medicamentos y sus dosis en tu cartera también es útil para mostrar a cualquier médico que te recete un nuevo medicamento. (Si estás en un plan Parte D, puedes calificar para un beneficio gratuito llamado Manejo de Terapia de Medicamentos que ofrece este servicio y posiblemente más. Consulta el Capítulo 14 para obtener más detalles).

## Cambiar a medicamentos más económicos

Una forma eficaz de reducir los gastos médicos es cambiar a medicamentos más económicos que funcionen igual de bien para tus enfermedades. Los medicamentos de marca más nuevos, que los médicos a menudo prefieren recetar, suelen ser los más caros. Sin embargo, puede haber versiones alternativas que sean igual de eficaces pero mucho más baratas, como los genéricos o *los medicamentos de marca más antiguos*. (Aunque los medicamentos más antiguos pueden ser menos convenientes, requieren múltiples dosis al día en lugar de solo una, proporcionan los mismos beneficios médicos).

Cambiar a un medicamento de menor costo puede extender tu cobertura de la Parte D de dos maneras:

>> Reduce el costo total de tus medicamentos durante el período de cobertura inicial, lo que te ayudará a evitar o retrasar alcanzar el período sin cobertura.

>> Los planes de la Parte D generalmente tienen copagos mucho más bajos para los medicamentos genéricos y los más antiguos, a veces ofreciéndolos sin costo alguno.

Consulta con tu médico para ver si un medicamento genérico o más antiguo podría funcionar igual de bien para ti que el medicamento de marca que estás tomando actualmente.

## Cambiar a un plan de medicamentos Parte D más económico

Según estudios, la mayoría de las personas en la Parte D pueden ahorrar una cantidad significativa de dinero al seleccionar un plan de medicamentos diferente.

Esto se debe a que los copagos pueden variar mucho entre los planes, incluso para el mismo medicamento. Cada año, compara cuidadosamente los planes disponibles en función de los medicamentos específicos que tomas, como se explica en el Capítulo 15.

## Usar farmacias por correo o de preferencia

Muchos planes de la Parte D ofrecen la opción de comprar suministros de 90 días de medicamentos a través de su servicio de correo, a menudo con copagos reducidos. Sin embargo, a veces los medicamentos pueden ser un poco más caros de esta manera, así que verifica con tu plan según los medicamentos específicos que tomes.

Tu plan de la Parte D también podría ofrecer copagos reducidos si compras medicamentos en una farmacia "preferida" en lugar de una farmacia estándar dentro de su red. Por ejemplo, un medicamento podría costar $45 en una farmacia estándar pero solo $35 en una farmacia preferida con un acuerdo especial con el plan. No todos los planes ofrecen esta opción. Si el tuyo lo hace, puedes solicitar una lista de farmacias preferidas en tu área o usar el buscador de planes en el sitio web de Medicare, tal como lo explico en el Capítulo 10.

*Nota:* esta información se aplica igualmente a los planes independientes de la Parte D y a los planes Medicare Advantage que incluyen cobertura de medicamentos recetados de la Parte D.

## Cómo encontrar medicamentos recetados gratis o de bajo costo

Incluso con la cobertura de la Parte D, algunos medicamentos recetados pueden ser inaccesibles, especialmente si entras en el lapso de cobertura. También, antes de alcanzar ese punto, los copagos para medicamentos caros, como los de trasplantes de órganos y algunos tipos de cáncer, pueden ser altos. Aquí hay algunas opciones a considerar:

>> **Programas de ayuda del fabricante:** algunos fabricantes de medicamentos ofrecen programas de ayuda para pacientes que proporcionan suministros gratuitos o a bajo costo de sus productos de marca a los inscritos en la Parte D bajo ciertas condiciones, como estar en el período sin cobertura. Para más información, visita medicineassistancetool.org.

>> **Organizaciones benéficas certificadas y organizaciones de pacientes:** estas fuentes a menudo se especializan en enfermedades específicas y pueden ofrecer ayuda. Consulta benefitscheckup.org para obtener más detalles.

» **Medicamentos de bajo costo del extranjero:** si obtienes medicamentos por correo desde el extranjero, ten cuidado. Internet puede ser riesgoso, así que elige una farmacia con licencia y buena reputación. Usa farmacias preseleccionadas por organizaciones de confianza como pharmacychecker.com o aquellas con acreditación profesional listadas en cipa.com.

» **Muestras gratis de tu médico:** muchos médicos reciben muestras de medicamentos de los fabricantes para distribuir a los pacientes. No dudes en pedirle a tu médico muestras.

» **Descuentos en farmacias:** algunas farmacias ofrecen ciertos medicamentos a costos muy bajos, a menudo alrededor de $4 por receta. Los fabricantes de medicamentos también pueden proporcionar precios similares a través de tarjetas de descuento usadas en farmacias. Aunque estos descuentos a menudo no se pueden usar con programas gubernamentales como la Parte D, las farmacias pueden ofrecer otros descuentos que valen la pena explorar, tanto dentro como fuera de los planes de la Parte D.

# 2

# Los procesos y los tiempos de Medicare

**Elegibilidad:** aprende cómo calificar para Medicare. Las reglas sobre elegibilidad ofrecen más posibilidades de las que podrías esperar.

**Tiempo de inscripción:** descubre el mejor momento para inscribirte en Medicare según tu situación. Perder tu fecha límite de inscripción puede llevar a multas por inscripción tardía permanentes y retrasos en la cobertura.

**Mecánica de inscripción:** entiende el proceso de inscripción en Medicare. Esto varía según tu situación, por ejemplo, si serás inscrito automáticamente o necesitas aplicar, si vives en Estados Unidos o en el extranjero, si puedes retrasar la inscripción sin incurrir en multas, y cuándo comenzará tu cobertura.

**Medicare y otros seguros:** descubre cómo Medicare se integra con otros seguros de salud que puedas tener, incluso la cobertura de un empleador actual o anterior, el Programa de Beneficios de Salud para Empleados Federales, el programa de salud de Asuntos de Veteranos, los programas TRICARE del ejército, el Servicio de Salud Indígena, el Programa Federal de Enfermedades del Pulmón Negro, el programa de Compensación para trabajadores, y seguros de responsabilidad civil y de no culpabilidad.

Capítulo **5**

# Cómo calificar para Medicare

alificar para Medicare y ser elegible para Medicare esencialmente significan lo mismo: has cumplido con los requisitos legales para recibir los beneficios de Medicare. No necesitas tomar un examen, presentarte ante un juez o participar en alguna ceremonia formal. Sin embargo, debes cumplir con ciertas condiciones requeridas por la ley.

En términos generales, debes cumplir una de dos condiciones:

» Has alcanzado tu cumpleaños nro. 65 (o lo alcanzarás pronto) o tienes más de 65 años.

» Tienes menos de 65 años pero tienes una discapacidad que está oficialmente reconocida y cumple con los requisitos para la cobertura de Medicare.

Dentro de estas categorías hay condiciones adicionales que pueden afectarte, según tus circunstancias. Estas se explican en detalle en este capítulo. También aprenderás sobre las opciones de atención médica si no calificas inmediatamente para Medicare a los 65 años, te faltan algunos años para los 65, o estás en el período de espera de dos años para la cobertura de Medicare para aquellos menores de 65 años y discapacitados.

*Nota*: si sabes que calificas para Medicare o lo harás pronto, puedes querer saltarte este capítulo e ir directamente a los detalles de la inscripción, que se explican en el Capítulo 6. Sin embargo, si no estás seguro sobre tu elegibilidad, este capítulo es una lectura esencial, ya que tus posibilidades de calificar para algunos beneficios de Medicare pueden ser mayores de lo que piensas.

# Alcanzando el hito de los 65 Años

Cumplir 65 años es un hito significativo, a menudo se siente como un gran salto. Para la generación del *baby boom*, que una vez dijo: "No confíes en nadie mayor de 30", este cumpleaños trae un regalo valioso: la elegibilidad para Medicare.

Sin embargo, simplemente llegar a los 65 años no te califica automáticamente para Medicare. También debes cumplir con condiciones específicas basadas en tus circunstancias. Las siguientes secciones explicarán estas condiciones y aclararán conceptos erróneos comunes sobre la calificación para Medicare.

## La verdad detrás de los mitos sobre la elegibilidad

RECUERDA

Aclaremos qué significa realmente "calificar para Medicare". Muchos creen que si no han pagado suficientes impuestos sobre la nómina mientras trabajaban, no son elegibles para ningún beneficio de Medicare. Esto no es cierto. Los impuestos sobre la nómina solo cubren las primas de la Parte A, lo que te permite recibir servicios de la Parte A sin primas mensuales. Sin embargo, incluso si no calificas para la Parte A sin primas, aún puedes obtener servicios de la Parte B y la Parte D pagando primas, igual que todos los demás. (Consulta el Capítulo 1 para obtener descripciones de las Partes A, B, y D).

Incluso si no has trabajado lo suficiente para obtener la Parte A sin primas, puedes calificar basándote en el historial laboral de tu cónyuge (actual, divorciado o fallecido). O también, puedes recibir beneficios de la Parte A pagando primas mensuales.

RECUERDA

Estos son otros puntos que a menudo confunden a las personas:

>> La ley no te obliga a tener Medicare Parte B (que requiere primas mensuales) a los 65 años o a cualquier otra edad. Si quieres evitarlo por completo, es tu elección. Sin embargo, si cambias de opinión después de tu fecha límite de inscripción, enfrentarás penalidades.

>> Puedes inscribirte en Medicare a los 65 años o más tarde, incluso si no has comenzado a recibir beneficios del Seguro Social o de jubilación ferroviaria.

>> Puedes retrasar la inscripción en la Parte B después de los 65 años sin incurrir en penalidades, siempre y cuando tengas un seguro de salud proporcionado por un empleador para quien tú o tu cónyuge estén trabajando activamente, siempre que el empleador tenga 20 o más empleados.

Estos puntos son cuestiones de inscripción, detalladas en el Capítulo 9. Sin embargo, es esencial enfatizarlos aquí porque muchas orientaciones sobre la elegibilidad para Medicare sugieren que todos deben inscribirse a los 65 años, lo cual no es necesariamente cierto. Las siguientes secciones se centran en calificar para Medicare a los 65 años, incluso si no te inscribes en ese momento.

# Cumplir con los requisitos para las Partes A, B y D

Medicare tiene diferentes reglas para la elegibilidad, cobertura y costos de sus diversas partes. A continuación se presentan las listas de verificación para calificar para la Parte A (seguro de hospital), Parte B (seguro médico) y Parte D (cobertura de medicamentos recetados) a los 65 años. Más adelante en este capítulo, comparto más detalles sobre cómo calificar para la Parte A, ya sea a través de tu historial laboral o el de otra persona.

**RECUERDA**

Incluso si no calificas para la Parte A sin prima, aún puedes ser elegible para la Parte B y la Parte D a los 65 años. No inscribirse en el momento adecuado puede resultar en penalizaciones permanentes por inscripción tardía, como se explica en el Capítulo 6.

## Parte A

Calificas para los beneficios de la Parte A sin pagar primas si tienes 65 años o más, eres ciudadano estadounidense o residente legal permanente (titular de tarjeta verde), y cumples al menos una de las siguientes condiciones:

>> Has ganado 40 créditos pagando impuestos sobre la nómina, lo que te hace elegible para los beneficios del Seguro Social o de jubilación ferroviaria. Consulta la sección "Calificar para la Parte A con tu propio historial laboral" para más detalles, incluso si aún no estás recibiendo beneficios de jubilación.

>> Calificas basado en el historial laboral de tu cónyuge actual, o en algunos casos, de tu cónyuge divorciado o fallecido. Lee la sección "Ser elegible para la Parte A con el historial laboral de otra persona" para más información.

Si no tienes 40 créditos laborales, aún puedes calificar a los 65 años o más para los beneficios de la Parte A si eres ciudadano estadounidense o residente legal que ha vivido en Estados Unidos durante al menos cinco años antes de solicitar Medicare. Debes inscribirte tanto en la Parte A como en la Parte B, y debe cumplirse una de las siguientes condiciones:

>> Tienes de 0 a 29 créditos laborales y pagas la prima completa de la Parte A ($505 al mes en el 2024).

>> Tú o tu cónyuge tienen de 30 a 39 créditos laborales y pagas la prima parcial de la Parte A ($278 al mes en el 2024).

## Parte B

Puedes recibir los beneficios de la Parte B a los 65 años o más si eres ciudadano estadounidense o residente legal (titular de una tarjeta verde) que ha vivido en Estados Unidos durante al menos cinco años, y estás inscrito en la Parte B. Además, debe cumplirse una de las siguientes condiciones:

>> Pagas una prima mensual. La prima estándar de la Parte B fue de $174.70 por mes en el 2024. Las personas con ingresos más altos pueden pagar más debido a un recargo (como se explica en el Capítulo 3).

>> Tu estado paga tu prima de la Parte B (como se explica en el Capítulo 4).

## Parte D

Puedes recibir los beneficios de la Parte D a los 65 años o más si estás inscrito en la Parte A, Parte B o ambas. Para obtener estos beneficios, necesitas inscribirte en un plan de medicamentos de la Parte D independiente o en un plan Medicare Advantage que incluya cobertura de medicamentos recetados. Además, debe cumplirse una de las siguientes condiciones:

>> Pagas la prima mensual requerida por tu plan.

>> La prima de tu plan de la Parte D está cubierta por el programa de Ayuda Adicional o un Programa Estatal de Asistencia Farmacéutica (como se explica en el Capítulo 4).

# Cómo calificar para la Parte A según tu propio historial de trabajo

Para ser elegible para los beneficios de la Parte A sin prima a los 65 años o más, o para calificar para los beneficios de jubilación del Seguro Social, necesitas ganar 40 créditos de trabajo, también conocidos como *trimestres de cobertura*. Así es como se calculan estos créditos:

>> Los créditos se basan en los ingresos sujetos a impuestos, que incluyen salarios de un empleador y ganancias por cuenta propia. No incluye ingresos de pensiones, intereses o dividendos.

>> Debes ganar una cantidad específica para obtener un crédito de trabajo. Esta cantidad generalmente aumenta cada año. En el 2024, necesitabas ganar $1,730 para obtener un crédito.

>> Puedes ganar hasta cuatro créditos por año. En el 2024, esto era $6,920. Cuando ganas los créditos en el año no importa; puedes ganar los cuatro créditos en cualquier momento durante el año.

>> Sin embargo, independientemente de cuándo ganes tus créditos, el Seguro Social acredita el cuarto el 1 de octubre. Por ejemplo, si ganas tu crédito número 40 en junio, debes esperar hasta el 1 de octubre para estar completamente asegurado y ser elegible para los beneficios de la Parte A sin prima.

>> Ganar 40 créditos generalmente toma al menos diez años, pero estos años no necesitan ser consecutivos. Los créditos se acumulan siempre que trabajes y pagues impuestos sobre la nómina, incluso con largos intervalos entre períodos de trabajo.

No todos los trabajos requieren pagar impuestos del Seguro Social. Por ejemplo, los trabajadores federales tienen su propio sistema de jubilación, pero se les ha pedido que paguen impuestos de nómina de Medicare desde 1983, lo que los hace elegibles para beneficios de la Parte A sin prima, pero no para beneficios de jubilación del Seguro Social.

Ciertas circunstancias pueden tener reglas diferentes para los créditos de trabajo. Contacta al Seguro Social si:

>> Eres trabajador por cuenta propia y ganas menos de $400 al año

>> Eres empleado por un gobierno local o estatal que optó por no participar en el Seguro Social

>> Estás en el ejército (pueden aplicarse créditos adicionales)

» Realizas trabajo doméstico o agrícola

» Trabajas para una iglesia u organización religiosa que no paga impuestos del Seguro Social

**CONSEJO**

El Seguro Social mantiene un registro de tus ingresos y créditos de trabajo, compilado a partir de los informes de los empleadores y registros fiscales. Se envían estados de cuenta a personas de 60 años o más, en los que se indica su estado respecto a estar "completamente asegurado" para los beneficios de Medicare y jubilación. También puedes crear una cuenta en línea en www.ssa.gov/myaccount para acceder a estos estados de cuenta. Para más información, llama al Seguro Social al 800-772-1213 (TTY 800-325-0778) o lee la guía para consumidores "Cómo ganar créditos" en www.ssa.gov/pubs/EN-05-10072.pdf.

# Ser elegible para la Parte A con el historial laboral de otra persona

Si no has trabajado el tiempo suficiente para recibir beneficios de la Parte A sin pagar primas, aún puedes calificar basándote en el historial laboral de tu cónyuge actual o anterior. Las reglas específicas dependen de varias circunstancias.

## Tu cónyuge actual o anterior tiene suficientes créditos

Si tu cónyuge actual o anterior ha ganado 40 créditos de trabajo, puedes calificar para la Parte A sin prima bajo las siguientes condiciones:

» **Cónyuge actual:** han estado casados por al menos un año, tú tienes 65 años o más, y tu cónyuge tiene al menos 62 años.

» **Cónyuge divorciado:** estuvieron casados por al menos diez años antes del divorcio, no te has vuelto a casar, tú tienes 65 años o más, y tu excónyuge tiene al menos 62 años. (El estado civil de tu ex no importa).

» **Cónyuge fallecido:** estuvieron casados por al menos nueve meses antes de su muerte, tú tienes 65 años o más, y no te volviste a casar antes de los 60 años (o 50 si tienes derecho a beneficios por discapacidad).

» **Cónyuge fallecido y divorciado:** estuvieron casados por al menos diez años antes del divorcio, no te volviste a casar antes de los 60 años (o 50 si tienes derecho a beneficios por discapacidad), y tú tienes 65 años o más.

## Ni tú ni tu cónyuge tienen 40 créditos de trabajo

Si tu cónyuge actual o anterior tiene menos de 30 créditos de trabajo, debes pagar las primas completas para recibir los beneficios de la Parte A. Sin embargo, si tienen entre 30 y 39 créditos, puedes pagar primas reducidas de la Parte A basadas en su historial laboral, incluso si tú no tienes créditos. Esto es posible siempre y cuando también cumplas con las condiciones descritas en la sección anterior. Esto genera una diferencia significativa financiera y económicamente. En el 2024, la prima completa de la Parte A fue de $505 por mes, mientras que la prima reducida fue de $278 por mes. Si tu cónyuge actual o excónyuge sigue trabajando y gana 40 créditos, calificas para los beneficios de la Parte A basados en su historial laboral sin pagar primas.

**RECUERDA**

No puedes combinar tus créditos de trabajo con los de tu cónyuge para calificar para la Parte A sin prima. Por ejemplo, si tienes 20 créditos y tu cónyuge tiene 31, solo calificas para una prima reducida de la Parte A basada en los 31 créditos de tu cónyuge. No puedes usar el total combinado de 51 créditos.

## Eres el cónyuge extranjero de un ciudadano o residente legal de EE.UU.

Las personas que no son ciudadanos y que no han trabajado en Estados Unidos generalmente necesitan convertirse en residentes legales permanentes (titulares de la tarjeta verde) y vivir en EE.UU. de manera continua durante al menos cinco años para calificar para los beneficios de Medicare. Sin embargo, si tienes 65 años o más, eres titular de una tarjeta verde y has estado casado con un ciudadano estadounidense o residente legal durante al menos un año, puedes calificar para los beneficios completos de Medicare (incluso la Parte A sin prima) basándote en el historial laboral de tu cónyuge. Tu cónyuge debe tener 62 años o más y haber ganado 40 créditos de trabajo sin tener que vivir en EE.UU. durante cinco años. Si necesitas analizar este punto, puedes obtener detalles oficiales en la sección GN 00303.800 — "Elegibilidad bajo el Programa HI/SMI para Personas sin Seguro" — del Sistema de Manual de Operaciones del Programa (POMS, por su sigla en inglés) en secure.ssa.gov/poms.nsf/lnx/0200303800.

## Estás casado con alguien del mismo sexo

Las parejas en matrimonios del mismo sexo tienen los mismos derechos a todos los beneficios federales que las parejas en matrimonios de sexo opuesto. Esto se debe a una decisión de la Corte Suprema de EE.UU. de junio del 2015 que afirmó el derecho constitucional al matrimonio del mismo sexo en todo el país. Como resultado, un cónyuge del mismo sexo puede calificar para beneficios completos de Medicare, incluso la Parte A sin prima, según el historial laboral del otro cónyuge, siempre y cuando se cumplan todas las condiciones mencionadas en las secciones anteriores.

### No estás casado pero vives en una unión doméstica

Por lo general, no puedes calificar para los beneficios de la Parte A sin prima según el historial laboral de tu pareja doméstica si no estás formalmente casado. Esto se aplica independientemente de si tu pareja es del mismo sexo o del sexo opuesto, o si tuviste cobertura por el seguro de salud de su empleador.

Una excepción es si tu relación es reconocida como un matrimonio de hecho por las leyes de tu estado. (Para más información, consulta la hoja informativa de *Unmarried Equality* en www.unmarried.org/common-law-marriage-fact-sheet.)

**RECUERDA**

Si estás en una unión doméstica y tienes cobertura por el plan de salud del empleador de tu pareja, necesitas entender las reglas sobre la inscripción en la Parte B de Medicare, lo cual se explica en el Capítulo 6.

# Calificar para Medicare siendo menor de 65 años por discapacidad

Las personas con discapacidades a menudo tienen dificultades para encontrar un seguro de salud a bajo costo debido a sus condiciones médicas. Medicare ayuda cubriendo a tres grupos de individuos discapacitados:

>> Aquellos que han recibido pagos por discapacidad del Seguro Social durante al menos dos años

>> Aquellos con insuficiencia renal permanente (ESRD, por su sigla en inglés)

>> Aquellos con la enfermedad de Lou Gehrig (esclerosis lateral amiotrófica o ELA)

En las secciones a continuación se explica cómo puedes calificar para Medicare si perteneces a alguna de estas categorías.

## Recibir pagos por discapacidad

**CONSEJO**

Si tienes una enfermedad, lesión o discapacidad que te impide ganar más de una cierta cantidad mensual y se espera que dure al menos un año, puedes ser elegible para el Seguro de Discapacidad del Seguro Social (SSDI). Para obtener más detalles sobre la elegibilidad e instrucciones para la solicitud, contacta al Seguro Social al 800-772-1213, TTY 800-325-0778, o visita ssa.gov/pubs/ES-05-10029.pdf.

Después de revisar tu solicitud, el Seguro Social te informará si calificas para el SSDI. Si te aprueban, recibirás pagos mensuales en efectivo a partir de los cinco meses después de la fecha en que el Seguro Social determina que comenzó tu discapacidad. Además, calificarás para beneficios de Medicare, similares a los de las personas de 65 años o más. Sin embargo, generalmente debes esperar 24 meses antes de que comience tu cobertura de Medicare.

En las siguientes secciones se abordan preguntas comunes sobre Medicare para personas que reciben pagos por discapacidad.

## ¿Cómo funciona el período de espera de 24 meses?

La cobertura de Medicare generalmente comienza el primer día del mes 25 después de que comienzas a recibir pagos de SSDI. Este mes 25 es el cuarto mes de tu período inicial de inscripción de siete meses (como se explica en el Capítulo 6). No necesitas solicitar Medicare de manera activa. El Seguro Social te inscribirá automáticamente en la Parte A y la Parte B y te enviará tu tarjeta de Medicare dos o tres meses antes de que comience tu cobertura. (Si deseas optar por no participar en la Parte B, puedes hacerlo, pero ten en cuenta los posibles problemas, como se discute más adelante en el Capítulo 6).

En algunos casos, el período de espera puede ser más corto. Por ejemplo, si tu solicitud de SSDI es denegada y apelas con éxito, el Seguro Social retrocederá tu aprobación al primer mes en que tenías derecho a SSDI. Por lo tanto, el período de espera de 24 meses para Medicare comienza a partir de esa fecha, no desde cuando realmente comenzaste a recibir los pagos. Se pueden encontrar más detalles sobre esto en el Capítulo 7.

*Nota:* el período de espera de 24 meses no tiene que ser consecutivo. Si recibiste SSDI durante unos meses, perdiste la elegibilidad y luego calificaste nuevamente, todos esos meses cuentan para el período de espera de 24 meses.

**RECUERDA**

Si no has recibido tu tarjeta de Medicare para el mes 23 de recibir el SSDI, comunícate con el Seguro Social al 800-772-1213 o al número TTY 800-325-0778 para verificar cualquier problema.

## ¿Cuánto tiempo dura la cobertura de Medicare?

Si calificas para Medicare por discapacidad, tus beneficios continúan mientras recibas pagos del SSDI, y potencialmente por más tiempo. Si pierdes el SSDI porque vuelves a trabajar, tus beneficios de Medicare se extenderán por ocho años y medio adicionales bajo ciertas condiciones y niveles de ingresos. Si tu empleador ofrece beneficios de salud, debes aceptarlos, y Medicare se convierte en un seguro secundario. (Ten en cuenta que si el seguro de salud de tu empleador incluye una cuenta de ahorros para la salud, probablemente no podrás usarla por los motivos que se explican en el Capítulo 6).

Más allá de los ocho años y medio, si aún tienes la discapacidad y estás trabajando, puedes continuar con los beneficios de Medicare al pagar una prima mensual por los servicios de la Parte A y la Parte B, a menos que califiques para asistencia a través de un Programa de Ahorros de Medicare tal como lo expliqué en el Capítulo 4.

CONSEJO

Cuando llegues a los 65 años mientras aún recibes Medicare, tu cobertura continúa sin interrupciones, pasando de la elegibilidad basada en discapacidad a la basada en edad. Durante esta transición, no necesitas hacer nada. Sin embargo, obtienes otro período inicial de inscripción de siete meses (que comienza tres meses antes de cumplir 65) para:

» Conseguir una mejor oferta en el seguro suplementario Medigap, que podría haber sido inaccesible o denegado antes de los 65 años (ver el Capítulo 4).

» Cambiar tus opciones de cobertura de Medicare si lo deseas (ver el Capítulo 15).

» Dejar de pagar cualquier penalización por inscripción tardía incurrida anteriormente (ver Capítulo 6).

## La discapacidad del retiro ferroviario ¿funciona de la misma manera?

Si estás asegurado bajo el sistema de retiro ferroviario en lugar del Seguro Social y tienes discapacidades, las reglas difieren según la clasificación de tu discapacidad:

» **Discapacidad total:** si tienes una *discapacidad total* (incapaz de trabajar en cualquier tipo de empleo), calificas para la cobertura de Medicare después de recibir pagos por discapacidad durante 24 meses.

» **Discapacidad ocupacional:** si tienes una *discapacidad ocupacional* (incapaz de realizar tu trabajo regular en el ferrocarril pero puedes trabajar en otro lugar), no calificas para los beneficios tempranos de Medicare antes de los 65 años. Sin embargo, si te otorgan una *congelación por discapacidad* debido a una condición médica grave que impide cualquier tipo de trabajo, o si tienes 55 años o más y eres ciego, te vuelves elegible para Medicare 29 semanas después de que comience el período de congelación.

CONSEJO

Para obtener más información, comunícate con la Junta de Retiro Ferroviario de forma gratuita al 877-772-5772 (TTY: 312-751-4701), o visita su sitio web en rrb.gov.

## Insuficiencia Renal Permanente (ESRD)

La insuficiencia renal permanente es una enfermedad crónica, también conocida como *enfermedad renal en etapa terminal* (ESRD) en Medicare, que ocurre cuando tus riñones dejan de funcionar correctamente. Para manejar esta condición, necesitarás diálisis regular o un trasplante de riñón. No hay un período de espera para Medicare en esta situación, pero se deben cumplir ciertas condiciones.

>> Estar completamente asegurado, lo que significa que has ganado 40 créditos de trabajo para calificar para los beneficios del Seguro Social o de jubilación ferroviaria, o haber trabajado como empleado gubernamental que calificó para Medicare a través de impuestos sobre la nómina.

>> Calificar como cónyuge o hijo dependiente de una persona completamente asegurada.

El inicio de la cobertura de Medicare depende del tipo de cuidado que necesites (diálisis o trasplante) y de si tienes cobertura bajo un plan de empleador. Si recibes Medicare únicamente debido a ESRD, la cobertura continúa hasta 12 meses después de que dejes de recibir diálisis o 36 meses después de un trasplante de riñón si ya no necesitas diálisis. Si necesitas reanudar la diálisis o recibir otro trasplante, la cobertura de Medicare se reanuda de inmediato.

**CONSEJO**

Dada la complejidad de estas reglas, comunícate con el Seguro Social al 800-772-1213 (TTY 800-325-0778) para obtener información personalizada. Además, puedes consultar la publicación oficial "Cobertura de Medicare para Servicios de Diálisis y Trasplante de Riñón" en www.medicare.gov/Pubs/pdf/10128-Medicare-Coverage-ESRD.pdf.

## Vivir con la enfermedad de Lou Gehrig (ELA)

La *esclerosis lateral amiotrófica* (ELA), también conocida como *la enfermedad de Lou Gehrig*, lleva el nombre del famoso jugador de béisbol de los Yankees de Nueva York que murió a causa de esta enfermedad en 1941. La ELA es una enfermedad degenerativa que afecta a las células nerviosas del cerebro y la médula espinal, lo que lleva a la parálisis muscular. En el 2001, el Congreso aprobó una ley que elimina el período de espera de 24 meses para Medicare para las personas diagnosticadas con ELA.

Para calificar para Medicare con ELA, primero debes tener la aprobación para los beneficios de discapacidad del Seguro Social o de jubilación ferroviaria. La cobertura de Medicare comienza el primer día del mes en que comienzan tus beneficios por discapacidad.

# Pasar desapercibido: otras opciones de cuidado de salud si aún no puedes obtener Medicare

En el complejo sistema de salud estadounidense, algunas personas inevitablemente pasan desapercibidas. Considera los siguientes escenarios:

>> Eres menor de 65 con pagos por discapacidad, pero debes esperar hasta dos años para la cobertura de Medicare.

>> Tienes 65 años o más, pero no has vivido en EE.UU. durante los cinco años requeridos para calificar para Medicare.

>> Estás a unos años de ser elegible para Medicare, pero no tienes beneficios de salud basados en el trabajo y no tienes un buen estado de salud.

>> Tu cónyuge, quien proporcionaba seguro de salud a través de su empleo, se está jubilando. Ellos pueden unirse a Medicare, pero tú no.

En estas situaciones, puedes estar ansioso por acceder a la atención médica mientras esperas a Medicare. Las siguientes secciones exploran opciones potenciales a considerar, aunque no todas pueden estar disponibles para todos.

## Si lo consigues has hecho un excelente trabajo: conseguir un empleo con beneficios

Un trabajo que incluya beneficios de salud siempre es una opción principal si tú o tu cónyuge pueden acceder a uno. Los empleadores que ofrecen seguro de salud a 20 o más empleados están legalmente obligados a proporcionar los mismos beneficios, incluso la cobertura para el cónyuge, a todos los empleados sin importar la edad, el estado de salud o las enfermedades preexistentes.

Si no tienes seguro proporcionado por el empleador, eres más joven que tu cónyuge, y está considerando la jubilación, hay algunos escenarios a considerar. Algunos empleadores siguen ofreciendo cobertura al cónyuge más joven incluso después de que el empleado se jubila, ya sea hasta que el cónyuge cumpla la edad para acceder a Medicare o al proporcionar beneficios de jubilación que incluyan a ambos. Sin embargo, a menudo el cónyuge más joven se queda sin cobertura. En este caso, la mejor opción es que tu cónyuge continúe trabajando hasta que califiques para Medicare. Si esto no es factible, considera otras alternativas.

# Pagar por el seguro temporal COBRA

La Ley Ómnibus Consolidada de Reconciliación Presupuestaría (COBRA – en inglés: Consolidated Omnibus Budget Reconciliation Act de 1986) permite que la mayoría de las personas que han dejado o perdido un trabajo continúen con su cobertura de salud a través de su antiguo empleador por hasta 18 meses. Para hacerlo, deben pagar las primas completas, que incluyen tanto la parte del empleador como la suya propia, lo que puede resultar costoso. Los cónyuges y los hijos dependientes también pueden recibir esta cobertura, incluso si los empleados que se van no la eligen para sí mismos.

Si te inscribes en COBRA y luego te vuelves elegible para Medicare, tus beneficios de COBRA terminarán. Sin embargo, tu cónyuge puede calificar para la cobertura COBRA por hasta 36 meses. Algunas leyes estatales también pueden extender la cobertura COBRA más allá del período federal. Si ya estás inscrito en Medicare antes de ser elegible para COBRA, puedes usar ambos, pero ten en cuenta que COBRA actuará como cobertura secundaria. Por lo tanto, si no te inscribes en Medicare cuando seas elegible, COBRA no cubrirá tus gastos.

**CONSEJO**

Es crucial solicitar a COBRA dentro de un período específico después de dejar tu trabajo. Presta atención a los plazos. Para información detallada, consulta la guía del Departamento de Trabajo en www.dol.gov/sites/dolgov/files/ebsa/about-ebsa/our-activities/resource-center/faqs/cobra-continuation-health-coverage-consumer.pdf.

# Comprar seguro individual a través del mercado en línea

La Ley de Cuidado de Salud a Bajo Precio (ACA) del 2010, también conocida como Obamacare, permite a las personas sin seguro comprar un seguro de salud privado a través de intercambios federales o estatales, colectivamente llamados el "Mercado." Desde el 2014, las personas pueden comprar un seguro de salud individual (no laboral) sin importar su estado de salud o enfermedades preexistentes. Millones de personas que antes no tenían seguro ahora han obtenido cobertura.

Esta información es vigente a menos que la ACA sea derogada.

Si no tienes seguro de salud proporcionado por un empleador o el Gobierno (como Medicare o Medicaid), puedes usar el Mercado en línea para comparar y elegir entre varios planes de salud. Estos planes deben ofrecer atención integral, incluso servicios esenciales como visitas al médico, atención hospitalaria, medicamentos recetados, exámenes, pruebas, vacunas y servicios de salud mental.

Las compañías de seguros en el Mercado pueden cobrar más a las personas mayores que a las más jóvenes y añadir hasta un 50% de recargo para los fumadores. Sin embargo, no pueden negar o limitar la cobertura ni cobrar primas más altas basadas en condiciones de salud. Tampoco pueden imponer límites anuales o de por vida en dólares para la cobertura.

La ACA proporciona subsidios o créditos fiscales para individuos y familias con ingresos por debajo de cierto nivel para reducir los costos de las pólizas. En junio del 2015, la Corte Suprema de EE.UU. confirmó que estos subsidios están disponibles en todo el país, incluso en estados sin sus propios mercados. La ley también amplía Medicaid (la red de seguridad sanitaria administrada por el estado) a muchas más personas y ofrece atención médica casi gratuita. Sin embargo, un fallo de la Corte Suprema en el 2013 permitió a los estados decidir si ampliaban Medicaid, y muchos estados optaron por no hacerlo.

¿Puedes tener seguro del Mercado en lugar de Medicare, o bien, complementarlo? Generalmente, no. Es ilegal que las aseguradoras vendan planes a los beneficiarios de Medicare, y los subsidios no están disponibles para tales planes. Sin embargo, podrías comprar un plan del Mercado en lugar de Medicare si debes pagar primas por la Parte A. Para más información, visita http://www.healthcare.gov/medicare/medicare-and-the-marketplace). Ten cuidado: si no te inscribes en las Partes A y B de Medicare cuando es necesario, podrías enfrentar penalidades por inscripción tardía como se explica en el Capítulo 6.

La inscripción abierta para el seguro del Mercado va del 1 de noviembre al 15 de enero. Si seleccionas un plan antes del 15 de diciembre, la cobertura comienza el 1 de enero; si te inscribes más tarde, la cobertura comienza el 1 de febrero.

Los Períodos de Inscripción Especial (SEP, por su sigla en inglés) te permiten inscribirte en otros momentos bajo ciertas circunstancias, como perder otro seguro, matrimonio, divorcio, agregar un hijo, obtener la ciudadanía, ingresar a EE.UU. como residente legal, ser liberado de prisión o mudarse fuera del área de servicio de tu plan. El SEP generalmente dura hasta 60 días después de estos eventos.

Para detalles del plan, costos de primas (después de subsidios) y la inscripción, visita healthcare.gov. Para asistencia personal, haz clic en el botón "Encontrar ayuda local (Find Local Help)" en la página de inicio o visita localhelp.healthcare.gov. Si tu estado administra su propio mercado, serás dirigido a su sitio web.

**RECUERDA**

No hay penalidad fiscal federal por no tener seguro de salud bajo la ACA, aunque algunos estados imponen penalidades. No serás penalizado si tienes cobertura laboral, Medicaid o Medicare Parte A, que cuentan como cobertura comparable. Sin embargo, tener solo la Parte B no cuenta y puede resultar en penalidades fiscales.

# Comprar seguro de salud fuera del mercado de Obamacare

Considera comprar un seguro de salud individual en el mercado abierto. Antes del 2014, muchas personas sin seguro de empleador usaban este método para obtener cobertura.

Sin embargo, para los mayores de 50 era difícil o muy costoso comprar un seguro de salud debido a que las compañías de seguros negaban la cobertura o cobraban primas más altas por enfermedades preexistentes.

Una ley anterior, HIPAA (Ley de Portabilidad y Responsabilidad del Seguros Médico de 1996), proporciona protecciones limitadas para algunas personas que compran seguros. Si has tenido seguro grupal o COBRA durante al menos 18 meses, HIPAA asegura que puedas comprar un seguro sin exclusiones por enfermedades preexistentes. Sin embargo, estos planes pueden seguir siendo costosos y carecer de los subsidios gubernamentales de la ACA. Para más información, visita la guía del Departamento de Trabajo sobre HIPAA en www.dol.gov/agencies/ebsa/laws-and-regulations/laws/hipaa.

CONSEJO

Para encontrar información de contacto de compañías que venden seguros de salud individuales en tu área, visita el departamento de seguros de tu estado en content.naic.org/state-insurance-departments y selecciona tu estado.

# Obtener atención médica sin seguro

CONSEJO

Si no puedes pagar un seguro y no calificas para obtener ayuda, aún puedes acceder a la atención médica en clínicas comunitarias. Estas clínicas proporcionan servicios para personas sin seguro de forma gratuita, a bajo costo, o según tu capacidad de pago. Para encontrar clínicas en tu área, visita el directorio de la Administración de Recursos y Servicios de Salud de EE.UU. en findahealthcenter.hrsa.gov. O también, visita la página www.needymeds.org, haz clic en "Ahorros en atención médica (Healthcare Savings)", y luego en "Encuentre clínicas gratuitas, de bajo costo o con escala móvil (Find Free/Low-Cost/Sliding Scale Clinics)".

EN ESTE CAPÍTULO

» Cómo inscribirte en Medicare durante tu período de inscripción inicial

» Cómo calificar para un período de inscripción especial

» Saber cuándo inscribirse en otras circunstancias especiales

» Descubrir tus opciones de inscripción en la Parte D

» Enfrentar las consecuencias de la inscripción tardía

# Capítulo **6**

# Cómo inscribirte en Medicare en el momento adecuado para ti

nscribirse en Medicare en el momento adecuado es crucial. Inscribirse en el momento incorrecto puede llevar a penalizaciones financieras significativas, tanto inmediatas como a largo plazo. En este capítulo se proporciona información esencial sobre el momento óptimo para inscribirse en Medicare según tu situación individual.

No esperes un recordatorio para inscribirte en Medicare. (Aunque recibirás una carta y una tarjeta de identificación de Medicare si ya estás recibiendo beneficios del Seguro Social o de jubilación ferroviaria, muchas personas no comienzan a recibir estos beneficios automáticamente a los 65 años. Por lo tanto, es tu responsabilidad averiguar cuándo inscribirte). Desafortunadamente, los consejos de familiares, amigos, departamentos de recursos humanos, o incluso algunos funcionarios del Gobierno a menudo pueden ser inexactos.

**RECUERDA**

En este capítulo nos centramos en el momento de tu inscripción, no en los mecanismos de cómo inscribirse, que se cubren en el Capítulo 7.

# Situaciones que afectan el momento de la inscripción

El momento de la inscripción en Medicare es crucial. Existen diferencias importantes al inscribirse en Medicare según si estás jubilado o aún estás trabajando después de los 65 años, si te vuelves elegible por la edad o por discapacidad, si vives en EE.UU. o en el extranjero, y si estás casado o en otras relaciones domésticas. Cada situación tiene reglas específicas que necesitas conocer antes de inscribirte.

Consulta la Tabla 6-1 a continuación, que describe 12 escenarios diferentes que afectan el momento de la inscripción en la Parte B. (La Parte B es importante de considerar si quieres evitar penalizaciones por inscripción tardía). Identifica tu situación para determinar cuándo debes inscribirte para evitar penalizaciones. Con está tabla podrás decidir si debes inscribirte en la Parte B durante tu Período de inscripción inicial (IEP, por su sigla en inglés) a los 65 años, o si puedes esperar y calificar para un Período de inscripción especial (SEP, por su sigla en inglés).

**RECUERDA**

La Tabla 6-1 se aplica a las personas que califican para Medicare a los 65 años o más, incluidos los residentes legales no estadounidenses (titulares de tarjeta verde) que han vivido en Estados Unidos durante al menos cinco años o han estado casados con un ciudadano estadounidense o residente legal durante al menos un año. No se aplica a aquellos que califican para Medicare a edades más jóvenes a través de discapacidades.

En este capítulo se proporcionan reglas detalladas para estas situaciones y se discute la inscripción en la Parte D, que tiene reglas y condiciones diferentes. Finalmente, aprenderás sobre las consecuencias de perder tu fecha límite de inscripción. Para entender lo que está en juego, es posible que desees leer esa sección primero.

**TABLA 6-1**　　Situaciones que afectan los plazos de inscripción en la Parte B

| Tu situación | ¿Debes inscribirte durante tu IEP a los 65 años? | ¿Puedes retrasar la Parte B a los 65 años e Inscribirte durante un SEP? |
|---|---|---|
| 1. No tienes otro seguro de salud. | Sí. | No. |
| 2. Aún trabajas y tienes seguro de salud grupal de un empleador actual. | Solo si el empleador tiene menos de 20 empleados y Medicare es primario (paga antes que otro seguro), o si deseas dejar este seguro. | Sí, en cualquier momento mientras aún trabajes para este empleador o dentro de los ocho meses de la jubilación. |
| 3. Tienes seguro de salud grupal del empleador actual de tu cónyuge. | Solo si el empleador tiene menos de 20 empleados y Medicare es primario, o si deseas dejar este seguro. | Sí, en cualquier momento mientras tu cónyuge aún trabaje para este empleador o dentro de los ocho meses de la jubilación. |
| 4. Tienes seguro individual (no de empleador) que pagas por tu cuenta. | Sí. | No. |
| 5. Tienes el seguro COBRA. | Sí. | No. |
| 6. Estás cubierto por beneficios de salud para jubilados de tu empleador anterior o el de tu cónyuge. | Sí. | No. |
| 7. Estás en una relación no matrimonial con alguien del mismo o diferente sexo y estás cubierto por su seguro de empleador. | Sí, a menos que tu relación sea considerada un matrimonio de hecho según las leyes de tu estado. | No, a menos que tu relación sea considerada un matrimonio de hecho según las leyes de tu estado. |
| 8. Tienes beneficios de salud para veteranos del sistema VA. | Sí, a menos que también estes en la situación 2 o 3. | No, a menos que también estes en la situación 2 o 3. |
| 9. Vives fuera de Estados Unidos, donde no puedes usar los servicios de Medicare. | Sí, si no estás trabajando. Pero si no calificas para la Parte A sin prima, debes retrasar la inscripción hasta que regreses a Estados Unidos. | Sí, si trabajas y tienes seguro de empleador o acceso al sistema de salud nacional del país anfitrión. |
| 10. Estás en prisión, donde no puedes usar los servicios de Medicare. | Sí. | Sí, sales de la cárcel después del 1 de enero de 2023. |
| 11. No calificas para los beneficios de la Parte A sin prima. | Sí, a menos que estes en la situación 2 o 3. | No, a menos que estes en la situación 2 o 3. |
| 12. El empleo que proporciona tu seguro de salud termina antes del final de tu IEP. | Sí. | No. |

# Entender tu período de inscripción inicial

El *Período de inscripción inicial* (IEP) es el momento más temprano en el que puedes inscribirte en Medicare. Esto generalmente ocurre alrededor de tu cumpleaños número 65, pero puede suceder antes si calificas debido a una discapacidad.

Como lo analizaremos en el Capítulo 7, si ya recibes pagos por discapacidad o jubilación del Seguro Social o de la Junta de Retiro Ferroviario cuando comienza tu IEP, la Administración del Seguro Social te inscribirá automáticamente en las Partes A y B de Medicare. Si no estás recibiendo estos beneficios, deberás solicitarlos Medicare por tu cuenta.

En esta sección se explica el inicio y el final de tu IEP y cuándo debes usarlo para inscribirte en las Partes A y B. Esto se aplica tanto si estás cumpliendo 65 años como si calificas para Medicare debido a una discapacidad.

*Nota:* si tienes seguro de salud de tu trabajo actual o del trabajo actual de tu cónyuge, podrías retrasar la Parte B sin una penalización más allá del final de tu IEP. Para más información, consulta la sección "Retrasar la Parte B si califico para un período de inscripción especial más tarde."

## Usar tu IEP a los 65 años

El período de inscripción inicial (IEP) para Medicare dura siete meses. Normalmente comienza tres meses antes del mes en el que cumples 65 años y termina tres meses después. Por ejemplo, si tu cumpleaños es en julio, tu IEP va del 1 de abril al 31 de octubre. Si tu cumpleaños es el primer día del mes, el IEP se adelanta un mes. Por ejemplo, si cumples 65 años el 1 de julio, tu IEP es del 1 de marzo al 30 de septiembre.

**RECUERDA**

Para evitar penalizaciones por inscripción tardía, utiliza tu IEP para inscribirte en Medicare Parte A y Parte B en las siguientes situaciones:

» Si no tienes otro seguro de salud.

» Tienes un seguro individual que pagas tú mismo.

» Tienes un seguro de salud del trabajo actual tuyo o de tu cónyuge, pero planeas dejarlo por Medicare debido a los altos costos o beneficios insuficientes.

>> Tienes beneficios de jubilado o cobertura COBRA, que no cuentan como cobertura de empleador actual.

>> No tienes el seguro de salud del empleo actual tuyo o de tu cónyuge, incluso si aún estás trabajando.

>> Tu empleador o el de tu cónyuge tiene menos de 20 empleados y requiere que te inscribas en Medicare.

>> Tu seguro de salud del empleo actual termina antes de que expire tu IEP.

>> Eres elegible para recibir los beneficios de salud bajo el programa para jubilados TRICARE For Life (TFL) del ejército, que requiere Medicare Parte B como condición para poder recibir la cobertura de TFL.

>> Eres un veterano con beneficios de salud a través de Asuntos de Veteranos, lo que no requiere que te inscribas en Medicare Parte B. Sin embargo, si no te inscribes durante tu período de inscripción inicial (IEP) o período de inscripción especial (SEP, si aplica), y decides en años futuros que quieres la Parte B, corres el riesgo de enfrentar penalizaciones por inscripción tardía.

>> Eres un jubilado federal y tienes seguro de salud bajo el Programa de Beneficios de Salud para Empleados Federales (FEHB, por su sigla en inglés), el cual no requiere que te inscribas en la Parte B. Sin embargo, si no te inscribes en la Parte B durante tu período de inscripción inicial (IEP) o período de inscripción especial (SEP, si aplica), y decides en el futuro que la quieres, corres el riesgo de enfrentar penalizaciones por inscripción tardía.

>> No tienes derecho a los beneficios de la Parte A sin prima (lo cual explico en el Capítulo 5), pero eres elegible para comprar los servicios de la Parte A pagando primas o eres elegible para la cobertura de la Parte B.

*Nota:* Situaciones más complejas, como no ser ciudadano de EE.UU., vivir en el extranjero o en prisión, estar en un matrimonio del mismo sexo, o estar en una relación no matrimonial, se discuten más adelante en este capítulo.

## Aprovecha tu IEP cuando tienes discapacidades

Si calificas para Medicare debido a una discapacidad, típicamente no necesitas preocuparte por las fechas límite de inscripción. La inscripción es automática, y el Seguro Social te enviará tu tarjeta de Medicare antes de que comience tu elegibilidad. Junto con la tarjeta, recibirás una carta explicando tu inscripción en la Parte

A y la Parte B. Esta carta también proporcionará instrucciones sobre cómo rechazar la Parte B si decides hacerlo.

Técnicamente, hay un período de inscripción inicial (IEP) que dura siete meses. En este contexto, el cuarto mes, cuando tus beneficios de Medicare se vuelven efectivos, suele ser el mes en que recibes tu pago nro. 25 de discapacidad. Por ejemplo, si tu cheque nro. 25 es en abril, tu IEP comienza el 1 de enero y termina el 31 de julio.

RECUERDA

Sé cauteloso al rechazar la Parte B. Optar por no tener la Parte A o la Parte B es una decisión significativa con posibles inconvenientes. Se brinda más información detallada en el Capítulo 7 sobre este tema. Además, en el Capítulo 7 se cubren escenarios donde el Seguro Social otorga beneficios por discapacidad después de una apelación y ofrece cobertura retroactiva de Medicare.

# Retrasar la Parte B si logras calificar para un período de inscripción especial más tarde

Muchas personas siguen trabajando después de los 65 años, lo que genera preguntas comunes como: "¿Qué hago con Medicare si sigo trabajando?"; "¿necesito Medicare si tengo seguro de salud del trabajo de mi cónyuge?"; y "¿seré penalizado si no me inscribo en Medicare a los 65 años mientras tengo beneficios de salud del empleador?"

RECUERDA

Para aclarar: si tú o tu cónyuge están trabajando activamente y tienen un seguro de salud grupal de un empleador con 20 o más empleados, puedes retrasar la inscripción en la Parte B hasta que termine este empleo o cobertura de salud. En ese momento, puedes inscribirte en la Parte B inmediatamente sin penalización durante un período de inscripción especial. (Las reglas difieren ligeramente si tienes Medicare debido a una discapacidad, como se explicó en la sección anterior).

En esta sección analizamos las condiciones para retrasar la Parte B y cómo usar el período de inscripción especial para eventualmente inscribirte en ella. También consideraremos si necesitas retrasar la Parte A y se proporciona una advertencia especial para aquellos con una cuenta de ahorros para la salud en el trabajo.

RECUERDA

Incluso si puedes retrasar la Parte B, tienes la opción de continuar con el seguro del empleador, dejarlo por Medicare, o tener ambos. La elección es tuya.

Otro punto clave: si trabajas después de los 65 años para un empleador con 20 o más empleados, la ley requiere que el empleador te ofrezca los mismos beneficios de salud que a los trabajadores más jóvenes. Esta protección también se aplica a los cónyuges de 65 años o más cubiertos por el plan del empleador. Estos derechos se detallan más en el Capítulo 8.

**ADVERTENCIA**

Si te jubilas o dejas de trabajar antes de que termine tu período de inscripción inicial (IEP), debes inscribirte en Medicare durante tu IEP para evitar penalizaciones por inscripción tardía. Por ejemplo, si cumples 65 años en abril, tu IEP va del 1 de enero al 31 de julio. Si planeas jubilarte a finales de junio, necesitas inscribirte en junio para asegurar que la cobertura de Medicare comience el 1 de julio.

## Retrasar la Parte B sin penalización

Cuando tienes seguro de salud a través de tu trabajo o del trabajo de tu cónyuge, este seguro generalmente tiene prioridad sobre Medicare, a menos que el empleador tenga menos de 20 trabajadores. Esto significa que el plan de tu empleador paga tus facturas médicas primero, y Medicare solo interviene si tu plan no cubre algo que Medicare sí cubre. Ten en cuenta que Medicare no cubre los costos de tu bolsillo como deducibles y copagos requeridos por el seguro de tu empleador. Por lo tanto, si el plan de tu empleador ofrece una buena cobertura, es posible que no necesites Medicare en absoluto. ¿Por qué pagar primas mensuales entonces?

Aquí es donde entra en juego el período de inscripción especial. Te permite retrasar la Parte B, y sus primas mensuales, sin enfrentar penalizaciones por retraso, pero solo bajo condiciones específicas. En esta sección se aclaran esas condiciones para ayudarte a determinar si se aplican a ti.

### "¿Para quién trabajas actualmente tu o tu cónyuge?"

Esta frase es crucial. No importa si ustedes trabajan a tiempo completo o parcial para la empresa u organización que proporciona tu seguro de salud. Sin embargo, ustedes deben tener lo que los funcionarios del Gobierno llaman "empleo actual" para retrasar la inscripción en la Parte B y calificar para un período especial de inscripción más adelante.

**RECUERDA**

La Administración del Seguro Social (que maneja la inscripción en Medicare e impone las penalizaciones por inscripción tardía en la Parte B) aplica estrictamente esta regla. Déjeme aclarar: *empleo actual* no incluye ningún período en el que el único seguro de salud que recibes de un empleador es a través de la cobertura para jubilados o COBRA, ya que no estás trabajando activamente mientras recibes estos beneficios. Además, debes estar trabajando para el mismo empleador que proporciona este seguro de salud. Si tienes más de 65 años y tienes beneficios de salud de un empleador para el cual tú o tu cónyuge ya no trabajan, no puedes retrasar la Parte B sin penalización.

## "El empleador tiene 20 o más empleados"

Los pequeños empleadores a menudo tienen fuerzas laborales más fluidas en comparación con los más grandes. En trabajos estacionales, los trabajadores frecuentemente van y vienen, lo que da como resultado fluctuaciones en el número de empleados a lo largo del año. A veces, los pequeños empleadores se unen para comprar un seguro de salud grupal, que puede superar colectivamente los 20 empleados elegibles para beneficios de salud.

Los empleadores generalmente cumplen con la regla de "20 o más" para la Parte B si tienen al menos 20 trabajadores a tiempo completo, parcial o arrendados en la nómina durante 20 o más semanas en el año actual o anterior. Estos trabajadores no necesitan estar inscritos en el plan de salud del empleador; lo que importa es el número total de empleados. Los empleadores también cumplen con la regla si participan en ciertos programas de seguro de salud multiempleador.

Incluso si trabajas para un empleador con menos de 20 empleados, la ley te permite retrasar la Parte B y obtener un período de inscripción especial (SEP) cuando te jubiles. Sin embargo, ten cuidado: los planes de pequeños empleadores suelen ser secundarios a Medicare y no cubrirán los servicios que Medicare cubre. Si no te inscribes en la Parte B durante tu período de inscripción inicial (IEP), será como si no tuvieras seguro. Por lo tanto, si tienes cobertura de salud de un pequeño empleador, confirma si Medicare se convertirá en tu cobertura principal cuando cumplas 65 años.

Una regla importante a tener en cuenta: si pierdes tu IEP y más tarde descubres que el plan de tu empleador se ha convertido en secundario a Medicare, tienes derecho a un SEP inmediato para inscribirte en las Partes A y B sin penalización mientras aún estés trabajando. Tu cobertura comenzará el primer día del mes después de que te inscribas.

**CONSEJO**

Las definiciones pueden ser complejas y dependen de la situación. Si trabajas para un pequeño empleador y no estás seguro de si tu empresa cumple con la regla de "20 o más", consulta con tu empleador. También, puedes llamar al Centro de Recuperación de Coordinación de Beneficios de Medicare (Medicare's Benefits Coordination & Recovery Center) al 855-798-2627 (TTY 855-797-2627).

### "Hasta que termine este empleo o la cobertura de salud (lo que ocurra primero)"

Esta frase enfatiza la necesidad de estar con un empleo activo por el proveedor de tu seguro de salud para retrasar la inscripción en la Parte B. Una vez que tu empleo termine, incluso si tu cobertura de salud continúa, debes inscribirte en la Parte B para evitar penalidades.

ADVERTENCIA

Muchas personas consideran que la "cobertura del empleador" incluye cualquier beneficio de salud que provenga de sus trabajos. Los beneficios para jubilados y COBRA a menudo son proporcionados por la misma compañía de seguros que cubre a los empleados durante su empleo, con el mismo nombrey tarjeta. En el caso de COBRA, la cobertura es idéntica. Sin embargo, para retrasar la Parte B, ni los beneficios para jubilados ni COBRA se consideran cobertura del empleador. Esta confusión frecuentemente lleva a consecuencias serias, como se detalla en la sección "Perder tu fecha límite para la Parte B."

RECUERDA

En algunos casos, la cobertura del empleador puede terminar antes que el empleo. Recuerda, el reloj para la penalización por inscripción tardía en la Parte B comienza a correr cuando termine el trabajo o se termine el seguro, lo que ocurra primero.

## Saber qué hacer con la Parte A si retrasas la Parte B

La mayoría de las personas que retrasan la Parte B aún se inscriben en la Parte A durante su período de inscripción inicial a los 65 años. Esto suele ser beneficioso porque la Parte A no requiere primas si tú o tu cónyuge han pagado suficientes impuestos sobre la nómina, como se explica en el Capítulo 5.

Generalmente, no hay penalizaciones por inscribirse en la Parte A después de los 65 años. (Para excepciones, consulta la sección "Pasar tu fecha límite para la Parte A"). Inscribirse en la Parte A durante tu período inicial asegura que un funcionario del Seguro Social registre tu decisión de retrasar la Parte B debido a un empleo actual, lo que puede prevenir disputas futuras. Además, la Parte A puede ofrecer cobertura adicional a tu plan de empleador si necesitas hospitalización.

CONSEJO

Sin embargo, si tu seguro de salud del empleador es un plan de deducible alto emparejado con una cuenta de ahorros para la salud, es aconsejable retrasar tanto la Parte A como la Parte B hasta que dejes de trabajar. Esta situación se discutirá en detalle en la siguiente sección.

# Presta atención a una advertencia especial si tienes una cuenta de ahorros para gastos médicos en el trabajo

Si tu empleador ofrece un plan de salud con deducible alto combinado con una cuenta de ahorros para gastos médicos (HSA, por su sigla en inglés), debes estar al tanto de las reglas específicas del IRS al considerar la inscripción en Medicare. No puedes contribuir a una HSA si estás inscrito en cualquier parte de Medicare.

Según las reglas del IRS, las contribuciones a la HSA están libres de impuestos, pero este beneficio se pierde si tienes otro seguro de salud, incluido Medicare. Para obtener información detallada, consulta la publicación 969 del IRS "Cuentas de ahorros para gastos médicos y otros planes de salud favorecidos por impuestos" en la página web: http://www.irs.gov/publications/p969/index.html y haz clic en "Requisitos para una contribución a una HSA (Qualifying for an HSA contribution)".

Esta regla es significativa para las personas mayores de 65 años que desean seguir trabajando y tienen planes de HSA proporcionados por el empleador. A pesar de la creciente popularidad de las HSA, Medicare y el Seguro Social rara vez destacan esta regla en su información de inscripción.

¿Qué significa esto?:

>> **Si tienes una HSA en el trabajo:** no puedes contribuir a la HSA en ningún mes que estés inscrito en Medicare. Sin embargo, aún puedes usar los fondos existentes para gastos médicos aprobados.

>> **Si tiene cobertura por la HSA de tu cónyuge y estás en Medicare:** esta regla no te afecta ya que no eres el empleado que contribuye. Puedes seguir usando los fondos de la HSA.

Estar *inscrito en Medicare* incluye las Partes A, B y D. Para seguir aportando a una HSA después de los 65 años, debes evitar inscribirte en la Parte A durante tu período de inscripción inicial. Este retraso no tiene penalización, ya que legalmente puedes posponer las Partes A y B hasta que dejes de trabajar.

**RECUERDA**

Además, es aconsejable retrasar la inscripción en la Parte D. Mientras retrases tu inscripción en las Partes A y B, no serás elegible para la Parte D y, por lo tanto, no recibirás ninguna penalización por inscripción tardía si pospones la inscripción en la Parte D hasta que dejes de trabajar, incluso si la cobertura de medicamentos recetados de tu empleador no es *acreditable* (concepto que explico más adelante en este capítulo).

**ADVERTENCIA**

Si ya estás recibiendo algún tipo de beneficio del Seguro Social (jubilación, discapacidad o por cónyuge) cuando te vuelvas elegible para Medicare, serás inscrito automáticamente en las Partes A y B de Medicare. (De manera similar, si comienzas a recibir beneficios después de los 65 años y no estás inscrito en Medicare, el Seguro Social te inscribirá automáticamente). Aunque se te da la opción de no aceptar la Parte B, no puedes optar por no inscribirte en la Parte A si recibes beneficios del Seguro Social.

Estas son tus opciones si tienes una HSA y eres elegible para Medicare, según diferentes circunstancias:

» **Aún no has solicitado beneficios de Medicare o Seguro Social:** puedes seguir contribuyendo a tu HSA después de los 65 años y retrasar la solicitud de Seguro Social y Medicare Partes A y B hasta que dejes de trabajar, sin penalizaciones.

» **Estas inscrito en la Parte A pero no recibes beneficios del Seguro Social:** puedes retirar tu solicitud de la Parte A, para hacerlo comunícate con el Seguro Social al 800-772-1213 o TTY 800-325-0778. Esto te permite volver a solicitar la Parte A cuando dejes de trabajar sin penalizaciones.

» **Recibes beneficios de jubilación del Seguro Social:** si solicitas beneficios de jubilación del Seguro Social a los 65 años o más, serás inscrito automáticamente en la Parte A y no podrás seguir aportando a la HSA. Para optar por no inscribirte en la Parte A, debes reembolsar cualquier pago del Seguro Social y gastos de Medicare incurridos. Esta acción te descalifica del Seguro Social y Medicare, pero puedes volverlo a solicitar cuando termines o pierdas la cobertura de la HSA.

» **Recibes beneficios de discapacidad del Seguro Social pero puedes volver a trabajar:** si tienes menos de 65 años y recibes beneficios por discapacidad del Seguro Social, pero puedes volver a trabajar, tu derecho a Medicare puede continuar por ocho años y medio más, aunque los pagos por discapacidad hayan cesado. (Este tema se explica con más detalle en el Capítulo 5). Si el seguro de salud de tu empleador incluye una HSA, no podrás acceder a ella debido a que ya tienes Medicare. De nuevo, la única forma en que puedes optar por no participar en Medicare es si realizas el reembolso al Seguro Social de todos los pagos por discapacidad que has recibido y a Medicare por los servicios médicos que has utilizado. Para la mayoría de las personas discapacitadas en esta situación, esa cantidad puede ascender a cientos de miles de dólares, por lo que optar por no participar en Medicare no es una opción viable.

**CONSEJO**

Si retrasas la inscripción en las Partes A y B hasta la jubilación y tienes una HSA, deja de contribuir a la HSA varios meses antes de solicitar los beneficios del Seguro Social. El Seguro Social puede retroceder la inscripción en la Parte A hasta seis meses, lo que podría llevar a impuestos del IRS por los meses en que tuviste tanto una HSA como una inscripción retroactiva en Medicare.

## ¿Cómo funciona el período de inscripción especial?

Si retrasaste tu inscripción en la Parte B después de los 65 años debido a un empleo actual (tuyo o de tu cónyuge), aquí te explicamos cómo funciona el período de inscripción especial (SEP).

**RECUERDA**

El SEP consiste en dos periodos de tiempo diferentes. Los puedes utilizar:

» En cualquier momento mientras tú o tu cónyuge sigan trabajando, desde el final de tu período de inscripción inicial a los 65 años hasta que termine el empleo o la cobertura del empleador.

» Hasta ocho meses después de que termine el empleo o la cobertura.

Tu fecha límite final para inscribirte en la Parte B sin penalización es el final de ese octavo mes. Por ejemplo, si tienes 69 años y te jubilaste pero tienes un seguro de salud del trabajo de tu cónyuge, y el último día de trabajo de tu cónyuge es el 15 de marzo, tu SEP comienza el 1 de abril y termina el 30 de noviembre.

Cuando te inscribes en la Parte B, tu cobertura comienza el primer día del mes después de que te inscribas. Puedes programar tu inscripción para asegurarte de no tener un intervalo sin cobertura. Si te inscribes antes o durante el mes después de que termine tu empleo, puedes especificar una fecha de inicio de cobertura con hasta tres meses de anticipación.

Al mismo tiempo, puedes inscribirte en la Parte A (si aún no lo has hecho), en la cobertura de medicamentos recetados de la Parte D (como se explica en el Capítulo 10) o en un plan de salud Medicare Advantage (ver Capítulo 11), según tus preferencias. (No tienes que esperar a ningún otro período de inscripción). Si eliges comprar un seguro complementario Medigap, obtienes plena protección federal cuando adquieres una póliza dentro de los seis meses posteriores a la inscripción en la Parte B, como se explica en el Capítulo 4. A continuación, se muestran algunos ejemplos de cómo funciona este SEP en diferentes situaciones:

» Dan, de 85 años, retrasó la Parte B de Medicare porque tenía el seguro de trabajo de su esposa Lily. Lily ahora se jubila a los 70 años. Ambos se inscribirán en la Parte B durante el último mes de trabajo de Lily para evitar un intervalo sin cobertura y comenzar, Medicare al mes siguiente.

>> Eduardo trabajó después de los 65 años, con beneficios de salud del empleador que cubrían a él y a su esposa, Rosa. Encontraron que Medicare era más económico debido a las altas primas y deducibles de su plan del empleador. Optaron por salir del plan del empleador durante la inscripción abierta, se inscribieron en Medicare en diciembre, con cobertura a partir del 1 de enero.

>> A los 68 años, Margaret perdió su trabajo a tiempo completo y los beneficios de salud cuando sus horas se redujeron a tiempo parcial. El SEP le permitió inscribirse en Medicare antes de que sus beneficios terminaran el 31 de mayo, con cobertura a partir del 1 de junio.

# ¿Cómo inscribirse en otras situaciones específicas?

Ciertas situaciones no siguen los procesos regulares de inscripción. Si te encuentras en uno de estos casos, es importante entender las reglas específicas. Esta sección explica cómo inscribirse en Medicare Parte A o Parte B si eres residente legal pero no ciudadano de EE.UU., si vives fuera de Estados Unidos, tienes un matrimonio no tradicional o una pareja de hecho o estás en prisión

*Nota:* en esta sección no se cubre si calificas para Medicare en estas circunstancias; esa información está en el Capítulo 5. Aquí, nos enfocamos en el mejor momento para inscribirse y evitar penalidades por inscripción tardía.

## Eres un residente permanente legal

Si tienes 65 años o más, debes tener una tarjeta verde y haber vivido continuamente en Estados Unidos durante al menos cinco años para ser elegible para los beneficios de Medicare. Sin embargo, algunas personas reciben su tarjeta verde después de vivir en EE.UU. por más de cinco años, mientras que otras obtienen la tarjeta verde antes de mudarse a EE.UU., como a través de loterías de inmigración en sus países.

Según la Administración del Seguro Social, te vuelves elegible para Medicare una vez que cumples ambas condiciones (tarjeta verde y residencia de cinco años). Esta elegibilidad generalmente ocurre en el cuarto mes de tu período de inscripción inicial de siete meses (IEP).

Por ejemplo, Katerina vivió en EE.UU. durante cuatro años antes de obtener su tarjeta verde en octubre del 2022. Necesitaba un año más de residencia para ser elegible para Medicare en octubre del 2023. Su IEP para la inscripción en Medicare comenzó el 1 de julio del 2023 y terminó el 31 de enero del 2024.

Como residente legal, diferentes reglas pueden afectar tu inscripción. Si has ganado 40 créditos de trabajo al pagar impuestos sobre la nómina en EE.UU., calificas para los beneficios completos de Medicare sin período de espera. Si estás casado con un ciudadano estadounidense u otro residente legal, el requisito de residencia de cinco años puede no aplicarse. Además, si tienes un plan de salud de empleador de tu trabajo actual o el de tu cónyuge, puedes retrasar la Parte B sin penalización, como se explica en la sección anterior "Retrasar la Parte B sin penalización."

**CONSEJO**

Debido a que las circunstancias para las personas que no son ciudadanas pueden variar, es recomendable llamar a la Administración del Seguro Social al 800-772-1213 (TTY 800-325-0778) para determinar tu elegibilidad exacta para la inscripción en Medicare.

# Vives fuera de Estados Unidos

Vivir en el extranjero puede complicar la inscripción en Medicare. No puedes utilizar los servicios de Medicare fuera de Estados Unidos, pero en la mayoría de las situaciones te enfrentas a un dilema difícil y, en cierto modo, injusto. Si se acerca tu cumpleaños número 65 y vives en el extranjero sin trabajar, puedes optar por una de las siguientes opciones:

» Inscribirte en la Parte B durante tu período de inscripción inicial y pagar primas mensuales por servicios que no puedes usar.

» Retrasar la inscripción y enfrentar multas por tardanza si regresas a Estados Unidos y te inscribes en Medicare más tarde.

Esta regla, establecida en 1966, está desactualizada en el mundo móvil de hoy. Muchos estadounidenses mayores viven en el extranjero para estar cerca de su familia, buscar nuevas aventuras o disfrutar de la vida en diferentes países. Desafortunadamente, este dilema persiste para aquellos que viven en el extranjero y no están trabajando.

Sin embargo, hay tres excepciones importantes a esta regla, que te permiten retrasar la inscripción sin penalización hasta que regreses a Estados Unidos: Si estás trabajando activamente en el extranjero y cumples con ciertas condiciones. Si no calificas para los beneficios de la Parte A sin pagar primas. Si necesitas inscribirte en la cobertura de medicamentos recetados de la Parte D al regresar a Estados Unidos.

## Trabajar en el extranjero

Hasta hace poco, la regla se aplicaba incluso a la mayoría de las personas que trabajaban en el extranjero después de los 65 años. Se hacían excepciones solo para algunos voluntarios y trabajadores cuyos empleadores extranjeros proporcionaban un seguro de salud grupal al estilo estadounidense, un tipo raro fuera de EE.UU. Las reglas de Medicare ahora permiten períodos especiales de inscripción en la Parte B para las personas que trabajaron en el extranjero y recibieron atención médica del sistema nacional de salud de su país anfitrión.

**RECUERDA**

Los funcionarios de Medicare ahora te permiten retrasar la inscripción en la Parte B a los 65 años o más sin penalización mientras estés en el extranjero. Puedes obtener un período especial de inscripción cuando dejes de trabajar o regreses a EE.UU. (lo que ocurra primero) si:

>> Trabajas para un empleador (estadounidense o extranjero) que proporciona un seguro de salud grupal privado.

>> Trabajas para un empleador sin beneficios de salud especiales, pero estás cubierto por el sistema nacional de salud del país donde vives.

>> Eres autónomo y tienes seguro por el sistema nacional de salud del país donde vives.

>> Eres el cónyuge de alguien que cumple con las categorías anteriores y tienes la misma cobertura.

>> Estás haciendo voluntariado en el extranjero y tienes cobertura de salud de una organización patrocinadora aprobada (por ejemplo, el Cuerpo de Paz).

Este período especial de inscripción tiene reglas similares al SEP regular descrito anteriormente. Dura hasta ocho meses después de que termine el empleo. Si dejas de trabajar, pero no regresas a EE.UU. dentro de ese tiempo, enfrentas una elección: inscribirte en la Parte B y pagar las primas o enfrentar penalizaciones por inscripción tardía al regresar a EE.UU. Ten en cuenta que si no te inscribes en la Parte B durante el SEP de ocho meses, cualquier penalización por inscripción tardía se basa en la fecha en que dejaste de trabajar, no en el final del SEP.

Por ejemplo, Frank trabajó para una empresa francesa en París durante cinco años y se jubiló a los 68 años. Él y su esposa, Pamela, se quedaron en París dos años más, regresaron a EE.UU. cuando él tenía 70 años y ella 69. Recibieron atención médica del sistema nacional de salud francés. Cuando regresaron y se inscribieron en la Parte B, los tres años que Frank trabajó después de los 65 estaban exentos de penalizaciones por inscripción tardía. Sin embargo, enfrentaron penalizaciones por los dos años desde su jubilación, que podrían haber evitado si se hubieran inscrito en la Parte B dentro de los ocho meses posteriores a su jubilación.

Cuando te inscribes en la Parte B, debes demostrar a los funcionarios del Seguro Social que estabas trabajando en el extranjero y que tenías un seguro de salud proporcionado por tu empleador, organización patrocinadora de voluntarios, o el sistema nacional de salud de tu país anfitrión. Esto requiere documentos como contratos de trabajo, registros fiscales y posiblemente registros de salud que demuestren que un tercero contribuyó a tus facturas médicas. Si estabas trabajando para un empleador pero tenías un seguro de un sistema nacional de salud, obtener una carta del empleador en donde explique esta situación es útil.

## ¿Qué ocurre cuando no calificas para la Parte A sin primas?

Algunas personas no califican para los beneficios de la Parte A sin pagar primas mensuales porque ellos o sus cónyuges no han contribuido lo suficiente en impuestos sobre la nómina. (Consulta el Capítulo 5 para obtener más detalles). En este caso, puedes recibir los beneficios de la Parte A si pagas primas mensuales. Sin embargo, no puedes inscribirte en la Parte A o Parte B fuera de Estados Unidos. Por lo tanto, puedes retrasar la inscripción en Medicare hasta tu regreso sin incurrir en penalizaciones por tardanza. (Para más detalles, consulta el Capítulo 7).

## Inscribirse en la cobertura de medicamentos Parte D

Para las personas que viven en el extranjero, las reglas para la inscripción en la Parte D difieren significativamente de las de la Parte B. No necesitas inscribirte mientras estás en el extranjero porque los servicios de la Parte D no están disponibles fuera de Estados Unidos. En su lugar, puedes esperar hasta regresar a EE.UU. Cuando lo hagas, tendrás un período especial de inscripción de hasta dos meses para inscribirte en un plan de medicamentos de la Parte D sin enfrentar penalidades por inscripción tardía.

Para obtener información más detallada, consulta la sección "Decidir si inscribirse y cuándo hacerlo para obtener la cobertura de medicamentos de la Parte D". Para obtener información sobre la elección de planes que ofrecen cobertura de medicamentos en la Parte D, consulta los Capítulos 10 y 11.

*Nota:* si quieres inscribirte en la Parte A o la Parte B mientras estás fuera de Estados Unidos, consulta el Capítulo 7 para obtener información sobre los procesos de inscripción relevantes según tus circunstancias.

# Estás en una pareja de hecho

Esta sección aborda el escenario en el que vives junto a tu pareja sin estar casados, en una relación de pareja de hecho. A menudo, uno de los miembros obtiene un seguro de salud a través de los beneficios del empleador del otro miembro. Una pregunta común es: si eres el miembro con seguro (no el que recibe los beneficios del empleador), ¿puedes retrasar la inscripción en la Parte B si tu pareja aún está trabajando?

Una *pareja de hecho* es un arreglo en el que vives como pareja con alguien del mismo sexo o del sexo opuesto sin estar formalmente casados. En general, no puedes retrasar la inscripción en la Parte B en esta situación sin incurrir en penalizaciones por tardanza, incluso si recibes cobertura de salud del plan del empleador de tu pareja. Sin embargo, existen algunas excepciones:

» Medicare te permite retrasar la Parte B después de los 65 años e inscribirte sin penalización cuando tu pareja deja de trabajar o pierde los beneficios de salud del empleador. Esto se aplica si vives en un estado que reconoce los matrimonios de hecho y tu relación de pareja de hecho cumple con la definición legal de matrimonio de hecho. Para más información, consulta la hoja informativa de *Unmarried Equality* en www.unmarried.org/common-law-marriage-fact-sheet.

» Puedes retrasar la Parte B sin penalización si se cumplen todas las siguientes condiciones:

- Tienes menos de 65 años y tienes Medicare debido a una discapacidad.

- El empleador de tu pareja tiene 100 o más empleados. (Medicare requiere que el empleador tenga al menos 100 empleados si estás discapacitado y tienes el seguro de un miembro de la familia. Si tienes 65 años y tienes el seguro por el empleador de tu cónyuge, el empleador solo necesita 20 empleados para calificar para la excepción).

- Puedes tener el seguro del empleador de tu pareja como "miembro de la familia", independientemente del estado legal del matrimonio o del sexo de tu pareja.

» Puedes retrasar la Parte B sin penalización si se cumplen todas las siguientes condiciones:

- Tienes 65 años o más, o menos de 65 con Medicare debido a una discapacidad.

- Tu período de inscripción inicial comenzó en diciembre del 2004 o antes.

- Rechazaste la Parte B durante ese período de inscripción inicial o voluntariamente optaste por no tener cobertura de la Parte B antes de diciembre del 2004.

## Estás en la cárcel

Si cumples 65 años mientras estás en prisión u otra institución correccional, tienes dos opciones:

» Inscribirte en la Parte B durante tu período de inscripción inicial y pagar las primas mensuales, aunque no puedas usar los servicios de Medicare mientras estés en la cárcel.

» Usar el período especial de inscripción de 12 meses para inscribirte en Medicare Original cuando seas liberado.

Si vas a la cárcel después de los 65 años y ya estás inscrito en Medicare, debes seguir pagando las primas para evitar penalizaciones al ser liberado.

**ADVERTENCIA**

Por supuesto, si no tienes ingresos, y el estar en la cárcel te hace inelegible para los pagos del Seguro Social, ¿cómo podrías pagar las primas de la Parte B mientras estás cumpliendo condena? Sin embargo, la ley ignora este problema práctico. Por lo tanto, a menos que alguien más pueda pagar tus primas durante ese tiempo, lo más probable es que enfrentes penalizaciones en el futuro. No obstante, si continúas con el seguro del empleo activo de tu cónyuge (como se explicó anteriormente en este capítulo), podrías evitar las penalizaciones.

La cobertura de medicamentos de la Parte D tiene reglas diferentes. No puedes usar esta cobertura mientras estés en prisión, pero tienes derecho a un período especial de inscripción después de tu liberación para inscribirte en un plan de medicamentos de la Parte D sin penalización, como se explica en la siguiente sección.

# Decidir si inscribirse y cuándo hacerlo para obtener la cobertura de medicamentos de la Parte D

La cobertura de medicamentos recetados de la Parte D tiene reglas específicas de inscripción, pero son flexibles y ofrecen varias opciones para adaptarse a tus necesidades. Si tienes seguro de medicamentos de otra fuente, como un empleador actual o anterior, puede que no necesites inscribirte en la Parte D.

En esta sección se aclara en qué consiste la cobertura alternativa acreditable de medicamentos y se identifica qué tipos de cobertura califican y cuáles no. También se aborda si necesitas la Parte D si no tienes otra cobertura, pero no tomas ningún medicamento. Finalmente, se describe cuándo es el mejor momento para inscribirse en la Parte D y evitar penalizaciones según tus circunstancias.

# Evaluar la cobertura de medicamentos que tienes de otras fuentes

No necesitas la Parte D si ya tienes una cobertura de medicamentos acreditable de otra fuente. *Acreditable* significa una cobertura que es al menos tan buena como la Parte D. Según las reglas de Medicare, tu cobertura de medicamentos es acreditable si su valor iguala o supera al de la Parte D. Específicamente, si quien lo patrocina paga, en total, al menos la misma cantidad de dinero para todos los integrantes del plan que lo que pagaría Medicare. No puedes determinar esto por tu cuenta, así que las siguientes secciones proporcionan pautas sobre qué tipo de cobertura es, puede ser, o no es acreditable.

RECUERDA

En general, tener una cobertura acreditable significa que no necesitas inscribirte en la Parte D y puedes cambiarte a un plan de la Parte D sin penalización si pierdes esta cobertura en el futuro. Sin embargo, considera inscribirte en la Parte D si fuese un beneficio importante para ti, como, por ejemplo, si eres elegible para el programa de Ayuda Adicional, que proporciona cobertura de medicamentos de bajo costo a personas con ingresos más bajos. (Para más detalles, consulta el Capítulo 4).

ADVERTENCIA

Sin embargo, no canceles tu seguro de medicamentos de otras fuentes sin entender las consecuencias. En algunos casos, cancelar la cobertura de medicamentos también puede significar perder tus beneficios médicos. Contacta a tu plan de salud para obtener información antes de tomar cualquier medida.

## Cobertura que es acreditable

RECUERDA

Puedes considerar tu cobertura como acreditable, lo que significa que puedes evitar la Parte D sin penalizaciones por tardanza, si proviene de cualquiera de las siguientes fuentes:

>> El Programa de Beneficios de Salud para Empleados Federales (FEHB) para trabajadores o jubilados federales (y sus cónyuges incluidos en la cobertura)

>> El programa TRICARE o TRICARE For Life (TFL) para personal militar activo o retirado (y sus cónyuges incluidos en la cobertura)

>> El programa de salud de la Administración de Veteranos (VA) para veteranos

» Programas de salud federales para nativos americanos, como el Servicio de Salud Indígena

» Programas Estatales de Asistencia Farmacéutica (SPAP) si califican bajo las reglas de Medicare (en el Capítulo 4 analizamos estos programas)

*Nota:* Si tu cobertura actual de medicamentos proviene de Medicaid, serás transferido automáticamente a la Parte D cuando seas elegible para Medicare, como se explica en el Capítulo 4. Por lo tanto, la cobertura de Medicaid, que es tan buena como la Parte D, no plantea problemas de acreditabilidad.

## Cobertura que debes analizar

Ciertos tipos de cobertura de medicamentos pueden o no ser acreditables. Para determinar esto, revisa los materiales de inscripción de tu plan o contacta a sus administradores, quienes están legalmente obligados a proporcionar esta información. Verifica si tu cobertura proviene de alguna de las siguientes fuentes:

» Un empleador o sindicato actual o anterior

» Seguro temporal de COBRA

» Seguro individual que pagas tú mismo, incluso la cobertura de medicamentos comprada bajo la Ley del Cuidado de Salud a Bajo Precio ("Obamacare")

RECUERDA

Si no estás inscrito en la Parte A o Parte B, no eres elegible para la Parte D. Por lo tanto, no puedes incurrir en penalizaciones por inscripción tardía, incluso si tu cobertura de medicamentos en el trabajo no es acreditable. Esta situación puede ocurrir si sigues trabajando después de los 65 años y retrasas la inscripción tanto en la Parte A como en la Parte B porque tienes una cuenta de ahorros para gastos médicos (HSA) en el trabajo, como se discutió anteriormente en este capítulo.

## Cobertura no acreditable

ADVERTENCIA

Si tienes cobertura de medicamentos bajo una póliza de seguro complementario Medigap más antigua (etiquetada H, I o J) de antes del 2006, puedes conservarla. Sin embargo, ten en cuenta que esta cobertura de medicamentos no es acreditable. Si cambias a la Parte D ahora o más tarde, incurrirás en penalizaciones por tardanza. Además, cuanto más tiempo mantengas este tipo de póliza, más cara se volverá. Como estas pólizas ya no se venden, el grupo de personas que las tienen se reducirá y aumentarán las penalizaciones. (En el Capítulo 4 encontrarás más información sobre Medigap).

## Cobertura que no es cobertura

A veces, las personas creen erróneamente que tienen cobertura cuando no la tienen. El término *cobertura* se refiere al seguro por el cual tú o un tercero (como un empleador o el Gobierno) pagan primas para reducir sus costos de medicamentos ahora y en el futuro. Los siguientes no cuentan como cobertura acreditable para los propósitos de la Parte D:

» Programas de descuento en farmacias

» Programas estatales de descuento en medicamentos

» Programas de asistencia de fabricantes de medicamentos

» Programas de asistencia para pacientes o caridades

» Planes de colaboración en costos médicos/salud (generalmente son programas basados en las creencias religiosas donde los miembros aportan dinero para pagar los gastos de la atención médica)

» Medicamentos de bajo costo de Canadá, México u otros países extranjeros

» Medicamentos de bajo costo de clínicas médicas

» Muestras gratuitas de médicos

## ¿Necesitas la Parte D si no tomas medicamentos?

Muchas personas nuevas en Medicare a menudo se preguntan: "¿Por qué debería pagar por la Parte D si no uso medicamentos recetados?" Esta es una pregunta válida. La respuesta típica es: "Porque no puedes predecir el futuro". Nadie puede. No puedes prever si vas a necesitar medicamentos costosos debido a una enfermedad o una lesión inesperada, ya sea el próximo mes, el próximo año o dentro de una década. Esto es cierto incluso si mantienes un estilo de vida saludable. Las dietas más estrictas y las rutinas de ejercicio no pueden protegerte de enfermedades genéticas o accidentes graves.

La Parte D es un seguro, similar al seguro de hogar y de automóvil. Pagas primas para protegerte de altos costos, incluso si nunca presentas una reclamación. La Parte D sirve el mismo propósito: está ahí cuando la necesitas. A medida que envejeces, la probabilidad de necesitar medicamentos recetados aumenta más que la posibilidad de destrozar tu coche.

**CONSEJO**

Sin embargo, si no tomas medicamentos o solo los usas ocasionalmente, las primas mensuales pueden parecer un desperdicio. Un posible compromiso es elegir el plan de la Parte D con la prima más baja en tu área. De esta manera, tienes cobertura a un costo mínimo.

# Determinar el mejor momento para inscribirte en la Parte D

El "mejor" momento para inscribirte en la Parte D depende de tus circunstancias. Revisa los siguientes escenarios para evitar penalizaciones tardías y elige el momento más adecuado para la inscripción en la Parte D:

» **No tienes cobertura de medicamentos acreditable.** Inscríbete en un plan de medicamentos de la Parte D durante tu período de inscripción inicial (IEP) de siete meses alrededor de los 65 años. La fecha límite es el último día de tu IEP. Si tienes seguro médico de un empleador actual después de los 65 años y retrasas la inscripción en la Parte A y la Parte B, también puedes retrasar la inscripción en la Parte D hasta que termine tu trabajo, incluso si tu cobertura de medicamentos laboral no es acreditable, sin incurrir en penalizaciones tardías.

» **Tienes cobertura de medicamentos acreditable.** No necesitas inscribirte en un plan de medicamentos de la Parte D. Si pierdes esta cobertura en el futuro, tienes derecho a un período de inscripción especial (SEP) de dos meses para inscribirte en un plan de medicamentos y evitar penalizaciones tardías. Ten en cuenta que si retrasaste la Parte B debido a un seguro médico de empleo actual, tu SEP para la Parte D es seis meses más corto que el SEP para la Parte B.

» **Vives en algún lugar donde no puedes utilizar los beneficios de la Parte D, fuera de EE.UU. o en Prisión.** Obtienes un período de inscripción especial al regresar a EE.UU. o al ser liberado de prisión. Sin embargo, el SEP depende de tu situación personal:

  • Si cumpliste 65 años durante tu ausencia, el mes de tu regreso o liberación cuenta como el cuarto mes de tu IEP de siete meses. Tu fecha límite es el último día del tercer mes después de tu regreso o liberación.

  • Si cumpliste 65 años antes de salir de EE.UU. o de ir a prisión, obtienes un SEP de dos meses después de tu regreso o liberación para inscribirte en un plan de medicamentos de la Parte D sin penalización.

» **Tienes Medicare por una discapacidad y eres menos de 65 años.** Las reglas para cualquiera de las situaciones anteriores también se aplican a ti.

>> **Te inscribiste en Medicare durante el período de inscripción general (del 1 de enero al 31 de marzo) porque no lo hiciste en tu fecha de inscripción original.** Tienes derecho a un SEP para inscribirte en un plan de la Parte D para obtener cobertura de medicamentos sin esperar a la inscripción abierta al final del año. Este SEP comienza a partir del 1 de abril al 30 de junio, con la cobertura a partir del 1 de julio.

**ADVERTENCIA**

La ley establece que si tienes Medicare Parte A o Parte B y pasas más de 63 días sin la Parte D u otra cobertura acreditable, incurres en penalizaciones tardías permanentes. Para evitar una penalización, debes recibir realmente la cobertura de la Parte D dentro de los 63 días.

Por ejemplo, si pierdes la cobertura acreditable el 31 de marzo, el período de 63 días termina el 2 de junio. Si te inscribes en la Parte D, el 1 o 2 de junio tu cobertura de medicamentos comienza el 1 de julio, y resulta en una penalización de un mes. Por lo tanto, considera el SEP como limitado a dos meses en lugar de 63 días para evitar penalizaciones.

# ¿Cuáles son las consecuencias de no inscribirse a tiempo?

Nadie puede obligarte a inscribirte en Medicare y pagar primas si decides no hacerlo. Sin embargo, si sabes que necesitarás Medicare en el futuro, es importante entender las consecuencias de una inscripción tardía.

En esta sección se explica lo que sucede si no cumples con tus plazos personales para la Parte B (que tiene las penalizaciones más significativas), Parte A y Parte D. Cada parte tiene reglas diferentes.

**RECUERDA**

No incurrirás en penalizaciones por tardanza en las siguientes situaciones:

>> **Parte A o B:** si calificas para Medicaid o un Programa de Ahorros de Medicare.

>> **Parte D:** si calificas para recibir la Ayuda Adicional o no estás inscrito en la Parte A y Parte B.

>> **Parte A, B o D:** si incurres en penalizaciones para cualquiera de estas partes mientras recibes Medicare antes de los 65 años, las penalizaciones se detendrán una vez que alcances los 65 y te vuelvas elegible para Medicare según la edad en lugar de una discapacidad.

Para más información sobre los Programas de Ahorros de Medicare y Ayuda Adicional, consulta el Capítulo 4.

# Pérdida de fecha límite para la Parte B

**RECUERDA**

Según tu situación, que puedes identificar rápidamente en la tabla anterior, tu fecha límite personal para inscribirte en la Parte B es una de las siguientes:

>> El final de tu período de inscripción inicial (IEP) de siete meses alrededor del momento en que cumples 65 años.

>> El final del período de inscripción especial (SEP) de ocho meses si retrasaste la Parte B después de los 65 años debido al seguro de salud de tu trabajo actual (o el de tu cónyuge).

Por ejemplo, si tu cumpleaños número 65 es en octubre, ese mes es el cuarto mes de tu IEP de siete meses, lo que hace que el 31 de enero sea tu fecha límite. Si continúas trabajando después de los 65 con beneficios de salud y te jubilas a finales de marzo unos años después, tu fecha límite SEP sería el 30 de noviembre.

Cualquiera que sea la fecha final que te aplique es tu fecha límite. Más allá de esta fecha, aún puedes inscribirte en la Parte B, pero enfrentarás dos consecuencias:

>> Solo puedes inscribirte durante el *período de inscripción general (GEP)*, que va del 1 de enero al 31 de marzo de cada año, con cobertura a partir del mes siguiente a la inscripción.

>> Puedes incurrir en penalidades por inscripción tardía que se añadirán a tus primas mensuales de la Parte B por todos los años futuros.

**ADVERTENCIA**

Para algunos, hay una tercera consecuencia: si te jubilas y continúas recibiendo beneficios de salud de tu antiguo empleador, Medicare a menudo se convierte en tu cobertura principal, y pagará primero tus facturas médicas. Si no te inscribes en Medicare puntualmente, tu plan de jubilación puede negarse a cubrir los servicios médicos, dejándote pagar todo el gasto. Esta situación no siempre ocurre, pero si tienes un plan de salud para jubilados, necesitas averiguar con anticipación cómo interactúa con Medicare, como se explica con más detalle en el Capítulo 8.

Las siguientes secciones profundizan en detalle las dos primeras consecuencias.

## No tener Cobertura de Salud

Para muchos, la consecuencia más grave de no entender las reglas de inscripción de Medicare es quedarse sin cobertura de salud durante meses. Considera este ejemplo de la vida real:

Cuando Bill y Barbara visitaron su oficina local del Seguro Social para inscribirse en Medicare, creían que estaban en el camino correcto. Después de que Bill se jubiló, tenían cobertura COBRA, que extendía su seguro del empleador por 18 meses. Al finalizar estos beneficios, buscaron Medicare. Sin embargo, no sabían (y nadie les informó) que COBRA no cuenta como seguro del empleador para la inscripción en la Parte B. Por lo tanto, debieron haberse inscrito en Medicare cuando Bill se jubiló.

Bill y Barbara tuvieron que esperar hasta el próximo período general de inscripción (enero – marzo) para inscribirse en Medicare, con cobertura a partir del mes después de la inscripción. Dado que sus beneficios COBRA terminaron en mayo, enfrentaron una brecha de ocho meses sin cobertura, desde junio hasta febrero. Este período fue estresante ya que no pudieron obtener otro seguro y temían una enfermedad o lesión grave.

Otras situaciones, como recibir beneficios de salud para jubilados de un empleador anterior, también pueden dejarte sin cobertura si no estás al tanto de las reglas o las ignoras.

## Pagar más de lo necesario por los servicios de la parte B

El problema más significativo con las penalizaciones tardías de la Parte B después de los 65 años es su permanencia. Estas penalizaciones se convierten en un añadido permanente a tu prima mensual mientras estés en el programa. Esto significa que siempre pagarás más por la misma cobertura que si hubieras cumplido con el plazo inicial de inscripción. (Si incurres en estas penalizaciones antes de los 65 años, cesan una vez que cumples 65 y te vuelves elegible para Medicare basado en la edad en lugar de una discapacidad).

En resumen, la penalización de la Parte B es un 10% adicional por cada período completo de 12 meses en que podrías haberte inscrito en la Parte B pero no lo hiciste, y no calificaste para un período especial de inscripción.

Pero necesitas entender estas palabras si deseas saber exactamente cuándo podría comenzar a contarse la penalización de la Parte B en tu caso:

» Si perdiste el plazo para inscribirte a los 65 años, tu responsabilidad de penalización comienza el día después de que finaliza tu período de inscripción inicial (IEP) de siete meses.

» Si perdiste el plazo durante el período especial de inscripción (SEP) de ocho meses después de tu jubilación o la de tu cónyuge, el reloj de la penalización se restablece a la fecha de jubilación o cuando terminó tu cobertura de salud grupal (lo que ocurra primero).

Puntos adicionales importantes sobre las penalizaciones de la Parte B:

**»** **Período completo de 12 meses:** la penalización se calcula en base a períodos completos de 12 meses. Si el tiempo entre tu fecha límite de inscripción y el final del período de inscripción general (GEP) cuando te inscribes es menos de 12 meses, incluso por un día o dos, la penalización del 10% no se aplica.

**»** **Aumento de penalización con el tiempo:** las penalizaciones tardías de la Parte B son permanentes y probablemente aumenten anualmente porque son un porcentaje de las primas de la Parte B para cualquier año dado. Por ejemplo, una penalización del 50% sobre la prima de la Parte B de $144.60 en el 2020 resultó en un pago anual total de $2,602.80. En el 2024, con una prima estándar de $174.70, esa misma persona pagó un total de $3,144.60; $2,096.40 en primas más $1,048.20 en penalizaciones.

**»** **Penalizaciones para personas con ingresos más altos:** las penalizaciones tardías se aplican solo a la prima estándar de la Parte B, no a los recargos adicionales por ingresos más altos. (Esto se analiza en el Capítulo 3).

**»** **Exenciones de penalización:** si tu estado paga tus primas de la Parte B bajo Medicaid o un Programa de Ahorros de Medicare, no tienes que pagar penalizaciones tardías. Además, las penalizaciones incurridas a través de Medicare por discapacidad cesan cuando alcanzas los 65 años.

Estos ejemplos ayudan a aclarar la aplicación de las penalizaciones de la Parte B:

**»** Melinda perdió su plazo de IEP en mayo pero se inscribió el siguiente febrero durante un GEP. Como pasaron menos de 12 meses, no incurrió en una penalización tardía.

**»** George trabajó hasta los 69 años con seguro de salud y no se inscribió en la Parte B durante su SEP porque tenía beneficios de VA. Cuando se inscribió casi cuatro años después, pagó una penalización del 30% por los tres años completos, pero no el 40% esperado ya que los 10 meses restantes no contaron.

**»** Clint y Maria optaron por no inscribirse en la Parte B después de la jubilación de Clint a los 65 años debido a buenos beneficios de salud para jubilados. Diez años después, tuvieron que pagar un 100% más por su cobertura debido a una penalización del 10% por cada año de retraso.

## Superar tu fecha límite para la Parte A

Si tú o tu cónyuge pagaron suficientes impuestos sobre la nómina mientras trabajaban, calificas automáticamente para los servicios de Medicare Parte A cuando cumples 65 años, sin necesidad de pagar primas. En este caso, no se te puede cobrar una penalización por inscripción tardía en la Parte A, incluso si no te inscribes durante tu período de inscripción inicial (IEP) o período de inscripción especial (SEP).

**WARNING**

Sin embargo, puedes incurrir en penalizaciones por inscripción tardía si pudiste haber obtenido servicios de la Parte A al pagar primas mensuales, pero no te inscribiste en el momento en que comenzaste a ser elegible. Muchas personas caen en esta trampa porque no se dan cuenta de que pueden comprar la Parte A si no tienen suficientes créditos laborales.

Eres elegible para los beneficios de la Parte A al pagar primas mensuales si tienes al menos 65 años y eres:

>> ciudadano estadounidense

>> residente legal (titular de una tarjeta verde) que ha vivido en EE.UU. durante al menos cinco años.

En esta situación, enfrentarás penalizaciones por inscripción tardía en la Parte A si no te inscribes antes de tu fecha límite personal, por lo general durante tu IEP. Sin embargo, si tienes seguro de salud de tu empleador actual o el de tu cónyuge después de los 65 años, puedes retrasar la inscripción tanto en la Parte A como en la Parte B hasta que termine este empleo, momento en el cual puedes calificar para un SEP y registrarte en ambas sin penalización.

Las primas de la Parte A son caras, y las penalizaciones aumentan este costo. Sin embargo, la penalización de la Parte A es menos severa que la penalización de la Parte B. Agrega un 10% a la prima, pero no se multiplica por el número de años que retrasaste la inscripción. Además, las penalizaciones de la Parte A no duran indefinidamente. Pagas las penalizaciones solo por el doble del tiempo que retrasaste la inscripción. Por ejemplo, si retrasaste la inscripción por dos años, pagas el 10% extra cada mes durante cuatro años; si retrasaste cinco años, pagas las penalizaciones durante diez años.

Los montos de las penalizaciones varían según si pagas la prima completa de la Parte A (menos de 30 créditos laborales) o la prima reducida (30 a 39 créditos laborales):

>> **Prima completa:** en el 2024, la prima completa de la Parte A fue de $505 al mes, con una penalización del 10% de $50.50. Así, el costo mensual total en el 2024 fue de $555.50. Si retrasaste la inscripción por dos años, pagas esta penalización durante cuatro años.

>> **Prima reducida (30 a 39 créditos laborales):** en el 2024, la prima reducida de la Parte A fue de $278 al mes, con una penalización del 10% de $27.80. Así, el costo mensual total en el 2024 fue de $305.80. Si retrasaste la inscripción por tres años, pagas esta penalización durante seis años.

Por ejemplo, Craig asumió que no calificaba para Medicare a los 65 años debido a créditos laborales insuficientes. Retrasó la inscripción por dos años y esperó a que su esposa cumpliera 62 años para calificar con su historial laboral. Cuando finalmente intentó inscribirse, descubrió que incurriría en penalizaciones tardías tanto para la Parte A como para la Parte B. A pesar de no tener suficientes créditos laborales, aún tenía derecho a ambos servicios a los 65 años al pagar primas. En consecuencia, pagó penalizaciones de la Parte A durante cuatro años y penalizaciones de la Parte B por el resto de su vida.

## Descuidar tu fecha límite para la Parte D

La cobertura de medicamentos recetados de la Parte D es opcional, pero retrasar la inscripción tiene consecuencias. Si no cumples con tu fecha límite, pueden suceder dos cosas:

>> Probablemente no podrás inscribirte en un plan de medicamentos hasta el período de inscripción abierta, que va del 15 de octubre al 7 de diciembre de cada año. Tu cobertura comenzará el 1 de enero del año siguiente.

>> Incurrirás en una penalización por cada mes que estuviste inscrito en la Parte A o Parte B, pero no tenías la Parte D u otra cobertura acreditable después de ser elegible para Medicare a los 65 años o por discapacidad a una edad más joven.

Esta sección detalla estas consecuencias. Para obtener información sobre qué constituye una cobertura acreditable, los tipos de cobertura acreditable de medicamentos y tu fecha límite específica de inscripción en la Parte D, consulta la sección anterior titulada "Decidir si inscribirse y cuándo hacerlo para obtener la cobertura de medicamentos de la Parte D".

### Estar sin cobertura de medicamentos

Presta atención al hecho de que después de que haya pasado tu fecha límite personal, tu oportunidad para obtener la cobertura de medicamentos de la Parte D probablemente solo ocurrirá una vez al año, durante la inscripción abierta en otoño, y los beneficios no comenzarán hasta enero. (Para excepciones, consulta el Capítulo 15).

Perder tu fecha límite puede tener consecuencias graves. Las enfermedades y lesiones pueden ocurrir inesperadamente, sin tener en cuenta los períodos de inscripción. Si de repente necesitas medicamentos costosos y no tienes cobertura, los daños financieros y de salud podrían ser devastadores.

Por ejemplo, a Michael le diagnosticaron cáncer en marzo. Los medicamentos que su médico recomendó costaban más de $3,000 al mes. Michael no se había inscrito en la Parte D, ya que pensaba que podía unirse en cualquier momento. Se sorprendió al saber que tenía que esperar hasta el otoño para inscribirse y no obtendría cobertura hasta el 1 de enero. Sin la Parte D, no podía pagar sus medicamentos recetados.

Podrías pensar que este ejemplo es extremo: ¿$3,000 al mes? Desafortunadamente, muchos medicamentos nuevos para condiciones de salud graves cuestan mucho más, a veces decenas de miles de dólares al mes. Incluso los medicamentos más antiguos y económicos ($300 al mes, por ejemplo) pueden seguir siendo demasiado caros para aquellos sin seguro.

## ¿Cómo se calculan las penalizaciones por tardanza en la parte D?

Inscribirse en la Parte D más tarde de lo debido resulta en penalizaciones añadidas a tus primas de la Parte D. Estas penalizaciones dependen de cuántos meses has estado sin cobertura acreditable desde que te volviste elegible para Medicare (al cumplir 65 años o al recibir beneficios de Medicare debido a una discapacidad). La única excepción es si has retrasado la inscripción en la Parte A o B, como tener una cuenta de ahorros para gastos médicos en el trabajo. En este caso, no puedes inscribirte en la Parte D y no incurrirás en penalizaciones por tardanza, incluso si la cobertura de medicamentos de tu empleador no es acreditable.

La base de la penalización por tardanza de la Parte D es la *prima promedio nacional* (NAP, por su sigla en inglés). Cada otoño, Medicare calcula las primas promedio de todos los planes de la Parte D a nivel nacional para el año siguiente. Esta cantidad se convierte en la NAP para el próximo año. Si incurriste en una penalización por tardanza, pagas el 1% la NAP por cada mes que estuviste sin cobertura acreditable o Parte D, lo que equivale al 12% por año.

Puntos clave sobre las penalizaciones de la Parte D:

» **Son permanentes:** las penalizaciones se añaden a todas las primas futuras de la Parte D mientras estés en el programa.

» **La cantidad representa el 1% de la NAP en cualquier año en particular.** Entonces, si la NAP cambia, también lo hace la penalización. Por ejemplo, en el 2024, la NAP aumentó a $34.70 desde $31.50 en el 2023.

>> **Cuanto más tardes en inscribirte en la Parte D sin otra cobertura de medicamentos acreditable, mayores serán las penalizaciones.** La inscripción generalmente ocurre una vez al año, por lo que cada año de retraso añade otro 12% a la penalización.

Aquí te comparto más ejemplos:

>> Rebecca cumplió 65 años en marzo del 2023. No se inscribió en la Parte D al final de su período de inscripción en junio y no tenía otra cobertura de medicamentos acreditable. Se inscribió durante la inscripción abierta en el otoño del 2019, con cobertura a partir del 1 de enero del 2024. Se retrasó seis meses (de julio a diciembre). Su penalización fue del 6% (1% por 6 meses) de la NAP del 2024, que era $34.70. Por lo tanto, su penalización fue de $2.10 por mes en el 2024, además de las primas de su plan.

>> Brad tenía 70 años y estaba en Medicare cuando comenzó la Parte D en el 2006. Tenía cobertura de medicamentos bajo una póliza Medigap, que no se consideraba acreditable. Cambió a un plan de la Parte D en enero del 2015, incurriendo en penalizaciones por ocho años y siete meses (de junio del 2006 a diciembre del 2014). Su penalización fue de 101 meses sin cobertura multiplicada por 33 centavos (1% de la NAP del 2015), lo que suma $33.30 por mes a sus primas en el 2015. En el 2024, con la NAP en $34.70, su penalización fue de $35.35 por mes.

*Nota:* si recibes cobertura de medicamentos de la Parte D de bajo costo bajo el programa Ayuda Adicional, no pagarás ninguna penalización por tardanza.

## ¿Cómo saber si puedes revocar una multa por retraso?

La posibilidad de revocar una multa por retraso depende de tu situación. La respuesta podría ser "sí," "tal vez," o "no." Sin embargo, tienes el derecho de impugnar una multa que consideres injusta.

Si incurres en multas por retraso en las Partes A o B, la Administración del Seguro Social te notificará a través de una carta. Para una multa por retraso en la Parte D, recibirás una carta de tu plan de la Parte D o de tu plan de Medicare Advantage. Estas cartas proporcionan instrucciones sobre cómo apelar la decisión si no estás de acuerdo, junto con los plazos para responder.

**REMEMBER**

El Gobierno aplica estas reglas de manera estricta y no conocerlas no se considera una defensa aceptable. Sin embargo, podrías tener una oportunidad si puedes demostrar que un funcionario del Gobierno cometió un error o proporcionó información incorrecta que te llevó por el mal camino.

## ¿Qué hacer si crees que la multa por retraso es un error?

Los errores pueden suceder. Las burocracias gubernamentales son propensas a errores humanos y fallos informáticos. AARP ha encontrado casos donde el Seguro Social impuso multas por retraso incorrectas. Aunque los funcionarios raramente admiten errores, sí los corrigen. Por ejemplo, una vez el Seguro Social reembolsó más de $14,000 a una viuda de 91 años después de deducir erróneamente primas infladas de la Parte B de sus beneficios durante años.

Si crees que te han cobrado una multa por retraso de manera incorrecta, sigue estos pasos:

**1.** **Verifica tus datos.**

Revisa tu cronograma de elegibilidad de Medicare para asegurarte de que el error no sea tuyo. En este capítulo encontrarás información para ayudarte a determinar si perdiste tu fecha límite de inscripción y te impusieron una multa por retraso.

**2.** **Responde tan pronto como puedas.**

La carta de notificación de la multa incluye instrucciones sobre cómo impugnar la decisión y un formulario para solicitar una reconsideración. Generalmente tienes 60 días para completar y devolver este formulario a la dirección proporcionada.

**3.** **Reúne tus pruebas.**

Reúne documentos que respalden tu caso, como registros de seguro de empleador aceptable, documentos que muestren que estabas fuera del país o en prisión, registros de inmigración, etc. Si te faltan ciertos documentos, obtén cartas de tu empleador o plan de salud confirmando tu cobertura y fechas. Envía copias, no originales.

**4.** **Busca ayuda.**

Tu Programa Estatal de Ayuda para Seguros de Salud (SHIP) ofrece ayuda gratuita y personalizada de consejeros capacitados en todos los temas de Medicare, incluidas las multas por retraso. Consulta el Anexo A para obtener información de contacto.

Continúa pagando las multas junto con tus primas mientras tu caso está bajo revisión. Si la decisión es en tu contra, la multa permanece. Si es a tu favor, la multa será eliminada y se te reembolsarán los cargos excesivos pagados. Si la multa se reduce, se te reembolsarán las cantidades pagadas en exceso. Para más información sobre cómo apelar decisiones, consulta el Capítulo 16.

## Si recibiste información incorrecta

Recibir una multa por una regulación desconocida es frustrante. Es aún peor cuando la multa resulta de actuar basado en información inexacta o incompleta de alguien en quien confiabas para saber mejor. No se trata de consejo de familiares, amigos, médicos o departamentos de beneficios de empleadores, ya que no se puede esperar que entiendan completamente las complejidades de Medicare. Si la información errónea vino de ellos, hay poco que puedas hacer.

Sin embargo, si un funcionario del Gobierno ya sea del Seguro Social, Medicare u otras agencias, te dio información incorrecta que provocó que pierdas tu fecha límite de inscripción, y como resultado, recibieras una multa, podrías solicitar una compensación mediante un proceso llamado *alivio equitativo*. Puedes solicitar alivio equitativo del Seguro Social si tu incapacidad para inscribirte en la Parte A, B o D a tiempo se debió a "error, tergiversación o inacción de un empleado federal o cualquier persona autorizada por el Gobierno federal para actuar en su nombre." Esto incluye a empleados de planes de la Parte D o de Medicare Advantage.

Por ejemplo, Greg visitó su oficina local del Seguro Social para inscribirse en Medicare. Cuando le preguntaron si tenía seguro de empleador, Greg confirmó que sí. Sin embargo, el funcionario no aclaró que Greg solo podía retrasar la inscripción en la Parte B si él o su esposa todavía estaban trabajando. En consecuencia, Greg creyó erróneamente que sus beneficios de jubilación contaban como seguro de empleador y pensó que no necesitaba inscribirse en la Parte B.

Para obtener más información sobre cómo solicitar un alivio equitativo, consulta el Capítulo 16.

EN ESTE CAPÍTULO

» **Inscripción automática en las Partes A y B**

» **Cómo inscribirse en las Partes A y B dentro de Estados Unidos o desde el extranjero**

» **Cómo rechazar la cobertura de la Parte A o la Parte B**

» **Cómo saber cuándo comienza tu cobertura**

» **Transición de Obamacare a Medicare Original**

# Capítulo **7**

# Cómo registrarse en Medicare

Has determinado tu fecha límite personal de inscripción y sabes cuándo inscribirte para evitar penalizaciones. Ahora, hablemos del proceso sencillo de inscribirse en la Parte A y la Parte B (Medicare Original).

En este capítulo, no cubriremos los planes Medicare Advantage (MA) ni la Parte D. Para unirte a un plan MA, primero debes inscribirte en ambas Partes A y B. Para unirte a un plan de medicamentos recetados de la Parte D independiente, necesitas tener la Parte A o la Parte B. La inscripción en un plan MA o Parte D implica comparar muchos planes privados en tu área, lo cual se detalla en el Capítulo 10 (planes de medicamentos de la Parte D) y el Capítulo 11 (planes Medicare Advantage).

Aquí, exploramos tres maneras de inscribirse en Medicare, según tu situación:

>> **Inscripción automática:** si ya recibes beneficios del Seguro Social, jubilación ferroviaria o beneficios por discapacidad.

>> **Inscripción activa:** si aún no recibes estos beneficios y los estás solicitando desde Estados Unidos.

>> **Inscripción en el extranjero:** si estás viviendo fuera de Estados Unidos.

También aprenderás cómo optar por no recibir la Parte A o la Parte B de ser necesario y por qué se aconseja precaución. En este capítulo analizaremos cuándo comenzará tu cobertura, según el momento de tu inscripción. Además, se explica la transición de Obamacare a Medicare, un cambio que afecta a miles de personas diariamente.

**RECUERDA**

La Administración del Seguro Social (SSA) maneja la inscripción y la cancelación para las Partes A y B de Medicare, no Medicare en sí. Para cualquier problema relacionado con la inscripción o la cancelación, contacta a la SSA.

# Inscripción automática en las Partes A y B de Medicare

El Seguro Social te inscribe automáticamente en Medicare en las siguientes situaciones:

>> Se acerca tu cumpleaños número 65 y ya recibes beneficios de jubilación del Seguro Social o de la Junta de Retiro Ferroviario.

>> Tienes menos de 65 años, pero pronto calificarás para Medicare debido a una discapacidad (como expliqué en el Capítulo 5).

>> Tienes más de 65 años, retrasaste la inscripción en Medicare debido a la cobertura de empleo activo tuyo o de tu cónyuge (como expliqué en el Capítulo 6), y ahora has contactado al Seguro Social o a la Junta de Retiro Ferroviario para comenzar a recibir beneficios de jubilación.

*Nota:* si vives en el extranjero, no serás inscrito automáticamente en Medicare, incluso si recibes beneficios del Seguro Social o ferroviarios. En Puerto Rico, serás inscrito automáticamente en la Parte A, pero debes solicitar la Parte B.

En los dos primeros escenarios, el Seguro Social envía tu tarjeta de identificación de Medicare tres meses antes de que comience tu cobertura. En el tercer escenario, recibirás tu tarjeta una vez que el Seguro Social apruebe tus beneficios de jubilación. Si no la recibes, llama al Seguro Social al 800-772-1213 (TTY 800-325-0778 para personas con problemas de audición).

**RECUERDA**

La tarjeta roja, blanca y azul de Medicare es esencial para acceder a los servicios de Medicare. En los meses previos a tu elegibilidad, asegúrate de abrir todos los sobres que te lleguen del correo de la Administración del Seguro Social para evitar descartarla por accidente. Esto es particularmente importante ya que podrías recibir numerosas ofertas de compañías de seguros en las semanas previas a cumplir 65 años. (El Capítulo 12 ofrece más detalles sobre cómo resistir la presión de las ventas y evitar estafas). Busca sobres con el nombre y el logotipo de la Administración del Seguro Social.

El sobre con tu tarjeta de Medicare incluye una carta que indica cuándo comienza tu cobertura. Por ejemplo, si cumples 65 años el 14 de mayo, tu tarjeta debería llegar en febrero e indicaría que tu cobertura de las Partes A y B comienza el 1 de mayo. Si deseas usar ambos servicios de inmediato, simplemente archiva la carta y guarda tu tarjeta de Medicare en un lugar seguro.

**ADVERTENCIA**

Si deseas optar por no participar en la Parte A o la Parte B, la carta del Seguro Social adjunta explica cómo rechazar la Parte B y proporciona una fecha límite para la cancelación de la inscripción. Sin embargo, si optar por no inscribirte depende de tu situación y es algo que deberías considerar con mucho cuidado. Lee la sección relevante más adelante en este capítulo antes de tomar cualquier acción.

# ¡Inscríbeme! Solicitar las Partes A y B de Medicare

Cuando la edad de jubilación completa del Seguro Social era de 65 años, la mayoría de los estadounidenses se jubilaban y se volvían elegibles para Medicare a esa edad. Era sencillo: visitabas la oficina local del Seguro Social para inscribirte tanto en Medicare como en los beneficios de jubilación del Seguro Social (o ferroviarios) al mismo tiempo. Este proceso ha cambiado.

Ahora, aunque la inscripción en Medicare todavía ocurre a los 65 años para la mayoría de las personas, la edad de jubilación completa ha aumentado gradualmente a 67 años para aquellos nacidos a partir de 1960. Puedes comenzar a recibir beneficios reducidos desde los 62 años, pero no recibirás la cantidad completa hasta que alcances los 67 años. En consecuencia, la inscripción automática en Medicare es menos común, y probablemente necesitarás solicitarla activamente.

En las siguientes secciones se proporcionan información según si estás solicitando Medicare desde Estados Unidos y sus territorios o desde el extranjero.

# Inscribirse desde Estados Unidos

Solicitar la inscripción desde Estados Unidos es sencillo. Sin embargo, es importante entender los tres métodos de solicitud disponibles, especialmente si te mudas entre estados o no tienes una dirección fija. Además, es crucial comprender el proceso de inscripción, particularmente si el inglés no es tu primer idioma. Las siguientes secciones cubrirán estos temas.

## Uno . . . dos . . . tres maneras de inscribirse

Tienes tres opciones para inscribirte en Medicare Parte A o Parte B. Estos métodos se aplican ya sea que te inscribas durante tu período inicial de inscripción (alrededor de los 65 años), un período especial de inscripción (debido a una inscripción retrasada después de los 65 años basada en un seguro médico laboral) o el período anual de inscripción general (del 1 de enero al 31 de marzo).

>> **Inicia la solicitud por teléfono:** Llama al Seguro Social al 800-772-1213 (TTY 800-325-0778) para programar una entrevista telefónica.

>> **Inicia la solicitud en tu oficina local del Seguro Social:** Llama al número principal para programar una entrevista en tu oficina local. Usa el localizador en el sitio web del Seguro Social en secure.ssa.gov/ICON/main.jsp para encontrar tu oficina. Si pides una cita por adelantado, no tendrás que esperar.

>> **Inicia la solicitud en línea:** Inicia la solicitud en línea en www.ssa.gov/medicare/sign-up si tienes al menos 64 años y nueve meses, no deseas solicitar beneficios de jubilación ahora, no tienes ninguna cobertura de Medicare aún, y no vives fuera de Estados Unidos.

Para cada método, necesitas proporcionar cierta información y documentos para demostrar tu elegibilidad para Medicare. Algunos pueden ser:

>> Número de Seguro Social.

>> Fecha de nacimiento y certificado de nacimiento original o copia certificada.

>> Estado civil y, si corresponde, certificado de matrimonio original o copia certificada.

>> Prueba de ciudadanía o estatus de extranjero legal si no naciste en EE.UU. (documentos de migraciones, como la tarjeta verde).

>> Evidencia de seguro proporcionado por el empleador o el sindicato basada en tu propio empleo o el de tu cónyuge desde que cumpliste 65 años (si retrasaste la inscripción en la Parte B por esta razón).

>> Copia de tus documentos de servicio militar (Formulario DD 214, certificado de liberación o baja del servicio activo) si prestaste servicio antes de 1968.

>> Copia de tu formulario W-2 o declaración de impuestos por cuenta propia del año anterior

**ADVERTENCIA**

Si te registras por teléfono o en línea, debes enviar por correo los documentos originales (o copias certificadas) o dejarlos en una oficina del Seguro Social. Si prefieres mantener estos documentos en tu posesión, puedes inscribirte directamente en tu oficina local del Seguro Social, llevar los documentos contigo y regresarlos a tu casa después. Si eres residente permanente legal, el Seguro Social te pedirá que no envíes por correo tu acta de nacimiento extranjero, prueba de residencia permanente (tarjeta verde) ni ningún otro documento de inmigración, ya que son difíciles de reemplazar si se pierden. Dado que debes presentar estos documentos en una oficina del Seguro Social, también puedes inscribirte directamente allí.

**ADVERTENCIA**

Aplicar en línea, obviamente, es la forma más conveniente de inscribirse. Los funcionarios del Seguro Social dicen que solo debería tomar unos diez minutos. Aun así, en algunas situaciones este método podría no ser el más inteligente y la forma tradicional, hablar directamente con alguien, podría ser mejor:

>> Si vives fuera de EE.UU., no puedes inscribirte en línea.

>> Para situaciones complicadas, puede ser necesario una llamada telefónica.

>> Si no deseas enviar documentos valiosos por correo, como un certificado de nacimiento o de matrimonio, visita una oficina del Seguro Social.

>> Si retrasas la Parte B debido al seguro del empleador después de los 65 años (como se explicó en el Capítulo 6), pero deseas inscribirte en la Parte A durante tu período inicial de inscripción, tener una conversación personal con un funcionario del Seguro Social puede ayudarte a garantizar de que estás cumpliendo con las reglas.

>> Si sigues trabajando después de los 65 años, pero el seguro de tu empleador incluye una cuenta de ahorros para gastos médicos, ya no podrás contribuir a tu cuenta si te inscribes en Medicare, como se explicó en el Capítulo 6.

>> Para preguntas sobre Medicare o beneficios de jubilación, las visitas en persona son mejores que las solicitudes en línea.

Cualquiera que sea el método de inscripción que elijas, el Seguro Social te enviará posteriormente una impresión de computadora con la información de inscripción que se ha ingresado en tu registro. Esta copia impresa te da la oportunidad de verificar que tu información sea correcta y, si no lo es, de solicitar que se corrija. Si te inscribes en línea y el Seguro Social requiere más información sobre tu situación, se pondrá en contacto contigo para solicitarla.

**CONSEJO**

Cuando llames al Seguro Social, espera tiempos de espera de hasta 45 minutos debido al alto volumen de llamadas. Puedes dejar tu número para que te devuelvan la llamada si prefieres no esperar en línea. Con poco personal, el Seguro Social se enfrenta a alrededor de 10,000 personas que cumplen 65 años todos los días y llamados sobre otros problemas además de la inscripción a Medicare. ¡Sé paciente! Lee un libro, arma un rompecabezas o navega por Internet mientras esperas. También puedes dejar tu número de teléfono y esperar a que te llamen.

## Si vives en diferentes lugares durante el año

Muchos jubilados estadounidenses, conocidos como "sunbirds" o "snowbirds", migran a diferentes partes del país durante varios meses cada año para disfrutar de climas más frescos o cálidos. Otros pasan períodos prolongados con familiares en estados lejanos. Algunos jubilados están constantemente en movimiento, con su "hogar" siendo sus vehículos recreativos o, en algunos casos, refugios para personas sin hogar. Entonces, ¿dónde deberías inscribirte en Medicare en estas situaciones?

**RECUERDA**

Se te permite inscribirte en Medicare en un solo lugar. El Seguro Social requiere que este lugar sea tu *residencia principal*. Esto se define como la ubicación donde presentas tus impuestos, te registras para votar, obtienes tu licencia de conducir y realizas actividades similares. Incluso si viajas todo el año en tu vehículo recreativo, la base que usas para estas actividades es la dirección que debes usar para la inscripción en Medicare.

Si no tienes hogar, el Seguro Social puede aceptar la dirección de un refugio o clínica, un apartado postal, o cualquier otro lugar donde recibas correo. Para más información, llama al Seguro Social gratis al 800-772-1213 (TTY 800-325-0778) o contacta con tu Programa de Ayuda para Seguros de Salud Estatal (SHIP) al número gratuito que se encuentra en el Anexo A.

Aunque debes inscribirte en Medicare en un solo lugar, aún puedes recibir beneficios de Medicare en cualquier parte del país, siempre y cuando tomes las decisiones correctas sobre tu cobertura. Estas decisiones se discuten en detalle en el Capítulo 9.

## Si el inglés no es tu primer idioma

Entender Medicare puede ser un desafío, incluso para los hablantes nativos de inglés. Se vuelve aún más difícil si no dominas el inglés. Al inscribirte en Medicare, no dudes en buscar ayuda para asegurarte de comprender completamente la información.

CONSEJO

Tienes derecho a solicitar un intérprete cuando te comuniques con la Administración del Seguro Social (SSA) o visites una oficina local de la SSA. Los intérpretes están disponibles sin costo en más de 150 idiomas. Sin embargo, puede que no sea inmediatamente claro cómo solicitar servicios de interpretación al llamar al número principal de la SSA. Sigue estos pasos:

**1.** Presiona 1 para inglés o 2 para español cuando te lo indique la voz automatizada. Si necesitas otro idioma, presiona 1.

**2.** Cuando te pregunten qué tipo de servicio necesitas, di "operador."

**3.** Una vez conectado con un representante de servicio al cliente, di "Necesito un intérprete en [idioma]."

El representante te pedirá que esperes mientras te conectan con un intérprete. El intérprete luego traducirá la conversación que tienes con el funcionario de la SSA.

También puedes solicitar servicios de interpretación cuando hagas una cita para visitar tu oficina local del Seguro Social. Si hablas poco inglés, un amigo o familiar puede ayudarte a realizar la llamada y proporcionar tu número de Seguro Social, con tu permiso.

# Inscribirse mientras vives en el extranjero

Si vives fuera de Estados Unidos, primero lee la sección del Capítulo 6 que explica tus opciones de tiempo para inscribirte en Medicare. Tu elección, ya sea inscribirte antes de tu fecha límite mientras aún estás en el extranjero o esperar hasta que regreses a Estados Unidos, afecta el proceso de inscripción y las posibles penalizaciones por retraso. Las siguientes secciones asumen que deseas inscribirte mientras vives en el extranjero.

## Cómo aplicar si calificas para beneficios completos de Medicare

Se te considera *totalmente asegurado* si tienes suficientes créditos laborales por pagar impuestos sobre la nómina, como se explica en el Capítulo 5. Esto significa que tienes derecho a los beneficios de la Parte A sin una prima.

**CONSEJO**

Si vives en el extranjero, puedes inscribirte en Medicare Parte A o Parte B al comunicarte con la embajada o consulado estadounidense más cercano en tu país. La información de contacto, incluso las ubicaciones, números de teléfono y direcciones de correo electrónico, está disponible en www.socialsecurity.gov/foreign/foreign.htm. Para aquellos en Canadá, contacta una de las oficinas de campo del Seguro Social listadas en www.socialsecurity.gov/foreign/canada.htm.

*Nota:* no puedes inscribirte en línea en el sitio web del Seguro Social si vives fuera de Estados Unidos.

## Cómo aplicar si no estás completamente asegurado para Medicare

Si vives en Estados Unidos, pero no tienes suficientes créditos laborales para calificar para la Parte A sin primas, tal como lo expliqué en el Capítulo 5, aún puedes recibir servicios de la Parte A, como estancias hospitalarias, al pagar primas mensuales. Sin embargo, no puedes comprar esta cobertura si tu dirección permanente está fuera del país.

Independientemente de mantener una dirección en EE.UU., tener familia en los estados, regresar para visitas o mantener otros lazos, las reglas del Seguro Social requieren que residas permanentemente en EE.UU. o sus territorios para comprar la Parte A. Los funcionarios estipulan que una persona no puede establecer residencia en dos lugares simultáneamente.

Al regresar permanentemente a EE.UU., tienes un período de inscripción inicial para comprar la Parte A e inscribirte en la Parte B sin incurrir en penalizaciones por inscripción tardía. Este período comienza en el mes en que regresas como residente de EE.UU. y termina al final del tercer mes siguiente. Por ejemplo, si regresas en julio, tu período de inscripción termina el 31 de octubre. La cobertura comienza el primer día del mes después de que te inscribas. Si pierdes esta ventana, tendrás que esperar hasta el próximo período de inscripción general (del 1 de enero al 31 de marzo) y arriesgarte a penalizaciones permanentes por inscripción tardía.

Para comprar la Parte A, también debes inscribirte en la Parte B. Para inscribirte en ambas, llama al Seguro Social al 800-772-1213 (TTY 800-325-0778) desde Estados Unidos después de tu regreso.

### Cómo contactar al Seguro Social desde fuera de Estados Unidos

**CONSEJO**

Para preguntas sobre la inscripción en Medicare, contacta a la Administración del Seguro Social (SSA). No puedes usar el número de teléfono gratuito principal desde el extranjero, pero puedes comunicarte con la SSA por correo postal o teléfono (no por correo electrónico). Siempre proporciona tu nombre completo, dirección, número de teléfono y número de Seguro Social.

>> **Por correo:** escribe a: Social Security Administration, Office of Earnings and International Operations, P.O. Box 17775, Baltimore, MD 21235, EE.UU.

>> **Por teléfono:** llama al 410-965-0160 si estás en el extranjero. Ten en cuenta que tendrás que pagar por la llamada y debes llamar durante el horario comercial normal en la hora estándar del este de EE.UU.

# Cómo optar por no participar o darse de baja de la Parte A o Parte B

Decidir si optar por no participar en la Parte A o Parte B depende de tu situación específica. Es crucial considerar esta decisión cuidadosamente para evitar posibles problemas financieros y de cobertura en el futuro.

Cuando el Seguro Social te inscribe automáticamente en Medicare, esto solo sucede si estás recibiendo (o a punto de recibir) beneficios del Seguro Social, jubilación ferroviaria o discapacidad. En este caso, te inscriben en ambas Partes A y B y recibes una carta que te da la opción de rechazar la Parte B. Si deseas optar por no participar, debes tomar medidas.

Por el contrario, si necesitas solicitar las Partes A y B de Medicare porque no estás recibiendo beneficios de jubilación o discapacidad, debes decidir si deseas inscribirte.

Las siguientes secciones discuten las consideraciones y posibles problemas al decidir no tomar la cobertura de las Partes A y B. También explican cómo darse de baja de la Parte B si ya la tienes.

# Rechazar la Parte A

**RECUERDA**

Estrictamente hablando, no puedes optar por no participar en la Parte A si estás recibiendo beneficios de jubilación o discapacidad del Seguro Social. La única manera de hacerlo es retirar tu solicitud para estos beneficios o devolver todos los pagos que ya has recibido. Este proceso es complejo y ha sido el tema de una demanda sin éxito contra el Gobierno de EE.UU. Sin embargo, la mayoría de las personas no consideran declinar la Parte A porque es gratuita (sin primas) y está financiada a través de los impuestos pagados mientras trabajaban.

Hay una posible excepción para optar por no participar en la Parte A: si continúas trabajando mientras estás inscrito en Medicare y tienes un seguro de salud del empleador con un plan de salud de deducible alto y una cuenta de ahorros para gastos médicos (HSA) financiada con dólares antes de los impuestos. Esta opción solo está disponible si tu empleador tiene 20 o más empleados, ya que Medicare se convierte en el pagador principal del seguro de salud en empresas más pequeñas. Según las reglas del IRS, no puedes contribuir a una HSA si estás inscrito en Medicare, aunque aún puedes usar los fondos para gastos médicos calificados. Esta situación se explica con más detalle en el Capítulo 6, junto con tus opciones si tienes una HSA en el trabajo.

Si tienes derecho a la Parte A sin pagar primas, no enfrentarás una penalización por retrasar la inscripción. Sin embargo, puedes incurrir en penalizaciones si necesitas comprar los servicios de la Parte A al pagar primas y no te inscribes en el momento adecuado. Consulta el Capítulo 6 para más detalles. Ten en cuenta que una vez que te hayas inscrito en la Parte A, solo puedes optar por no participar dentro de los siguientes 12 meses.

# Renunciar a la Parte B

Decidir si renunciar a la cobertura de la Parte B es crucial, aunque requiere una prima mensual. Si tus ingresos y recursos son limitados, podrías calificar para asistencia con las primas de Medicare a través de un Programa de Ahorros de Medicare estatal, como se discute en el Capítulo 4. Esta decisión es particularmente importante durante el proceso de inscripción, especialmente si te inscriben automáticamente. Necesitas entender cómo manejar esto según tu situación.

Las siguientes secciones explican cuándo es aconsejable renunciar a la Parte B, lo que significa que es poco probable que cause futuros arrepentimientos o costos financieros, y cuándo puede llevar a gastos u otros problemas. Notablemente, las reglas difieren para aquellos que tienen Medicare porque tienen 65 años o más y aquellos que califican a edades más jóvenes debido a una discapacidad. Primero, examinaremos estos dos grupos por separado para indicar cuándo las personas en cada uno pueden rechazar la Parte B de manera segura. Luego, discutiremos situaciones donde rechazar la Parte B podría ser arriesgado para cualquiera.

## Saber cuándo rechazar la Parte B si tienes 65 años o más

RECUERDA

Si tienes 65 años o más, solo debes rechazar la Parte B si tienes seguro de salud grupal de un empleador para el que tú o tu cónyuge aún estén trabajando activamente, y este seguro es *primario* a Medicare (paga antes que Medicare). Esta situación te permite retrasar la inscripción en la Parte B sin penalización hasta que termine el empleo o el seguro, tal como explico en el Capítulo 6.

Si aún no recibes beneficios del Seguro Social o de jubilación ferroviaria, simplemente omite inscribirte en la Parte B. Sin embargo, si estás inscrito automáticamente debido a que recibes estos beneficios, puedes rechazar la Parte B siguiendo las instrucciones en la carta que acompaña tu tarjeta de Medicare y cumpliendo con la fecha límite especificada. Para más detalles, consulta la sección "Inscripción automática en las Partes A y B de Medicare."

Optar por no inscribirte en la Parte B significa que no tendrás que pagar las primas de la Parte B ni que se deduzcan de tu cheque del Seguro Social o de jubilación ferroviaria. También preserva tu derecho a comprar un seguro suplementario Medigap con todas las protecciones federales después de jubilarte. Estas protecciones evitan que las compañías de seguros se nieguen a venderte una póliza Medigap o te cobren primas más altas basadas en tu estado de salud o enfermedades preexistentes (como se explica en el Capítulo 10), siempre y cuando compres la póliza dentro de los seis meses posteriores a inscribirte en la Parte B. Pierdes este derecho si te inscribes en la Parte B a los 65 años y te jubilas más de seis meses después.

## Cuándo debes rechazar la Parte B si tienes menos de 65 años

RECUERDA

En general, si tienes Medicare basado en discapacidad, deberías rechazar la Parte B solo si:

>> Tienes un seguro de salud de un empleador donde tú o tu cónyuge trabajan activamente, y el empleador tiene 100 o más empleados.

>> Tienes seguro como miembro de la familia en el plan de salud grupal de otra persona en el trabajo, y el empleador tiene 100 o más empleados.

¿Qué significa miembro de la familia? Con la frase *miembro de la familia* se hace referencia a que el empleador que proporciona este seguro te considera elegible para la cobertura de salud según tu relación doméstica con un empleado. Esto aplica incluso si no estás formalmente casado con esa persona y sin importar su género. (Esta situación se analiza en el Capítulo 6).

## Reconocer cuándo rechazar la Parte B a cualquier edad es arriesgado

RECUERDA

Ya sea que tengas Medicare por discapacidad o por edad, debes inscribirte en la Parte B (o no rechazarla) si tienes un seguro de salud que se convertirá automáticamente en *secundario* a Medicare cuando comiencen tus beneficios de Medicare. Esto incluye:

» Seguro de salud que compras por tu cuenta, que no lo proporciona un empleador

» Seguro de salud de un empleador con menos de 20 empleados (si tienes 65 años o más)

» Seguro de salud de un empleador con menos de 100 empleados (si tienes Medicare por discapacidad)

» Beneficios de jubilación o COBRA de un empleador anterior (tuyos o de tu cónyuge)

» Beneficios de salud del programa TRICARE For Life para jubilados del ejército

Inscribirse en la Parte B en estas situaciones es crucial para evitar penalizaciones por inscripción tardía y porque Medicare, como cobertura primaria, paga primero tus facturas médicas. Si no estás inscrito en la Parte B, tu plan de seguro puede negar reclamaciones que Medicare podría haber pagado, desde servicios básicos como visitas al médico y pruebas de laboratorio hasta procedimientos mayores como cirugías. Podrías terminar pagando toda la factura. Además, si tu aseguradora se da cuenta de que no te has inscrito en la Parte B, podrían pedirte que reembolses todo el dinero gastado en tus servicios médicos desde que fuiste elegible para Medicare.

Existen excepciones. Por ejemplo, los jubilados federales que reciben seguro de salud del Programa de Beneficios de Salud para Empleados Federales (FEHB) no están obligados a inscribirse en la Parte B, tal como se explica en el Capítulo 8. Además, no todos los pequeños empleadores (menos de 20 trabajadores) requieren que los empleados elegibles para Medicare se inscriban en Medicare.

RECUERDA

En resumen: al decidir si aceptar o rechazar la Parte B, es crucial determinar si Medicare sería primaria o secundaria a cualquier otro seguro que tengas.

## Cancelar la inscripción en la Parte B

Cancelar la inscripción en la Parte B es diferente a simplemente optar por no participar. Esta sección explica qué hacer si ya estás inscrito en la Parte B, pero luego tú o tu cónyuge comienzan un trabajo con beneficios de salud. En este caso, ¿necesitas seguir pagando las primas de la Parte B?

Puedes dejar de pagar las primas de la Parte B si tú o tu cónyuge comienzan un trabajo con beneficios de salud que cumplen con las condiciones descritas en el Capítulo 6. Esto te permite retrasar la Parte B sin penalización si tienes seguro de salud por empleo actual y el plan del empleador es primario a Medicare.

Para cancelar la inscripción en la Parte B, completa un formulario de Solicitud de Terminación del Seguro Hospitalario o Seguro Médico Suplementario (CMS-1763). Este formulario debe completarse durante una entrevista personal en una oficina del Seguro Social o por teléfono con un representante del Seguro Social. Para programar una entrevista, llama a la Administración del Seguro Social al número gratuito 800-772-1213 (TTY 800-325-0778).

El Seguro Social requiere una entrevista para asegurarse de que entiendes las consecuencias de dejar la Parte B. Por ejemplo, podrías enfrentar una penalización por tardanza si deseas volver a inscribirte en el futuro. Sin embargo, esta penalización no se aplica si dejas la Parte B por un seguro de salud primario de un empleador. Si pierdes esta cobertura en el futuro, no incurrirás en una penalización por tardanza siempre y cuando te vuelvas a inscribir en la Parte B dentro de los ocho meses posteriores a la pérdida del trabajo o del seguro, como se explica en el Capítulo 6.

**ADVERTENCIA**

Si tenías un seguro complementario Medigap antes de ser elegible para el seguro de salud del empleador, debes cancelar tu póliza Medigap si optas por no participar en la Parte B. Tanto la Parte A como la Parte B son necesarias para el seguro Medigap. Ten en cuenta que cuando te vuelvas a inscribir en la Parte B más tarde, no tendrás otra oportunidad de comprar Medigap con todas las protecciones federales excepto en circunstancias limitadas y específicas, que se explican en el Capítulo 10.

# Saber cuándo comienza tu cobertura

Entender cuándo comienza tu cobertura puede influir en algunas de las decisiones que tomes sobre tu inscripción. Por ejemplo, si sabes que no cumplir con tu fecha límite personal de inscripción significa que solo podrás inscribirte durante el período de inscripción general al comienzo del año, podrías esforzarte para inscribirte a tiempo.

Considera otro escenario: retrasaste la Parte B porque tenías un trabajo con seguro incluso después de cumplir 65 años. Ahora, al jubilarte, tu empleador te proporciona excelentes beneficios de salud para jubilados de por vida. Decides inscribirte en la Parte B como precaución pero intentas evitar pagar primas el tiempo que sea posible. En lugar de inscribirte inmediatamente al jubilarte, esperas hasta el final del período especial de inscripción de ocho meses y ahorras cientos de dólares en primas y evitas una penalización por inscripción tardía.

**RECUERDA**

Puedes inscribirte en la Parte A y la Parte B durante los siguientes períodos:

>> Durante tu período inicial de inscripción de siete meses (IEP), el mes central (el cuarto) es aquel en el que cumples 65 años o te vuelves elegible para Medicare basado en una discapacidad.

>> Durante un período especial de inscripción (SEP) de ocho meses, otorgado después de que tú o tu cónyuge dejan de trabajar para un empleador que proporcionaba la cobertura de salud que recibiste después de los 65 años.

>> Durante un período general de inscripción (GEP) de tres meses que va del 1 de enero al 31 de marzo de cada año, y que solo utilizas si no cumples con la fecha límite de tu IEP o SEP.

Consulta la Tabla 7-1 a continuación para ver cuándo comienza tu cobertura según tu período de inscripción. Ten en cuenta que esta tabla no se aplica a los inscritos automáticos y solo cubre la Parte A y la Parte B. Los períodos de inscripción para los planes de medicamentos de la Parte D y los planes de Medicare Advantage se discuten en los Capítulos 10 y 11.

**TABLA 7-1** **Tiempos de inicio de cobertura de las Partes A y B por Inscripción**

| Situación de inscripción | Comienza la cobertura |
| --- | --- |
| *IEP/Cuando cumples 65 años* | |
| Durante los primeros 3 meses de tu IEP | Primer día del mes en que cumples 65 años, o si tu cumpleaños es el primer día del mes, el primer día del mes anterior |
| Durante los meses 4–7 de tu IEP | Primer día del mes siguiente |
| *SEP/Cuando tienes el seguro después de los 65 de un empleador actual* | |
| En cualquier momento mientras tengas esta cobertura, siempre que tu IEP haya expirado | Primer día del mes después de que te inscribas |

| Situación de inscripción | Comienza la cobertura |
|---|---|
| Durante tu SEP de 8 meses después de que termine el empleo activo o el seguro (lo que ocurra primero) | Primer día del mes después de que te inscribas |
| **Fuera del IEP/SEP** | |
| Durante el GEP | Primer día del mes después de que te inscribas |

*Fuente: Administración del Seguro Social/Dominio público*

# Cuando te inscribes durante los primeros tres meses de tu IEP

El mes intermedio de tu período inicial de inscripción (IEP) es típicamente el mes en que cumples 65 años. Si te inscribes en las Partes A y B de Medicare durante cualquiera de los primeros tres meses de tu IEP, tu cobertura comienza el primer día del mes en que cumples 65, sin importar la fecha de tu cumpleaños dentro de ese mes.

Sin embargo, si tu cumpleaños número 65 es el primer día del mes, tu IEP comienza antes, y tu cobertura empieza el primer día del mes anterior. Esta regulación menos conocida es importante para aquellos nacidos el primer día del mes. Ejemplos de inscripciones en el IEP:

» Betsy cumplió 65 años el 29 de abril. Su IEP de siete meses fue del 1 de enero al 31 de julio. Como se inscribió durante los primeros tres meses (enero a marzo), su cobertura comenzó el 1 de abril.

» El cumpleaños de Dan fue el 1 de septiembre. Por lo tanto, en lugar de que su período inicial de inscripción (IEP) de siete meses fuera del 1 de junio al 31 de diciembre, en realidad fue del 1 de mayo al 30 de noviembre. Así, los primeros tres meses de su IEP fueron mayo, junio y julio. Si se inscribía durante esos tres meses, su cobertura comenzaría el 1 de agosto, un mes completo antes de su cumpleaños real.

# Cuando te inscribes durante los meses cuatro a siete del IEP

Si no te inscribes durante los primeros tres meses de tu IEP, tu cobertura comenzará el mes después de que te inscribas. Anteriormente, si te inscribías durante los meses cuatro a siete de tu IEP, la cobertura comenzaba dos a tres meses después. Sin embargo, este retraso se eliminó en el 2023 debido a la Ley de Notificación de Inscripción de Beneficiarios y Simplificación de Elegibilidad del 2020 (Ley BENES).

## Cuando se otorga cobertura de Medicare retroactivamente

Si tienes menos de 65 años y solicitas beneficios por discapacidad del Seguro Social, generalmente esperarías 24 meses antes de ser elegible para Medicare. Sin embargo, considera este escenario: el Seguro Social niega tu solicitud de discapacidad, apelas, ganas el caso y se te concede la discapacidad retroactivamente. ¿Qué sucede después?

En esos casos, los beneficios por discapacidad se retrotraen a cuando el Seguro Social reconoce que comenzó su discapacidad. Si esta fecha es al menos dos años antes, recibirás cobertura inmediata de Medicare sin más espera. Si la fecha es menos de dos años antes, el período de espera de Medicare se ajusta. Por ejemplo, si la discapacidad se retrotrae 18 meses, la cobertura de Medicare comienza en 6 meses en lugar de dos años.

¿Qué sucede si se te otorga cobertura de Medicare de manera retroactiva? Esto puede ocurrir si tu apelación para recibir beneficios por discapacidad tarda mucho tiempo en resolverse. En ese caso, tienes dos opciones:

» Aceptar la cobertura retroactiva de Medicare y usarla para ayudar a pagar por los servicios cubiertos por Medicare que ya has recibido y pagado de tu bolsillo. Sin embargo, también debes pagar las primas de la Parte B desde cuando el Seguro Social determinó que eras elegible para Medicare.

» Rechazar la cobertura retroactiva de la Parte B y evitas pagar las primas de la Parte B retroactivamente.

Después de ganar tu apelación, el Seguro Social envía una carta de adjudicación detallando cuándo comenzarán tus pagos por discapacidad y la fecha de inicio de tu cobertura de Medicare. Si tienes derecho a Medicare de manera retroactiva, la carta explica cómo aceptarlo o rechazarlo.

Ten en cuenta que si te otorgan la cobertura retroactiva de Medicare, no puedes reclamar reembolsos por las primas pagadas por otros seguros mientras esperabas a Medicare.

# Transición de Obamacare a Medicare

Desde el 2014, millones de personas han obtenido seguro de salud a través del Mercado establecido por la Ley del Cuidado de Salud a Bajo Precio (ACA, por su sigla en inglés), comúnmente conocida como "Obamacare". Cada día, miles de estas personas llegan a los 65 años. Si te estás acercando a esta edad, es posible que te preguntes cómo y cuándo hacer la transición de Obamacare a Medicare, o incluso si deberías hacer el cambio en absoluto. En esta sección abordaremos preguntas comunes sobre este tema.

**RECUERDA**

La información proporcionada aquí se refiere a la Ley del Cuidado de Salud a Bajo Precio a principios del 2024.

# Descubre si necesitas hacer el cambio

Decidir no actuar puede parecer más sencillo que hacerlo. Sin embargo, es importante evaluar los pros y los contras de cambiarte a Medicare en lugar de quedarte con el Mercado, para que la decisión que tomes sea informada y considere todas las posibles consecuencias. En esta sección se abordan preguntas comunes para personas en diversas situaciones.

### "Si estoy contento con el plan del Mercado que tengo actualmente, ¿debo cambiarme a Medicare?"

Puedes mantener tu plan del Mercado si quieres hacerlo, pero hay razones convincentes para cambiarte a Medicare:

>> Tu plan del Mercado puede no renovarse una vez que cumplas 65 años y seas elegible para Medicare, lo que podría causar un período sin cobertura si debes esperar hasta el período de inscripción general en enero para inscribirte en Medicare. La cobertura comenzaría el mes siguiente.

>> Si eres elegible para la Parte A sin prima, perderás cualquier subsidio o crédito fiscal que reduzca tus primas del Mercado. Pagar el monto total del plan del Mercado probablemente sea más caro que Medicare. Si decides mantener el plan, debes visitar www.healthcare.gov para cancelar cualquier subsidio y evitar tener que reembolsarlos al final del año fiscal.

>> A menos que tu plan del Mercado sea a través de un empleador (situación que describo en la siguiente sección), retrasar la inscripción en Medicare más allá de los 65 años puede resultar en períodos sin cobertura y penalizaciones permanentes por inscripción tardía que se añadirán a tus primas de Medicare. (En el Capítulo 6, encontrarás más detalles sobre las consecuencias de la inscripción tardía).

Las compañías de seguros del Mercado no pueden vender conscientemente nuevas pólizas a individuos inscritos en cualquier parte de Medicare. Sin embargo, si ya estás en un plan del Mercado antes de ser elegible para Medicare, tu plan no puede reducir o terminar tu cobertura antes del final del año calendario a menos que lo solicites.

## "Mi empleador compró mi seguro del Mercado a través de SHOP. Si sigo trabajando después de los 65 años, ¿debo inscribirme en Medicare?"

Depende de cuántos empleados tenga a cargo tu empleador y de los requisitos de la compañía de seguros. El Programa de Opciones de Salud para Pequeñas Empresas (SHOP) permite a las pequeñas empresas comprar seguros de salud a través del Mercado. SHOP define a un pequeño empleador como aquel que tiene 50 o menos empleados, mientras que Medicare lo define como menos de 20 empleados. Las reglas son las siguientes:

» Si tu empleador tiene 20 o más empleados, puedes continuar con el seguro de tu empleador y retrasar la inscripción en Medicare hasta que dejes de trabajar, sin penalizaciones por tardanza.

» Si tu empleador tiene menos de 20 empleados, determina si el seguro de tu empleador es primario o secundario a Medicare. Seguro primario — no necesitas inscribirte en Medicare a los 65 años y puedes retrasarlo hasta que termine tu empleo. Seguro secundario — debes inscribirte en Medicare Parte A y Parte B a los 65 años, ya que el plan del empleador solo cubrirá lo que Medicare no cubra. Sin Medicare, podrías tener poca o ninguna cobertura de salud. Asegúrate de obtener esta información por escrito de tu empleador o de su proveedor de seguros.

Para más detalles sobre cómo funciona Medicare como cobertura primaria o secundaria, consulta el Capítulo 8.

## "No tengo suficientes créditos de trabajo para la Parte A sin prima. ¿Puedo seguir con mi plan del Mercado hasta que haya ganado suficientes?"

Sí, puedes. Tienes la opción de permanecer en tu plan del Mercado o inscribirte en uno por primera vez, en lugar de inscribirte en cualquier parte de Medicare. También puedes seguir recibiendo subsidios gubernamentales para reducir tus primas del Mercado. Esto puede ayudarte a evitar las altas primas de los beneficios de la Parte A. Sin embargo, debes comparar los costos totales de ambos programas para determinar cuál es más económico para ti.

Hay un inconveniente. Incluso si no calificas para la Parte A sin prima, aún puedes inscribirte en la Parte B, que no requiere créditos de trabajo. Esto está disponible para ciudadanos estadounidenses o residentes legales permanentes (titulares de tarjeta verde) que hayan vivido en Estados Unidos durante al menos cinco años. Si retrasas la inscripción en la Parte B más allá de tu período inicial de inscripción a los 65 años, enfrentarás una cobertura retrasada y penalizaciones permanentes por inscripción tardía, como se describe en el Capítulo 6.

## "Estoy en la Parte A pero perdí la fecha límite para inscribirme en la Parte B. ¿Puedo inscribirme en un plan del Mercado hasta que comience la cobertura de la Parte B?"

Desafortunadamente, la respuesta es no. Según las reglas de Medicare, perder la fecha límite de inscripción en la Parte B puede resultar en un período sin cobertura y sanciones por inscripción tardía. Sin embargo, según las reglas del Mercado, tener solo la Parte A sin prima se considera cobertura de salud calificada. Esto te protege de las sanciones del Mercado por no tener cobertura. Además, a las compañías de seguros se les prohíbe vender un plan del Mercado a cualquier persona inscrita en cualquier parte de Medicare. Esta regla asegura que a los consumidores no se les venda un seguro que duplique los beneficios de Medicare.

## "Si me inscribo en Medicare, tendré que pagar primas altas de la Parte B debido a mis ingresos altos. ¿Puedo quedarme en mi plan del Mercado más barato?"

Puedes quedarte en tu plan del Mercado, pero a largo plazo podría ser más costoso. Cuando finalmente te inscribas en Medicare, enfrentarás penalizaciones por inscripción tardía en la Parte B, como se describe en el Capítulo 6. Por ejemplo, un retraso de diez años duplicaría tus primas estándar de la Parte B para todos los años futuros. Aunque este retraso no aumentaría los recargos por ingresos altos (que van de $69.90 a $419.30 al mes en el 2024), estos recargos se suman a las primas estándar de la Parte B. En consecuencia, tus primas ya altas aumentarían aún más debido a las penalizaciones por tardanza. Además, los planes del Mercado podrían no renovar tu cobertura si eres elegible para Medicare.

# Cómo y cuándo cambiar del Mercado a Medicare

Esta sección explica el proceso de transición de un plan del Mercado a Medicare. También ofrece orientación sobre dónde obtener ayuda si es necesario. El proceso puede variar según tu situación, como si tienes un plan individual del Mercado o lo compartes con tu cónyuge o miembros de tu familia.

## "Tengo un plan del Mercado por mi cuenta. ¿Cómo cambio de ese plan a Medicare?"

Primero, inscríbete en Medicare como se explicó anteriormente en este capítulo. Si ya recibes beneficios del Seguro Social, la Administración del Seguro Social (SSA) te inscribirá automáticamente y te enviará tu tarjeta de Medicare, con la aclaración de cuándo comienza tu cobertura. Si no, debes solicitar activamente la cobertura de Medicare comunicándote con la SSA. Si aplicas durante los primeros tres meses de tu período inicial de inscripción de siete meses (IEP) garantizas que la cobertura comience el primer día del cuarto mes.

Una vez que sepas cuándo comienza tu cobertura de Medicare, cancela tu cobertura del Mercado. Por ejemplo, si Medicare comienza el 1 de mayo, termina tu cobertura del Mercado el 30 de abril. Cancela tu póliza del Mercado al menos 15 días antes de que quieras que termine, y especifica la terminación el último día del mes. (La cobertura de Medicare siempre comienza el primer día del mes).

Si compraste tu plan del Mercado a través del sitio web federal (www.healthcare. gov), puedes cancelarlo de dos maneras:

» **Por teléfono:** llama al Centro de Llamadas del Mercado al 800-318-2596 (TTY 855-889-4325).

» **En línea:** inicia sesión en tu cuenta del Mercado. Sigue las instrucciones paso a paso para cancelar en www.healthcare.gov/how-to-cancel-a-marketplace-plan. Elige el encabezado "Estás terminando la cobertura para todos en la solicitud (You're ending coverage for everyone on the application)". Incluso si eres el único en tu plan, cuentas como "todos."

Si compraste tu plan a través del Mercado de tu estado, contacta el programa de salud de tu estado para obtener información sobre la cancelación, ya que el proceso varía según el estado.

## "Mi familia tiene un plan del Mercado, pero pronto seré elegible para Medicare. ¿Pueden quedarse en el plan después de que yo me vaya?"

Sí, puedes terminar tu cobertura bajo tu plan del Mercado mientras que los miembros de tu familia permanecen en él.

Si compraste el plan a través del sitio web federal, www.healthcare.gov, el proceso de cancelación depende de tu situación:

>> Si eres el contacto del hogar de tu plan (es decir, la persona que configuró la cuenta del Mercado y probablemente completó la solicitud), debes llamar al Centro de Llamadas del Mercado al 800-318-2596 (TTY 855-889-4325) y designar a otro miembro de la familia como el nuevo contacto del hogar. Esto asegura que tus dependientes puedan quedarse en el plan, según las autoridades gubernamentales, que también advierten que, en esta situación, no debes intentar cancelar tu cobertura en línea.

>> Si eres el cónyuge del contacto del hogar y eres quién está pasando a Medicare, tu cónyuge puede llamar al Centro de Llamadas del Mercado o ingresar en línea para terminar tu participación en el plan del Mercado. Sigue las instrucciones detalladas en el sitio web del Mercado (www.healthcare.gov/how-to-cancel-a-marketplace-plan) bajo "Estás terminando la cobertura para solo algunas personas en la solicitud."

Si compraste el plan a través de un Mercado estatal, contacta al programa estatal para conocer su proceso de cancelación.

## "Mi plan del Mercado incluye cobertura dental. ¿Medicare también lo hace?"

Medicare Original no cubre el cuidado dental de rutina, aunque algunos planes de Medicare Advantage sí lo hacen. De acuerdo con tu ubicación, es posible que puedas comprar un plan dental independiente a través del Mercado, incluso si ya no tienes seguro de salud de allí.

Esta opción está disponible solo si tu estado opera su propio intercambio de seguros del Mercado y permite la venta de planes dentales por separado de los planes de salud. Algunos estados permiten esto, mientras que otros no. Si obtuviste tu plan actual a través del Mercado federal porque tu estado no tiene el suyo propio, ten en cuenta que los planes dentales independientes no están permitidos.

## "¿Puedo inscribirme en algún plan de Medicare a través del Mercado en línea?"

No. Medicare y el Mercado son sistemas separados. Aunque puedas estar familiarizado con la inscripción en planes del Mercado en línea, Medicare tiene su propio sitio web para comparar planes privados. Estos incluyen planes de medicamentos recetados de la Parte D y planes de Medicare Advantage, como los HMO y PPO.

Para obtener una guía paso a paso sobre cómo usar el buscador de planes en línea de Medicare, consulta el Capítulo 10 (para planes de medicamentos de la Parte D) o el Capítulo 11 (para planes de Medicare Advantage).

## "Si necesito ayuda para cancelar mi plan del Mercado o comenzar la cobertura de Medicare, ¿a quién debo llamar?"

**CONSEJO**

Para obtener asistencia, contacta a la organización adecuada según tus necesidades:

» **Problemas con el Mercado:** llama al Centro de Llamadas del Mercado al 800-318-2596 (TTY 855-889-4325).

» **Elegibilidad o inscripción en Medicare:** contacta a la Administración del Seguro Social al 800-772-1213 (TTY 800-325-0778).

» **Cobertura de Medicare, planes Medicare Advantage o planes de medicamentos de la Parte D:** comunícate con los Centros de Servicios de Medicare y Medicaid al 800-633-4227 (TTY 877-486-2048).

» **Asistencia Personal para Medicare y Medicaid:** Consulta tu Programa Estatal de Ayuda para Seguros de Salud (SHIP) para obtener ayuda gratuita de consejeros capacitados. Consulta el Anexo A para obtener la información de contacto.

Capítulo **8**

# Cómo funciona Medicare con otros seguros de salud

El seguro de salud puede provenir de varias fuentes, incluso Medicare, Medicaid, Medigap, empleadores actuales o anteriores o sindicatos, COBRA, el Programa de Beneficios de Salud para Empleados Federales, TRICARE, Asuntos de Veteranos, el Servicio de Salud Indígena, el Programa de Beneficios para Enfermedades Pulmonares Negras Federales, la compensación laboral y seguros de responsabilidad o sin culpa. ¡Vaya lista!

Entonces, ¿qué pasa si tienes múltiples tipos de cobertura, como Medicare más otro? ¿O incluso más? ¿Cómo se pagan tus facturas médicas? En este capítulo se explica cómo funciona Medicare con cada tipo de seguro (excepto Medicaid y Medigap, que se cubren en el Capítulo 4). Las regulaciones varían según la situación, y si Medicare u otro seguro paga primero depende de circunstancias específicas. Consulta la información para cualquier seguro adicional que tengas para entender cómo se ajusta con Medicare y qué acciones necesitas tomar.

En este capítulo también encontrarás el concepto de *coordinación de beneficios*, un sistema federal que determina cuándo y en qué orden Medicare u otro seguro paga tus facturas y sin que te esfuerces.

**CONSEJO**

Para más información, puedes consultar la publicación oficial "Medicare y otros beneficios de salud: tu guía sobre quién paga primero" en www.medicare.gov/publications/02179-Medicare-and-other-health-benefits-your-guide-to-who-pays-first.pdf.

# Qué es el sistema de coordinación de beneficios de Medicare

Imagina esto: vas al hospital para una cirugía. Tienes Medicare y otros dos tipos de seguro. Necesitas determinar qué seguro paga tu factura, o cuál cubre diferentes partes de ella. Luego, podrías tener que presentar reclamaciones a cada aseguradora y recibir el dinero solo después de haber pagado de tu bolsillo.

¡No te preocupes! En la mayoría de los casos, no enfrentarás tal molestia, gracias al sistema de coordinación de beneficios de Medicare.

Este sistema asegura que Medicare no use dólares de los contribuyentes para pagar reclamaciones cubiertas por otros seguros, y actúa como una medida de ahorro de costos. También ayuda a que tus facturas médicas se paguen a tiempo sin requerir mucho papeleo de tu parte. Aunque puede que no funcione perfectamente cada vez, y algunas situaciones podrían requerir que llenes formularios de reclamación, el sistema de coordinación de beneficios es generalmente muy útil.

**RECUERDA**

Así es como funciona: cada tipo de seguro que tienes, incluso Medicare, se conoce como un *pagador*. Si tienes múltiples pagadores, las reglas de coordinación de beneficios de Medicare determinan el orden de pago. Cuando visitas a un médico o proveedor, la factura va primero al *pagador primario*. Si el pagador primario no cubre el monto total, el resto se envía al *pagador secundario*, y posiblemente a un tercer pagador. Tu tarea principal es revisar los estados de cuenta de cada pagador y pagar cualquier monto no cubierto.

El sistema se basa en una gran cantidad de información de empleadores, compañías de seguros, médicos y otros proveedores médicos. También necesitas proporcionar información cuando te vuelves elegible para Medicare y si tu cobertura cambia más adelante.

# Ayuda a Medicare a ayudarte: completa tu cuestionario de inscripción inicial

Medicare no sabe automáticamente qué otra cobertura de salud puedes tener. Aproximadamente tres meses antes de que seas elegible para Medicare, recibirás una carta explicando cómo completar el *Cuestionario de Inscripción Inicial de Medicare*. Completar este cuestionario es importante ya que ayuda a garantizar que los pagos por tus servicios médicos se realicen de manera puntual y precisa.

Puedes llenar el cuestionario de dos maneras:

>> Crea una cuenta en www.medicare.gov/account/login, un portal seguro donde puedes acceder a reclamaciones y otra información. Puedes completar el cuestionario en este sitio desde tres meses antes de tu elegibilidad para Medicare hasta seis meses después de que comience la cobertura. Fuera de este período de tiempo, la opción en línea no estará disponible.

>> Llama al Centro de Recuperación de Coordinación de Beneficios de Medicare (BCRC, por su sigla en inglés) al número gratuito 855-798-2627 (TTY 855-797-2627).

Las preguntas en el formulario pueden variar según si calificas para Medicare porque cumples 65 años, has recibido beneficios por discapacidad durante 24 meses, o tienes insuficiencia renal (enfermedad renal en etapa terminal, o ESRD). El formulario ayuda a determinar si Medicare será tu cobertura primaria o secundaria. Por ejemplo, pregunta si tú o tu cónyuge están trabajando actualmente para un empleador que proporciona seguro de salud. Si es así, pedirá el nombre y la dirección del empleador y si el empleador tiene 20 o más empleados (si tienes 65 años o más) o 100 o más empleados (si tienes menos de 65 años con discapacidades). Responder "sí" significa que el plan de salud de tu empleador pagará primero. Este arreglo se explica con más detalle en la sección posterior "Aprende cómo Medicare trabaja con el plan de seguro de salud de un empleador."Responder "no" significa que Medicare pagará primero. Si marcas la casilla de "no sé", Medicare se pondrá en contacto con tu empleador para averiguarlo.

# Asegúrate de que Medicare esté al tanto de los cambios en tu cobertura

**RECUERDA**

Con el tiempo, tu cobertura puede cambiar. Si estos cambios afectan la forma en la que Medicare se coordina con otros seguros, por ejemplo, si dejas de trabajar o pierdes la cobertura de tu empleador actual, debes contactar al Centro de Coordinación y Recuperación de Beneficios de Medicare (BCRC). Esto garantiza que tus nuevas circunstancias sean registradas. Medicare determinará entonces si una entidad diferente es ahora tu pagador principal. El BCRC también puede responder cualquier pregunta sobre tu cobertura y tu interacción con Medicare. Llama gratis al 855-798-2627 (TTY 855-797-2627). Ejemplos de cambios en la cobertura:

>> Cuando Diana llenó su cuestionario de inscripción inicial a los 65 años, todavía trabajaba para una empresa mediana con más de 20 empleados. Por lo tanto, su plan de empleador era primario y Medicare secundario. Al momento de su jubilación, un par de años después aceptó los beneficios de salud para jubilados que su empleador le ofreció. Según las reglas de Medicare, ahora Medicare pasó a ser el pagador primario y sus beneficios de jubilación pasaron a ser secundarios.

>> Los beneficios de Medicare de Colin comenzaron a los 57 años debido a sus discapacidades. Su esposa, Marlisse, trabajaba para una empresa grande (con más de 100 empleados), y su plan de salud de empleador lo cubría. Este plan pasó a ser el seguro primario de Colin, y Medicare era secundario. Pero unos años después, Marlisse cambió de trabajo y comenzó a trabajar para una empresa más pequeña, con solo 40 empleados. Debido a que Colin tenía menos de 65 años y estaba cubierto por un seguro de un empleador con menos de 100 empleados, según las reglas, Medicare pasó a ser el pagador primario de Colin, y el plan del empleador pasó a ser secundario.

# Cómo funciona Medicare con el plan de seguro de salud de un empleador

Una preocupación común para aquellos que están a punto de calificar para Medicare es entender cómo funcionará con el seguro de salud de su empleador actual o anterior. A menudo surgen preguntas sobre cómo la elegibilidad para Medicare afectará la cobertura de otro seguro existente.

Estas preocupaciones son válidas. A menudo, ponerse en contacto con el departamento de recursos humanos de su empleador o con el administrador de beneficios puede proporcionar respuestas rápidas y precisas. Sin embargo, no todos los administradores tienen información completa y, a veces, se da un consejo incorrecto.

En el Capítulo 6 se explica cómo el tipo de seguro de su empleador influye en el momento de inscribirse en Medicare, especialmente en la Parte B. También cubre el impacto en los beneficios de su empleador como resultado de esa decisión y detalla sus derechos legales.

Las reglas de Medicare pueden ser confusas ya que afectan a las personas de manera diferente según sus circunstancias. Por lo tanto, esta sección está dividida en un formato de preguntas y respuestas que aborda el seguro de salud de un empleador actual y de un empleador anterior, ya sea tuyo o de tu cónyuge.

# Trabajar con el seguro de un empleador actual

Esta sección asume que tienes seguro de salud a través de un empleador donde tú o tu cónyuge está actualmente empleado.

## ¿Es el seguro de mi empleador primario o secundario a Medicare?

**RECUERDA**

Determinar si el seguro de tu empleador es primario o secundario a Medicare depende del tamaño de tu empleador:

» Tu plan de salud del empleador generalmente es primario si se cumple una de las siguientes condiciones:

  ● Si tienes 65 años o más y tu empleador tiene 20 o más trabajadores.

  ● Si tienes menos de 65 años con discapacidades y tu empleador tiene 100 o más trabajadores.

» Medicare es primario si se cumple una de las siguientes condiciones:

  ● Si tienes 65 años o más y tu empleador tiene menos de 20 trabajadores.

  ● Si tienes menos de 65 años con discapacidades y tu empleador tiene menos de 100 trabajadores.

*Nota*: estas pautas no son absolutas. Algunos empleadores pequeños pueden unirse para formar un grupo más grande con fines de seguro de salud, lo que puede afectar las reglas de "20 o más" o "100 o más". Si no estás seguro, consulta con tu empleador o contacta con el Centro de Recuperación de Coordinación de Beneficios de Medicare al número gratuito 855-798-2627 (TTY 855-797-2627). Además, si tienes Medicare debido a una enfermedad renal en etapa terminal (ESRD), consulta la sección "¿Cómo funciona mi Medicare calificado por ESRD con la cobertura de mi empleador?" para obtener más información.

## ¿Obtengo los mismos beneficios de salud en el trabajo que los que tengo ahora?

Si tu seguro es primario a Medicare, tu empleador debe cumplir con las siguientes regulaciones:

>> Ofrecer los mismos beneficios de seguro de salud a los empleados de 65 años o más que a los empleados más jóvenes.

>> Proporcionar los mismos beneficios de salud a los cónyuges de cualquier edad (incluidos aquellos de 65 años o más) que a los cónyuges de otros empleados.

>> Extender los mismos beneficios de salud a los empleados o sus cónyuges que tienen Medicare debido a una discapacidad que a otros empleados.

>> No requerir que los empleados abandonen los beneficios del empleador y se inscriban en Medicare.

>> No ofrecer incentivos para persuadir a los empleados elegibles para Medicare a elegir Medicare sobre el seguro del empleador, como pagar primas o costos de bolsillo para planes Medigap o Medicare Advantage. (Consulta los Capítulos 4 y 10 para obtener más detalles sobre Medigap; en el Capítulo 11 se presenta información sobre Medicare Advantage).

**INFORMACIÓN TÉCNICA**

Estas reglas son protecciones importantes. Las leyes que las establecieron incluyen la Ley de Discriminación por Edad en el Empleo (ADEA) de 1967, la Ley de Equidad Fiscal y Responsabilidad Fiscal (TEFRA) de 1983, la Ley de Reducción del Déficit (DEFRA) de 1985, la Ley Omnibus de Reconciliación Presupuestaria (OBRA) de 1986, la Ley Omnibus Consolidada de Reconciliación Presupuestaria (COBRA) de 1986 y las reglas de Pagador Secundario de Medicare.

Si crees que tu empleador está violando estas reglas, puedes presentar una queja ante la Oficina de Cumplimiento de la Administración de Seguridad de Beneficios para Empleados del Departamento de Trabajo de EE.UU. Visita www.dol.gov/agencies/ebsa/about-ebsa/about-us/regional-offices para obtener información de contacto de tu oficina regional de EBSA.

**RECUERDA**

Ten en cuenta que estas leyes no proporcionan las mismas protecciones para los empleados que trabajan para empleadores más pequeños (menos de 20 empleados para aquellos de 65 años o más, y menos de 100 empleados para aquellos con Medicare debido a una discapacidad). Los empleadores más pequeños aún pueden ofrecer protecciones similares, pero no es obligatorio. Contacta a tu empleador para obtener detalles sobre su política.

## ¿De qué otra manera me afecta tener un plan de empleador?

Tener un seguro principal de tu empleador actual puede impactarte como beneficiario de Medicare de varias maneras, todo esto lo explico en el Capítulo 6. Aquí tienes un resumen rápido:

>> Tú y tu cónyuge pueden retrasar la inscripción en la Parte B sin pagar primas hasta que termine tu empleo o cobertura de salud. Si sigues las reglas, puedes evitar penalizaciones por inscripción tardía.

>> Tú y tu cónyuge también pueden retrasar la inscripción en la cobertura de medicamentos recetados de la Parte D sin penalizaciones por inscripción tardía, siempre y cuando la cobertura de medicamentos de tu empleador se considere acreditable (es decir, que sea al menos tan buena como la Parte D). Si no es acreditable, considera inscribirte en la Parte D a menos que hayas retrasado la inscripción en las Partes A y B, lo cual te descalifica de la Parte D y evita penalizaciones por inscripción tardía.

>> Si la cobertura de tu empleador incluye una cuenta de ahorros para gastos médicos (HSA) con beneficios fiscales, deberías considerar retrasar la inscripción en las Partes A, B y D. Según las reglas del IRS, no puedes contribuir a una HSA si estás inscrito en cualquier parte de Medicare.

## ¿Puedo elegir dejar el plan de mi empleador y tener solo Medicare?

Tienes el derecho de dejar el seguro de tu empleador y depender únicamente de Medicare. Sin embargo, ten en cuenta que puede ser difícil recuperar tu cobertura de tu empleador si cambias de opinión. Antes de tomar cualquier decisión, compara los costos y beneficios de Medicare con el plan de tu empleador actual.

Si dejas el plan de tu empleador, tu empleador no puede legalmente proporcionar ningún beneficio para complementar tu cobertura de Medicare. Violar esta ley podría resultar en enjuiciamiento y multas sustanciales para el empleador. Normalmente, tu empleador te pedirá que firmes una declaración que confirme que tu decisión de hacer de Medicare tu seguro principal es voluntaria.

Para cobertura suplementaria, necesitarías comprar un seguro Medigap por tu cuenta. (Consulta los Capítulos 4 y 10 para obtener más detalles sobre Medigap). Además, si tu cónyuge, pareja de hecho u otros miembros de la familia tienen seguro bajo el plan de tu empleador, probablemente perderán su cobertura si decides optar por Medicare.

### ¿Cómo funciona mi Medicare calificado para ESRD con la cobertura de mi empleador?

Si tienes enfermedad renal en etapa terminal (ESRD) y tienes seguro tanto por Medicare como por un plan grupal de empleador o sindicato (incluso beneficios de COBRA), los primeros 30 meses en Medicare se conocen como el período de coordinación. Durante este tiempo, la cobertura de tu empleador es primaria y Medicare es secundaria, independientemente del tamaño del empleador.

Después del período de 30 meses, Medicare se convierte en tu pagador principal para todos los servicios que cubre. El plan de tu empleador generalmente cubre servicios que Medicare no cubre, pero es importante que consultes con el administrador de tu plan para obtener detalles específicos. Por ejemplo, Medicare cubre solo el 80% de los costos de diálisis y otros servicios de la Parte B, así que confirma si el plan de tu empleador cubrirá el 20% restante.

**RECUERDA**

Durante el período de coordinación de 30 meses, asegúrate de que tu médico y otros proveedores sepan que tienes tanto seguro del empleador como Medicare. Presenta tanto tu tarjeta de identificación del seguro como tu tarjeta de Medicare para facilitar una facturación rápida y precisa.

¿Necesitas inscribirte en la Parte B y pagar sus primas mensuales si tienes seguro de tu empleador? No, puedes optar por no hacerlo, ya sea completamente o solo durante el período de 30 meses. Sin embargo, considera esta decisión cuidadosamente y analiza la situación. Para obtener más información, consulta la publicación oficial "Cobertura de Medicare para servicios de diálisis y trasplante de riñón (Medicare Coverage of Kidney Dialysis & Kidney Transplant Services)" en www.medicare.gov/Pubs/pdf/10128-Medicare-Coverage-ESRD.pdf.

## Tener seguro de un antiguo empleador

Esta sección aborda el seguro de salud privado de un antiguo empleador o sindicato, ya sea tuyo o de tu cónyuge, donde ninguno de los dos está actualmente empleado. Este seguro puede ser en forma de *beneficios para jubilados* (una ventaja laboral que aún está disponible para aproximadamente uno de cada tres beneficiarios de Medicare) o *seguro COBRA*, que extiende los beneficios de salud del empleador por un tiempo limitado después de que finaliza el empleo.

## ¿Son los beneficios para jubilados/COBRA primarios o secundarios a Medicare?

RECUERDA

Los beneficios de salud para jubilados y COBRA siempre son secundarios a Medicare si tienes ambos al mismo tiempo. En esta situación, el tamaño del empleador y el número de trabajadores no son relevantes. Para Medicare, el factor clave es que tú o tu cónyuge ya no trabajen para el empleador que proporciona estos beneficios. No se consideran beneficios de salud de empleo actual.

Esta información puede influir en tu decisión sobre cuándo inscribirte en la Parte B. La cobertura por beneficios de salud para jubilados o COBRA más allá de los 65 años no te permite retrasar la inscripción en la Parte B sin arriesgarte a penalizaciones por inscripción tardía y una posible pérdida temporal de cobertura, como se explica en el Capítulo 6.

## ¿Cómo funcionan mis beneficios de jubilado con Medicare?

Algunos empleadores requieren que te inscribas en Medicare para poder recibir beneficios de salud como jubilado. Sin la inscripción, podrías perder la cobertura por completo. Este requisito también se aplica al programa de salud para jubilados militares, TRICARE For Life. Por el contrario, algunos empleadores proporcionan beneficios de jubilado independientemente de la inscripción en Medicare y dejan la elección a tu criterio. Esto también es cierto para el Programa de Beneficios de Salud para Empleados Federales. Entre estos extremos, hay muchas disposiciones diferentes.

RECUERDA

Cada paquete de salud para jubilados de cada empleador, si se ofrece, es único. Las leyes que protegen a los empleados activos elegibles para Medicare no se aplican a los jubilados. Los empleadores tienen una flexibilidad significativa y pueden:

>> Optar por no ofrecer ningún beneficio de salud para jubilados.

>> Cambiar, limitar o terminar los beneficios de salud para jubilados en cualquier momento.

>> Proveer planes especialmente diseñados únicos para el empleador o una selección de dichos planes.

>> Ofrecer beneficios que complementen Medicare cubriendo deducibles, copagos o servicios no cubiertos por Medicare (por ejemplo, cuidado de la vista, audición y dental).

>> Pagar primas para planes regulares como Medicare Advantage o pólizas Medigap disponibles para otros beneficiarios de Medicare.

» Requerir la inscripción en la Parte B de Medicare para seguir recibiendo beneficios de jubilado.

» Permitir el uso de beneficios de jubilado independientemente de la inscripción en la Parte B de Medicare.

**RECUERDA**

Antes de jubilarte, es crucial entender cómo se integrará Medicare con los beneficios de jubilado proporcionados por tu empleador. Haz las siguientes preguntas a tu empleador, administrador de beneficios o representante sindical:

» ¿Debo inscribirme en Medicare? ¿Cómo afectará la no inscripción a mis beneficios de jubilado?

» ¿Tengo una opción de planes? ¿Cuándo debo elegir y puedo cambiar opciones más tarde?

» ¿Mis opciones de plan y beneficios se verán afectados por mi ubicación de jubilación?

» ¿El plan está diseñado específicamente para los jubilados de este empleador o es un plan regular de Medigap o Medicare Advantage con primas pagadas por el empleador?

» ¿El plan cubre alguno de los gastos de bolsillo de Medicare como primas, deducibles o copagos?

» ¿Debo pagar un deducible antes de que comiencen los beneficios del plan? Si el deducible es alto, ¿Medicare cubre alguna parte?

» ¿El plan ayuda a pagar servicios no cubiertos por Medicare, como cuidado de la vista, audición y dental?

» ¿El plan ofrece cobertura acreditable de medicamentos recetados o debo inscribirme en un plan de Medicare Parte D?

» ¿El plan limita mis costos anuales de bolsillo? Si es así, ¿cubre toda la atención después de alcanzar ese límite?

» ¿El plan establece algún límite anual o de por vida en los pagos de atención médica?

» ¿El plan cubre a mi cónyuge? ¿Seguirá teniendo cobertura si muero?

» ¿El plan coordina con Medicare para los pagos? Si no, ¿cómo se liquidan las reclamaciones médicas?

**CONSEJO**

Obtén respuestas por escrito si es posible, o lleva notas detalladas de tus conversaciones, incluso de las fechas, lugares y nombres de las personas con las que hablaste. No dudes en pedir aclaraciones si es necesario. Tienes derecho a una explicación clara y fácil de entender de tus beneficios de jubilado.

## ¿Puedo optar por dejar mis beneficios de jubilado y tener solo Medicare?

Sí, puedes optar por dejar tus beneficios de jubilado y confiar únicamente en Medicare. Sin embargo, considera esta decisión cuidadosamente. Una vez que dejas tus beneficios de jubilado, probablemente no podrás restablecerlos. Evalúa si tu plan de jubilado ofrece una cobertura valiosa que complemente a Medicare y considera los costos asociados.

## ¿Cómo funciona COBRA con Medicare?

Si te jubilas o pierdes tu trabajo, puedes ser elegible para el seguro bajo la ley COBRA. Este programa proporciona la misma cobertura que tenías mientras trabajabas. Sin embargo, debes pagar tanto tu parte como la parte de tu empleador del costo del seguro, lo cual probablemente duplicará el costo. COBRA es temporal, generalmente dura hasta 18 meses después de que termines tu trabajo, aunque algunos estados pueden extender este período como se explica en el Capítulo 5. COBRA se aplica a empleadores con 20 o más trabajadores, aunque algunas leyes estatales ofrecen protecciones similares para empleados de empresas más pequeñas.

Si eres elegible para COBRA, también lo son tu cónyuge y tus hijos dependientes. Ellos también pueden calificar para COBRA independientemente si su cobertura bajo tu seguro laboral termina debido a tu fallecimiento, divorcio o separación.

**RECUERDA**

COBRA es principalmente útil para aquellos sin otras opciones de seguro de salud. Sin embargo, si estás (o pronto estarás) inscrito en Medicare, es útil entender cómo interactúa COBRA con Medicare. El factor clave es cuándo te vuelves elegible para Medicare:

>> **Antes de COBRA:** si tienes Medicare antes de ser elegible para COBRA, puedes mantener ambos. Medicare será tu cobertura principal. La excepción es si tienes Medicare debido a ESRD (enfermedad renal en etapa terminal). En ese caso, COBRA será principal durante los primeros 30 meses, y Medicare se convertirá en principal solo después de que termine este período o cuando termine la cobertura COBRA.

>> **Después de COBRA:** si te vuelves elegible para Medicare después de inscribirte en COBRA, tus beneficios de COBRA cesan. Sin embargo, la cobertura COBRA para tu cónyuge e hijos dependientes puede extenderse hasta 36 meses en algunos casos porque calificaste para Medicare.

Si calificas para Medicare antes de decidir sobre COBRA, considera si COBRA ofrece alguna ventaja, especialmente porque será secundaria a Medicare. COBRA puede cubrir servicios que Medicare no cubre, pero generalmente es muy costosa.

Comprar un seguro complementario Medigap (detalles en el Capítulo 10) puede ser una alternativa menos costosa.

## ¿Qué pasa si tengo cobertura de medicamentos recetados de mi plan de jubilación o COBRA?

Tus próximos pasos dependen de si tu cobertura es *acreditada*, es decir, si es al menos tan buena como la Parte D. Si tu cobertura es acreditada, no necesitas inscribirte en un plan de la Parte D. Cuando terminen tus beneficios de medicamentos de COBRA, tendrás un período especial de inscripción de dos meses para inscribirte en la Parte D sin una penalización. Si tus beneficios de medicamentos de jubilación o COBRA no son acreditados, deberías considerar inscribirte en un plan de la Parte D para evitar penalizaciones por inscripción tardía. (Los detalles sobre la inscripción en la Parte D se explican en los Capítulos 10 y 11).

# Descubre cómo se ajustan otros beneficios federales de salud con Medicare

El Gobierno federal ofrece cobertura de salud a millones de personas además de Medicare. Algunos reciben beneficios como empleados federales activos o jubilados a través del Programa de Beneficios de Salud para Empleados Federales (FEHB) para civiles, o TRICARE para personal militar. Además, ciertos grupos reciben beneficios de salud federales, como veteranos, miembros de naciones tribales nativas americanas y exmineros del carbón incapacitados por la enfermedad del pulmón negro. Cada uno de estos programas interactúa con Medicare de manera diferente, como se discute en las siguientes secciones.

## El Programa de Beneficios de Salud para Empleados Federales

El Programa de Beneficios de Salud para Empleados Federales (FEHB, por su sigla en inglés) proporciona seguro de salud para empleados civiles federales actuales y anteriores. Ya sea que entreguen correo en Alaska, realicen investigaciones médicas en Georgia, o trabajen como presidente en Washington, D.C., el Programa FEHB te ofrece a ti y a tu cónyuge una variedad de planes de salud, cada uno con diferentes beneficios y costos. Esto aplica tanto si todavía estás trabajando como si ya te has jubilado. Las siguientes secciones abordan preguntas comunes sobre el FEHB y su coordinación con Medicare.

## ¿Qué pasa si me vuelvo elegible para Medicare mientras sigo trabajando?

Si te vuelves elegible para Medicare mientras sigues trabajando, las reglas son similares a las de cualquier empleador grande. El Gobierno federal, siendo el empleador más grande en EE.UU., sigue estas pautas. Puedes retrasar la inscripción en la Parte B más allá de los 65 años siempre y cuando tú o tu cónyuge (si ellos son el empleado federal) tengan cobertura FEHB y estén trabajando activamente. Tendrás un período especial de inscripción para registrarte en Medicare sin penalización cuando termine el empleo. Si eliges tener Medicare mientras aún estás cubierto por FEHB, tu plan FEHB será primario y Medicare será secundario. Tú y tu cónyuge tendrán acceso a los mismos planes y beneficios que los trabajadores federales más jóvenes.

## ¿Cómo encaja Medicare en mi plan después de jubilarme?

Después de jubilarte, no estás obligado a inscribirte en la Parte B de Medicare, y tu plan de Beneficios de Salud para Empleados Federales (FEHB) no puede exigirlo. Tus beneficios bajo el plan FEHB permanecen sin cambios, te inscribas o no en la Parte B. Sin embargo, si tienes tanto Medicare como FEHB, Medicare será tu cobertura principal. También tienes la opción de abandonar tu plan FEHB y depender únicamente de Medicare.

**CONSEJO**

¿Deberías inscribirte en Medicare? La Oficina de Gestión de Personal (OPM, por su sigla en inglés), que administra el Programa FEHB, sugiere algunos factores a tener en cuenta:

>> Tu plan FEHB puede cubrir servicios que Medicare no cubre, como exámenes físicos anuales, cuidado dental y de la vista, y cobertura de emergencias fuera de Estados Unidos. Por otro lado, Medicare puede cubrir algunos servicios que tu plan FEHB no cubre, como ciertos equipos médicos, dispositivos ortopédicos o protésicos, y atención médica en el hogar.

>> Si estás inscrito en un plan FEHB de pago por servicio (por ejemplo, Blue Cross Blue Shield, GEHA o MHBP) y también tienes las Partes A y B de Medicare, la cobertura combinada puede pagar casi todos tus gastos médicos. Esto podría eliminar la necesidad de un seguro Medigap separado. Además, el plan FEHB puede renunciar a sus deducibles y copagos para los servicios cubiertos por la Parte B.

>> Para aquellos en un plan FEHB de atención administrada (por ejemplo, HMO), la Parte B puede cubrir a médicos y proveedores fuera de la red o área de servicio del plan si es necesario.

>> Si tienes tanto FEHB como Medicare, tus beneficios están coordinados, por lo que no necesitas presentar reclamaciones tú mismo.

>> La cobertura de medicamentos recetados de FEHB es acreditable, lo que significa que no necesitas la Parte D de Medicare a menos que califiques para el programa de Ayuda Adicional de la Parte D para personas de bajos ingresos.

>> Si decides inscribirte en un plan Medicare Advantage, puedes suspender tus beneficios FEHB, ahorrar en primas, con la opción de volver a inscribirte en un plan FEHB más adelante. Para más información, contacta a tu oficina de jubilación.

>> Si decides no inscribirte en la Parte B ahora, pero necesitas hacerlo en el futuro (por ejemplo, pérdida de la cobertura FEHB o altos costos), incurrirás en penalizaciones permanentes por inscripción tardía en la Parte B.

**RECUERDA**

Conclusión: revisa el folleto de tu plan FEHB para entender cómo sus beneficios se integran con Medicare.

Para obtener información más detallada, visita la guía de la Oficina de Gestión de Personal en www.opm.gov/healthcare-insurance/healthcare/medicare/medicare-vs-fehb-enrollment o llama a OPM sin costo al 888-767-6738 (TTY 855-887-4957) o al 202-606-0500 en el área de Washington, D.C.

### ¿Cómo funciona mi cobertura FEHB si tengo Medicare debido a una discapacidad o ESRD?

Si tienes menos de 65 años, tienes Medicare debido a una discapacidad y continúas con la cobertura FEHB, tu plan FEHB será el principal y cubrirá tus facturas médicas primero.

Durante los primeros 30 meses de derecho a Medicare debido a insuficiencia renal permanente (ESRD), tu plan FEHB también será el principal, independientemente de tu estado laboral. Después de estos 30 meses, Medicare se convertirá en el pagador principal, como se detalla en la sección sobre beneficios de salud del empleador.

## TRICARE y TRICARE For Life

*TRICARE* y *TRICARE For Life* (TFL) son programas federales de seguro de salud. TRICARE es para el personal militar en servicio activo y sus cónyuges. TFL es para los jubilados militares de 65 años o más, que han servido al menos 20 años, y sus cónyuges. A continuación, encontrarás respuestas a preguntas comunes sobre estos programas y su interacción con Medicare.

## ¿Qué pasa si me vuelvo elegible para Medicare mientras yo (o mi cónyuge) todavía estoy en servicio activo o tengo cobertura de otro trabajo?

Si tú o tu cónyuge están en servicio militar activo después de cumplir 65 años, no están obligados a inscribirse en Medicare Parte B. Si decides inscribirte, TRICARE seguirá siendo tu seguro principal. Al igual que con otros empleadores, (consulta el Capítulo 6) puedes retrasar la inscripción en la Parte B sin penalización durante el servicio militar activo más allá de los 65 años, y esto también se aplica a tu cónyuge incluido en la cobertura.

**ADVERTENCIA**

Sin embargo, debes inscribirte en la Parte B antes de la fecha de tu jubilación para evitar perder los beneficios de TRICARE. Este requisito también se aplica a tu cónyuge cubierto si tiene 65 años o más en el momento de tu jubilación. En este caso, ignora el período especial de inscripción de ocho meses después de la jubilación.

Si trabajas para un empleador que no es militar después de cumplir 65 años y sigues siendo elegible para TRICARE, puedes retrasar la inscripción en la Parte B si el empleador tiene 20 o más empleados (como se explica en el Capítulo 6). Tu cobertura de TRICARE For Life (TFL) comenzará una vez que te inscribas en la Parte B. Si tienes los tres tipos de cobertura, plan del empleador, Medicare y TFL, el plan del empleador será el principal, Medicare el secundario y TFL el tercero en el orden de pago de reclamaciones.

## ¿Qué pasa si me vuelvo elegible para Medicare por discapacidad?

La información en la sección anterior se aplica a ti también. Puedes retrasar la inscripción en la Parte B mientras estés en servicio activo. Esto también se aplica a tu cónyuge incluido en la cobertura si recibe Medicare por discapacidad.

Sin embargo, si tienes Medicare debido a una ESRD, TRICARE será tu cobertura principal durante los primeros 30 meses de elegibilidad. Debes inscribirte en la Parte B durante este periodo para que TRICARE pueda pagar tus facturas. Sin la Parte B, no tendrías cobertura. Después de 30 meses, Medicare se convierte en tu cobertura principal, como se explica en la sección "¿Cómo funciona mi Medicare calificado por ESRD con la cobertura de mi empleador?".

A veces, las personas con discapacidades o ESRD se vuelven elegibles para Medicare antes de los 65 años solo después de ganar una apelación. En tales casos, la elegibilidad de Medicare puede ser retroactiva. No se te pedirá que pagues las primas de la Parte B retroactivamente ni que reembolses a TRICARE por los beneficios recibidos durante ese tiempo. Inscríbete en la Parte B tan pronto como seas elegible para mantener los beneficios de TRICARE en el futuro.

## ¿Cómo encajan los beneficios de TRICARE For Life con Medicare?

Tú y tu cónyuge se vuelven elegibles para TRICARE For Life (TFL) a los 65 años si te has retirado después de al menos 20 años de servicio militar con una baja honorable. Para hacer la transición a TFL, debes inscribirte en las Partes A y B de Medicare tan pronto como seas elegible.

**RECUERDA**

Inscríbete en la Parte B un mes antes de cumplir 65 años (o antes de retirarte si tienes más de 65 años). Tus beneficios de TRICARE terminarán el primer día del mes en que cumplas 65 años o el primer día del mes después de tu retiro si no estás inscrito en la Parte B.

Si pierdes esta fecha límite, recibirás beneficios de TFL una vez que te inscribas en la Parte B, pero TFL no cubrirá ninguna atención médica durante el período sin cobertura. No tendrás cobertura médica durante este tiempo a menos que tengas otra cobertura, como de otro trabajo o del VA. Ten en cuenta que las reglas de Medicare determinan cuándo puedes inscribirte en la Parte B y cuándo comienza la cobertura, como se explica en el Capítulo 7. Retrasar demasiado la inscripción en la Parte B puede hacerte inelegible para TFL durante muchos meses.

Si tu cónyuge llega a los 65 años antes que tú, debe transferirse a TFL e inscribirse en la Parte B incluso si tú aún estás recibiendo TRICARE. Por el contrario, si tú llegas a los 65 años antes que tu cónyuge, debe permanecer en TRICARE hasta que alcance la edad de Medicare.

El programa TFL proporciona un excelente seguro suplementario, que cubre servicios y costos que Medicare no cubre. Un oficial militar dijo una vez que TFL "es la mejor cobertura suplementaria de Medicare que alguien podría comprar, excepto que no tienes que comprarla". Así es como Medicare funciona con TFL:

>> No pagas primas por TFL, pero debes pagar las primas de la Parte B de Medicare ($174.70 al mes en el 2024, o más si tus ingresos superan cierto nivel, como se explica en el Capítulo 3).

>> TFL cubre los costos de bolsillo de Medicare, como deducibles y copagos, por lo que obtienes cobertura a un costo mínimo. No necesitas un seguro suplementario Medigap.

>> Para los servicios cubiertos por Medicare y TFL, Medicare paga primero y TFL paga la parte restante. Recibes un Aviso de Resumen de Medicare y una Declaración de Beneficios de TFL.

>> Para los servicios cubiertos por Medicare pero no por TFL (como algunos tratamientos quiroprácticos), TFL no pagará el deducible ni el copago de Medicare.

>> Para los servicios cubiertos por TFL pero no por Medicare (como atención médica fuera de Estados Unidos), TFL paga a la tarifa del programa TRICARE Standard, y tú pagas sus deducibles y copagos. Si ves a un médico que se ha excluido de Medicare, Medicare no pagará nada de la factura, pero TFL cubrirá el porcentaje que habría pagado si hubieras visto a un médico que está inscrito.

>> Para los servicios no cubiertos ni por Medicare ni por TFL, eres responsable del costo total.

>> Si tienes otro tipo de seguro (como de un empleador anterior), Medicare paga primero, el otro seguro paga en segundo lugar y TFL paga tercero por cualquier costo restante.

>> La cobertura de medicamentos recetados de TFL es mejor y menos costosa que la de Medicare Parte D, por lo que no necesitas inscribirte en un plan de medicamentos de la Parte D.

Para más información sobre TFL, visita su sitio web en www.tricare.mil/tfl. Para verificar la elegibilidad o reportar cambios de estado, llama al Sistema de Informes de Elegibilidad de Inscripción de Defensa (DEERS) a la línea gratuita 800-538-9552 (TTY 1-866-363-2883).

Aquí hay algunos ejemplos de cómo funciona TFL con Medicare y otros seguros:

>> Cuando Valerie cumplió 65 años y se jubiló, su empleador le ofreció beneficios para jubilados que decidió aceptar. Además, Valerie tenía 20 años de servicio en el ejército, por lo que también calificaba para los beneficios de TFL. También tenía Medicare. Debido a que Valerie estaba jubilada tanto de su trabajo militar como civil, Medicare pasó a ser su cobertura primaria. Así que Medicare pagó primero sus facturas médicas. Sus beneficios de jubilación civil cubrieron los costos de los servicios que cubría, pero Medicare no. Y sus beneficios de TFL se aplicaron al final, para cubrir sus deducibles y copagos de Medicare y tal vez algunos servicios que los otros no cubrían.

>> Jonas se había jubilado del ejército algunos años antes de cumplir 65 años. Sabía que tendría que inscribirse en la Parte B de Medicare para recibir los beneficios de TFL, pero pensó que estaría bien inscribirse unos días antes de su cumpleaños el 15 de marzo. Según las reglas de Medicare, esta situación significaba que su cobertura de la Parte B no comenzaba hasta el 1 de abril. Y según las reglas de TFL, debería haber estado recibiendo la cobertura de la Parte B desde el 1 de marzo. Así que, al no tener otro seguro, estuvo un mes entero sin cobertura médica y tuvo que pagar algunas facturas médicas de su bolsillo.

>> Miguel continuó en servicio activo hasta los 68 años, y hasta entonces él y su esposa, Julia, tenían cobertura bajo su seguro TRICARE Prime. Miguel se aseguró de inscribirse en la Parte B de Medicare en octubre, el mes antes de su jubilación, para que tanto su cobertura de Medicare como la de TRICARE For Life comenzaran el primer día del mes siguiente (1 de noviembre). Debido a que Julia tenía solo 64 años cuando su esposo se jubiló, continuó con el seguro bajo TRICARE Prime. Un mes antes de su cumpleaños nro. 65, en febrero, se inscribió en la Parte B, y tanto su cobertura de Medicare como la de TFL comenzaron de manera continua el 1 de febrero. Medicare pasó a ser el seguro primario para ellos.

## El Sistema de Salud de Asuntos de Veteranos

El sistema de salud del VA ofrece beneficios médicos integrales a aproximadamente 9 millones de veteranos anualmente en 1,321 instalaciones en todo el país. Para acceder a estos beneficios, los veteranos deben tener una baja no deshonrosa, inscribirse en el sistema y usar doctores e instalaciones del VA.

**RECUERDA**

Si tienes cobertura del VA y eres elegible para Medicare, no estás obligado a inscribirte en la Parte B, pero es recomendable. El VA sugiere que todos los veteranos con atención médica del VA también se inscriban en las Partes A y B de Medicare tan pronto como sean elegibles, a menos que tengan seguro grupal de un empleador actual. Aquí está el porqué:

>> **Variabilidad de cobertura:** la cobertura de salud del VA puede cambiar y no es la misma para todos. Los inscritos son asignados a diferentes niveles de prioridad basados en factores como ingresos y condiciones médicas relacionadas con el servicio. Si la financiación federal disminuye o no se mantiene al día con los costos, los veteranos en niveles de prioridad más bajos podrían perder la cobertura del VA.

>> **Cobertura ampliada:** tener tanto beneficios de Medicare como del VA amplía tu cobertura. Si necesitas visitar un hospital o doctor que no sea del VA, las Partes A o B de Medicare te cubrirán. Con solo la cobertura del VA, podrías tener que pagar el costo completo, incluso en emergencias. Esto es crucial si vives lejos de una instalación del VA, a menos que califiques para atención no VA bajo el programa de Atención Comunitaria.

>> **Evitar penalizaciones:** si pierdes la cobertura del VA o decides que necesitas Medicare más tarde y no estás ya inscrito en la Parte B, enfrentarás penalizaciones permanentes por inscripción tardía añadidas a tus primas de la Parte B, como se explicó en el Capítulo 6.

Tu cobertura de medicamentos recetados del VA es superior y menos costosa que la de Medicare, por lo que no es necesario unirse a un plan de medicamentos de la Parte D. No incurrirás en penalizaciones por inscripción tardía en la Parte D si pierdes la cobertura de medicamentos del VA. Sin embargo, tener tanto los beneficios de medicamentos de la Parte D como del VA proporciona flexibilidad, permitiéndote:

>> Obtener recetas de médicos que no sean del VA y llenarlas en farmacias locales.

>> Acceder a medicamentos que el VA no cubre.

>> Solicitar cobertura de medicamentos de bajo costo bajo el programa de Ayuda Adicional de la Parte D si tus ingresos están por debajo de un cierto nivel. (En el Capítulo 4 se detalla el programa de Ayuda Adicional).

**RECUERDA**

Los beneficios de salud del VA no están coordinados con Medicare, por lo que la cobertura primaria o secundaria no aplica. Si estás inscrito en ambos programas, usa tu tarjeta de identidad del VA en las instalaciones del VA y tu tarjeta de ID de Medicare en otros lugares. Para los planes de medicamentos de la Parte D, usa la tarjeta del plan en farmacias minoristas o el sistema de farmacia por correo del VA. No puedes combinar ambos tipos de seguro para el mismo servicio o receta.

Algunos veteranos pueden calificar para el programa de Atención Comunitaria del VA, que permite tratamiento en instalaciones no VA bajo ciertas condiciones, como vivir demasiado lejos de una instalación del VA. Generalmente se requiere autorización previa, y si es aprobada, el VA cubre las facturas. En caso de emergencia, si necesitas ir a una instalación que no sea del VA, este recomienda que informes a la instalación sobre tu inscripción en el VA. Sin embargo, el pago por el tratamiento de emergencia depende de tu elegibilidad específica para atención fuera del VA, por lo que es importante entender las reglas con antelación. Para más información, visita http://www.va.gov/communitycare/.

Para información general sobre el sistema de salud del VA, visita www.va.gov/health.

## El Servicio de Salud Indígena

El *Servicio de Salud Indígena* (IHS, por su sigla en inglés) es un programa federal que ofrece atención médica integral a aproximadamente 2.6 millones de nativos americanos y nativos de Alaska de 574 tribus en 37 estados de Estados Unidos.

Si recibes atención médica de una instalación del Programa de Salud Indígena Urbano, Tribal o del IHS, debes inscribirte en las Partes A y B de Medicare si eres elegible. IHS se considera el *pagador de último recurso* según la ley. Esto significa que si calificas para otra cobertura de salud, como Medicaid, beneficios de empleadores privados o Medicare, debes usar esos servicios primero, ya que son primarios respecto a la cobertura del IHS.

No necesitas inscribirte en la cobertura de medicamentos recetados de Medicare Parte D porque la cobertura de medicamentos de las clínicas del IHS y otros programas tribales es acreditable. Sin embargo, inscribirte en un plan de medicamentos de la Parte D podría ser beneficioso, especialmente si calificas para Ayuda Adicional (descrita en el Capítulo 4). El gasto de Medicare en tus medicamentos ahorra fondos federales, apoya a tu clínica local y permite brindar atención a más personas en tu comunidad.

A medida que te acerques a los 65 años, visita tu clínica local o contacta al coordinador de beneficios de tu programa de salud para discutir la inscripción en Medicare y las implicaciones de inscribirte en la Parte D para ti y tu comunidad.

# El Programa de Pulmón Negro

El Programa federal de Pulmón Negro ofrece beneficios médicos y de ingresos a exmineros de carbón que están totalmente incapacitados debido a la enfermedad del pulmón negro (*neumoconiosis*) adquirida mientras trabajaban en las minas de carbón, o cerca de ellas, en Estados Unidos. Este programa proporciona cobertura médica solo para exmineros elegibles, no para sus cónyuges u otros miembros de la familia.

Si tienes tanto la cobertura de Pulmón Negro como Medicare, muestra tus tarjetas de identidad de ambos programas a los médicos y otros proveedores cuando recibas atención médica. Además, infórmales que tienes cobertura de Pulmón Negro y proporciona tu número de Seguro Social. Así es como funciona la cobertura:

>> El Programa de Pulmón Negro paga solo por los servicios médicos relacionados con el diagnóstico y tratamiento de la enfermedad del pulmón negro.

>> Medicare paga primero por cualquier otro servicio médico cubierto que no esté relacionado con la enfermedad del pulmón negro.

>> Los médicos y otros proveedores deben enviar tus facturas al programa correspondiente para el pago.

>> Si algún proveedor te informa que el Programa de Pulmón Negro ha denegado el pago de una reclamación, pídeles que envíen tu factura directamente a Medicare, junto con una copia de la carta de denegación del Programa de Pulmón Negro.

El Programa de Pulmón Negro está gestionado por el Departamento de Trabajo. Para obtener más información sobre los beneficios médicos del Pulmón Negro, llama al 800-638-7072 o visita las preguntas frecuentes del Departamento de Trabajo sobre el programa en www.dol.gov/owcp/dcmwc/regs/compliance/cm-6.pdf.

# Unir Medicare con la compensación para trabajadores, seguro sin culpa o seguro de responsabilidad civil

La compensación para trabajadores, el seguro sin culpa y el seguro de responsabilidad civil difieren significativamente, pero comparten un rasgo común: las reclamaciones pueden tardar años en resolverse. Durante este período, Medicare puede cubrir tus facturas médicas hasta que se llegue a un acuerdo.

Sin embargo, debes entender cómo opera Medicare en estas situaciones. Medicare actúa como pagador secundario y busca recuperar los fondos gastados en tu atención una vez que se resuelva tu reclamación de seguro.

¿Qué cubren estos tres tipos de seguros? Brevemente, lo siguiente:

>> **Compensación para trabajadores:** administrado por el estado, este seguro cubre los gastos médicos y la pérdida de ingresos para empleados lesionados o enfermos debido a su trabajo.

>> **Seguro sin culpa:** este seguro paga los gastos médicos resultantes de un accidente, sin importar la culpa. Puede ser parte de pólizas de automóvil, de propietarios de viviendas o comerciales.

>> **Seguro de responsabilidad civil:** cubre los gastos médicos para reclamaciones que involucran negligencia, donde una acción o inacción causa daño. Puede estar incluido en pólizas de automóvil, de propietarios de viviendas, de responsabilidad de productos y de mala praxis.

Reclamar estos seguros puede ser complejo, a menudo requiere asistencia de empleadores, sindicatos, compañías de seguros o abogados. Las siguientes secciones se enfocan en lo que necesitas saber si recibes servicios de Medicare y estás involucrado en tales reclamaciones.

# La primera vez que haces una reclamación

Si tienes un seguro privado que es primario a Medicare (como un plan de un empleador actual), tu médico, hospital u otro proveedor facturará primero a esa compañía de seguros. El asegurador se pondrá en contacto contigo rápidamente para determinar si tu lesión ocurrió en una colisión vehicular, en la propiedad de otra persona, etc. Estas preguntas ayudan a determinar si tu plan de salud puede reclamar bajo el seguro sin culpa o de responsabilidad de otra parte. A menudo, tu asegurador del plan de salud y el asegurador de responsabilidad negociarán y resolverán sin mucha intervención de tu parte.

De manera similar, si Medicare es tu seguro primario o único, el médico o el hospital deben preguntar si tu lesión podría estar cubierta por un seguro sin culpa o de responsabilidad y, si es posible, facturar a esa compañía de seguros en lugar de a Medicare. Los códigos de facturación utilizados por el médico o el hospital también pueden incitar a Medicare a investigar las circunstancias.

Si te lesionaste o desarrollaste una enfermedad debido a las condiciones del lugar de trabajo, informa a tu empleador de inmediato y presenta una reclamación por compensación laboral. Tu empleador debe proporcionarte los formularios necesarios. Solicita a tu médico o proveedores de salud que envíen tus facturas médicas al fondo estatal de seguro de compensación laboral para su pago.

**RECUERDA**

Después de presentar una reclamación por compensación laboral, seguro sin culpa o de responsabilidad, tú o tu abogado deben notificar al Centro de Coordinación y Recuperación de Beneficios de Medicare. Contacta al BCRC al 855-798-2627 (TTY 1-855-797-2627).

# Si la reclamación no se resuelve rápidamente

Para Medicare *rápidamente* sería resolver una reclamación dentro de 120 días. Si tu médico factura al seguro de compensación laboral o al seguro de responsabilidad civil o sin culpa de otra parte, y la factura se paga dentro de 120 días (cuatro meses), la reclamación se considera resuelta.

Sin embargo, a menudo las facturas no se pagan dentro de este plazo. La compensación laboral puede tardar meses o incluso años en resolverse. El seguro de responsabilidad civil también puede retrasarse si la compañía disputa la reclamación, y el seguro sin culpa puede ser lento también.

**RECUERDA**

En estos casos, Medicare utiliza un sistema llamado *pago condicional*. Después de 120 días, Medicare paga tus facturas de tratamiento. Si más tarde recibes un acuerdo de compensación laboral, seguro sin culpa o seguro de responsabilidad civil, debes reembolsar a Medicare el dinero que gastó en tu atención por la lesión o enfermedad específica.

Por ejemplo, a Frank lo llevaron a la sala de emergencias después de que un camión chocara con su auto. El hospital facturó al seguro de responsabilidad civil del conductor del camión, pero la compañía de seguros disputó la reclamación y no pagó de inmediato. Después de 120 días, el hospital facturó a Medicare, que pagó por la atención de Frank de manera condicional. Eventualmente, el seguro de responsabilidad civil se resolvió, y Frank reembolsó a Medicare con el monto del acuerdo.

Si tienes una reclamación pendiente, ya sea por compensación laboral, seguro sin culpa o seguro de responsabilidad civil, puedes seguir su progreso en el Portal de Recuperación del Pagador Secundario de Medicare (MSPRP). Este sitio requiere registro e inicio de sesión para ver y cargar documentos electrónicamente. Está destinado principalmente a abogados, aseguradoras y otros involucrados en la resolución de reclamaciones, pero como beneficiario, también puedes acceder a él a través de tu cuenta personal en el sitio web de Medicare en www.medicare.gov/account/login. (Si no te has registrado para una cuenta, sigue las instrucciones en el Capítulo 13). Después de iniciar sesión, haz clic en el botón MSPRP con el mismo nombre de usuario y contraseña. También puedes descargar una Guía del Usuario de MSPRP desde el menú "Materiales de Referencia (Reference Materials)" para ayudarte a navegar por el programa.

## Resolución de una reclamación

Cuando se otorga una indemnización de seguro, Medicare tiene un *derecho prioritario de recuperación*. Esto significa que Medicare tiene la primera reclamación sobre el dinero del acuerdo. Tú o tu abogado deben informar a Medicare sobre el acuerdo tan pronto como sea definitivo.

**ADVERTENCIA**

El dinero adeudado a Medicare debe ser reembolsado dentro de los 60 días posteriores al acuerdo. De lo contrario, se pueden agregar cargos por intereses.

Si tuviste asistencia legal para esta reclamación, asegúrate de que tu abogado haya contactado a Medicare sobre el reembolso y que Medicare haya emitido una carta de recuperación especificando el monto del reembolso. Si no es así, llama al Centro de Recuperación de Coordinación de Beneficios de Medicare al 855-798-2627 (TTY 1-855-797-2627) lo antes posible.

Si la reclamación no se resuelve a tu favor y no se recibe un acuerdo en efectivo, no tienes que reembolsar a Medicare por los pagos condicionales realizados para tu atención. De manera similar, si llegas a un acuerdo por una cantidad menor que el costo de tu atención médica, Medicare solo reclamará el monto del pago del seguro y nada más.

**RECUERDA**

En muchos acuerdos de compensación para trabajadores, los pagos cubren no solo los gastos médicos pasados, sino también los costos médicos futuros y los medicamentos recetados relacionados con la lesión o enfermedad. Estos fondos se conocen como Arreglos de Compensación para Trabajadores de Medicare. Solo se pueden usar para servicios y artículos relacionados con la lesión o enfermedad que Medicare de otro modo cubriría. Medicare no pagará por estos hasta que los fondos reservados se agoten. En estos casos, debes llevar un control detallado para demostrar que los fondos reservados se gastaron adecuadamente. (Medicare continuará cubriendo otros gastos médicos no relacionados con esta lesión o enfermedad como de costumbre).

# 3

# Cómo elegir la mejor alternativa entre las diferentes opciones de Medicare

Entiende las diferencias entre el programa Medicare Original y Medicare Advantage y sus diferentes opciones de planes.

Si eliges Medicare Original, aprende cómo comparar los planes de medicamentos de la Parte D para encontrar el que cubre tus recetas al menor costo. Descubre lo esencial de las pólizas de Medigap si decides comprar este seguro adicional.

Compara con sabiduría los planes de Medicare Advantage disponibles en tu área y selecciona uno basado en tus necesidades y preferencias.

Utiliza servicios gratuitos que ofrecen asistencia personal sin presión de ventas para ayudarte a tomar estas decisiones. Se consciente de cómo evitar fraudes y estafas.

# Capítulo 9

# Comprende las diferentes opciones de Medicare

E s algo irónico cuando los políticos se refieren a Medicare como un sistema "igual para todos". Esta frase revela su falta de comprensión sobre la complejidad del programa. Si Medicare realmente fuera un sistema "igual para todos", sería mucho más sencillo de navegar, y no necesitaría más de 400 páginas en este libro para explicarlo.

En realidad, Medicare ofrece una variedad de opciones, lo que puede abrumar a muchas personas, llevándolas a tomar decisiones que pueden no ser las mejores para ellas. Sin embargo, estas opciones te permiten adaptar tu cobertura a tus necesidades específicas si entiendes cómo evaluarlas.

En este capítulo, te explico cómo Medicare se divide en dos sistemas principales para ofrecer beneficios: Medicare Original y los planes de Medicare Advantage (MA). Tu elección entre estos sistemas influye en otras opciones disponibles y decisiones que debes tomar. Además, aclararé las diferencias entre estos sistemas y entre los tipos de planes MA. Finalmente, abordaré una pregunta común para aquellos que son nuevos en Medicare: ¿Cuál es la diferencia entre los planes de Medicare Advantage y el seguro complementario Medigap?

# Ver el panorama general: tu punto de partida para navegar el laberinto de Medicare

Cuando entras en un laberinto, no puedes ver toda la estructura debido a los altos arbustos que bloquean tu vista. Esperas encontrar el camino a través de prueba y error. Sin embargo, si sobrevuelas el laberinto en un helicóptero, puedes ver claramente la entrada, la salida y el camino más rápido entre ellas.

De manera similar, tener una vista panorámica es crucial para navegar eficientemente el laberinto de Medicare. Esta sección tiene como objetivo proporcionar esa perspectiva. Explicaré las consecuencias de tus elecciones de sistema, compararé los diferentes sistemas y describiré situaciones en las que puede que no tengas elección o podrías ser inscrito automáticamente en un plan sin tu conocimiento.

## Entender las consecuencias de tu elección de sistema

**RECUERDA**

Aquí tienes un resumen de cómo los dos sistemas proporcionan beneficios de Medicare:

>> **Medicare Original:** este es el sistema gubernamental en funcionamiento desde 1966, también conocido como *Medicare tradicional*. Incluye las Partes A y B y opera en una base de *pago por servicio*. Medicare paga directamente una parte de los costos de cualquier servicio médico a los proveedores que aceptan pacientes de Medicare. Tú, como paciente, pagas un porcentaje o una cantidad fija por cada servicio. El Gobierno subsidia alrededor del 75% de los costos médicos de los beneficiarios.

>> **Medicare Advantage (MA):** *Medicare Advantage* se refiere a los planes de salud privados de Medicare, gestionados por compañías de seguros privadas aprobadas por Medicare. Medicare paga a cada plan una cantidad mensual por cada afiliado, independientemente del uso de los servicios de salud. Recibes beneficios a través del plan que elijas y pagas los cargos requeridos por el plan. Dado que los costos y beneficios varían entre los planes, es esencial compararlos para encontrar el que mejor se adapte a tus necesidades.

El punto clave a entender es que elegir cualquiera de los dos sistemas conlleva una serie de otras decisiones, como se mostrará en las siguientes secciones.

## Consideraciones para elegir entre los sistemas de Medicare

Si te decides por Medical Original, debes tener en cuenta lo siguiente:

» **Si necesitas cobertura de medicamentos recetados de la Parte D:** si la necesitas, debes inscribirte en un plan independiente de la Parte D, elegir entre 15 a 24 planes disponibles en tu estado, y pagar una prima mensual. Puedes omitir la Parte D si tienes una cobertura de medicamentos equivalente de otra fuente. Para más detalles, consulta los Capítulos 6 y 8.

» **Si quieres el seguro suplementario Medigap:** Medigap cubre muchos gastos de bolsillo en Medicare Original. Si desea Medigap, selecciona una póliza que se ajuste a tus necesidades (hasta diez opciones), obtén una cotización de precio de las compañías de seguros en tu área y paga la prima mensual. En los Capítulos 4 y 10 ofrezco más información).

Si te decides por Medical Advantage, debes tener en cuenta lo siguiente:

» **Si necesitas cobertura de medicamentos recetados de la Parte D:** si la necesitas, debes elegir un plan MA que incluya cobertura de medicamentos si es necesario. Si tienes una cobertura de medicamentos equivalente de otra fuente, como el sistema de salud de VA, selecciona un plan MA sin cobertura de medicamentos.

» **Elige a qué plan te inscribirás:** la cantidad de planes MA disponibles depende de tu ubicación. Mientras que algunas áreas rurales pueden no tener planes MA, las áreas urbanas podrían ofrecer 30 o más. En el 2024, el beneficiario promedio tuvo acceso a 43 planes MA, con un 89 por ciento con cobertura de medicamentos recetados. Cada plan tiene diferentes costos y beneficios, lo que hace que la comparación sea un desafío. La orientación sobre cómo comparar planes se proporciona en el Capítulo 11. Debes elegir un plan, inscribirte y pagar una prima mensual (además de la prima de la Parte B) si es necesario.

Cuando te inscribes por primera vez en las Partes A y B de Medicare, te inscribe automáticamente en Medicare Original a menos que elijas cambiar a un plan Medicare Advantage. Si ya estás inscrito en Medicare Original o en un plan MA, permanecerás con esa cobertura a menos que decidas cambiar.

**RECUERDA**

Puedes inscribirte en un plan MA cuando te inscribas por primera vez en la Parte B, ya sea durante tu período de inscripción inicial o un período de inscripción especial. Tu decisión no es permanente; puedes cambiar entre Medicare Original y Medicare Advantage al menos una vez al año durante el período de inscripción adecuado, como se explica en el Capítulo 15.

## Una limitación importante en tu elección

Cuando eliges entre Medicare Advantage (MA) y Medicare Original, debes estar al tanto de una limitación clave. Si te inscribes en un plan MA y luego decides volver a Medicare Original, ¿puedes aún comprar una póliza Medigap con todas las protecciones federales? Esto incluye el derecho garantizado a comprar la póliza de tu elección sin primas más altas debido a problemas de salud actuales o pasados. Tienes este derecho dentro de los seis meses de inscribirte en la Parte B, como se explica en el Capítulo 4. Además, puedes tener este derecho en las siguientes situaciones:

» Te uniste a un plan MA cuando primero fuiste elegible para Medicare a los 65 años y aún estás dentro de los primeros 12 meses del plan.

» Dejaste una póliza Medigap para unirte a tu primer plan MA y has estado en él por un año o menos.

» Te mudas fuera del área de servicio de tu plan MA y cambias a Medicare Original.

» Tu plan MA deja de proporcionar servicios en tu área.

» Medicare determina que tu plan MA rompió las reglas o te engañó, permitiéndote salir del plan.

**ADVERTENCIA**

Las dos primeras situaciones se consideran períodos de prueba. Las tres restantes son circunstancias específicas. En todos los otros casos, si dejas un plan MA y cambias a Medicare Original, aún puedes comprar una póliza Medigap. Sin embargo, no recibirás las garantías y protecciones federales, especialmente en lo que respecta a enfermedades preexistentes, a menos que tu estado ofrezca derechos similares.

¿Puedes suspender una póliza Medigap mientras estás con Medicaid o seguro de empleador? Esto puede ser posible en algunas situaciones, como se explica en el Capítulo 10.

# Comparar los dos sistemas

¿Cómo se comparan Medicare Original y Medicare Advantage en la prestación de atención médica? En esta sección se ofrece una visión general, enfocándose en varios temas clave: costos generales, primas, copagos, estabilidad a largo plazo de costos y beneficios, elección de proveedores, coordinación de la atención, beneficios adicionales, áreas geográficas de servicio y calidad de la atención.

Considerar estos factores y tus preferencias personales puede ayudarte a decidir cuál sistema te conviene más. En la sección posterior, "Conoce en detalle a Medicare Original y Medicare Advantage", puedes examinar los detalles específicos de cada sistema para afinar tu decisión. Después de eso, necesitarás comparar planes individuales. Este proceso se explica en el Capítulo 10 para los planes independientes de la Parte D y las pólizas Medigap si eliges Medicare Original, o en el Capítulo 11 para los planes de Medicare Advantage.

## Costos generales

En general, los planes de Medicare Advantage (MA) ofrecen costos más bajos de bolsillo que Medicare Original. Pueden ser una opción más económica para aquellos que no pueden pagar un seguro suplementario Medigap. Así es como funciona:

» **Planes de atención administrada:** las Organizaciones de Mantenimiento de la Salud (HMO, por su sigla en inglés) y las Organizaciones de Proveedores Preferidos (PPO, por su sigla en inglés) mantienen los costos bajos al limitar el acceso a médicos, hospitales y otros proveedores dentro de sus redes. Pueden cobrar más si los inscritos utilizan otras redes y a menudo requieren autorización previa para ciertos tratamientos.

» **Cambios legislativos:** una ley del 2003 permitió que Medicare pagara más a los planes privados en promedio por el cuidado de los inscritos que lo que paga por aquellos en el sistema original. Estos pagos adicionales permiten que los planes MA cobren menos a los inscritos u ofrezcan mejores beneficios que Medicare Original.

» **Límites de los gastos de bolsillo:** los planes MA deben establecer un límite anual en los gastos totales de bolsillo de los inscritos (deducibles y copagos), según lo exige la Ley del Cuidado de Salud a Bajo Precio. Aunque la ley establece este límite, los planes individuales pueden optar por establecer un tope más bajo. Medicare Original no tiene un límite de gastos de bolsillo.

Sin embargo, los planes MA pueden no ser menos costosos para todos. Con los estudios se comprobó que las personas con mayores necesidades de atención médica pueden terminar pagando más en los planes MA que en Medicare Original, aunque estos estudios no reflejan desarrollos legales recientes.

## Costos de prima

Las personas inscritas en Medicare Original suelen pagar tres primas mensuales: una para la Parte B, una para la Parte D (cobertura de medicamentos recetados) y una para una póliza de seguro suplementario Medigap. En cambio, la mayoría de los miembros del plan Medicare Advantage pagan como máximo dos primas: una para la Parte B y otra para el plan en sí. Este plan puede o no incluir la cobertura de medicamentos de la Parte D y otros beneficios suplementarios. Cabe destacar que la mayoría de los planes Medicare Advantage no cobran primas adicionales, incluso si ofrecen estos beneficios extra.

## Costos de copago

Los planes de Medicare Advantage típicamente cobran copagos de una cantidad fija en dólares para las visitas al médico. Esto puede ser más económico y conveniente que el 20% estándar de costos compartidos bajo Medicare Original. Un copago fijo es predecible: si tu plan cobra $20 para ver a tu médico de atención primaria, sabes que este será tu pago por cada visita durante todo el año. En contraste, el 20% de costos compartidos bajo Medicare Original puede variar de acuerdo con el costo total del servicio. Recientemente, sin embargo, más planes de Medicare Advantage han comenzado a cobrar porcentajes de los costos para algunos servicios en lugar de copagos fijos. Estos porcentajes pueden ser menores o mayores que el 20% que cobra Medicare Original.

Las estancias hospitalarias se cobran de manera diferente bajo Medicare Original y los planes de Medicare Advantage. La comparación de costos depende principalmente de la duración de tu estancia, como se detalla en el Capítulo 11.

Si tienes Medicare Original, puedes comprar una póliza suplementaria Medigap. Medigap cubre tu deducible hospitalario, el deducible de la Parte B y los copagos de la Parte B, lo que hace que tus costos de bolsillo sean más predecibles o incluso eliminándolos. Sin embargo, si estás inscrito en un plan de Medicare Advantage, no puedes usar Medigap para cubrir los costos de bolsillo.

## Estabilidad de costos y beneficios

Los planes de Medicare Advantage pueden ajustar sus costos y beneficios anualmente. Medicare Original es más estable, pero típicamente aumenta ligeramente los deducibles de la Parte A y la Parte B cada año. El coseguro del 20% para la mayoría de los servicios de la Parte B también tiende a subir con los costos generales de la atención médica. Los servicios que cubre Medicare Original, que los planes MA también deben cubrir por ley, generalmente permanecen consistentes, aunque ocasionalmente se pueden agregar nuevos servicios.

## Estabilidad del cuidado

**ADVERTENCIA**

Medicare Original proporciona cobertura constante año tras año. En contraste, los planes de Medicare Advantage pueden decidir anualmente si continúan participando en Medicare o si se retiran, y si entran o salen de áreas de servicio específicas. A veces, Medicare no renueva el contrato de un plan en particular. Cuando ocurren estos cambios, los afiliados afectados son notificados con anticipación y pueden cambiar a otro plan privado o regresar a Medicare Original. Sin embargo, esta transición puede ser disruptiva.

## Elección de proveedor y coordinación de atención

Muchas personas eligen o se quedan con Medicare Original porque les permite realizar consultas con cualquier médico o ir a cualquier hospital que acepte pacientes de Medicare. La mayoría de los proveedores todavía aceptan Medicare, aunque hay una creciente escasez de médicos de atención primaria que afecta a Medicare en algunas áreas. Este tema se discute más a fondo en el Capítulo 13.

En contraste, la mayoría de los planes Medicare Advantage, particularmente los ofrecidos a través de HMO, restringen las opciones de proveedores a aquellos dentro de sus redes y áreas de servicio. Esta limitación puede ser beneficiosa si la atención está bien coordinada. Cuando tus necesidades médicas son gestionadas por un solo sistema local, es más probable que recibas pruebas y exámenes a tiempo, lo que puede prevenir problemas de salud graves. Además, es menos probable que te receten medicamentos que puedan interactuar negativamente entre sí.

Medicare Original opera en un sistema de pago por servicio y no ha coordinado tradicionalmente la atención. Sin embargo, esto puede cambiar en el futuro. Con los estudios se ha demostrado que la atención coordinada mejora los resultados de salud, particularmente para condiciones crónicas como la diabetes y las enfermedades del corazón, y reduce los costos de atención médica al disminuir la necesidad de atención hospitalaria costosa. En consecuencia, Medicare está comenzando a introducir programas que recompensan a los proveedores basándose en los resultados de los pacientes en lugar de la cantidad de servicios facturados. Estos nuevos enfoques se conocen como *centros médicos centrados en el paciente* y *organizaciones responsables de la atención*.

## Beneficios adicionales

Todos los planes MA deben proporcionar los mismos servicios médicos que Medicare Original. Sin embargo, también pueden ofrecer beneficios adicionales que pueden ser valiosos. Algunos planes con estos extras no cobran primas más altas, pero muchos sí lo hacen, a menudo significativamente más. Examina detenidamente los detalles de la cobertura de los beneficios adicionales al comparar planes; algunos son sustanciales, mientras que otros son muy limitados.

## Área geográfica

La geografía es crucial si viajas con frecuencia o resides en diferentes estados a lo largo del año. Medicare Original brinda cobertura en todo Estados Unidos. En contraste, la mayoría de los planes de Medicare Advantage (MA) requieren que utilices proveedores dentro de su área de servicio o incurras en costos más altos por servicios fuera de la red. Sin embargo, todos los planes deben cubrir la atención de emergencia o urgente a nivel nacional. Además, algunas pólizas de Medigap y planes de MA ofrecen cobertura de atención de emergencia en el extranjero.

## Medidas de calidad

Medicare evalúa la calidad de los servicios proporcionados por los planes Medicare Advantage (MA) y los planes independientes de la Parte D. Esta evaluación utiliza retroalimentación de los clientes, quejas, encuestas y revisiones encubiertas. Basado en esta información, Medicare asigna a cada plan una calificación de calidad, la cual está disponible en el sitio web del buscador de planes Medicare en www.medicare.gov. En los Capítulos 10 y 11 explico este sistema en más detalle. Estas calificaciones ayudan a identificar planes de alta calidad que reciben pagos adicionales. Sin embargo, las medidas de calidad no se utilizan para calificar los servicios en el programa original de Medicare debido a su fragmentación entre numerosos proveedores.

# En qué momento no tengo elección

**ADVERTENCIA**

Es posible que no tengas la libertad de elegir entre Medicare Original y Medicare Advantage, o entre planes privados, si tienes cobertura de salud de un empleador anterior o un sindicato. Esta limitación puede ocurrir de varias maneras:

» Tu plan actual es exclusivo para jubilados del empleador o sindicato patrocinador.

» Tu plan actual cubre las primas de una póliza suplementaria Medigap, que solo se puede usar con Medicare Original, no con Medicare Advantage.

» Tu plan actual proporciona cobertura bajo un plan específico de Medicare Advantage, que impide la inscripción en Medicare Original o en cualquier otro plan de Medicare Advantage.

Ten cuidado al considerar la inscripción en un plan alternativo. A menos que te lo ofrezca tu empleador anterior o sindicatos, puedes perder automáticamente tu cobertura actual para ti y tus dependientes. Recuperar esta cobertura más tarde podría ser imposible si cambias de opinión.

**RECUERDA**

Algunos planes de empleador son tan costosos o tienen beneficios tan limitados que dejar el plan y depender completamente de Medicare puede ser una opción sensata. Pero es importante pensar bien antes de tomar esta decisión. Siempre consulta con el administrador de beneficios de tu plan actual para conocer completamente las consecuencias.

Además, si pasas parte del año en diferentes lugares o viajas frecuentemente dentro de Estados Unidos, probablemente no tengas opción. Para asegurar el acceso a tratamientos médicos en cualquier lugar, inscríbete en Medicare Original y selecciona un plan de medicamentos Parte D que permita llenar recetas en farmacias a nivel nacional.

# Enfrentar la "inscripción predeterminada"

Es posible que hayas oído hablar de una práctica en la que las compañías de seguros inscriben automáticamente a nuevos beneficiarios de Medicare en planes de Medicare Advantage sin su consentimiento explícito. Esto se conoce como *inscripción predeterminada* o *conversión automática*. Así es como funciona: antes de ser elegible para Medicare, tienes un seguro de salud de una compañía de seguros. Cuando te vuelves elegible para Medicare, esa misma compañía te inscribe en su plan de Medicare Advantage. Por ley, la compañía te envía una carta indicando que serás inscrito automáticamente a menos que optes por no hacerlo. Actualmente, solo aquellos inscritos en planes de atención administrada de *Medicaid* (pronto a ser elegibles tanto para Medicaid como para Medicare) están sujetos a la inscripción predeterminada.

**ADVERTENCIA**

La inscripción predeterminada puede parecer conveniente ya que te ahorra la tarea de elegir una cobertura de Medicare. Sin embargo, los expertos destacan varios inconvenientes:

» Restringe tus opciones inmediatas, negándote la posibilidad de inscribirte en Medicare Original u otro plan de Medicare Advantage que pueda adaptarse mejor a tus necesidades. (**Nota:** ten en cuenta que Medicare Original no se coordina con Medicaid; por lo tanto, las personas con ambos programas podrían preferir un plan privado que coordine los beneficios de ambos programas).

» Estás limitado a los médicos que forman parte del plan específico.

» La carta de inscripción automática llega alrededor de tu cumpleaños número 65, un momento en el que recibes numerosas cartas de compañías que venden planes de Medicare. Si descartas esta carta junto con las demás, podrías ser inscrito automáticamente sin darte cuenta.

Para evitar ser inscrito en un plan de Medicare Advantage que no elegiste, revisa cuidadosamente cualquier correo de tu compañía de seguros actual o anterior. Puedes descartar correos de otras compañías, pero guarda y lee las cartas de Medicare, Seguro Social o la compañía que te proporciona tu seguro de salud antes de ser elegible para Medicare. Si recibes una carta de inscripción predeterminada, recuerda que tienes el derecho de optar por no inscribirte o considerar otras opciones de Medicare antes de decidir. También puedes contactar a tu compañía de seguros actual para preguntar si utiliza la inscripción predeterminada o la conversión automática para las personas recién elegibles para Medicare.

# Analizar los detalles de Medicare Original en comparación con Medicare Advantage

Buenas noticias: Aunque no te harán un examen sobre esta información, es esencial investigar para decidir entre Medicare Original y un plan privado de Medicare Advantage. Si optas por Medicare Advantage, también necesitarás elegir el tipo de plan que prefieres. Comprender bien estas diferencias te ayudará a tomar una decisión satisfactoria.

**INFORMACIÓN TÉCNICA**

Independientemente de tu decisión, aún tendrás la cobertura por Medicare. Más de 66 millones de personas se inscribieron en Medicare en el 2024. De estas, el 51% (34 millones de personas) están en Medicare Original, y el 49% (32 millones) están en un plan de Medicare Advantage, según datos del Gobierno.

La Figura 9-1 a continuación destaca las principales diferencias entre Medicare Original y los dos tipos de planes de Medicare Advantage (MA) elegidos por el 95% de las personas: HMO y PPO.

En las siguientes secciones se proporcionan información detallada sobre todas las opciones de planes disponibles. En cada sección se explica cómo funciona cada tipo de plan, incluidas las reglas de elegibilidad, las opciones de proveedores, los posibles beneficios adicionales y cómo se integra con la cobertura de medicamentos recetados de la Parte D. (Ten en cuenta que los detalles sobre los costos de bolsillo se cubren en el Capítulo 3).

| Preguntas por considerar | Medicare Original | HMO de Medicare | PPOs de Medicare |
|---|---|---|---|
| ¿Puedo recibir atención médica de cualquier médico y en cualquier hospital? | Sí. En cualquier lugar del país, siempre que el proveedor acepte pacientes con Medicare y nuevos. | No. Debes ir a proveedores directos de la red, excepto en caso de emergencia o si tu HMO tienen una opción de punto de servicio. | Sí. Los PPO tienen redes de proveedores en sus áreas de servicio, pero también te permiten salir de la red por un copago más alto. |
| ¿Debo tener un médico de atención primaria? | No. | Sí. | No. |
| ¿Necesito una carta de referencia para ver a un especialista? | No. | Generalmente, sí. | No. |
| ¿Puedo obtener más beneficios si pago una prima más alta? | No. Pero puedes comprar una póliza de Medigap privada para cubrir la mayoría de tus costos de bolsillo y algunos beneficios adicionales. | Algunos planes ofrecen algún tipo de cobertura para el control de la visión, dental, auditivo y otros beneficios. | Algunos planes ofrecen algún tipo de cobertura para el control de la visión, dental, auditivo y otros beneficios. |
| ¿Cómo puedo obtener medicamentos recetados? | Solo uniéndote a un plan independiente de la Parte D y pagando una prima separada. | Solo uniéndote a un HMO que ofrece cobertura de medicamentos de la Parte D en su paquete de beneficios. | Solo uniéndote a un PPO que ofrece cobertura de medicamentos de la Parte D en su paquete de beneficios. |
| ¿Cómo se decide mi parte de los costos? | Pagas deducibles y copagos estándar a menos que tengas una póliza Medigap que los cubra. | Pagas lo que tu plan requiera. Salir de la red puede significar pagar el costo total, excepto en casos de emergencias. | Pagas lo que tu plan requiera. Salir de la red puede significar pagar copagos más altos, excepto en casos de emergencias. |
| ¿Existe un límite anual para mis costo total de bolsillo? | No. | Si. La ley establece un límite máximo anual, pero algunos planes tienen limites más bajos. | Si. La ley establece un límite máximo anual, pero algunos planes tienen limites más bajos. |

FIGURA 9-1: Comparación de Medicar Advantage/HMO/ PPS y Medicare Original.

# Optar por Medicare Original

Medicare Original es el programa predeterminado a menos que elijas un plan privado, como se describe en la siguiente sección.

» **Elegibilidad:** debes tener la Parte A, la Parte B, o ambas. Puedes recibir servicios en cualquier lugar de Estados Unidos o sus territorios.

» **Elección de médicos y hospitales:** puedes realizar una consulta con cualquier médico, en cualquier hospital u otro proveedor que acepte pacientes de Medicare y acepte nuevos. No necesitas una referencia para ver a un especialista. (Para obtener más información sobre encontrar médicos que participan en Medicare, consulta el Capítulo 13).

» **Beneficios adicionales:** Medicare Original cubre muchos servicios de salud, pero no todos. No cubre el cuidado rutinario de audición, visión y dental. El seguro complementario Medigap (que se explicó en el Capítulo 4 y 10) puede ofrecer beneficios adicionales, como atención de emergencia en el extranjero, dependiendo de la póliza.

» **Medicamentos recetados:** Medicare Original cubre los medicamentos administrados en hospitales, consultorios médicos y clínicas. Para cubrir los medicamentos ambulatorios que usas en casa, necesitas inscribirte en un plan privado independiente de la Parte D y pagar una prima adicional.

# Cuáles son los planes de Medicare Advantage

Dentro del sistema de Medicare Advantage, puedes elegir entre varios tipos de planes distintos. Algunos, como los HMO y PPO, han sido parte de Medicare durante muchos años. Otros tipos son más nuevos. Por ejemplo, los planes de Medicare de Tarifas por Servicios Privados se hicieron populares después del 2004, y las Cuentas de Ahorros para Gastos Médicos de Medicare también ganaron cierto interés. Sin embargo, ambos ahora están disponibles en áreas limitadas. En las siguientes secciones se explica las características clave de estos y otros tipos de planes de Medicare Advantage.

## Organizaciones para el Mantenimiento de la Salud (HMO)

Las HMO son los planes de Medicare Advantage más populares, elegidos por alrededor de dos tercios de las personas en el programa MA en el 2021. Ofrecen atención gestionada, por lo general requieren que los médicos de atención primaria coordinen la atención y refieran a los pacientes a especialistas y otros servicios. Las HMO operan localmente en áreas geográficas limitadas, usualmente un condado o incluso un código postal. La misma HMO puede ofrecer diferentes costos y beneficios en áreas de servicio adyacentes. Aquí están las características principales de las HMO:

>> **Elegibilidad:** debes tener tanto la Parte A como la Parte B y vivir dentro del área de servicio del plan que selecciones.

>> **Elección de médicos y hospitales:** debes ser tratado por médicos y hospitales dentro de la red del plan, excepto en situaciones de emergencia o atención urgente. Usualmente, necesitas una referencia de tu médico de atención primaria para ver a un especialista. Si el plan ofrece una opción de *punto de servicio*, puedes salir de la red por un copago más alto. Una HMO puede proporcionar una lista de proveedores para ayudarte a determinar si cubre tus hospitales y médicos preferidos. Una HMO puede retirar a cualquiera de tus médicos de su red durante el año del plan, pero debe darte al menos 60 días de aviso.

>> **Beneficios adicionales:** algunos planes ofrecen servicios rutinarios de visión, audición o dentales, aunque la calidad de esta cobertura varía mucho entre planes. Algunos ofrecen estos como paquetes opcionales separados por una prima adicional. Otros extras y beneficios suplementarios, como membresías en gimnasios y transporte a citas médicas, también pueden estar disponibles. Sin embargo, estos beneficios a veces están limitados a afiliados con condiciones médicas específicas.

>> **Medicamentos recetados:** la mayoría de las HMO incluyen cobertura de medicamentos de la Parte D en sus paquetes de beneficios, pero no todas lo hacen. Si te unes a un plan que no incluye cobertura de medicamentos, no puedes obtenerla de un plan independiente de la Parte D.

## Organizaciones de Proveedores Preferidos (PPO)

Las PPO son planes de atención administrada con menos restricciones en comparación con los HMO. Existen dos tipos:

>> **PPO regionales:** cubren áreas grandes, abarcan varios estados.

>> **PPO locales:** operan dentro de áreas más pequeñas, como uno o varios condados adyacentes.

En el 2021, aproximadamente un tercio de las personas inscritas en planes MA eligieron las PPO. Las características clave de las PPO incluyen:

>> **Elegibilidad:** similar a los HMO, debes tener las Partes A y B y residir dentro del área de servicio del plan.

>> **Elección de médicos y hospitales:** puedes visitar proveedores fuera de la red, pero esto implicará copagos más altos. No se necesita una referencia para ver a un especialista. Las PPO proporcionan una lista de proveedores de la red para que puedas verificar si tus doctores y hospitales preferidos están incluidos. Si una PPO elimina a alguno de tus doctores de su red durante el año del plan, deben notificártelo al menos 60 días antes.

>> **Beneficios adicionales:** algunos planes ofrecen servicios adicionales como control de la visión, audición y dental. La calidad de estos servicios varía, y algunos pueden estar disponibles como paquetes opcionales separados por una prima adicional. Los beneficios adicionales podrían incluir membresías en gimnasios y transporte a citas médicas, aunque a veces estos están limitados a los inscritos con condiciones médicas específicas.

>> **Cobertura de medicamentos recetados:** la mayoría de las PPO incluyen cobertura de medicamentos de la Parte D, pero no todas. Si tu plan no la incluye, no puedes comprar cobertura de un plan independiente de la Parte D.

## Planes de Pago por Servicio Privado (PFFS)

Los planes de *Pago por Servicio Privado de Medicare* (PFFS) no ofrecen atención administrada. Pagan a los proveedores por cada servicio cubierto directamente, similar a Medicare Original. En el 2021, menos del 1% de los inscritos en el programa MA eligieron los planes PFFS. Aquí están sus características principales:

>> **Elegibilidad:** debes tener las Partes A y B y vivir en el área de servicio del plan, aunque no estás restringido a proveedores en esa área.

>> **Elección de médicos y hospitales:** puedes realizar una consulta con cualquier médico e ir a cualquier hospital en todo el país si el proveedor acepta los términos y tarifas del plan. No necesitas una referencia para ver a un especialista, y no se requiere autorización previa. Sin embargo, muchos proveedores no aceptan los planes PFFS. Los proveedores pueden aceptar o rechazar el plan para cada visita, por lo que la aceptación una vez no garantiza la aceptación futura. Tú o el proveedor pueden solicitar una decisión de cobertura por escrito del plan antes de recibir cada servicio.

>> **Beneficios adicionales:** los planes PFFS pueden ofrecer beneficios adicionales como atención rutinaria de la vista, audición, dental y clases de entrenamiento físico o membresías de gimnasio.

>> **Cobertura de medicamentos recetados:** no todos los planes PFFS incluyen la cobertura de medicamentos de la Parte D. Si tu plan no la incluye, puedes inscribirte en un plan de medicamentos independiente para la cobertura, a diferencia de los HMO y PPO.

**CONSEJO**

Para más información, consulta la publicación oficial "Medicare y Usted" en www.medicare.gov/pubs/pdf/10050-medicare-and-you.pdf.

## Planes de Necesidades Especiales (SNP, por su sigla en inglés)

Los *Planes de Necesidades Especiales de Medicare* (SNP) son una reciente adición al programa Medicare Advantage y no están disponibles en todas partes. Son similares a los HMO y PPO, pero están dirigidos a grupos específicos:

>> Personas que viven en instituciones (por ejemplo, residencias geriátricas)

>> Personas elegibles tanto para Medicare como para Medicaid

>> Personas con al menos una condición crónica incapacitante (por ejemplo, insuficiencia cardíaca congestiva, enfermedad mental, diabetes o VIH/SIDA)

Características principales de los SNP:

>> **Elegibilidad:** debes tener las Partes A y B y residir en el área de servicio del plan. También debes pertenecer a una de las tres categorías específicas que el plan atiende.

>> **Elección de médicos y hospitales:** si el SNP opera como un HMO, debes usar la red de proveedores del plan para médicos y hospitales, excepto en emergencias o para atención urgente. Un médico de atención primaria debe referirte a especialistas. Si el SNP opera como un PPO, puedes salir de la red por un copago más alto y no necesitas una referencia para ver a especialistas. El plan puede asignarte un gerente de atención para ayudarte a coordinar tu atención médica y otros servicios comunitarios.

>> **Beneficios adicionales:** los SNP se enfocan en tus necesidades de salud únicas y coordinan los servicios necesarios. Algunos planes ofrecen beneficios adicionales como servicios de visión, audición y dentales, así como extras como clases de entrenamiento físico o membresías de gimnasio. La cobertura varía según el plan.

>> **Medicamentos recetados:** todos los SNP deben proporcionar cobertura de medicamentos de la Parte D.

Para más información, consulta la publicación oficial "Medicare y Usted" en www.medicare.gov/pubs/pdf/10050-medicare-and-you.pdf.

**CONSEJO**

## Planes de Cuenta de Ahorros para Gastos Médicos (MSA, por su sigla en inglés)

Las *Cuentas de Ahorros para Gastos Médicos de Medicare* (MSA) difieren significativamente de otros planes de Medicare Advantage. Medicare asigna una cantidad específica de dinero a un plan MSA para cada afiliado. El plan deposita una parte de este dinero en una cuenta especial de ahorros para la salud para ti. Usas los fondos en esta cuenta para cubrir gastos médicos. Si agotas la cuenta, debes pagar el 100% de tus costos médicos hasta alcanzar el deducible del plan, que puede ser bastante alto (hasta $10,000 o más). Después de alcanzar el deducible, el plan cubre todos los servicios aprobados por Medicare durante el resto del año. Características clave:

>> **Elegibilidad:** debes tener las Partes A y B de Medicare, residir en Estados Unidos por al menos 183 días al año y no tener otra cobertura de salud que cubra el deducible del MSA.

>> **Elección de médicos y hospitales:** puedes realizar la consulta con cualquier médico e ir a cualquier hospital. Sin embargo, los costos pueden ser más bajos si eliges un proveedor contratado con el plan MSA. Si está disponible, puedes solicitar una lista de estos proveedores al plan.

>> **Beneficios adicionales:** puedes usar el dinero en tu cuenta para servicios médicos que Medicare Original no cubre, pero estos gastos no cuentan para tu deducible.

>> **Impuestos:** las cuentas MSA no están sujetas a impuestos si se usan para gastos médicos calificados por el IRS. Debes informar los retiros al IRS cada año a través del Formulario 1040 y el Formulario 8853, incluso si no estás obligado a presentar una declaración de impuestos sobre la renta.

>> **Medicamentos recetados:** las MSA no cubren medicamentos recetados. Puedes inscribirte en un plan independiente de la Parte D para la cobertura de medicamentos. Puedes usar tu cuenta MSA para pagar las primas y copagos de la Parte D, pero estos no cuentan para tu deducible del MSA.

Para más información, visita www.medicare.gov/health-drug-plans/health plans/your-coverage-options/MSA.

**CONSEJO**

# Descubre otros tres tipos de planes de salud de Medicare

Los siguientes planes no forman parte de Medicare Original ni del programa Medicare Advantage y no están disponibles a nivel nacional:

- » **Planes de Costos de Medicare:** puedes unirte a un plan de Costos de Medicare incluso si solo tienes Medicare Parte B. Si utilizas médicos y hospitales fuera de la red del plan para servicios que Medicare cubre, Medicare Original ayuda a pagar esos servicios. Puedes unirte o dejar un plan de Costos de Medicare en cualquier momento (si el plan acepta nuevos miembros). Si el plan no cubre medicamentos recetados, puedes inscribirte en un plan independiente de la Parte D. Estos planes solo están disponibles en ciertas áreas.

- » **Programas de Cuidado Integral para Ancianos (PACE, por su sigla en inglés):** estos planes combinan atención médica, social y a largo plazo para personas vulnerables de 55 años o más que son elegibles para cuidado en residencias de ancianos pero viven en la comunidad. Los planes PACE se detallan en el Capítulo 4.

- » **Programas de demostración y piloto de Medicare:** Medicare ocasionalmente utiliza estos proyectos especiales en regiones específicas para probar nuevas ideas para mejorar la cobertura. Para saber si hay alguno disponible en tu área y cómo funcionan, llama a Medicare al 800-633-4227 (TTY 877-486-2048) o a tu Programa Estatal de Ayuda para Seguros de Salud (SHIP; consulta el Anexo A para obtener la información de contacto).

# Descubre cómo se diferencian las pólizas Medigap de los planes Medicare Advantage

¡Todas esas *M*! — Medicare, Medicaid, Medicare Advantage, Medigap. No es de extrañar que muchas personas se confundan con estos términos. Una parte significativa de esta confusión proviene de las diferencias entre Medigap y Medicare Advantage.

Técnicamente, solo Medigap se clasifica como "seguro suplementario de Medicare" — este es su nombre formal. Sin embargo, los planes Medicare Advantage (MA) pueden ofrecer beneficios adicionales que complementan Medicare.

Sí, lo sé: Esta sección repite muchas cosas que se encuentran en otras partes de este libro. Pero creo que es importante explicar las diferencias precisas entre estas dos formas de cobertura de manera más concisa, para que puedas ver de un vistazo cómo se comparan (consulta los Capítulos 4 y 10 para obtener detalles completos sobre Medigap):

>> **Elegibilidad:**

- **Medicare Advantage:** debes estar inscrito en las Partes A y B y vivir en el área de servicio del plan.

- **Medigap:** debes estar inscrito en las Partes A y B y comprar una póliza según el lugar donde vivas dentro de Estados Unidos o sus territorios.

>> **Elección de planes:**

- **Medicare Advantage:** en el 2023, los beneficiarios rurales tenían un promedio de 27 planes MA para elegir, mientras que los beneficiarios urbanos tenían 46. Cada plan ofrece una mezcla diferente de costos y beneficios.

- **Medigap:** la mayoría de los estados ofrecen diez pólizas estandarizadas de Medigap para las personas de 65 años o más, lo que las hace fáciles de comparar. Algunos estados pueden ofrecer tipos adicionales de pólizas.

>> **Enfermedades preexistentes:**

- **Medicare Advantage:** los planes MA deben aceptarte independientemente de cualquier enfermedad pasada o presente y proporcionar la misma cobertura para personas con discapacidades que para aquellos de 65 años o más.

- **Medigap:** si tienes 65 años o más, las aseguradoras no pueden negarte cobertura ni cobrarte primas más altas basadas en tu estado de salud si compras una póliza dentro de ciertos periodos protegidos por el gobierno federal. Fuera de estos periodos, las aseguradoras pueden considerar tu historial de salud a menos que las leyes estatales proporcionen protecciones adicionales. Si tienes menos de 65 años, las garantías federales no se aplican, pero algunas leyes estatales ofrecen protecciones similares.

>> **Cobertura:**

- **Medicare Advantage:** debe cubrir los mismos servicios de las Partes A y B que Medicare Original, pero puede cobrar diferentes copagos y deducibles y ofrecer servicios adicionales.

- **Medigap:** cubre los gastos de bolsillo de Medicare Original, según la póliza. Todas las pólizas cubren las estancias hospitalarias, y la mayoría cubre el 20% completo de los copagos para visitas al médico y otros servicios de la Parte B.

**»  Estabilidad de la atención:**

- **Medicare Advantage:** los costos y beneficios pueden cambiar anualmente, y los planes pueden retirarse de Medicare o eliminar médicos de sus redes.

- **Medigap:** los beneficios permanecen sin cambios año tras año mientras se paguen las primas, aunque las primas generalmente aumentan con el tiempo.

**»  Rango geográfico:**

- **Medicare Advantage:** la mayoría de los planes (HMO y PPO) te restringen a sus redes de proveedores y áreas de servicio locales, aunque algunos permiten atención fuera de la red con copagos más altos. Los planes PFFS permiten acceso a proveedores a nivel nacional, pero debes confirmar la aceptación antes de las visitas. Algunos planes cubren emergencias fuera de EE.UU.

- **Medigap:** cubre los copagos para servicios aprobados por Medicare de proveedores a nivel nacional, dependiendo de la póliza. Las pólizas *Medigap SELECT* limitan la cobertura a un área de servicio específica. Algunas pólizas cubren emergencias fuera de EE.UU.

**»  Medicamentos recetados:**

- **Medicare Advantage:** la mayoría de los planes incluyen cobertura de medicamentos Parte D.

- **Medigap:** ninguna póliza nueva ha incluido cobertura de medicamentos recetados desde que comenzó la Parte D en el 2006.

# Capítulo **10**

# Cómo elegir sabiamente si optas por Medicare Original

Optar por Medicare Original bajo la Parte A y la Parte B puede requerir agregar la Parte D para la cobertura de medicamentos recetados y comprar un seguro Medigap para cubrir la mayoría de los costos de bolsillo. Sin embargo, muchos que eligen Medicare Original no necesitan la Parte D ni un seguro suplementario. Si tienes beneficios de jubilación que proporcionan buena cobertura de medicamentos, cubren servicios que Medicare no incluye, o pagan algunos de los deducibles y copagos de Medicare, puedes obviar este capítulo y pasar al Capítulo 13.

De manera similar, si has elegido un plan Medicare Advantage, como un HMO o PPO, en lugar de Medicare Original, salta este capítulo y consulta el Capítulo 11 para obtener orientación sobre cómo comparar planes y encontrar el que mejor se adapte a ti.

En este capítulo asumo que prefieres Medicare tradicional y no cuentas con seguro adicional para medicamentos o gastos de bolsillo. Necesitarás decidirte por un plan de medicamentos Parte D y, si lo prefieres, una póliza Medigap. Con este capítulo, te guiaré en la selección de las mejores opciones en la Parte D y Medigap. Proporcionaré un enfoque paso a paso para determinar tus mejores elecciones. Para obtener ayuda de otros, consulta el Capítulo 12. (Para una introducción a Medigap, consulta el Capítulo 4).

# Entiende la necesidad de comparar los planes Parte D cuidadosamente

**RECUERDA**

Medicare recomienda considerar las tres "C": costo, cobertura y conveniencia al elegir un plan de medicamentos recetados. Esto es cierto, pero yo recomiendo agregar tres "C" más: ¡compara, compara, compara! Y una cuarta: ¡Hazlo *cuidadosamente!* Comparar los planes con mucho detalle es crucial para encontrar el mejor plan Parte D para ti. Esta comparación cuidadosa puede ahorrarte molestias y dinero.

Podrías pensar: "¡Pero hay más de 22 planes de medicamentos en mi estado, y todos son diferentes!" El número de planes disponibles puede hacer que elegir el correcto parezca abrumador. Sin embargo, no necesitas navegar a ciegas por todos estos planes. En la sección posterior "Elige el plan de la Parte D que sea el mejor para ti", ofrezco una estrategia rápida para encontrar un plan adaptado a tus necesidades.

Aquí, explico por qué una comparación adecuada es mejor que alternativas menos efectivas que podrías considerar. También sugiero formas de organizarte para que estés listo cuando comiences a comparar y elegir planes.

## ¿Qué no debes hacer?

**ADVERTENCIA**

En la película *Indiana Jones y la Última Cruzada*, hay una escena memorable donde Indy y su enemigo deben elegir el Santo Grial de una serie de copas. El villano selecciona una copa de oro y sufre un destino terrible. "Eligió mal", comenta el caballero antiguo. Indy, sin embargo, elige una simple taza de madera, y el caballero lo felicita, diciendo: "Has elegido sabiamente". Aunque elegir el mejor plan de la Parte D no es tan trascendental como encontrar el Santo Grial, es fundamental tomar una decisión acertada. Muchas personas toman malas decisiones al:

>> **Seguir a otros:** elegir el mismo plan que tu cónyuge, amigo o vecino no es prudente. Sus necesidades y recetas probablemente son diferentes a las tuyas.

>> **Elegir la prima más baja:** las primas son menos significativas que los copagos, a menos que actualmente no tomes ningún medicamento.

>> **Escuchar a los agentes de ventas:** los agentes a menudo promueven planes que les pagan por vender, sin considerar tus necesidades personales.

>> **Confiar en folletos de marketing:** estos están diseñados para vender y pueden no considerar tus circunstancias específicas.

>> **Seleccionar nombres familiares:** un plan bien conocido no es necesariamente la mejor opción para ti.

RECUERDA

Usar estos métodos es casi tan aleatorio como elegir un plan con los ojos cerrados. El factor más crítico para elegir el plan correcto son tus medicamentos recetados, incluso las dosis exactas y la frecuencia. Este conocimiento es clave para tomar una decisión sabia.

## Definición de "el mejor plan"

En teoría, el "mejor" plan cubriría cualquier medicamento recetado que puedas necesitar, tanto ahora como en el futuro. Sin embargo, así no es cómo funciona la Parte D. Ningún plan cubre todos los medicamentos, como se explica en el Capítulo 2.

RECUERDA

El mejor plan es aquel que cubre la mayoría o todos los medicamentos que estás tomando actualmente, al costo más bajo de tu bolsillo y con el menor inconveniente. Si más adelante necesitas un medicamento que tu plan no cubre, puedes preguntarle a tu médico sobre medicamentos alternativos en el *formulario* de tu plan (lista de medicamentos cubiertos) o solicitar al plan que cubra tu medicamento recetado a través del proceso de excepciones (ver Capítulo 14).

CONSEJO

También puedes cambiarte a otro plan de la Parte D al final del año durante la inscripción abierta o durante ciertos otros momentos a lo largo del año (ver Capítulo 15). Es recomendable comparar planes anualmente porque sus costos y beneficios cambian cada año. El plan que te conviene más este año puede no ser el mejor el próximo año.

# Reconoce el valor de comparar planes

Comparar planes cuidadosamente, como se detalla en la sección "Profundizar en los aspectos importantes al comparar los planes de la Parte D", es muy beneficioso. Aquí tienes lo que puedes aprender:

>> **Eficiencia de costos:** identifica dos o tres planes que cubran todos tus medicamentos recetados al costo de bolsillo más bajo del año. Esto reduce la vasta lista de planes disponibles a unos pocos manejables.

>> **Satisfacción del cliente:** determina qué planes tienen el mejor historial de satisfacción del cliente y servicio de calidad, e identifica cualquier plan con malos registros.

>> **Restricciones de medicamentos:** averigua qué planes tienen las menores o ninguna restricción en tus medicamentos específicos, como autorización previa, límites de cantidad o terapia escalonada (detallado en el Capítulo 14).

>> **Estructura de copago:** evalúa qué planes tienen la estructura de copago más razonable para los medicamentos potenciales que puedas necesitar más adelante en el año. Por ejemplo, el Plan X puede cobrar $70 por marcas no preferidas, mientras que el Plan Y puede cobrar más de $100 por el mismo nivel.

>> **Período sin cobertura (*doughnut hole*):** evalúa si entrarás en el período sin cobertura con tus medicamentos actuales, y si es así, en qué mes. Compara si esto ocurre más tarde en un plan que en otro (puedes encontrar más detalles en el Capítulo 2).

>> **Red de farmacias:** verifica qué planes tienen farmacias en red que sean convenientes para ti.

>> **Opción de pedido por correo:** si lo deseas, averigua si los planes ofrecen una opción de pedido por correo.

>> **Farmacias preferidas:** identifica planes con acuerdos con farmacias preferidas que ofrezcan los mayores ahorros en tus medicamentos.

>> **Cobertura fuera del estado:** determina qué planes te permiten utilizar recetas en cualquier estado si viajas o vives fuera de casa por parte del año.

**RECUERDA**

Esta información es crucial, y la forma más efectiva de obtenerla es con el Buscador de Planes de Medicare en línea, o que alguien lo use en tu nombre, como se explica en el Capítulo 12. Esta herramienta asegura que mantengas el control y evites discursos de ventas engañosos o estafas de individuos sin escrúpulos (encontrarás más información sobre estafas de marketing y ventas agresivas en el Capítulo 12).

# Cómo comparar planes puede ahorrar mucho dinero

La mayoría de las personas no comparan los planes de la Parte D antes de elegir uno, lo que las lleva a pagar más por sus medicamentos de lo necesario. La variación en lo que los planes de la Parte D cobran, incluso por el mismo medicamento, es significativa.

Para ilustrar esto, en la Tabla 10-1 se comparan los copagos para un suministro de 30 días de dos medicamentos entre todos los planes de la Parte D en una área específica en el 2024. El primer medicamento, Procrit (para la anemia), es un medicamento de marca con una alternativa genérica más barata. El segundo medicamento es una versión genérica de Lipitor (para el colesterol alto), que una vez fue el medicamento más vendido del mundo antes de enfrentar competencia genérica en el 2012.

**TABLA 10-1** **Comparación de copagos para los mismos medicamentos entre los planes de la Parte D en el 2024**

| Medicamento, dosis y frecuencia | Área geográfica (Número de planes de la Parte D) | Copago más bajo/más alto para suministro de 30 días |
|---|---|---|
| Procrit, 4,000 ml, tres veces por semana durante un mes (50-100 unidades por kilo) | Miami, FL (19 planes) | $47/$572.91 Diferencia: $525.91 |
| Atorvastatina, 20 mg una vez al día | Phoenix, AZ (20 planes) | $0/$7 Diferencia: $7 |

Fuente: Centros de Servicios de Medicare y Medicaid (CMS)/Dominio público

Nota la gran diferencia en los copagos para un suministro mensual de Procrit, que va desde $47 (después de cumplir con el deducible de $200 del plan) hasta $572.91. Esta disparidad surge porque los planes con copagos más bajos a menudo requieren pagos en dólares fijos, mientras que aquellos con copagos más altos requieren un porcentaje del costo del medicamento, conocido como coseguro.

La tasa de coseguro varía significativamente entre los planes. En el ejemplo de Procrit, un plan cobraba una tasa de coseguro del 47% en el medicamento de marca. Aunque esto no es problemático cuando el precio total del medicamento es bajo, algunos medicamentos pueden costar cientos de dólares o más al mes, lo que resulta en copagos altos para los planes con altas tasas de coseguro. Por lo tanto, comparar planes según los medicamentos que tomas es crucial.

Si necesitas medicamentos costosos, trata de evitar los planes de la Parte D que cobran un porcentaje del costo del medicamento. Sin embargo, esto no siempre es factible. En un análisis realizado por la *Kaiser Family Foundation* se demostró que en el 2024, la mayoría de los medicamentos de marca tenían tasas de coseguro entre el 21 y el 46%, según su nivel de precios. Los planes individuales pueden requerir copagos en dólares en algunos niveles pero porcentajes en otros. (Para más información sobre los niveles de precios, consulta el Capítulo 14).

# Organízate con dos listas cruciales

Antes de que puedas comparar efectivamente los planes de la Parte D, con el Buscador de Planes de Medicare en línea tú mismo o que alguien te ayude, necesitas información básica. Esto incluye tu código postal y dos listas esenciales:

>> Una lista precisa de tus medicamentos recetados

>> Una lista de preferencias personales que puedan influir en tu elección de plan

## Crea una lista precisa de tus medicamentos

Reúne todos tus envases de medicamentos recetados, como tabletas, cápsulas, líquidos, aerosoles o cremas. Excluye los medicamentos de venta libre, vitaminas y suplementos, ya que la Parte D no cubre estos. Usa la información en las etiquetas para listar los siguientes detalles. (También, si usas una sola farmacia, puedes solicitar una impresión de todas tus recetas actuales).

>> **Nombre exacto de cada medicamento:** anota el nombre preciso, incluso cualquier descriptor adicional como ER (liberación prolongada), SR (liberación sostenida) o CR (liberación controlada). Los planes de la Parte D pueden tener precios diferentes para estas formas.

>> **Dosis:** registra con precisión la dosis. Las entradas incorrectas de dosis pueden distorsionar los resultados de costos. Los planes de la Parte D pueden cobrar el mismo copago por diferentes concentraciones del mismo medicamento (por ejemplo, 10 mg, 20 mg, 100 mg), pero esto no siempre es así. El precio completo del medicamento puede variar según la dosis, lo que afecta tus costos si tu plan tiene un deducible, si caes en el "período sin cobertura" o si el plan cobra un porcentaje del precio completo.

>> **Frecuencia:** indica con qué frecuencia tomas cada medicamento. Esto es crucial para obtener resultados de costos precisos. Por ejemplo, si indicas erróneamente que tomas una pastilla una vez al día en lugar de dos veces, el costo mostrado será la mitad de lo que realmente pagarás. Por el contrario, indicar un medicamento semanal como diario mostrará un costo de bolsillo siete veces mayor.

**RECUERDA**

Es esencial anotar el nombre, la dosis y la frecuencia exactamente como está escrito en la etiqueta del envase. La información incorrecta distorsionará los resultados de búsqueda del Buscador de planes (Plan Finder), lo que dificultará la comparación precisa de planes. Esta precisión es igualmente importante si pides ayuda a alguien más, ya que también usarán el Buscador de planes de Medicare para ayudarte. Se proporcionan más detalles sobre cómo encontrar ayuda personal en el Capítulo 12.

## Elaborar una lista de tus preferencias de plan

Encontrar un plan que cubra todos tus medicamentos y minimice los costos de tu bolsillo puede ser tu principal prioridad. Sin embargo, probablemente encontrarás varios planes de la Parte D que cubren tus medicamentos con solo pequeñas diferencias de costo. Por lo tanto, considera estos factores adicionales:

>> **Restricciones de medicamentos:** verifica si el plan restringe alguno de tus medicamentos. Los planes pueden requerir autorización previa, límites de cantidad o terapia escalonada para ciertos medicamentos. Busca un plan con la menor cantidad de restricciones en los medicamentos que usas.

>> **Historial del plan:** evalúa la calidad del servicio del plan. Elige planes que respondan las llamadas con rapidez, contesten correctamente las preguntas, paguen su parte de las recetas con precisión y manejen las quejas de manera eficiente. Medicare califica estos planes, ayudándote a identificar aquellos con buen servicio.

>> **Red de farmacias:** asegúrate de que las farmacias de la red del plan sean convenientes para tu ubicación. Usar farmacias fuera de la red puede ser significativamente más costoso. Confirma que el plan incluya farmacias a una distancia razonable de tu hogar.

>> **Farmacias preferidas:** algunos planes tienen farmacias "preferidas" que ofrecen copagos más bajos. Verifica si hay farmacias preferidas en tu área.

>> **Opción de pedido por correo:** si prefieres recibir recetas por correo en suministros de 90 días, verifica que el plan ofrezca un servicio de pedido por correo. No todos los planes proporcionan esta opción.

>> **Cobertura mientras viajas:** si viajas frecuentemente o vives en otro estado parte del tiempo, asegúrate de que el plan cubra recetas en farmacias de la red en todo Estados Unidos. Ten en cuenta que ningún plan cubre medicamentos comprados en el extranjero. Al considerar estos factores, puedes seleccionar un plan que mejor se adapte a tus necesidades, más allá de solo las consideraciones de costo.

# Elegir el plan de la Parte D que mejor se adapte a ti

¿Cómo eliges el mejor plan de medicamentos de la Parte D? El Buscador de Planes en línea de Medicare puede ayudarte. Este sitio web interactivo te permite ingresar los detalles de tus medicamentos recetados para ver qué planes los cubren y los costos involucrados. También puedes usarlo para comparar los planes de salud privados de Medicare Advantage, como se explica en el Capítulo 11. Esta herramienta simplifica los cálculos complejos al hacer las cuentas por ti y aborda las preguntas discutidas anteriormente. En esta sección analizo la fiabilidad del Buscador de Planes, te guío en su uso y te ayudo a entender los detalles de los planes en tus resultados. (Si no tienes acceso a internet o necesitas asistencia personal, consulta el Capítulo 12).

## Evaluar la fiabilidad del Buscador de Planes

El Buscador de Planes en línea es una herramienta crucial para cualquiera que busque información imparcial sobre los planes de la Parte D sin la presión de ventas. Esto incluye no solo a los inscritos en Medicare, sino también a médicos, farmacéuticos, consejeros, trabajadores sociales, defensores y grupos de ayuda. Dada su amplia utilización, es importante preguntar: "¿Qué tan fiable es?"

El Buscador de Planes es un programa informático sofisticado, pionero en permitir a los consumidores comparar planes directamente. Sin embargo, su fiabilidad depende de la exactitud de la información de precios proporcionada por los planes de la Parte D.

Los funcionarios de Medicare afirman que monitorean rigurosamente los precios de los planes y eliminan la información incorrecta del sitio web hasta que se corrija. La precisión de los precios es parte del sistema de evaluación de calidad de Medicare, que califica los planes de una estrella (pobre) a cinco estrellas (excelente). Estas calificaciones, mostradas en el Buscador de Planes, se basan en las revisiones de Medicare y los comentarios de los consumidores, incluidas las quejas.

**CONSEJO**

A pesar de esto, el Buscador de Planes aún puede tener errores. Aquí hay algunos consejos para minimizar el riesgo de elegir un plan basado en información incorrecta:

>> **La nueva información de los planes se publica en línea a finales de septiembre/principios de octubre.** Los errores de precios son más probables durante las dos primeras semanas de este período debido al gran

volumen de datos que se cargan. Vuelve a verificar la información después de que comience la inscripción abierta el 15 de octubre.

» **Diligencia debida:** antes de inscribirte, verifica dos veces la información de los medicamentos que ingresaste en el Buscador de Planes, especialmente las dosis y frecuencias. Imprimí los detalles del plan para tus registros. Llama al plan para verificar los costos de los medicamentos y toma notas de la conversación, ya que el plan puede no confirmar los detalles por escrito.

» **Estimaciones de precios:** los precios de los medicamentos en el Buscador de Planes son estimaciones y pueden variar según la farmacia y a lo largo del año. Sin embargo, los cargos fijos como primas, deducibles y niveles de copago son precisos y solo cambian anualmente.

» **Informar errores:** informa cualquier error a Medicare. Tu informe se analizará y se incluirá en el sistema de calificación de calidad de Medicare.

**RECUERDA**

¿Qué hacer si ya tomaste una decisión basada en información errónea? Si descubres que fuiste inducido a inscribirte en un plan debido a información incorrecta sobre precios en el Buscador de Planes, tienes derecho a solicitar a Medicare un período especial de inscripción para cambiarte a otro plan, como explico en el Capítulo 15. En este caso, conservar una copia impresa de los detalles obtenidos del Buscador de Planes resulta muy útil; puedes utilizar esa documentación como evidencia.

## Usar el Buscador de Planes de Medicare para descubrir tus opciones

El Buscador de Planes de Medicare en línea proporciona información extensa y varias opciones de búsqueda. Esta sección se enfoca en navegar rápidamente por el programa para ayudarte a comparar planes de medicamentos de la Parte D independientes.

**CONSEJO**

El Buscador de Planes ha tenido numerosas actualizaciones desde su lanzamiento en octubre del 2005, haciéndolo más fácil de usar. Sin embargo, los cambios ocasionales de sus desarrolladores pueden resultar en pequeñas diferencias con los pasos descritos aquí. A pesar de esto, deberías poder seguir adelante. Medicare también ofrece un video tutorial en línea para navegar por el programa, pero tener estas instrucciones a mano junto a tu teclado puede ser más conveniente.

### Pasos a seguir

Estos pasos te guiarán en el uso de la herramienta de Búsqueda de Planes en el sitio web de Medicare. Algunas preguntas o información pueden omitirse ahora, pero se pueden revisar más tarde al comparar planes en detalle. Las comparaciones detalladas se cubren en la sección "Profundizar en los aspectos importantes al comparar los planes de la Parte D".

Ten a mano tu lista de medicamentos recetados y sigue estos pasos:

**1.** **Visita el Buscador de Planes** a la página de inicio del Buscador de Planes www.medicare.gov/plan-compare/#/?lang=en.

Puedes iniciar sesión, crear una cuenta o continuar sin iniciar sesión. Si decides no iniciar sesión, ingresa tu código postal.

**2.** **Responde algunas preguntas rápidas sobre la cobertura de Medicare y selecciona las opciones que correspondan a tu situación.**

La primera pregunta te solicita identificar qué tipo de cobertura de Medicare deseas. En este caso, selecciona "Plan de medicamentos de Medicare (Parte D)". Luego, haz clic en el botón que dice "Buscar planes" (Find Plans).

Luego, se te preguntará: "¿Recibes ayuda con tus costos de alguno de estos programas?" La mayoría de las personas seleccionan "No recibo ayuda de ninguno de estos programas" para esta pregunta. Sin embargo, si calificas para el programa de Ayuda Adicional (como se explica en el Capítulo 4), debes marcar la opción que corresponda para obtener información precisa sobre tus costos a medida que avanzas en el Buscador de Planes.

Luego, serás dirigido a la página "Cuéntanos tus preferencias de búsqueda" (Tell us your search preferences). Aquí, se te preguntará: "¿Quieres ver los costos de tus medicamentos al comparar planes?" Al seleccionar "sí," serás dirigido a la página "Agregar medicamentos recetados" (Add prescription drug). Tendrás la opción de ingresar todos tus medicamentos, junto con las dosis, cantidades y frecuencias, o de seleccionar la opción "Ver planes sin costos de medicamentos" (See plans without drug costs). Para realizar una comparación más precisa, ingresa la información de tus medicamentos en los campos indicados. ¡Sigue leyendo!

**3.** **Ingresa el nombre del primer medicamento de tu lista en el cuadro proporcionado y haz clic en "Agregar medicamento" (Add Drug).**

Selecciona la dosis, cantidad y frecuencia correctas en el cuadro que aparece, y luego haz clic en "Agregar a mi lista de medicamentos" (Add to My Drug List).

**CONSEJO**

Si ingresas un medicamento de marca, es posible que aparezca otro cuadro indicando que hay un genérico de menor costo disponible, invitándote a elegir entre la marca o el genérico. Asegúrate de seleccionar la marca, que es la que tu médico te recetó, por las razones que explico más adelante en la sección "Reducir los costos de tus medicamentos" (Lowering your drug costs). (Más adelante puedes realizar otra búsqueda usando el genérico, si lo deseas).

**4.** Repite el Paso 3, hasta que hayas ingresado todos los medicamentos de la lista, luego haz clic en "Terminar de agregar medicamentos" (Done Adding Drugs)

**5.** Selecciona hasta cinco farmacias minoristas en tu área.

También puedes optar por ver los precios de los medicamentos usando una farmacia de pedidos por correo. Para ver más opciones, haz clic en "Siguiente" o usa la flecha para ir a la página siguiente. Filtra la lista por distancia si es necesario. Haz clic en "Terminado" después de seleccionar las farmacias.

*Nota:* Desde el punto de vista de la facilidad de uso, esta selección obligatoria de farmacias es la parte más débil del proceso del Buscador de Planes, por las razones que explico más adelante en la sección "Analizar las opciones de farmacias minoristas" (Examining retail pharmacy choices). Sin embargo, en este momento no puedes avanzar sin seleccionar al menos una farmacia. Por lo tanto, elige dos, aunque sea al azar.

**6.** Ver resultados a la página de resultados muestra cuántos planes están disponibles.

Usa filtros para calificaciones o compañías de seguros, o desplázate por la lista ordenada por el costo más bajo de medicamentos y prima mensual. Usa el menú desplegable para ordenar por el costo mensual más bajo o el deducible anual de medicamentos.

Ignora la opción de planes de Medicare Advantage ya que te estás enfocando en planes de medicamentos independientes.

ADVERTENCIA

La lista mostrará diez planes clasificados por costo basado en los detalles de tus medicamentos y farmacias seleccionadas. Si hay más de diez planes disponibles, haz clic para ver opciones adicionales.

**7.** Reduce Tus Opciones. ¡Felicitaciones por llegar al punto donde puedes empezar a reducir tus opciones!

## Características útiles de la página de "Resultados del Plan"

CONSEJO

La página de resultados del plan es el punto de partida de tu búsqueda, ya que proporciona información general para cada plan de la Parte D. Sin embargo, ofrece varias características útiles. (En las siguientes secciones se informa sobre cómo acceder a todos los detalles importantes de cada plan).

» **Comparar tres planes simultáneamente:** puedes comparar hasta tres planes haciendo clic en la casilla "Añadir para comparar". Los detalles de estos planes aparecerán uno al lado del otro.

>> **Cambiar el orden de los planes:** por defecto, los planes se listan por "Costo más bajo de medicamentos y primas". Puedes cambiar este orden con el menú desplegable "Ordenar planes por". Por ejemplo, si no tomas ningún medicamento y quieres un plan de bajo costo para mantener la cobertura, selecciona "Prima mensual más baja".

>> **Calificaciones de alta calidad:** Medicare califica cada plan en una escala de una a cinco estrellas, visible junto al nombre de cada plan. Puedes cambiarte a un plan de cinco estrellas en cualquier momento del año, excepto del 1 al 7 de diciembre.

>> **Planes por evitar:** Medicare marca los planes con calificaciones de calidad consistentemente bajas (calificaciones bajas durante tres años consecutivos) con un ícono de advertencia rojo. Si un plan está "sancionado", significa que Medicare no permite nuevas inscripciones hasta que el plan cumpla con los estándares requeridos.

# Profundizar en los aspectos importantes al comparar los planes de la Parte D

Cuando haces clic en "Detalles del Plan" para cualquier plan en la lista de resultados, la siguiente página muestra los detalles de tus costos bajo ese plan. Esto incluye información como la prima, el deducible, los costos anuales de medicamentos, la posible entrada en el "período sin cobertura", comparaciones de costos entre la farmacia y el pedido por correo, y cualquier paso adicional necesario para obtener tus medicamentos.

La mayor parte de esta información es sencilla y está disponible de un vistazo. Sin embargo, las siguientes secciones te ayudarán a profundizar en ciertos detalles esenciales que pueden no estar inmediatamente claros. Aprenderás a leer gráficos que muestran tus costos mensuales totales a lo largo del año, cómo potencialmente reducir esos costos y cómo encontrar farmacias que ofrezcan las mejores ofertas en tus medicamentos.

*Nota:* algunos elementos en el Buscador de Planes pueden requerir explicaciones más detalladas, como los diferentes sistemas de precios por niveles de copagos entre planes y cómo navegar por el "período sin cobertura". Estos temas se analizan en el Capítulo 14 en el contexto de la cobertura de Medicare y cómo maximizar tus beneficios.

## Descubre tus costos mensuales

La Parte D está estructurada de manera que puedes pagar diferentes cantidades por los mismos medicamentos en diferentes momentos del año, dependiendo de la fase de cobertura en la que te encuentres. Estas fases incluyen el deducible, el período de cobertura inicial, el período sin cobertura (o "doughnut hole") y la cobertura catastrófica (explicadas en el Capítulo 2). El gráfico en la página de detalles de cada plan muestra tus pagos mensuales esperados a lo largo del año basado en la información que has ingresado. Si te unes a la Parte D a mitad de año, el gráfico muestra los pagos mensuales para el resto del año. Esta herramienta está personalizada a tus costos específicos.

Obtener esta información mes a mes por otros medios es complicado. Si llamas a un plan para preguntar sobre los cargos de medicamentos, el representante de servicio al cliente generalmente proporciona el copago para el período de cobertura inicial, pero puede que no incluya los costos durante la fase del deducible o el período sin cobertura.

El gráfico muestra un perfil de tus costos de bolsillo (primas más copagos) basado en la información de tus medicamentos, los cargos del plan y su estructura. Por lo tanto, el perfil de cada plan es único, incluso si los medicamentos son los mismos. Por ejemplo:

>> Si el plan no tiene deducible y los costos de tus medicamentos no alcanzan el período sin cobertura, tus pagos serán consistentes de enero a diciembre.

>> Si el plan tiene un deducible y tus costos alcanzan el período sin cobertura, verás pagos más altos al comienzo del año (debido al deducible), seguidos de pagos más bajos (fase de cobertura inicial), y luego pagos más altos de nuevo (período sin cobertura) para el resto del año.

>> Si tomas medicamentos muy caros o muchos medicamentos, verás pagos altos al comienzo del año (ya que rápidamente pasarás por las fases de deducible, cobertura inicial y período sin cobertura), que luego se estabilizan en un pago mensual consistente o incluso $0 para algunos medicamentos una vez que alcances el período de cobertura catastrófica.

## Cómo reducir los costos de tus medicamentos

Puedes reducir significativamente los costos de tus medicamentos si hay una versión genérica o una alternativa más antigua de los medicamentos de marca que tomas y que sea adecuada para tu condición médica. Esta opción se discute en detalle en el Capítulo 4. Aquí, te explico cómo el Buscador de Planes puede ayudarte a identificar estas alternativas y sus costos.

**ADVERTENCIA**

Cuando ingresas al Buscador de Planes e introduces un medicamento de marca (Paso 3 en la sección "Recorriendo unos pocos pasos"), es posible que se te solicite cambiar a su versión genérica, si está disponible. Sin embargo, este puede no ser el mejor momento para hacer el cambio, ya que primero podrías querer conocer los costos de tus medicamentos recetados. De esta manera, puedes ver los ahorros potenciales al cambiar. Si aparece un aviso sobre una versión genérica, haz clic en el botón para asegurarte de que se use el medicamento de marca recetado en la búsqueda. De lo contrario, el Buscador de Planes predeterminará la versión genérica, y los resultados mostrarán los costos de ese medicamento, no del que te recetó tu médico.

**CONSEJO**

Un mejor enfoque para encontrar opciones de menor costo es esperar hasta que llegues a la página de detalles de cualquier plan de la Parte D que estés considerando. Bajo el encabezado "Costos de cobertura de medicamentos", haz clic en el enlace etiquetado "Ver si hay ayuda para reducir los costos de los medicamentos que tomas." Esto te dirigirá a la página de Medicare "Ayuda con los costos de medicamentos" (www.medicare.gov/basics/costs/help/drug-costs).

Los ahorros al cambiar a medicamentos genéricos o similares pueden variar entre planes. Para comparar planes de manera efectiva, necesitas repetir este proceso para cada plan.

**RECUERDA**

Si cambiar a otro medicamento te ahorra dinero, consulta a tu médico para ver si la alternativa funcionaría para ti. Si es así, obtén una nueva receta para el medicamento de menor costo. Luego, puedes recalcular tus costos generales ingresando el medicamento de menor precio en el Buscador de Planes.

## Analizar las opciones de farmacias minoristas

Cuando estás inscrito en un plan de la Parte D, debes usar una farmacia dentro de su red para asegurar los costos esperados. (Ir fuera de la red es más caro a menos que sea inevitable, como se explica en el Capítulo 13).

Dentro de las redes, algunos planes tienen *farmacias preferidas*, que ofrecen copagos más bajos que las farmacias regulares de la red. Por ejemplo, un medicamento genérico puede costar $10 en una farmacia regular de la red, pero solo $5 en una preferida. Por lo tanto, es crucial saber si los precios mostrados en el Buscador de Planes son los mejores disponibles.

El Buscador de Planes te pide seleccionar una o dos farmacias minoristas locales al principio, justo después de ingresar tus medicamentos. Este requisito no es muy amigable porque:

>> No puedes ver qué farmacias están en las redes de qué planes o si están en alguna red.

>> No puedes identificar qué farmacias son preferidas por qué planes.

>> Debes seleccionar al menos una farmacia, lo cual podría ser al azar y no adecuada para tus necesidades. Esta selección impacta los costos de bolsillo que se cotizan para cada plan.

**CONSEJO**

Este sistema distorsiona los resultados del Buscador de Planes. Para navegar este problema:

**1.** **Después de obtener tu lista de resultados (Paso 7 en "Recorriendo unos pocos pasos"), cada plan muestra la prima mensual, el costo anual de medicamentos y primas, y el deducible.**

Debajo de esta información, puedes seleccionar "Inscribirse" o "Detalles del Plan" y comparar planes.

**2.** **Selecciona "Detalles del Plan" y desplázate a "Cobertura de Medicamentos."**

Esta sección lista las farmacias que seleccionaste e indica si son preferidas o están en la red. Puedes cambiar farmacias para comparar más opciones. A continuación, hay gráficos que muestran los costos de los medicamentos anual y mensualmente en diferentes etapas de cobertura.

**3.** **Usa el enlace "Volver a los resultados de búsqueda" para revisar diferentes planes, o "Volver a medicamentos y farmacias" para eliminar farmacias no preferidas.**

Repite este proceso para cualquier plan de interés, ya que diferentes planes usan diferentes redes y farmacias preferidas.

**CONSEJO**

Este truco es engorroso. Los funcionarios de Medicare dicen que mejorar el sistema de selección de farmacias requiere una revisión del Buscador de Planes. Mientras tanto, para una solución más rápida, puedes llamar directamente a los planes utilizando la información de contacto proporcionada por el Buscador de Planes o llamar a farmacias locales para verificar su estado de red y preferencia.

# Elegir la mejor póliza suplementaria de Medigap para ti

En este capítulo me enfoqué en cómo elegir y comprar un seguro suplementario de Medigap. Para muchos, este es un paso crucial al decidir inscribirse en Medicare Original en lugar de Medicare Advantage. Aquí, asumo que has revisado los diferentes beneficios de cada póliza de Medigap. Si no, consulta el Capítulo 4, donde explico Medigap y proporciono una tabla comparativa de los beneficios de cada póliza.

# Consejos para elegir una póliza

En las siguientes secciones, ofrezco consejos útiles para seleccionar una póliza y encontrar una compañía de seguros en tu área. El factor más importante al comprar Medigap es el momento. Idealmente, compra dentro de un período específico para recibir todas las protecciones legales, independientemente de tu salud o condiciones preexistentes.

## Consideraciones para menores de 65 Años

Si tienes menos de 65 años, ten en cuenta que la ley federal no otorga los mismos derechos y protecciones para comprar Medigap. Te guiaré sobre cómo encontrar pólizas disponibles según las leyes de tu estado.

## Suspender una póliza de Medigap

Por último, discuto escenarios en los que podrías suspender una póliza de Medigap sin perder protecciones legales por un cierto período.

# Elegir una póliza Medigap

Seleccionar una póliza Medigap implica dos consideraciones principales: los beneficios que ofrece y su costo. Primero, determina qué póliza satisface tus necesidades. Por ejemplo, si no planeas viajar al extranjero, no necesitas una póliza que cubra emergencias internacionales. Segundo, considera el costo, que depende de varios factores:

>> **Tipo de Póliza:** la Póliza A ofrece los menores beneficios (cuatro), mientras que la Póliza F ofrece los mayores (nueve). Nota que las Pólizas C y F no están disponibles para quienes cumplieron 65 años el 1 de enero del 2020 o después.

>> **Momento de compra:** comprar durante un periodo con protecciones al consumidor (explicado en la siguiente sección) puede afectar significativamente tus primas.

>> **Ubicación:** las primas varían según el área geográfica, generalmente más bajas en áreas con muchas compras de pólizas.

>> **Descuentos:** algunos aseguradores ofrecen tarifas más bajas a grupos específicos, como mujeres o no fumadores.

» **Método de precio:** los aseguradores usan uno de tres métodos de calificación, lo que afecta los precios de las primas:

- **Calificación comunitaria:** todos en tu área pagan la misma prima por la misma póliza, sin importar la edad. Las primas no aumentan con la edad.

- **Calificación por edad de emisión:** las primas se basan en tu edad al momento de la compra y no aumentan con la edad.

- **Calificación por edad alcanzada:** las primas aumentan anualmente a medida que envejeces.

**CONSEJO**

Los expertos recomiendan comprar la póliza más completa que puedas permitirte inicialmente, ya que actualizarla más tarde puede ser más difícil y costoso. (El cambio de pólizas Medigap se discute en el Capítulo 15).

Una vez que hayas elegido una póliza, compara pólizas y primas con la herramienta en línea de Medicare en www.medicare.gov/medigap-supplemental-insurance-plans. Ingresa tu código postal, edad y estado de salud, luego selecciona la letra del plan para ver las pólizas. Nota que la herramienta proporciona estimaciones; contacta a cada compañía para obtener precios específicos.

También puedes llamar directamente a las compañías de seguros para obtener cotizaciones. Recuerda, los beneficios son los mismos sin importar el asegurador, así que compara.

**ADVERTENCIA**

Al obtener cotizaciones, pregunta sobre el método de calificación utilizado. Aunque las pólizas con calificación comunitaria y por edad de emisión pueden costar más inicialmente, pueden ser más económicas a largo plazo en comparación con las pólizas con calificación por edad alcanzada, que se vuelven más caras a medida que envejeces. Ten en cuenta que las primas pueden aumentar anualmente debido a factores como la inflación, sin importar el método de calificación.

Para encontrar aseguradores de Medigap, es posible que recibas materiales de marketing alrededor de tu cumpleaños número 65. Alternativamente, inicia el contacto tú mismo. Encuentra la información de contacto de los aseguradores en el sitio web de Medicare (www.medicare.gov/medigap-supplemental-insurance-plans)o llamando a tu departamento estatal de seguros (detalles de contacto disponibles en www.naic.org/state_web_map.htm). También puedes obtener asistencia gratuita e imparcial de un consejero en tu Programa Estatal de Ayuda para Seguros de Salud (SHIP). (Para el número de teléfono de tu SHIP, consulta el Anexo A).

# Comprar una póliza Medigap en el momento adecuado

**RECUERDA**

Si estás considerando una póliza Medigap, es crucial comprarla en el momento adecuado. Por lo general, esto significa adquirirla dentro de los seis meses posteriores a tu inscripción en Medicare Parte B. Esto aplica ya sea que te inscribas a los 65 años o después si retrasas la Parte B debido a la cobertura de un plan de salud grupal a través de tu empleo o el de tu cónyuge. Para enfatizar: ¡Compra Medigap dentro de los seis meses de obtener la Parte B!

Durante este período de seis meses, la ley federal proporciona garantías y protecciones significativas si tienes 65 años o más. Las aseguradoras de Medigap no pueden:

>> Negarse a venderte una póliza

>> Cobrarte primas más altas debido a tu salud o condiciones preexistentes

>> Imponer un período de espera antes de que comience tu póliza

Fuera de estos seis meses (y otros períodos específicos mostrados en la Figura 10-1), las aseguradoras pueden hacer las tres cosas.

Podrías preguntarte si la Ley del Cuidado de Salud a Bajo Precio (ACA) prohíbe a las aseguradoras negar cobertura o cobrar más según los problemas de salud. Aunque esto es cierto para las pólizas del Mercado de la ACA, no se aplica a Medigap. Para obtener todas las garantías federales en una póliza Medigap, consulta la Figura 10-1.

Si compras una póliza Medigap dentro del período especificado en la Figura 10-1, recibirás protecciones federales y tu póliza será renovable anualmente garantizada. Esto significa que tu póliza no puede ser cancelada mientras sigas pagando las primas, incluso si tu salud empeora.

**ADVERTENCIA**

Aún puedes comprar Medigap en otros momentos, pero prepárate para posibles rechazos, cargos más altos debido a enfermedades anteriores (conocido como *evaluación médica*), o exclusiones por condiciones preexistentes durante varios meses.

El seguro Medigap está regulado por el estado, y algunos estados ofrecen más derechos. Por ejemplo, en Nueva York y Connecticut, los residentes pueden comprar Medigap en cualquier momento sin primas más altas basadas en la edad o la salud.

| Tu inscripción actual | Tu situación a los 65 años o más | Tu derecho garantizado de comprar Medigap | ¿Cuándo puedes comprar Medigap? |
|---|---|---|---|
| Tienes (o estás a punto de tener) Medicare Original | No estás trabajando y no tienes otro seguro. O estás trabajando con un seguro de tu empleador secundario a Medicare. | Cualquier póliza que vendan en tu estado. | Dentro de los seis meses de haberte inscrito en la Parte B a la edad de 65. |
| Tienes (o estás a punto de tener) Medicare Original | Tienes la cobertura de un plan de salud grupal que es primario a Medicare y de un empleador para quien tu o tu cónyuge aun trabajan. | Cualquier póliza que vendan en tu estado. | Dentro de los seis meses de haberte inscrito en la Parte B, si esperas a inscribirte hasta que este empleo termine. |
| En Medicare Original | Tienes seguro de salud de un empleado actual o anterior o de un sindicato (incluso beneficios de jubilado y COBRA) que es secundario a Medicare y esta cobertura está terminando. | Póliza Medigap A, B, K o L* que se venda en tu estado por cualquier compañía de seguros. | A más tardar 63 días después de que finalice esta cobertura. |
| En Medicare Original | Tienes una póliza de Medigap SELECT, pero te mudaste fuera de su área de servicio. | Póliza Medigap A, B, K o L que se venda en tu estado por cualquier compañía de seguros. | A más tardar 63 días después de que finalice tu cobertura de Medigap SELECT. |
| En un plan de Medicare Advantage | Te mudas fuera del área de servicio de tu plan y quieres regresar a Medicare Original. | Póliza Medigap A, B, K o L que se venda en tu estado por cualquier compañía de seguros. | A más tardar 63 días después de que finalice tu cobertura del plan MA. |
| En un plan de Medicare Advantage | Tu plan se retira de tu área, abandona Medicare o deja de funcionar. | Póliza Medigap A, B, K o L que se venda en tu estado por cualquier compañía de seguros. | A más tardar 63 días después de que finalice tu cobertura del plan MA. |
| En un plan de Medicare Advantage | Te uniste a un plan de MA a los 65 años, aún estás en los primeros 12 meses del plan y quieres cambiar a Medicare Original. | Cualquier póliza Medigap que vendan en tu estado por cualquier compañía de seguros. | A más tardar 63 días después de que finalice tu cobertura del plan MA. |

© John Wiley Sons, Inc.

**FIGURA 10-1:** Las circunstancias en las que puedes comprar Medigap con todas las protecciones federales si tienes 65 años o más.

| Tu inscripción actual | Tu situación a los 65 años o más | Tu derecho garantizado de comprar Medigap | ¿Cuándo puedes comprar Medigap? |
|---|---|---|---|
| En un plan de Medicare Advantage | Te diste de baja en una póliza de Medigap para unirte a un Plan de MA por primera vez, has estado en el plan por menos de 12 meses, y quieres volver al Medicare Original. | La misma póliza de Medigap que tenías antes, si aún se comercializa, o cualquier póliza A, B, K o L que se venda en tu estado por cualquier compañía. | A más tardar 63 días después de que finalice tu cobertura del plan MA. |
| En Medicare Original más Medigap | Tu asegurador de Medigap quiebra, o tu cobertura de Medigap finaliza sin que seas responsable de la situación | Póliza de Medigap A, B, K o L que se venda en tu estado por cualquier compañía. | A más tardar 63 días después de que finalice tu cobertura del plan MA. |
| En un plan de Medicare Advantage o Medicare Original más Medigap | Dejas un plan de MA o te das la baja de una póliza de Medigap porque la compañía te mintió o no siguió las reglas. | Póliza de Medigap A, B, K o L que se venda en tu estado por cualquier compañía. | A más tardar 63 días después de que finalice tu cobertura del plan MA. |

**FIGURA 10-1:**
(continuación)

*Actualmente, los planes C y F no están disponibles para las personas que ingresaron por primera vez a Medicare el 1 de enero del 2020 o después. Sin embargo, si eras elegible para Medicare antes del 1 de enero del 2020, pero no te habías realizado la inscripción, podrías comprar un Plan C o F.

Para obtener más información sobre las reglas de Medigap en tu estado o para reportar posibles violaciones, contacta a tu departamento estatal de seguros. La información de contacto está disponible en tu directorio telefónico local o en el sitio web de la Asociación Nacional de Comisionados de Seguros en www.naic. org/state_web_map.htm.

CONSEJO

Para obtener información detallada sobre la compra de seguro Medigap, consulta la publicación oficial "Choosing a Medigap Policy" en www.medicare.gov/ publications/02110-medigap-guide-health-insurance.pdf.

## Comprar Medigap si tienes menos de 65 años

Si tienes menos de 65 años y tienes Medicare debido a una discapacidad, no obtienes las mismas garantías y protecciones al comprar Medigap que las personas de 65 años o más. La ley federal permite a las compañías de seguros negarse a venderte una póliza o cobrar primas altas basadas en condiciones preexistentes, que la mayoría de las personas con discapacidades tienen.

A lo largo de los años, muchas organizaciones de consumidores, expertos en políticas de salud y algunos políticos han intentado poner fin a esta discriminación. Algunos esperaban que la Ley del Cuidado de Salud a Bajo Precio abordara este problema, pero el Congreso no ha hecho cambios a nivel federal.

Sin embargo, 33 estados han aprobado leyes para proteger a los residentes menores de 65 años al comprar Medigap. Estos estados incluyen Arkansas, California, Colorado, Connecticut, Delaware, Florida, Georgia, Hawái, Idaho, Illinois, Kansas, Kentucky, Luisiana, Maine, Maryland, Massachusetts, Michigan, Minnesota, Misisipi, Misuri, Montana, Nuevo Hampshire, Nueva Jersey, Nueva York, Carolina del Norte, Oklahoma, Oregón, Pensilvania, Dakota del Sur, Tennessee, Texas, Vermont, Wisconsin.

Algunos estados ofrecen protecciones similares a la ley federal para aquellos de 65 años o más. Por ejemplo, Hawái, Luisiana, Maine, Nuevo Hampshire y Nueva York permiten que todos los inscritos en la Parte B compren Medigap, independientemente de su edad. Otros tienen derechos más limitados. En California, Massachusetts y Vermont, no puedes comprar una póliza de Medigap si tienes enfermedad renal en etapa terminal (ESRD), pero puedes comprar al menos un tipo de póliza de Medigap. De lo contrario, todos estos estados te brindan la posibilidad de comprar por lo menos una póliza Medigap. Para obtener información actual sobre derechos y protecciones específicas para personas menores de 65 años, consulta la publicación oficial "Choosing a Medigap Policy" en `www.medicare.gov/publications/02110-medigap-guide-health-insurance.pdf`.

Incluso en estados sin protecciones específicas, algunas compañías de seguros pueden vender pólizas Medigap a personas menores de 65 años. Para conocer tus opciones, visita la `https://www.medicare.gov/medigap-supplemental-insurance-plans/#/:`

1. **Ingresa tu código postal y haz clic en "Start" (Iniciar).**

   La página mostrará todas las pólizas Medigap, organizadas por plan, rango de primas mensuales, deducibles y detalles.

   Los planes C y F tendrán un aviso si no están disponibles para aquellos que cumplieron 65 años el 1 de enero del 2020 o después, y algunas personas menores de 65 años.

2. **Haz clic en la casilla bajo "Age" (Edad) que dice "Show only plans for people under 65"**

(Mostrar solo planes para personas menores de 65 años) para obtener una lista actualizada. Haz clic en "View policies" (Ver pólizas) para obtener información de contacto y métodos de precios de las compañías de seguros en tu estado.

También puedes llamar a Medicare al 800-633-4227 (TTY 877-486-2048) para solicitar una lista o contactar a tu departamento de seguros estatal. Para obtener los detalles de contacto, visita la www.naic.org/state_web_map.htm. Para asistencia personal, contacta a tu Programa Estatal de Ayuda para Seguros de Salud (SHIP); consulta el Anexo A para obtener el número de teléfono.

**RECUERDA**

Si no puedes encontrar una póliza de Medigap adecuada, recuerda que cuando cumplas 65 años y califiques para Medicare por edad, puedes comprar cualquier póliza de Medigap con todas las garantías y protecciones federales. Si ya tienes una póliza, puedes cambiar a otra, probablemente a una prima reducida.

## Suspender una póliza de Medigap

Suspender una póliza de Medigap puede ser beneficioso si obtienes derecho a otro tipo de seguro de salud. Según la ley actual, esto es posible en circunstancias específicas:

» **Elegibilidad para Medicaid:** si te vuelves elegible para Medicaid mientras tienes una póliza de Medigap, puedes suspender la póliza por hasta 24 meses. Notifica a tu compañía de seguros dentro de los 90 días posteriores al inicio de tu cobertura de Medicaid. Durante la suspensión, no pagas primas de Medigap. Cuando termina la suspensión, mantienes la misma cobertura de Medigap sin necesidad de suscripción médica o períodos de espera. Este derecho se aplica independientemente del grado de beneficios de Medicaid que recibas, incluyendo beneficios completos, beneficios parciales bajo un Programa de Ahorros de Medicare, o beneficios por tiempo limitado bajo acuerdos de gasto de Medicaid. (Explico estos programas en el Capítulo 4).

» **Menores de 65 años con cobertura de empleador:** si tienes menos de 65 años, tienes una póliza de Medigap y obtienes cobertura de salud a través de tu empleador actual o el de tu cónyuge, puedes suspender la póliza de Medigap indefinidamente mientras tengas la cobertura del empleador. Al finalizar la cobertura del empleador, tienes derecho a los mismos beneficios y primas de Medigap que antes, siempre y cuando notifiques a la compañía de seguros dentro de los 90 días posteriores al término del plan del empleador.

>> **65 años o más con cobertura de empleador:** si tienes 65 años o más, tienes una póliza de Medigap y obtienes cobertura de salud a través de tu empleador actual o el de tu cónyuge, la ley federal no otorga el derecho a suspender tu póliza de Medigap. Sin embargo, las leyes estatales pueden permitirlo. Contacta a tu Programa Estatal de Ayuda para Seguros de Salud (SHIP) para más información en el Anexo A.

CONSEJO

Para referencias legales, estos derechos están delineados en las secciones 1882(q)(5)(A) y 1882(q)(6) de la Ley de Seguridad Social en `http://www.ssa.gov/OP_Home/ssact/title18/1882.htm`.

RECUERDA

Si suspendes una póliza de Medigap emitida antes del 2006 que incluye cobertura de medicamentos recetados, esta cobertura no se restablecerá cuando se renueve la póliza. Necesitarás inscribirte en un plan de medicamentos de la Parte D para obtener cobertura de medicamentos recetados.

Capítulo **11**

# Qué te conviene si eliges Medicare Advantage

E n este capítulo, asumo que estás familiarizado con las diferencias entre Medicare Original y el programa de Medicare Advantage (MA), así como los diversos tipos de planes MA. (Si no es así, consulta los Capítulos 1 y 9 para leer explicaciones). Ahora, vamos a profundizar en los detalles de los planes disponibles para ti para determinar si deseas inscribirte en uno. ¿Qué opciones tienes? La respuesta es: todo depende de dónde vives. Algunos municipios rurales en Estados Unidos no tienen planes de MA disponibles, por eso en esos lugares la única opción es Medicare Original. En el 2024, el beneficiario promedio de Medicare tuvo acceso a 43 planes de MA, lo cual es el doble de los disponibles en el 2018.

Cada plan de MA tiene su propia combinación de costos y beneficios, lo que hace que las comparaciones sean desafiantes. Por ejemplo, un plan puede ofrecer un copago fijo para visitas al médico, mientras que otro cobra un porcentaje del costo. A pesar de estas complejidades, una comparación exhaustiva de varios planes puede ayudarte a tomar una decisión informada.

En este capítulo te ayudaré a comparar los planes de Medicare Advantage para que puedas entender las diferencias en beneficios y costos, y tomar una decisión sin presión de ventas. También te daré consejos sobre cómo reducir tus opciones al plan que mejor se adapte a tus necesidades y preferencias, y te explicaré cómo inscribirte. Por último, analizaremos las opciones disponibles si decides cambiar de opinión.

# Cómo comparar los planes de Medicare Advantage

Semanas antes de tu cumpleaños número 65 y durante el período anual de inscripción abierta, tu buzón se llenará de correos de compañías de seguros promocionando planes de Medicare Advantage, planes independientes de la Parte D y pólizas Medigap. Mi consejo: ¡deshazte de todos ellos!

**ADVERTENCIA**

Las compañías de seguros tienen permitido enviar materiales de marketing sobre sus planes de Medicare por correo. (Sin embargo, las llamadas telefónicas o las visitas inesperadas en tu hogar son ilegales, como se explica en el Capítulo 12). Aún con estos correos no puedes comparar los planes de la mejor manera ya que son anuncios generales y no proporcionan la información detallada que necesitas para tomar una decisión informada. Si llamas al número de teléfono proporcionado, hablarás con un agente cuyo objetivo es vender ese plan específico, que puede no ser la mejor opción para ti.

Una manera más efectiva de comparar planes Medicare Advantage (MA) es usar el Buscador de Planes de Medicare en el sitio web de Medicare. Describo el Buscador de Planes en el Capítulo 10 en relación con la comparación de planes independientes de medicamentos recetados de la Parte D. Sin embargo, ten en cuenta un inconveniente inherente en el proceso.

**ADVERTENCIA**

El Buscador de Planes utiliza el mismo proceso para encontrar planes MA que para los planes de medicamentos independientes. Tienes que ingresar tus medicamentos recetados y seleccionar farmacias de la misma manera. El error estratégico aquí es que, al usar el Buscador para elegir el mejor plan de medicamentos para ti, estás comparando planes que solo ofrecen medicamentos, lo cual está bien. Sin embargo, cuando consideras los planes de MA, necesitas comparar una gama de beneficios médicos y sus costos, por ejemplo: copagos por servicios médicos, estancias hospitalarias, pruebas diagnósticas y medicamentos recetados. Es algo completamente distinto.

Inicialmente, el Buscador de Planes de Medicare tenía búsquedas separadas para cada tipo de plan. Sin embargo, hace unos años, se simplificó en un solo motor de búsqueda. La idea era que las personas pudieran comparar planes fácilmente con el mismo proceso. No estoy de acuerdo. Ingresar tus medicamentos al principio del proceso enfoca la búsqueda en planes con los costos más bajos de medicamentos y sin tener en cuenta otros beneficios y costos médicos importantes. (Por ejemplo, en mi búsqueda de un conjunto de medicamentos entre planes MA en mi código postal, el plan listado primero tenía los costos más bajos de medicamentos, pero cobraba el doble por las visitas al médico que otros planes).

Propongo una estrategia más amigable para el consumidor que divide el proceso de búsqueda y comparación de los planes de MA en dos búsquedas diferentes:

>> **Búsqueda 1:** esta búsqueda ignora la cobertura de medicamentos y se enfoca en listar los planes MA disponibles para ti. Luego puedes evaluar los costos y beneficios de sus servicios médicos y seleccionar algunos planes que valga la pena considerar.

>> **Búsqueda 2:** esta búsqueda se centra en la cobertura de medicamentos. Ingresas los nombres de tus medicamentos, sus dosis y frecuencia de uso. El Buscador de Planes calculará tus costos de medicamentos bajo cualquier plan de MA disponible. Luego puedes ver cuál de los planes de la Búsqueda 1 ofrece la mejor cobertura y costo de medicamentos.

CONSEJO

Si no necesitas un plan Medicare Advantage que incluya cobertura de medicamentos de la Parte D, quizás porque tienes una buena cobertura de medicamentos de otra fuente, como beneficios de jubilación o la Administración de Veteranos, solo necesitas considerar la Búsqueda 1. Busca un plan de MA que no incluya la cobertura de la Parte D, si está disponible.

# Cómo comparar los beneficios de los planes

En esta sección, te guiaré a través de la Búsqueda 1, permitiéndote ver el número de planes de MA disponibles y comparar sus beneficios. Más adelante, en la sección "Cómo agregar la cobertura de medicamentos recetados", te presentaré la Búsqueda 2. (Si no tienes acceso a una computadora o prefieres que alguien más realice la búsqueda en tu lugar, consulta el Capítulo 12).

## Cómo usar el Buscador de Planes

Para explorar los planes de Medicare Advantage disponibles en tu área solo debes seguir unos sencillos pasos. Cuando llegues a ese punto, podrás ver instantáneamente información clave sobre cada plan, lo que puede ayudarte a hacer un primer filtro para reducir tus opciones (para profundizar en los costos y beneficios, te muestro cómo analizar los detalles de los planes en la siguiente sección):

1. **Visita el sitio web de Medicare en www.medicare.gov y haz clic en "Find health & drug plans" (encontrar planes de salud y medicamentos) en la página de inicio.**

O también puedes ir directamente a la página de búsqueda para planes de medicamentos recetados de la Parte D y Medicare Advantage en www.medicare.gov/plan-compare/#/?lang=en.

**2.** **Ingresa tu código postal y haz clic en "Continue without logging in" (continuar sin iniciar sesión).**

**3.** **Identifica qué tipo de cobertura de Medicare quieres de la lista (selecciona "Medicare Advantage Plan") y haz clic en "Find Plans" (encontrar planes).**

**4.** **Responde si recibes alguna asistencia con los costos, marca las opciones que correspondan según tu situación y haz clic en "Next" (siguiente).**

**5.** **Cuando leas la pregunta "Do you want to see your drug costs when you compare plans?" (si deseas ver los costos de los medicamentos mientras comparas planes), haz clic en "No" y luego en "Next".**

Puedes buscar información sobre medicamentos más tarde, como se explica en la sección "Cómo agregar la cobertura de medicamentos recetados".

¡Felicitaciones! Ahora verás una lista de planes de Medicare Advantage disponibles en tu área. Si hay más de diez planes, usa el enlace para pasar por todas las opciones. En esta página de resultados encontrarás información general sobre cada plan, permitiéndote reducir rápidamente tus opciones. Puedes filtrar los planes por: tipo de plan que te interese (por ejemplo, Organizaciones para el Mantenimiento de la Salud [HMO, por su sigla en inglés], Organizaciones de Proveedores Preferidos [PPO, por su sigla en inglés], tipo de beneficios adicionales (por ejemplo, cobertura oftalmológica, odontológica, auditiva), la calificación de calidad del plan, aseguradora y si el plan es para personas con necesidades especiales (por ejemplo, con enfermedades crónicas). Realizar este filtro ayuda a reducir la lista a un número manejable de opciones. De esta manera, no necesitas leer todos los detalles de todos los planes que hay disponibles para ti, salvo que solo unos pocos estén disponibles en tu zona. Pero sí debes revisar los detalles de los planes en tu lista corta, como te explico en la siguiente sección.

**CONSEJO**

En esta página también encontrarás qué planes te conviene evitar. Los planes con bajas calificaciones durante tres años consecutivos están marcados con un icono rojo de "Precaución". Además, puedes ver los planes "sancionados", esto significa que Medicare ha suspendido las nuevas inscripciones en este plan hasta que haya corregido sus violaciones a las reglas, lo cual se indica al final de cada página de las listas de planes.

## Buscar información detallada sobre los planes

Para comparar los planes de manera efectiva, necesitas conocer los costos específicos asociados con visitar a un médico de atención primaria o especialista, estancias hospitalarias, radiografías, servicios de ambulancia y más. En otras palabras, la mayoría de las cosas en letra pequeña que quieres saber. Para acceder a estos detalles, haz clic en el botón "Plan Details" (detalles del plan) debajo de cualquier resumen del plan.

**CONSEJO**

Puedes ver los detalles de hasta tres planes uno al lado del otro. Para hacerlo, haz clic en el botón "Add to Compare" (agregar para comparar) debajo de cada resumen del plan. Aparecerá una fila de cajas en la parte inferior de tu pantalla. Una vez que hayas seleccionado los planes, haz clic en el botón "Compare" en la esquina inferior derecha. Si quieres comparar detalles de Medicare Original con uno o dos planes de Medicare Advantage (MA), también puedes hacerlo. Cuando los planes aparezcan en la pantalla, haz clic en el botón "Plan Details" (detalles del plan) para ver los detalles principales de cada plan.

## Analicemos un ejemplo

Considera la Figura 11-1, que muestra detalles seleccionados de tres planes de Medicare Advantage (MA) en mi código postal. Los detalles y costos son precisos, pero he anonimizado los planes como ABC, LMN y XYZ. Este cuadro es una compilación de detalles clave para ilustrar cuán diferentes pueden ser estos planes. Puedes crear una lista similar para los planes en tu área y destacar los detalles esenciales. Aquí, te mostraré cómo analizar estos detalles para extraer la información que hará la diferencia para finalmente poder elegir el mejor plan para ti.

**RECUERDA**

En la Figura 11-1 podrás ver varios puntos importantes:

» **¡No juzgues un plan por su prima!** Una prima mensual más alta no significa necesariamente mejor cobertura. Por ejemplo, los planes en la Figura 11-1 tienen primas que van desde $0 hasta $20. A pesar de que ABC tiene una calificación de calidad de nivel medio, cobra la prima más alta.

» **Considera los deducibles.** La mayoría de los planes no cobran un deducible anual por beneficios médicos, aunque podrían hacerlo para medicamentos recetados.

» **Presta atención a los cargos hospitalarios.** Estos varían significativamente entre los planes. Por ejemplo, una estancia hospitalaria de cinco días costaría $1,750 bajo el plan ABC ($350 por día) y $1,500 bajo el plan LMN. Con Medicare Original en el 2024, una estancia similar costaba $1,632, el deducible máximo de la Parte A para estadías de hasta 60 días, a menos que estés cubierto por otro seguro.

| Servicios/costos | Plan ABC (HMO) | Plan LMN (HMO) | Plan XYZ (PPO) |
|---|---|---|---|
| Prima mensual | $20 | $0 | $0 |
| Deducible anual | $0 | $0 | $0 |
| Límite de gastos de bolsillo anual | $7,550 (dentro de la red) | $7,200 (dentro de la red) | $5,900 (dentro de la red) $8,950 (dentro y fuera de la red) |
| Calificación de calidad | 3 estrellas | 3.5 estrellas | 4.5 estrellas |
| Copago de visita médica | $0 | $10 | $0 |
| Copago por visita a un especialista | $45 | $0-40 | $35 |
| Copago por visita a urgencias | $100 | $100 | $120 |
| Atención hospitalaria para pacientes internados | Entre los días 1 a 5: $350 Entre los días 6 a 90: $0 | Entre los días 1 a 5: $300 Entre los días 6 a 90: $0 | Entre los días 1 a 5: $345 Entre los días 6 a 90: $0 |
| Equipo médico | Un 20% por artículo | De 0 al 20% por artículo | Un 15% por artículo |
| Estadía en centro de enfermería especializado | Entre los días 1 a 20: $0 Entre los días 21 a 100: $203 | Entre los días 1 a 20: $0 Entre los días 21 a 100: $203 | Entre los días 1 a 20: $10 Entre los días 21 a 100: $203 |
| Beneficios adicionales/extras | -Cubre la tención auditiva de rutina  -Cubre la atención odontológica de rutina (servicios adicionales odontológicos por un extra de $23 por mes)  -Cubre la atención oftalmológica de rutina  -Cubre algunos medios de transporte para traslado a citas médicas | -No cubre la atención auditiva  -Cubre la atención odontológica de rutina, tratamiento completo limitado  -Cubre la atención oftalmológica de rutina  -No cubre medios de transporte para traslado a citas médicas | -Cubre la tención auditiva de rutina  -Ofrece beneficios completos odontológicos  -Cubre la atención oftalmológica de rutina  -Ofrece beneficios para entrenamiento físico  -Cubre algunos medios de transporte para traslado a citas médicas |

FIGURA 11-1:
Comparación online de los planes de Medicare Advantage.

© John Wiley & Sons, Inc.

» **Revisa los cargos de los centros de enfermería especializados.** Estos también difieren. Para hasta 100 días en un centro de enfermería especial- izado, los planes ABC y LMN cobran $203 al día después de los primeros 20 días. El plan XYZ cobra $10 al día para los días desde el 1 al 20 y $203 para los días desde el 21 al 100. Con Medicare Original en el 2024, no pagabas nada por los primeros 20 días, pero pagabas $204 por día a partir de entonces.

» **Mira cuidadosamente los cargos fuera de la red en los PPO.** Los PPO permiten visitas a proveedores fuera de la red, pero a menudo tienen límites de gastos de bolsillo más altos. El plan ABC tiene un máximo anual de gastos de bolsillo de $7,550 y el plan LMN de $7,200. Pero el plan XYZ, un PPO, tiene un límite de gastos de bolsillo de $5,900 para gastos dentro de la red y $8,950 para gastos combinados dentro y fuera de la red.

**CONSEJO**

El Buscador de Planes de Medicare proporciona detalles completos de la cobertura de cada plan de Medicare Advantage. Esto incluye información detallada sobre servicios adicionales como membresías de gimnasio, atención oftalmológica, de la audición y odontológicas de rutina, e incluso servicios de telemedicina y tratamientos con opioides.

**RECUERDA**

La cobertura varía ampliamente entre los planes. Algunos planes ofrecen extras como paquetes opcionales por una prima adicional. Otros pueden proporcionar una cobertura mínima, como un chequeo al año. Algunos planes pueden ofrecer una cobertura más extensa, incluso audífonos y gafas o lentes de contacto, como controles médicos, con copagos razonables. Necesitas contactar a cada plan directamente antes de inscribirte para confirmar lo que se ofrece. El Buscador de Planes proporciona información de contacto para cada plan.

## Cómo agregar la cobertura de medicamentos recetados

Después de realizar la Búsqueda 1 (como se explicó en la sección anterior "Cómo comparar los beneficios de los planes") para reducir los planes de Medicare Advantage basados en beneficios médicos, estás listo para la Búsqueda 2. Esta búsqueda te ayuda a determinar cuál de estos planes ofrece la mejor cobertura de la Parte D para tus medicamentos recetados. *Nota:* puedes omitir esta búsqueda si ya tienes una cobertura de medicamentos acreditable de otra fuente. (*Acreditable* significa una cobertura que es al menos tan buena como la Parte D; consulta el Capítulo 6). Y en este caso, es probable que debas considerar planes de Medicare Advantage sin cobertura de medicamentos.

**RECUERDA**

Tal vez tengas dudas porque actualmente no tomas ningún medicamento. ¿Necesitas la cobertura de la Parte D? Primero, consulta el Capítulo 6 para más información sobre este tema. Generalmente, es recomendable elegir un plan de Medicare Advantage que incluya cobertura de medicamentos, por si acaso tus necesidades cambian, pero selecciona el plan principalmente basado en sus beneficios médicos. Los planes de Medicare Advantage no necesariamente tienen primas más altas si ofrecen cobertura de medicamentos, y algunos planes no tienen primas ni para la cobertura médica ni para la de medicamentos.

### Cómo introducir tus medicamentos en el Buscador de Planes

Para encontrar la mejor cobertura para tus medicamentos, visita el Buscador de Planes en el sitio web de Medicare. Sigue el proceso de Búsqueda 1 que expliqué antes este capítulo, pero esta vez, haz clic en "Yes" (sí) en el Paso 5. Elige cómo normalmente llenas tus recetas e introduce tus medicamentos. Este proceso refleja los pasos detallados en el Capítulo 10, así que consulta ese capítulo para obtener más información.

Esto te llevará a una lista de planes de Medicare Advantage disponibles en tu área. Revisa la cobertura de medicamentos bajo los tres o cuatro planes que te interesan según sus beneficios médicos y la información de los medicamentos que has ingresado. En esta etapa, puedes

» Hacer clic en el botón "Plan Details" (detalles del plan) de uno de esos planes para ver los "Cobertura de medicamentos y costos." Repite este proceso para cada plan.

» Hacer clic en las casillas de "Add to compare" (añadir para comparar) para dos o tres planes que te interesen. Al final de la página, verás una opción para "Comparar". Esto te llevará a la página de "Comparing Medicare Advantage plans" (cómo comparar los planes de Medicare Advantage), donde podrás ver los planes lado a lado. Haz clic en el botón "Plan Details" para cada plan para ver los detalles de la cobertura.

Notarás grandes diferencias de costos entre los planes.

## Analicemos un ejemplo

Mira el ejemplo en la Figura 11-2. Este gráfico compara los mismos planes de Medicare Advantage (los que yo llamo ABC, LMN y XYZ) de la Figura 11-1 anterior en este capítulo, centrándose en cómo cubren tres medicamentos comunes. Seleccioné 70 miligramos (mg) de Fosamax, cuatro veces al mes (un medicamento de marca para la osteoporosis), 20 mg de atorvastatina, una vez al día (la versión genérica del medicamento Lipitor para el colesterol) y 50 mg de levotiroxina sódica una vez al día (la versión genérica de Synthroid para el hipotiroidismo).

Como puedes ver, los resultados para cada plan, obtenidos del Buscador de Planes de Medicare, son muy diferentes. Combinados con los beneficios médicos de la Figura 11-1 anterior en este capítulo, así es como podrían influir en tu elección de un plan de Medicare Advantage:

» Ninguno de los tres planes cubre Fosamax. Si necesitas este medicamento de marca (en comparación con la versión genérica), tendrías que pagar el precio completo o encontrar un plan que lo cubra.

» El plan LMN ofrece los costos de medicamentos más bajos si utilizas el pedido por correo.

» El plan XYZ, como PPO, tiene una red de proveedores más amplia y ofrece beneficios odontológicos más completos (ver la Figura 11-1) y transporte a citas médicas.

| Cobertura de medicamento | Plan ABC (HMO) | Plan LMN (HMO) | Plan XYZ (PPO) |
|---|---|---|---|
| ¿Cubre los tres medicamentos? (Fosamax/ atorvastatina/ levotiroxina) | No/sí/sí | No/sí/sí | No/no/no |
| ¿Deducible anual por medicamentos? | Ninguno | Ninguno | Ninguno |
| Costo de los tres medicamentos durante todo el año (farmacia tradicional) | $1,277.55 (incluye el costo total de Fosamax) | $1,349.10 (incluye el costo total de Fosamax) | $2,876.40 (incluye el costo de todos los medicamentos) |
| Costo de los tres medicamentos durante todo el año (servicio por correo) | $1,273.62 (incluye el costo total de Fosamax) | $1,264.62 (incluye el costo total de Fosamax) | $2,876.40 (incluye el costo de todos los medicamentos) |
| Gastos de bolsillo mensuales (primas + copagos) | $141.95 | $149.90 | $319.60 |
| Restricciones | Sí, límites sobre la cantidad de atorvastatina | Ninguna (no cubre Fosamax) | Ninguna (no cubre ningún medicamento) |

**FIGURA 11-2:** Comparación de la cobertura de tres medicamentos con los planes de Medicare Advantage.

© John Wiley & Sons, Inc.

Entonces, ¿qué plan deberías elegir? ¿El que tiene la cobertura de medicamentos más económica, o el que tiene beneficios adicionales?

**RECUERDA**

Con este ejemplo puedes ver las compensaciones que debes considerar al seleccionar un plan de Medicare Advantage. Este análisis te ayuda a centrarte en opciones competitivas, reduciéndolas a dos o tres elecciones. Ahora, solo necesitas tomar la decisión final.

# Cómo elegir el plan de Medicare Advantage adecuado para ti

Organizar tu información es crucial al comparar planes de Medicare Advantage. Usar la herramienta de comparación en línea de Medicare, como se explicó anteriormente, te permite imprimir los detalles de los planes que te interesan. También puedes pedirle a alguien que realice esta búsqueda y te envíe los detalles, como se describe en el Capítulo 12. Una vez que tengas esta información, escribir los detalles clave uno al lado del otro hace que las opciones sean más claras (como puedes ver en las Figuras 11-1 y 11-2). Siéntete libre de usar las tablas proporcionadas anteriormente en este capítulo como modelos, o diseña las tuyas propias.

Ahora necesitas considerar una pregunta para la que no encontrarás respuesta en el Buscador de Planes, pero que podría ser determinante a la hora de elegir un plan sobre otro: ¿Qué médicos y hospitales aceptan los planes que te interesan? En las siguientes secciones te explico cómo encontrar respuestas a esta pregunta, inscribirse en un plan de Medicare Advantage y cambiar de plan si cambias de opinión.

## Cómo saber qué proveedores aceptan los planes que te interesan

Determinar qué proveedores aceptan los planes que estás considerando es crucial. Si prefieres seguir en consulta con tus médicos actuales, necesitarás un seguro que ellos acepten. Por el contrario, si encontrar médicos ha sido difícil, un plan con acceso garantizado a ciertos médicos podría ser beneficioso.

La mayoría de los planes de Medicare Advantage, incluidos los HMO y PPO, realizan contratos con médicos y otros proveedores dentro de un área geográfica específica por un año calendario. Esto puede proporcionarte acceso a un grupo más grande de médicos o excluirte de aquellos que no aceptan cobertura para planes específicos o incluso de ningún plan del programa de Medicare Advantage.

Para superar esto, podrías elegir un PPO que permita visitas a cualquier médico u hospital fuera de su red por un copago más alto. Sin embargo, verifica primero los costos adicionales. Los planes privados de pago por servicio (PFFS, por su sigla en inglés) de Medicare teóricamente permiten visitas a cualquier proveedor, pero los médicos pueden aceptar este tipo de seguro únicamente visita por visita, como se explica en el Capítulo 9.

Para averiguar qué médicos y hospitales tienen contratos con los planes que estás considerando puedes realizar alguna de las siguientes opciones

» Visita la sección "Benefits & Costs" (Beneficios y costos) de cualquier plan en el Buscador de planes en el sitio Medicare y haz clic en el enlace "View Provider Network Directory" (Ver directorio de la red de proveedores). Por lo general, está acción te dirige a una página en el sitio web del plan que tiene un directorio de proveedores en el que se pueden realizar búsquedas.

» Llama a cada plan y solicita que te envíen por correo su lista de proveedores.

» Contacta las oficinas de tu médico de atención primaria, especialistas y hospitales que usas actualmente. Pide hablar con la persona que maneja la facturación de seguros y pregúntale si aceptan los planes específicos de Medicare Advantage que estás considerando.

**CONSEJO**

La tercera opción suele ser la más rápida ya que aún necesitas confirmar que los proveedores listados aceptan el plan. Este paso es esencial porque no debes confiar únicamente en la información que tienes del plan de que un médico está en su red.

**ADVERTENCIA**

Además, ten en cuenta que los planes de Medicare Advantage pueden eliminar médicos de sus listas de proveedores durante el año del plan. Si esto sucede, el plan debe notificar a los pacientes por escrito al menos 60 días antes.

## Cómo inscribirse en un plan de Medicare Advantage

Después de comparar planes y determinar cuáles trabajan con tus médicos y hospitales preferidos, es hora de elegir un plan. Esta decisión es personal y debe basarse en tu investigación y preferencias. Si necesitas ayuda, considera hablar con un consejero del Programa Estatal de Ayuda para Seguros de Salud (SHIP). (Para obtener información de contacto consulta el Anexo A).

Inscribirse en un plan es sencillo y se puede hacer de tres maneras:

>> Haz clic en el botón "Enroll" (inscribirse) en el Buscador de Planes de Medicare.

>> Llama a la línea de ayuda de Medicare al 800-633-4227 (TTY 877-486-2048).

>> Inscríbete directamente mediante el sitio web del plan o llama a su número de servicio al cliente.

Si eres nuevo en Medicare, puedes inscribirte en un plan Medicare Advantage (MA) durante tu período de inscripción inicial. Si retrasaste la inscripción en la Parte B después de los 65 años, puedes inscribirte durante el período de inscripción especial (consulta el Capítulo 6 para obtener más detalles). De lo contrario, puedes inscribirte o cambiar de plan durante el período de inscripción abierta (del 15 de octubre al 7 de diciembre).

## Qué hacer si cambias de opinión

Después de inscribirte en un plan de salud de Medicare Advantage (MA) ¿qué puedes hacer si te das cuenta de que no es el adecuado?. Tienes dos oportunidades cada año para cambiar a otro plan de MA o regresar a Medicare Original: el período de inscripción abierta en otoño (del 15 de octubre al 7 de diciembre) y el período de inscripción abierta de Medicare Advantage (del 1 de enero al 31 de marzo).

Fuera de estos períodos, solo puedes cambiar por razones específicas. Aquí te comparto algunas de estas razones (las explico en más detalle en el Capítulo 15):

>> **Si te uniste a un plan de MA cuando te inscribiste en Medicare por primera vez a los 65 años, tienes un período de prueba de 12 meses.** Durante este tiempo, puedes cambiar a Medicare Original y a un plan de medicamentos de la Parte D independiente. También puedes comprar una póliza de Medigap dentro de los 63 días posteriores a la finalización de tu cobertura MA.

>> **Si es la primera vez que te inscribes en un plan de MA y dejaste una póliza de Medigap para inscribirte:** puedes regresar a Medicare Original y reinstaurar Medigap en cualquier momento dentro de los primeros 12 meses (consulta los Capítulos 4 y 10 para obtener mayor información sobre Medigap).

>> **Si recibes Ayuda Adicional:** puedes cambiar a otro plan de MA o regresar a Medicare Original con un plan de medicamentos de la Parte D independiente una vez durante cada uno de los primeros tres trimestres del año (dirígete al Capítulo 4 para obtener más información sobre Ayuda Adicional).

>> **Si te mudas fuera del área de servicio de tu plan:** puedes darte de baja de tu plan de MA e inscribirte en otro, o cambiar a Medicare Original y a un plan de medicamentos de la Parte D independiente en tu nueva área. Bajo estas circunstancias, también puedes comprar una póliza de Medigap dentro de los 63 días posteriores a la finalización de tu cobertura de MA.

>> **Si ingresas o sales de una institución, como un centro de enfermería especializado o de un hospital de cuidados a largo plazo, puedes cambiar a otro plan de MA o a Medicare Original y a un plan de medicamentos de la Parte D independiente en cualquier momento durante tu estadía o dentro de los dos meses después de haber salido de la institución.**

>> **Si vives en una residencia geriátrica como residente de cuidados a largo plazo** puedes cambiar a un plan de MA diferente o a Medicare Original con un plan de medicamentos de la Parte D independiente en cualquier momento del año.

>> **Si un plan de MA con una calificación de calidad de cinco estrellas está disponible en tu área, puedes cambiar a él en cualquier momento del año.**

>> **Si te inscribiste en un plan de costos de Medicare:** Puedes darte de baja de un plan de costos de Medicare y cambiar a Medicare Original en cualquier momento. Si en este plan tenías cobertura de medicamentos, también puedes cambiar a un plan de medicamentos de la Parte D independiente al mismo tiempo (en el Capítulo 9 encontrarás información sobre los planes de costos de Medicare).

CONSEJO

# Capítulo **12**

# Ayuda con las opciones de Medicare

¿Te sientes incapaz de enfrentar todas las opciones de Medicare por tu cuenta? No te preocupes. Es normal sentirse así, especialmente después de revisar los Capítulos 10 y 11 sobre cómo usar el Buscador de Planes de Medicare en línea. Aunque el Buscador de Planes puede ser útil, no todos tienen acceso a una computadora o se sienten cómodos con las búsquedas en línea. ¿Y sabes qué? No importa. Puedes obtener la misma información si le consultas a una persona cara a cara.

La pregunta es, ¿a *qué* persona? Aquí están tus opciones:

» Pide a un familiar o amigo que haga una búsqueda en línea por ti

» Contacta a tu Programa Estatal de Ayuda para Seguros de Salud (SHIP)

» Llama a la línea de ayuda de Medicare

» Busca ayuda de otras fuentes profesionales y voluntarias

En este capítulo analizó cada una de estas opciones. También destaco la ayuda disponible si el inglés no es tu primer idioma. Entender tus opciones de Medicare y cómo afectan tus beneficios y costos es crucial, así que aprovecha esta ayuda.

Además, en este capítulo te advierto sobre la "ayuda" que debes evitar: estafadores que buscan engañarte y vendedores agresivos que tratan de venderte productos de seguro legítimos sin tener en cuenta lo que realmente te conviene.

# Uno a uno: busca ayuda personal en asuntos de Medicare

Hablar sobre tus opciones de Medicare con alguien puede ayudarte a tomar una mejor decisión y elegir el plan de Medicare que mejor se adapte a tus necesidades es muy importante. Sin embargo, tu conversación será más efectiva si ya conoces algunos conceptos básicos sobre los planes disponibles. Entonces, aún si buscas ayuda de las fuentes que enumero en las siguientes secciones, leer por lo menos algunas partes de los Capítulos 10 y 11 puede prepararte para entender y evaluar la ayuda que recibas.

CONSEJO

Cuando hables con un profesional, siempre anota el nombre de la persona con quién hablaste y la fecha. Esto puede ser esencial si necesitas presentar una queja más tarde.

## ¿Podemos pedirles ayuda a nuestros familiares y amigos?

No confíes en familiares o amigos para obtener información precisa sobre Medicare. Sin embargo, pedirles ayuda para acceder al Buscador de Planes de Medicare en línea o para utilizarlo, puede ser una buena idea. Incluso si no eres experto en tecnología, es probable que alguien en tu familia o círculo de amigos sí lo sea. Pedir ayuda vale la pena cuando se trata de encontrar una buena opción de Medicare.

CONSEJO

Los nietos adolescentes, por ejemplo, a menudo son hábiles con las computadoras y podrían ayudarte. Ellos pueden navegar por bases de datos complejas como el Buscador de Planes de Medicare con facilidad. Crecieron con la tecnología y saben que tienen mucha más experiencia que ti. Proporciónales una lista de tus medicamentos, tus preferencias generales y las instrucciones paso a paso que se encuentran en el Capítulo 10 (para planes de la Parte D) o en el Capítulo 11 (para planes de Medicare Advantage). Pide que te impriman los resultados y dale a tu ayudante un gran abrazo (y quizás un obsequio) en forma de agradecimiento.

También, otra ventaja de pedirle ayuda a nuestros familiares y amigos es que pueden ayudarte si no hablas inglés con fluidez, eres sordo y usas el lenguaje de señas norteamericano, o eres ciego. Pueden traducir documentos de Medicare (como guías del consumidor o formularios oficiales) o actuar como intérpretes cuando contactes otras fuentes de ayuda. Sin embargo, si prefieres mantener tu información de medicamentos privada, considera usar los recursos mencionados en las siguientes secciones.

## Contactar con los Programas Estatales de Ayuda para Seguros de Salud

Para obtener ayuda con las opciones o problemas de Medicare, el Programa Estatal de Ayuda para Seguros de Salud (SHIP, por su sigla en inglés) es invaluable. Los consejeros de SHIP ofrecen asistencia personalizada y tienen una amplia formación en Medicare. Su consejo es objetivo, libre de presión de ventas y completamente gratuito.

Los SHIP están disponibles en los 50 estados, el Distrito de Columbia, Puerto Rico, Guam y las Islas Vírgenes de EE.UU. En algunas áreas, pueden ser conocidos por otros nombres, como HICAP, SHIBA o SHINE. A nivel nacional, más de 12,500 consejeros capacitados de SHIP (en su mayoría voluntarios) en 2,200 sitios locales ayudan a alrededor de 6 millones de personas al año con varios problemas de Medicare y Medicaid. Estos programas son financiados por el Gobierno federal pero organizados dentro de cada estado, y algunos estados ofrecen una amplia red de consejeros que trabajan virtualmente en cada estado.

A continuación te comparto algunas de las cosas que los consejeros de SHIP pueden hacer:

>> Revisar tus opciones y ayudarte a elegir entre Medicare Original y un plan Medicare Advantage (MA).

>> Utilizar el Buscador de panes de Medicare para identificar el mejor plan de medicamentos recetados de la Parte D independiente para ti, si eliges Medicare Original.

>> Encontrar el plan Medicare Advantage que mejor se adapte a tus necesidades de atención médica al utilizar el Buscador de Planes de Medicare, si optas por un plan de MA.

>> Verificar tu elegibilidad para el programa Ayuda Adicional, que ofrece cobertura de medicamentos de la Parte D a bajo costo para personas con ingresos limitados. (Consulta el Capítulo 4 para obtener más información sobre este programa).

>> Determinar tu elegibilidad para Medicaid, Programas de Ahorro de Medicare, Seguridad de Ingreso Suplementario (SSI, por su sigla en inglés) u otros

programas de ayuda basados en ingresos que podrían bajar tus costos (consulta el Capítulo 4 para más información).

>> Entender y comparar pólizas complementarias de Medigap y pólizas de seguro de cuidado a largo plazo (consulta el Capítulo 4 para más información).

>> Ayudarte con problemas relacionados con Medicare debido a discapacidad.

>> Solucionar problemas con Medicare, Seguro Social o el plan al que estás inscrito, y en algunos casos, actuar en tu nombre.

**CONSEJO**

Si el inglés no es tu lengua materna, con el programa SHIP podrán brindarte el servicio de un intérprete o podrán referirte a organizaciones locales que ofrezcan asesoramiento en tu idioma, incluso el lenguaje de señas, sin costo alguno. Comunícate, o alguien en tu nombre, con el programa SHIP y hazle saber de tu necesidad de este servicio.

Para obtener la información de contacto de cada SHIP, consulta el Anexo A.

## Comunícate con la línea de ayuda de Medicare

Medicare ofrece una línea de ayuda gratuita para que puedas realizar cualquier pregunta que tengas sobre sus servicios. Puedes pedirle a un representante que busque en el Buscador de Planes en línea planes de la Parte D o Medicare Advantage que mejor se adapten a tus necesidades y preferencias. Luego te enviarán por correo los detalles de dos o tres planes, facilitando la comparación y elección del que ofrezca el mejor servicio y costo.

Cuando llames a la línea de ayuda al 800-633-4227 o TTY 877-486-2048, no necesitas identificarte a menos que quieras que te envíen información por correo. Sin embargo, para obtener ayuda en la elección de un plan, necesitarás proporcionar tu código postal y otra información para que puedan realizar una búsqueda precisa. Si necesitas un intérprete, informa al representante de inmediato; este servicio es gratuito.

**ADVERTENCIA**

La línea de ayuda utiliza trabajadores contratados que reciben una capacitación básica. Su conocimiento de Medicare varía, por lo que las opiniones de los clientes son mixtas. Algunos reciben respuestas rápidas, mientras que otros pueden esperar más tiempo, especialmente durante los períodos de inscripción abierta. La satisfacción con la información proporcionada también varía.

Cuando hables con un representante, tienes que ser lo más específico posible. Puedes utilizar las siguientes indicaciones para decirles que necesitas:

>> Indica si estás buscando un plan de medicamentos independiente de la Parte D, un plan de Medicare Advantage o una póliza de Medigap (explico las diferencias entre estas opciones en el Capítulo 9).

>> Si necesitas un plan que incluya cobertura de la prescripción de medicamentos de la Parte D, proporciona la siguiente información:

- Los nombres, dosis y frecuencias de los medicamentos que estás tomando (recuerda que tener una lista precisa con los medicamentos que tomas es esencial, tal como lo explico en el Capítulo 10).

- Menciona si calificas para Ayuda Adicional.

- Menciona si quieres un plan con cobertura de servicios de pedido por correo.

- Menciona si quieres cobertura en farmacias de la red a nivel nacional.

>> Si quieres detalles de algunos planes que cobren mucho menos por tus medicamentos, pregúntale al representante que corrobore si esos planes:

- Cubren todos tus medicamentos;

- Tienen restricciones (como autorización previa, límites de cantidad o terapia escalonada, consulta el Capítulo 14);

- Tienen buenas calificaciones de calidad; y

- Tienen farmacias convenientes en la red o preferidas.

>> Si te interesan los planes de Medicare Advantage, pide al representante que reduzca las opciones basándose en lo que es importante para ti, como copagos para médicos y hospitales o beneficios adicionales como atención oftalmológica, auditiva, odontológica o membresías de gimnasio.

>> Pide al representante que te imprima la información de los tres planes que mejor se adapten a tus necesidades, especialmente si son planes de Medicare Advantage. Asegúrate de que incluyan información *detallada* sobre los beneficios de salud.

Si el representante no proporciona toda la información que necesitas o se niega a hacerlo, pide hablar con un supervisor. Tienes derecho a hacer tantas preguntas como sea necesario. Si el representante parece no estar dispuesto a ayudar o le lleva mucho tiempo hacerlo, también tienes derecho a quejarte. (Consulta el Capítulo 16 para obtener detalles sobre cómo presentar una queja).

# Busca consejos de otras fuentes

Puedes obtener consejos sobre cómo elegir un plan de Medicare de varias fuentes. Muchas personas consultan a sus médicos, farmacéuticos y agentes de seguros. Otros buscan ayuda en centros para personas mayores, seminarios y sesiones informativas. Además, algunos recurren a negocios en línea que ayudan a encontrar planes de Medicare.

Pero, ¿en qué fuentes puedes confiar para encontrar un plan que se ajuste a tus necesidades? ¿Cuándo deberías creer en lo que te dicen y cuándo deberías ser escéptico? Las siguientes secciones proporcionan algunas pautas para ayudarte a decidir.

## Doctores y farmacéuticos

**ADVERTENCIA**

Aunque los doctores y farmacéuticos son excelentes en sus campos, puede que no estén capacitados para ayudarte a elegir un plan de la Parte D. A menos que puedan usar el Buscador de Planes para hacer coincidir tus medicamentos específicos con el plan de la Parte D más rentable, su ayuda en esta área es limitada.

## Agentes de seguros

Los agentes de seguros son profesionales, a menudo bien informados sobre las opciones de planes de Medicare. Sin embargo, algunos pueden carecer de esta experiencia o recibir altas comisiones por promover planes específicos. Esta práctica, aunque legal, puede no tener presente cuál es la mejor opción para ti.

**ADVERTENCIA**

Si tienes un agente independiente en quien confías por tratos de seguros anteriores, podrías considerar pedirle ayuda para encontrar un plan de Medicare. Asegúrate de que puedan usar el Buscador de Planes para identificar la mejor opción para ti. Si no pueden, podría ser mejor que busques ayuda de alguien que sí pueda.

## Seminarios y sesiones informativas

Las personas elegibles para Medicare a menudo reciben invitaciones para sesiones informativas en centros para personas mayores, comunidades de jubilados, hoteles u otros lugares. En estas sesiones se intenta ayudarlas a encontrar planes de Medicare, en particular los planes de la Parte D. Algunas sesiones ofrecen un valor significativo, especialmente las que las realizan los voluntarios de los SHIP (Programas Estatales de Ayuda para Seguros de Salud) u otros grupos de consumidores. Estos voluntarios capacitados, que no están afiliados a compañías de seguros y no tienen incentivos financieros, te enseñan cómo usar la herramienta "Buscador de Planes" o la usan para ayudarte a seleccionar un plan.

**ADVERTENCIA**

En contraste, otras sesiones sirven como presentaciones de ventas para una sola compañía de seguros, promueven solo sus planes de Medicare. Aunque estas presentaciones no son poco éticas ni ilegales, no están adaptadas a tus necesidades. Sin la oportunidad de comparar diferentes opciones, es difícil determinar si son la mejor elección para ti.

### Negocios dedicados a ayudarte con Medicare

Los emprendedores a menudo intervienen para llenar vacíos en el mercado. Por lo tanto, no es sorprendente que cada vez haya más negocios que brindan ayuda a los adultos mayores para entender las opciones de Medicare, a menudo a cambio de un pago. Si estas operaciones son legítimas, ya sea que se realicen en línea o por correo, se basan en el Buscador de Planes de Medicare para obtener sus resultados. Si estos negocios te ahorran esfuerzo, pagar por sus servicios podría valer la pena. Sin embargo, es importante notar que cuentas con servicios similares de forma gratuita, como mencioné anteriormente en este capítulo.

**ADVERTENCIA**

Aunque una cantidad de estos negocios pueden ofrecer servicios valiosos, he encontrado que algunos cobran tarifas sin revelarlas claramente de antemano en sus sitios web. Además, algunos negocios que no cobran directamente a los consumidores reciben compensación de las compañías de seguros por inscribir a las personas. Esta práctica, aunque no es ilegal, carece de transparencia y, en mi opinión, es poco ética.

# Como comprador ¡ten cuidado! Evita estafas y ventas agresivas

Las opciones de seguros privados de Medicare, incluso los planes de Medicare Advantage, los planes de medicamentos recetados de la Parte D y las pólizas de Medigap, se venden en mercados comerciales a los consumidores (beneficiarios de Medicare). Desafortunadamente, estos mercados atraen a su propio grupo de estafadores y farsantes que buscan engañar a los consumidores y quitarles su dinero.

En las siguientes secciones, explicaré cómo protegerte de dos tipos de prácticas engañosas: estafas directas y tácticas de venta agresiva. A menudo, estas prácticas engañosas las realizan individuos hábiles en convencerte de que están allí para ayudarte.

# Cómo evitar estafas directas

Una *estafa directa* ocurre cuando un ladrón finge ser de Medicare, del Seguro Social, un plan de salud o medicamentos de Medicare, u otra entidad con un nombre oficial, y pide información sensible como tu número de Seguro Social, tarjeta de crédito o cuenta bancaria. El objetivo es robar tu identidad o dinero.

Estos estafadores no tienen ninguna conexión con Medicare; simplemente lo usan como pretexto para engañarte. La estafa puede ser simple, como convencerte de pagar por un servicio inexistente, o más seria, como cometer robo de identidad. Los ladrones de identidad buscan información personal para comprar productos, solicitar nuevas tarjetas de crédito a tu nombre, o vender tus datos a otros criminales. Este crimen puede dañar gravemente tu calificación crediticia, lo que tarda años en restaurarse. Evitar esta pesadilla es crucial. En las siguientes secciones explico todo lo que necesitas saber.

## Cómo detectar las señales de alerta

**ADVERTENCIA**

Las estafas pueden ocurrir sin previo aviso. Podrías contestar el teléfono o abrir la puerta a alguien que parece confiable. ¿Cómo puedes determinar si esta persona es genuina? A continuación comparto algunas señales de advertencia:

» **Una persona llega a tu puerta y afirma ser de Medicare o del Seguro Social:** estas agencias nunca envían representantes a tu casa sin una cita previa.

» **Una persona afirma representar un plan particular de la Parte D, Medicare Advantage o de Medigap:** Medicare prohíbe las visitas no solicitadas para vender cualquier tipo de seguro de Medicare, incluso la Parte D, Medicare Advantage o planes Medigap. Tampoco permite llamadas telefónicas inesperadas a menos que las hayas solicitado.

» **Una persona solicita tarifas de inscripción o primas anticipadas:** no existen tales tarifas o primas anticipadas. Nunca debes pagar a alguien para inscribirte en un plan de Medicare o hacer un pago único que supuestamente cubre tus primas por meses, años o por siempre. Estas solicitudes son ilegales.

» **Una persona solicita información personal financiera o de identificación:** no compartas tu número de Seguro Social o de identificación de Medicare, detalles de tu tarjeta de crédito, información de tu cuenta bancaria u otros datos financieros, especialmente por teléfono. Si alguna persona te llama por teléfono de manera legítima, no te pedirá esta información.

## Analicemos algunas estafas comunes que están dirigidas a los adultos mayores

**ADVERTENCIA**

Los estafadores continuamente idean nuevas formas de dirigirse a los estadounidenses mayores, con el objetivo de robar su dinero o identidades. A continuación, te comparto algunas estafas comunes relacionadas con Medicare reportadas por adultos mayores además de las que ya mencionamos en la sección anterior:

>> **La amenaza de pérdida de cobertura de Medicare:** una persona te llama, afirma ser un funcionario del gobierno que necesita verificar tu número de Seguro Social o de identificación de Medicare y te comenta que si no lo proporcionas, perderás tu cobertura de Medicare. *Recuerda:* el gobierno ya tiene tu número en archivo. No puedes perder los beneficios de Medicare por no brindar este número.

>> **La estafa de que necesitas una nueva tarjeta:** en el 2018, Medicare emitió nuevas tarjetas a todos los inscritos en las que eliminó los números de Seguro Social. Una estafa resurgente implica criminales que piden tu número de identificación de Medicare para emitir una nueva versión de esa tarjeta con un chip. *Recuerda:* Medicare nunca llama para ofrecer una nueva tarjeta. Si pierdes tu tarjeta, puedes solicitar una nueva en línea.

>> **La oferta de prueba genética gratuita:** los estafadores que se hacen pasar por representantes de pruebas genéticas ofrecen exámenes de ADN, cáncer o genéticos "gratuitos" a los beneficiarios de Medicare. Solicitan tu número de tarjeta de Medicare, que luego usan para robar tu identidad médica y facturar falsamente a Medicare. *Recuerda:* solo un médico de confianza puede solicitar pruebas de detección. No compartas tu información de Medicare con personas desconocidas.

**RECUERDA**

Es poco probable que enfrentes estas situaciones, pero si lo haces, puedes colgar el teléfono o cerrar la puerta. No te dejes engañar por una voz amigable o una buena predisposición para conversar. Los estafadores son expertos en controlar la conversación para ganarse tu confianza y mantenerte involucrado. Estas personas no se preocupan por ti; te ven como una víctima potencial. Demuéstrales que no lo eres.

## Cómo informar una estafa

Las autoridades utilizan los informes de intentos de estafa para alertar a los consumidores y ayudar a prevenir futuros incidentes. Si te encuentras con una estafa, por favor repórtala. Puedes hacerlo mediante:

>> El fiscal general o comisionado de seguros de tu estado: encuentra la información de contacto en tu guía telefónica, en el sitio web de tu estado,

o usa el mapa proporcionado por la Asociación Nacional de Comisionados de Seguros en www.naic.org/state_web_map.htm y selecciona tu estado.

>> La Comisión Federal de Comercio (FTC, por su sigla en inglés): la FTC es la agencia oficial de protección al consumidor. Puedes:

- Llamar a la línea de ayuda gratuita al 877-382-4357.
- Escribir al FTC Consumer Response Center (Centro de Respuesta al Consumidor de la FTC), 600 Pennsylvania Ave. NW, Washington, DC 20580.
- Presentar una queja en línea en reportfraud.ftc.gov.

>> El inspector general del Departamento de Salud y Servicios Humanos (DHHS, por su sigla en inglés) de EE.UU. Puedes:

- Llamar a la línea directa gratuita al 800-447-8477 (TTY 800-377-4950).
- Escribir a: DHHS, Office of the Inspector General (OIG), Attention: OIG Hotline Operations (Oficina del inspector general, atención: Operaciones de la línea directa de la OIG), P.O. Box 23489, Washington, DC 20026.
- Presentar una queja en línea en oig.hhs.gov/fraud/report-fraud.
- Contactar a la Patrulla Medicare para Adultos Mayores, que lucha contra el fraude a nivel local. Visita smpresource.org/you-can-help/report-fraud y selecciona tu estado.

## Qué debes hacer si te estafan

Si caes en una estafa a pesar de tus mejores esfuerzos, a menudo puedes evitar un pago o recibir un reembolso por compras no autorizadas si informas de inmediato a tu banco o compañía de tarjeta de crédito.

RECUERDA

Si compartes información personal, como tu número de Seguro Social, identificación de Medicare o detalles de tu cuenta bancaria, considera la posibilidad de robo de identidad. Los siguientes recursos ofrecen excelentes consejos sobre qué hacer:

>> **The Privacy Rights Clearinghouse (Oficina de información sobre derechos de privacidad):** una organización sin fines de lucro con sede en California que ayuda a las víctimas de robo de identidad. Para obtener una guía detallada, visita privacyrights.org/consumer-guides/identity-theft-what-do-if-it-happens-you.

>> **La Comisión Federal de Comercio:** esta agencia proporciona orientación sobre cómo manejar el robo de identidad. Visita consumer.ftc.gov/identity-theft-and-online-security para obtener información en inglés y español.

# Cómo resistir las tácticas de ventas agresivas

Las *ventas agresivas* ocurren cuando un vendedor o agente de seguros independiente utiliza tácticas agresivas o poco éticas, como enganche y engaño, para presionarte a inscribirte en un plan que no deseas o que tiene consecuencias que no entiendes.

Las compañías de seguros que venden planes de Medicare no deben presionarte ni engañarte para que elijas un plan sobre otro. En los últimos años, Medicare introdujo reglas más estrictas para prevenir estas prácticas, por lo que es menos probable que las encuentres. Puedes evitar la presión de ventas al tomar tus propias decisiones sobre los planes (consulta los Capítulos 10 y 11) o al buscar ayuda de fuentes imparciales, como se mencionó anteriormente en este capítulo.

Tu mejor defensa contra tácticas poco éticas es estar bien informado. Entender las diferencias entre varios tipos de seguros de Medicare (planes de medicamentos de la Parte D, planes de Medicare Advantage y pólizas suplementarias Medigap) asegura que elijas el plan que realmente deseas. En varios capítulos de este libro explico estos planes en detalle, y en el Capítulo 9 los reúno a todos.

En las siguientes secciones, proporciono protección adicional al delinear lo que las personas que venden estos planes pueden y no pueden hacer. Explico qué prácticas son legales y cuáles no. Además, explico la importancia de verificar la información antes de inscribirse en un plan a través de un vendedor o agente de seguros, y ofrezco orientación sobre qué hacer si sientes que te engañaron para unirte a un plan.

## Cómo diferenciar los métodos de ventas que están permitidos de los que no

Reconocer las acciones permitidas y prohibidas de las compañías de seguros y sus agentes de ventas al vender productos de Medicare ayuda a identificar discursos de ventas engañosos. No necesitas memorizar todas las reglas, pero es una buena idea que las tengas a mano para referencia antes o después de reunirte con vendedores o antes de firmar cualquier documento.

Medicare permite que los planes:

>> Envíen materiales promocionales por correo, pero no formularios de inscripción.

>> Envíen representantes de ventas a tu hogar, pero solo con tu permiso previo y para analizar el tipo específico de cobertura que solicitaste (por ejemplo, plan

Medicare Advantage, plan de medicamentos de la Parte D independiente o seguro Medigap).

>> Den presentaciones de ventas en lugares públicos como centros comerciales u hoteles.

**ADVERTENCIA**

### Medicare *no* permite que los planes:

>> Envíen vendedores a tu hogar sin invitación.

>> Te llamen directamente para realizar discursos de ventas a menos que hayas solicitado la llamada o tengas una relación existente con el plan.

>> Te soliciten una visita a domicilio para explicar los detalles del plan o inscribirte.

>> Te pidan información personal por teléfono, incluso dirección, medicamentos recetados, número del Seguro Social o de Medicare, tarjeta de crédito, números de cuenta bancaria u otra información financiera.

>> Te inscriban en un plan por teléfono a menos que hayas iniciado la llamada.

>> Te vendan una póliza Medigap si ya tienes una o estás inscrito en un plan Medicare Advantage.

>> Te vendan un plan de seguro de salud de Obamacare si estás inscrito en Medicare.

>> Den presentaciones de ventas o repartan formularios de inscripción en consultorios médicos, hospitales, farmacias, residencias geriátricas y otras instalaciones relacionadas con la salud, excepto en áreas comunes como salones públicos.

>> Den presentaciones de ventas en eventos educativos como ferias de información de salud y reuniones comunitarias.

>> Den regalos, dinero en efectivo, comidas o cualquier obsequio para inducir la inscripción.

### Medicare requiere que los planes:

>> Expliquen claramente en los materiales de ventas y discursos de ventas verbales que no todos los médicos y hospitales aceptan sus planes Medicare Advantage.

>> Aseguren que los agentes de ventas independientes tengan licencias emitidas por el estado en el que trabajan.

» Garanticen que los agentes de ventas reciban la misma comisión por cada plan Medicare Advantage vendido por el patrocinador en cualquier año, para prevenir sesgos. La misma regla se aplica a los planes de la Parte D independientes. (Sin embargo, los agentes pueden recibir comisiones diferentes por vender planes Medicare Advantage versus planes de medicamentos de la Parte D independientes).

» Capaciten a los representantes de ventas, agentes de seguros independientes y corredores y contraten solo a aquellos que obtengan al menos un 85% en una prueba escrita sobre el programa Medicare, sus reglas y los planes que venderán.

» Aseguren que los agentes de ventas que discutan un tipo particular de plan (por ejemplo, seguro Medigap) no puedan discutir otros tipos de planes (por ejemplo, Medicare Advantage o planes de medicamentos de la Parte D) en la misma reunión. Se debe programar una cita separada al menos 48 horas después, salvo que coincida con el final de un período de inscripción.

» Llamen a los consumidores que se inscriban en cualquier plan Medicare Advantage para confirmar que entienden sus condiciones y consecuencias, permitiéndoles la oportunidad de retirarse de la inscripción si lo desean.

» Provean servicios de intérprete en el centro de llamadas del plan para personas con dominio limitado del inglés.

INFORMACIÓN TÉCNICA

Es posible que consideres que estas reglas son el resultado inevitable e innecesario de la burocracia del Gobierno, pero fueron introducidas tras un gran escándalo de abuso de ventas que reveló que muchos beneficiarios de Medicare habían sido engañados por prácticas de ventas poco éticas.

## Tómate tiempo para pensar y verificar la información antes de firmar

RECUERDA

Tomarse el tiempo necesario para pensar y verificar la información es crucial para evitar inscribirse en el plan equivocado. No dejes que nadie te presione para que te inscribas apresuradamente. Siempre pide el nombre y la información de contacto del agente. Si tienes alguna duda, comunícate con el departamento de seguros de tu estado para confirmar la licencia del agente. Considera cuidadosamente el plan, especialmente si es un plan de Medicare Advantage. Verifica qué médicos lo aceptan, como ya analizamos en el Capítulo 11.

## Qué medidas tomar si te engañaron para inscribirte a un plan

Medicare ofrece protecciones para las personas que creen que fueron engañadas para inscribirse en un plan Medicare Advantage o en la Parte D que no desean o sobre el cual no les ofrecieron la información suficiente y no comprenden las consecuencias completamente. Si te encuentras en esta situación, aquí te comparto los pasos que puedes seguir:

» Llama a la Línea de Ayuda de Medicare: marca 800-633-4227 (TTY 877-486-2048). Explica tu situación y solicita un período de inscripción especial para darte de baja del plan y cambiar a otro. Si lo prefieres, puedes cambiar de un plan Medicare Advantage a Medicare Original y un plan de la Parte D, como se detalla en el Capítulo 15.

» Si tu plan se niega a pagar tus facturas médicas, por ejemplo, si recibiste tratamiento fuera de la red del plan Medicare Advantage mientras pensabas que aún tenías cobertura de Medicare Original, llama a la línea de ayuda de Medicare. Pide que te vuelvan a inscribir en Medicare Original *retroactivamente*, desde la fecha en que te uniste al plan. Entonces, Medicare cubrirá las facturas pendientes a su tarifa habitual, y tú pagarás la parte estándar del costo.

» Si la línea de ayuda de Medicare no resuelve tu problema, llama de nuevo y solicita hablar con un trabajador social en tu oficina regional de Medicare. O, también, puedes pedir la información de contacto de tu oficina regional de Medicare y llamarlos directamente para explicar tu situación.

» Tienes derecho a presentar una queja formal contra el plan, como se explica en el Capítulo 16.

**RECUERDA**

Si encuentras agentes de ventas usando tácticas poco éticas, repórtalos a tu departamento de seguros estatal. Para obtener la información de contacto, consulta tu guía telefónica o visita el sitio web de la Asociación Nacional de Comisionados de Seguros en www.naic.org/state_web_map.htm.

# 4

# Navega las particularidades de Medicare

Información esencial: aprende a gestionar tus primas de Medicare, encontrar médicos que acepten Medicare, entender sus cargos y abordar problemas iniciales con las recetas de la Parte D, entre otras cosas.

Detalles de la cobertura: comprende los puntos más específicos de la cobertura de Medicare, especialmente aquellos que no se explican por completo en las guías oficiales. Con esta sección podrás enfrentar las situaciones específicas donde conocer las reglas es crucial.

Cambiar de cobertura: obtén consejos prácticos sobre cuándo y cómo cambiar de una opción de Medicare a otra si es necesario.

Tus derechos y apelaciones: adquiere conocimiento sobre tu derecho a recibir información precisa de los funcionarios del gobierno, cómo presentar una queja y cómo transitar los diferentes niveles de apelaciones disponibles si no estás de acuerdo con una decisión.

EN ESTE CAPÍTULO

» **Todo lo que tienes que saber sobre tus tarjetas**

» **Analizaremos tu información de cobertura**

» **Cómo pagar tus primas (y cuáles son las consecuencias de no hacerlo)**

» **Cómo organizar tus registros**

» **Cómo saber qué médicos aceptan Medicare y en qué medida**

» **Cómo funciona la Parte D en la farmacia**

# Capítulo **13**

# Primeros pasos como beneficiario nuevo de Medicare

Te has inscrito en Medicare, y el Seguro Social te envió tu tarjeta de identificación de Medicare, en la que se indica cuándo comienza tu cobertura de la Parte A y la Parte B. (Creo que te has inscrito en la Parte B. Si retrasaste la inscripción en la Parte B, por algunas de las razones que expliqué en el Capítulo 6, no necesitas saber la mayor parte de lo que comparto en este capítulo. Solo necesitas saber que esta información estará aquí cuando te inscribas). También podrías haberte inscrito en un plan de medicamentos de la Parte D o en un plan de Medicare Advantage, tal como lo explico en los Capítulos 10 y 11.

Entonces, ¿qué sucede después? En este capítulo nos enfocamos en entender qué esperar al comenzar con la cobertura de Medicare por primera vez. Analizamos detalles esenciales sobre tus tarjetas de identificación que confirman tu cobertura de atención médica. Aprenderás conceptos básicos prácticos, por ejemplo, cómo pagar tus primas de Medicare (como siempre, los métodos varían según tus circunstancias), qué sucede si tienes pagos atrasados y cómo rastrear otros gastos.

Además, en este capítulo abordaremos cómo encontrar médicos que acepten Medicare y qué monto debes pagarles en diferentes escenarios. También te guiaré en la farmacia para que puedas completar tus recetas de la Parte D por primera vez y te ayudaré a resolver cualquier problema que pueda surgir.

# Todo lo que tienes que saber sobre tus tarjetas

Es posible que tengas varias tarjetas para diferentes servicios de Medicare, lo que puede dificultar distinguir entre ellas o recordar sus usos específicos. Esto puede ser particularmente confuso si tienes un plan de medicamentos de la Parte D y una póliza Medigap de la misma compañía de seguros, con el mismo nombre en ambas tarjetas.

En esta sección te ayudaré a identificar cada tipo de tarjeta de Medicare, entender sus usos y aprender cómo protegerlas. También explicaré qué hacer si las pierdes.

## ¿Cuándo usar cada tarjeta?

**RECUERDA**

Presentar la tarjeta correcta en el consultorio del médico o en el hospital es crucial. No se trata solo de demostrar que tienes seguro de salud; también con la información en tu tarjeta tu proveedor sabrá a quién debe enviarle la factura. Por ejemplo, si estás en un plan HMO de Medicare Advantage y por error muestras tu tarjeta regular de Medicare en lugar de la tarjeta de membresía de tu plan HMO, el proveedor facturará a Medicare. Medicare entonces negará la reclamación, y esto causará complicaciones para ti y tu proveedor. Por lo tanto, es esencial que conozcas tus tarjetas y cómo usarlas correctamente, tal como explico en las siguientes secciones.

### Tu tarjeta de identificación de Medicare

Tu tarjeta de identificación de Medicare, de color rojo, blanco y azul, está impresa en papel blanco grueso. En ella se incluye el logotipo del Departamento de Salud y Servicios Humanos y las palabras "Seguro de salud de Medicare." En la parte frontal de la tarjeta se muestra tu nombre, número de identificación de Medicare, el tipo de cobertura que tienes (Parte A, Parte B o ambas) y la fecha en que comienza tu cobertura. En la parte trasera se incluye el número de teléfono de la línea de ayuda de Medicare y su sitio web.

Usa esta tarjeta para acceder a servicios médicos si tienes Medicare Original. Si también tienes cobertura de medicamentos independiente de la Parte D de Medicare, seguro suplementario Medigap, o beneficios de un plan de jubilación u otra fuente suplementaria, es posible que necesites mostrar esas tarjetas también. Estas tarjetas adicionales se discuten más adelante en este capítulo.

## Tu tarjeta de identificación de Medicaid

Si calificas para ambos servicios de Medicaid y Medicare o los beneficios de un Programa de Ahorros de Medicare (como se describe en el Capítulo 4), recibirás una tarjeta de identificación de Medicaid de tu estado. Cada estado administra Medicaid, por lo que la apariencia y el color de las tarjetas varían. Tu tarjeta mostrará tu nombre, género, número de identificación de Medicaid y el nombre o la abreviatura de tu estado (por ejemplo, KY para Kentucky). También puede incluir el término "Medicaid", aunque algunos estados usan frases como "beneficios médicos" o "ayuda médica", o tienen nombres de programas únicos como MediCal en California y TennCare en Tennessee.

Presenta esta tarjeta siempre que utilices servicios médicos. Si además estás inscrito en Medicare Original, muestra también tu tarjeta de identificación de Medicare. Si estás en un plan de Medicare Advantage, presenta tu tarjeta de membresía del plan (consulta la siguiente sección).

## Tu tarjeta de membresía del plan Medicare Advantage

Tu tarjeta de membresía del plan Medicare Advantage muestra tu nombre, número de identificación de miembro, el nombre del plan, su número de identificación de Medicare y el número de teléfono de servicio al cliente. También indica el tipo de plan Medicare Advantage (MA), como Organizaciones de Mantenimiento de la Salud (HMO, por su sigla en inglés), Organizaciones de Proveedores Preferidos (PPO, por su sigla en inglés) o los planes de privados de pago por servicio (PFFS, por su sigla en inglés). El nombre de la compañía de seguros puede ser parte del nombre del plan o mostrarse por separado. Ten en cuenta que los diseños de las tarjetas varían entre los planes.

ADVERTENCIA

Usa esta tarjeta (*no* tu tarjeta de identificación de Medicare) para acceder a los servicios médicos según los términos y condiciones de tu plan. Por ejemplo, si tu plan te limita a médicos dentro de su red, usar la tarjeta en la consulta de un médico fuera de la red probablemente te hará responsable del costo total, excepto en emergencias. Existe una excepción para aquellos inscritos en un HMO de Costo de Medicare, donde puedes usar tu tarjeta de Medicare para servicios fuera de la red sin importar la situación médica, como se detalla en el Capítulo 9. De lo contrario, no podrás usar tu tarjeta regular de Medicare para obtener servicios cuando estés inscrito en un plan de Medicare Advantage.

Si tu plan incluye cobertura de medicamentos, podrías usar la misma tarjeta para recetas o recibir una tarjeta separada para uso en la farmacia, dependiendo de los procedimientos de tu plan.

## Tu tarjeta de membresía del plan de prescripción de la Parte D independiente

Esta tarjeta muestra tu nombre, número de ID de miembro, el nombre del plan, su número de identificación y el número de teléfono de servicio al cliente. Probablemente indica tu derecho a la cobertura de medicamentos recetados de Medicare, a menudo abreviada como PDP (sigla en inglés para plan de medicamentos recetados).

Debes usar esta tarjeta para completar tus recetas bajo la Parte D si recibes beneficios médicos de Medicare Original o de un plan Medicare Advantage que no incluye cobertura de medicamentos (como los planes de Costo de Medicare, algunos planes PFFS y las cuentas de ahorro médico de Medicare).

Tu tarjeta actúa como una clave que le permite al farmacéutico acceder al sistema de la Parte D. Este sistema determina los costos de sus medicamentos recetados según su plan y nivel de cobertura, ya sea en un nivel de deducible, cobertura inicial, período sin cobertura o cobertura catastrófica (estos niveles se explican con más detalle en el Capítulo 2).

## Tu tarjeta de seguro complementario de Medigap

Tu tarjeta de seguro complementario de Medigap muestra tu nombre, número de identificación de Medigap, el nombre de la compañía de seguros, su número de teléfono de servicio al cliente y el tipo de póliza Medigap que tienes, identificada por una letra (por ejemplo, "Plan suplementario de Medicare F"). Consulta el Capítulo 4 para más detalles sobre Medigap.

Presenta esta tarjeta para confirmar tu cobertura de seguro adicional para copagos cuando utilices Medicare Original. Muéstrala siempre que recibas servicios de un médico, hospital u otro proveedor de atención médica.

## Cómo reemplazar tus tarjetas

Las tarjetas pueden perderse, pueden robártelas o volverse ilegibles con el tiempo. Si necesitas un reemplazo para tu tarjeta de Medicare, puedes llamar a Medicare al 800-633-4227 (TTY 877-486-2048) o solicitar una en línea a través de tu cuenta en Medicare.gov. Tendrás tu nueva tarjeta en aproximadamente 30 días. Para una solución más rápida, puedes imprimir una copia desde tu cuenta en línea de Medicare.

Para tarjetas de planes privados como un plan de Medicare Advantage, un plan independiente de la Parte D, o una póliza Medigap, contacta a la compañía de seguros que emitió la tarjeta. Si pierdes una tarjeta de Medicaid, comunícate con el programa de Medicaid de tu estado (busca en línea "Medicaid" y el nombre de tu estado para obtener la información de contacto). Con esta variedad de prov-eedores, es una buena idea escribir una lista de tus planes de seguro, con la información de contacto de cada uno y guárdala en un lugar seguro.

# Más allá de las tarjetas: comprueba el alcance y los límites de tu cobertura

Cuando te inscribes en Medicare Original, recibes poca información más allá de tu tarjeta de identificación de Medicare. El manual oficial, "Medicare y Usted" se envía por correo a los beneficiarios cada otoño y está disponible en línea en www.medicare.gov/pubs/pdf/10050-Medicare-and-You.pdf.

Unirte a un plan Medicare Advantage o a un plan de medicamentos de la Parte D independiente implica un acuerdo legal. Por lo tanto, recibirás un paquete de información completo, ya sea con tu tarjeta de membresía o por separado. Este paquete incluye:

>> **Evidencia de cobertura (EOC, por su sigla en inglés):** este folleto es importante, así que asegúrate de guardar la información en un lugar seguro. Como lo exige la ley de Medicare, contiene una gran cantidad de información que puedes usar como referencia cuando te unas al plan o durante todo el año. Aquí comparto algunos ejemplos:

- **Números de teléfono:** te puedes comunicar para resolver cualquier pregunta o problema.

- **Explicación del plan:** detalles sobre cómo funciona el plan, sus condicio-nes y reglas que debes aceptar.

- **Beneficios y costos:** información específica de los costos y beneficios del plan para el año en curso. Estos pueden ser diferentes a los que el mismo plan proporcionó el año anterior o proporcionará al siguiente año.

- **Explicación de tus derechos legales si tienes una queja contra el plan o si no estás de acuerdo con una decisión que se tomó:** en esta sección se incluyen instrucciones detalladas sobre cómo presentar quejas o hacer una apelación (en el Capítulo 16 cubro el proceso general de ambas).

» **Información de cobertura de medicamentos:** si el plan es un plan de la Parte D o de Medicare Advantage con cobertura de medicamentos, el paquete debe incluir lo siguiente:

- **El formulario del plan:** en un *formulario* se incluye una lista de medicamentos que cubre el plan. También, se incluyen las restricciones, por ejemplo, autorización previa, límites de cantidad, terapia escalonada (explico estas restricciones en el Capítulo 14) y se explica en qué nivel de copago se encuentra cada medicamento, para que puedas saber cuánto pagarás.

- **La red de farmacias del plan:** en esta lista se incluyen las farmacias locales que aceptan tu plan, incluso farmacias preferidas (donde tus medicamentos pueden ser más económicos) y *especializadas* (que tienen medicamentos especiales en *stock*, como los que se inyectan o requieren un manejo especial). Puedes leer más sobre los tipos de farmacias más adelante en este capítulo.

» **Información sobre proveedores:** si tu plan es un plan de atención administrada de Medicare, como HMO, PPO, plan de necesidades especiales o plan de costos de Medicare, el paquete debe incluir lo siguiente:

- **Directorio de proveedores:** lista de médicos, hospitales e instalaciones dentro de la red.

- **Área de servicio:** áreas donde tu plan tiene cobertura, que podrían ser condados, códigos postales o regiones.

**RECUERDA**

Todos los datos en el paquete de información de tu plan son muy importantes, por eso, debes guardarlos en un lugar seguro donde puedas consultarlos durante todo el año. Si falta algún documento, contacta a tu plan para solicitarlo.

# Cómo gestionar tus primas

Las primas, copagos y deducibles son costos rutinarios de Medicare, que explico en el Capítulo 3. En las siguientes secciones, me centraré en la mecánica básica de pagar las primas y las consecuencias de no pagarlas, según tu situación y el tipo de cobertura de Medicare que tengas.

## Descubre diferentes maneras de pagar las primas de Medicare

Tienes algunas opciones para pagar las primas de Medicare, según la situación. Los siguientes métodos se aplican a las primas de la Parte B (y a veces de la Parte A) si estás inscrito en Medicare Original. Después, analizaremos opciones para los que tengan un plan de medicamentos de la Parte D privado o un plan de Medicare Advantage.

CONSEJO

Un tema relacionado que explico en detalle en el Capítulo 4 y que vale la pena repetir aquí en el contexto de pagar primas es que si tus ingresos están por debajo de cierto nivel, puedes calificar para

>> El programa de ahorros de Medicare: tu estado puede pagar tus primas de la Parte B (y a veces las primas de la Parte A si aplica).

>> El programa de Ayuda Adicional: ofrece cobertura de medicamentos recetados de la Parte D a bajo costo, incluyendo la exención o reducción de las primas del plan de medicamentos.

Para obtener más información o para aplicar, llama al Seguro Social al 800-772-1213 (TTY 800-325-0778).

## Deducción de las primas de la Parte B de los cheques de beneficios

Si recibes beneficios de jubilación del Seguro Social, de la Junta de Retiro Ferroviario (RRB, por su sigla en inglés) o del Servicio Civil, tus primas de la Parte B se deducen automáticamente de tus pagos mensuales. Esto también se aplica si recibes pagos por discapacidad del Seguro Social o de la RRB.

RECUERDA

En algunos casos, las primas de la Parte B superan los pagos de jubilación o discapacidad. Si esto sucede y recibes beneficios del Seguro Social, se retendrá todo tu beneficio y deberás pagar el saldo restante directamente a Medicare. Sin embargo, si tus beneficios provienen de la RRB o del Servicio Civil, tu prima no se deduce. En su lugar, Medicare te enviará una factura.

## Qué sucede si recibes una factura por las primas de las Partes A y B

Si en la actualidad no recibes pagos de jubilación o por discapacidad, Medicare te enviará una factura por los servicios de la Parte B, siempre y cuando estés inscrito en la Parte B. Si no estás inscrito, no recibirás una factura.

Estas facturas se deben pagar trimestralmente por adelantado. Si prefieres no pagar las primas de tres meses de una sola vez, puedes solicitar un arreglo de pago mensual al comunicarte con la línea de ayuda de Medicare al 800-633-4227 (TTY 877-486-2048). Esta opción la explico mejor en la sección 40.7.3 del Capítulo 2 del manual de Medicare "Información general, elegibilidad y derecho", que dice: "Las facturas de primas se envían cada tres meses a menos que la persona solicite específicamente una factura mensual."

Si no calificas para la Parte A sin primas y necesitas pagar primas para recibir los servicios de la Parte A, como lo explico en el Capítulo 5, Medicare te facturará mensualmente, no trimestralmente.

En ambas situaciones, puedes elegir pagar de una de las siguientes cinco maneras:

>> Enviar un cheque o giro postal a la dirección impresa en la factura.

>> Pagar con tarjeta de crédito con la información que figura en la parte inferior del cupón de pago enviado con la factura.

>> Pagar mediante transferencia automática desde tu cuenta bancaria (organizado a través de tu banco).

>> Pagar manualmente a través de tu cuenta en línea en Medicare.gov mediante transferencia bancaria o tarjeta de crédito.

>> Inscribirte en Pago fácil de Medicare (*Medicare Easy Pay*) que es un sistema que permite que se descuentan las primas de tu cuenta corriente o de ahorros cada mes. Para organizar este servicio gratuito, llama a Medicare al número mencionado anteriormente o visita www.medicare.gov/basics/costs/pay-premiums/medicare-easy-pay para completar un formulario de acuerdo de autorización para pagos preautorizados (SF-5510).

**CONSEJO**

## Cómo se realiza el cambio de facturación directa a deducciones del Seguro Social

Muchas personas se inscriben en Medicare mucho antes de comenzar a recibir los beneficios de jubilación del Seguro Social. Esto plantea una pregunta importante: si has pagado tus primas de la Parte B directamente a Medicare (generalmente trimestralmente por adelantado), ¿cómo cambias a que esas primas se deduzcan automáticamente de tus cheques del Seguro Social cada mes? Específicamente, en el momento del cambio, ¿cómo puedes asegurarte de que no vas a pagar el doble durante la transición?

Por ejemplo, si vas a recibir tu primer cheque del Seguro Social en mayo, pero ya has pagado las primas a Medicare para mayo, junio y julio, ¿cuándo comenzarán las deducciones automáticas del Seguro Social?

Esta pregunta es común entre los beneficiarios, y aunque he consultado a funcionarios de Medicare y del Seguro Social, no hay una respuesta definitiva al momento de escribir estas líneas. Los funcionarios del Seguro Social afirman que coordinan con Medicare para evitar que el beneficiario pague dos veces lo mismo, pero puede tomar un mes o dos para realizar el ajuste.

Calcular lo que has pagado es complicado porque las primas de Medicare se pagan por adelantado, mientras que los pagos del Seguro Social se realizan con un mes de retraso. Por ejemplo, el cheque que recibes en mayo es en realidad para abril. Además, Medicare no proporciona estados de cuenta que muestren tu historial de pagos ni una forma de verificar pagos pasados.

**CONSEJO**

Recomiendo examinar detenidamente los montos que recibes del Seguro Social durante el período para el cual ya has pagado las primas de Medicare. Si, después de un par de meses, crees que has pagado dos veces, comunícate con el Seguro Social al 800-772-1213 (TTY 800-325-0778) y pide aclaraciones. Por ley, deben reembolsar cualquier pago en exceso.

## Cómo pagar primas en un plan de medicamentos o de salud de Medicare

Los planes de medicamentos recetados de la Parte D y los planes de Medicare Advantage ofrecen varias opciones para pagar las primas (además de la prima de la Parte B). De acuerdo con tus circunstancias y las reglas del plan, puedes elegir pagar estas primas de una de las siguientes maneras:

>> Deducción automática de tu pago mensual de jubilación o beneficio por discapacidad (si recibes alguno)

>> Enviar un cheque mensual por correo al plan

>> Configurar una transferencia electrónica desde una cuenta bancaria

>> Usar Pago fácil de Medicare, un servicio gratuito que deduce las primas de una cuenta corriente o de ahorros cada mes, generalmente el día 20

>> Cargar el pago a tu tarjeta de crédito por correo, teléfono o en línea

Cuando te unes a un plan por primera vez, debes elegir un método de pago. Ten en cuenta que no todos los planes ofrecen todas las opciones listadas. Por lo general, debes mantener el método elegido durante el resto del año calendario. Si necesitas cambiar el método de pago o encuentras problemas con el pago, comunícate directamente con el plan.

Si eliges que las primas se deduzcan de tus pagos del Seguro Social, jubilación ferroviaria o del Servicio Civil, ten en cuenta lo siguiente:

>> **Puede tomar dos meses o más para que comiencen con las deducciones.** Durante este período, recibirás una factura del plan y deberás pagar directamente. El plan te notificará cuando comience la deducción automática.

>> **Si cambias a un plan diferente, las deducciones no continuarán automáticamente.** Necesitas hacer una nueva elección de pago al unirte a un plan diferente, como durante la inscripción abierta o si te mudas fuera del área de servicio de tu plan actual. Nuevamente, puede haber una demora en las deducciones y recibirás una factura por ese tiempo.

>> **Si tienes otro seguro que paga parte de tus primas de la Parte D, el Seguro Social aún deducirá el monto total de la prima de tu cheque de jubilación o por discapacidad.** Algunos ejemplos pueden ser: seguro de un empleador, sindicato o Programas Estatales de Asistencia Farmacéutica (SPAP, por su sigla en inglés). En esta situación, el plan, no el Seguro Social, debe reembolsarte el monto adeudado. Sin embargo, si prefieres pagar las primas directamente al plan, solo se te facturará tu parte de la prima, y tu otro seguro pagará su parte directamente al plan.

Si tú y tu cónyuge están inscritos en el mismo plan privado (Parte D o Medicare Advantage) y eligen pagar con cheque, podrían considerar poner ambos pagos en un solo cheque. Si lo hacen, anoten en el cheque que cubre las primas de ambos para el mes en particular (por ejemplo: "Primas de abril para John y Mary Jones"). De lo contrario, escriban cheques separados para evitar el riesgo de que uno de ustedes por error sea dado de baja por falta de pago.

# Cuáles son las consecuencias de pagar las primas fuera de término

No pagar tus primas puede llevar a la pérdida de tu cobertura, pero no sucederá de inmediato ni sin advertencia. En las secciones a continuación explico los períodos de gracia permitidos para los pagos atrasados y cómo puedes rectificar la situación, ya sea que se trate de Medicare Original, un plan de la Parte D o un plan de Medicare Advantage.

# Cuando tienes cobertura de Medicare Original

Si te facturan las primas de la Parte B, ya sea mensual o trimestralmente, esto es lo que sucede:

1. **El aviso de "Primera factura" indica que se recibió tu último pago o que es una factura inicial.**

2. **El aviso de "Esto no es una factura" significa que un pago se descontará electrónicamente de tu cuenta bancaria, generalmente el día 20 del mes, a través de Pago fácil de Medicare.**

3. **Si no pagas la primera factura, recibirás un aviso de "Segunda factura", que indica que el pago tiene al menos 60 días de retraso.**

4. **Si no pagas después de la segunda factura, recibirás una "Factura de moroso", que indica que el pago tiene al menos 90 días de retraso y corres el riesgo de perder tu cobertura de Medicare.**

   En este documento se proporciona la fecha específica en la que tu cobertura de la Parte B terminará si las primas vencidas no se pagan antes de la fecha límite (el final del período de gracia). Este es tu aviso de terminación.

**RECUERDA**

   Si te encuentras en esta situación, comunícate con el Seguro Social al 800-772-1213 (TTY 800-325-0778). Si puedes pagar todas las primas adeudadas dentro de los 30 días posteriores al aviso de terminación, tu cobertura de la Parte B continuará. O si tienes una razón válida para estar atrasado, es posible que puedas establecer un plan de pago.

5. **Si aún no pagas, recibirás una carta del Seguro Social informándote de la terminación de la cobertura de la Parte B.**

   Esta carta se enviará alrededor de 30 días después del final del período de gracia, aproximadamente cuatro meses después de que recibiste la primera factura impaga.

*Nota:* si pagas las primas de la Parte B directamente de forma mensual, el proceso de terminación es el mismo que si pagas trimestralmente: el período de gracia por falta de pago sigue siendo de 90 días. Sin embargo, si el pago se recibe dentro de los 30 días posteriores a la terminación, pueden reestablecer tu cobertura. También puedes pagar el monto total adeudado en cualquier momento durante el período de cuatro meses para evitar el proceso de terminación.

## Qué sucede cuando estás inscrito en un plan de medicamentos o de salud de Medicare

Si dejas de pagar o te atrasas en las primas mensuales de tu plan Parte D o Medicare Advantage, el resultado depende de la política de tu plan. Según las reglas de Medicare, el plan puede:

>> Continuar con tu cobertura (en otras palabras, no hacer nada)

>> Darte de baja después de un período de gracia y aviso

>> Enviarte una carta para que contactes al plan si tienes dificultades para pagar la prima

Tu plan no puede detener la cobertura sin previo aviso. Primero debe notificarte su intención de darte de baja e informarte sobre el período de gracia. El período de gracia puede durar uno, dos o tres meses, según el plan, y comienza el primer día del mes cuando una prima no se paga. (Por ejemplo, si una prima vence en enero, el período de gracia comienza el 1 de febrero). Los planes tienen dos opciones para manejar la baja después de que termine el período de gracia:

>> **Períodos de gracia únicos:** si no se pagan en su totalidad las primas vencidas durante el período de gracia, el plan puede terminar la cobertura al final de ese período.

>> **Períodos de gracia acumulativos:** si se deben más de una prima pero pagas una durante el período de gracia, el período de gracia se detiene y el plan envía un aviso de un nuevo período de gracia. Esto continúa hasta que pagues todas las primas adeudadas o no realices ningún pago durante un período de gracia, momento en el cual el plan puede darte de baja.

**RECUERDA**

A continuación, te comparto dos situaciones en las que *no pueden* darte de baja de tu plan por no pagar las primas, sin importar sus pólizas:

>> **Si has solicitado que las primas se paguen de tus beneficios del Seguro Social:** el plan debe trabajar con Medicare para investigar qué sucedió que el Seguro Social no descontó las primas o, si lo ha hecho, qué pasó que el plan no las recibió. Sin importar la razón, el plan no puede darte de baja mientras estés en estado de *retención de primas*, es decir, mientras las primas se estén descontando de tu cheque del Seguro Social o hayas solicitado que se deduzcan automáticamente de esta manera.

>> **Si tu prima completa la paga un SPAP u otro patrocinador:** el plan debe trabajar con el SPAP o el patrocinador (por ejemplo, un empleador o sindicato que paga las primas del plan en tu nombre), para recibir las primas.

**RECUERDA**

Si estas circunstancias no aplican, pero crees que fuiste dado de baja injusta o erróneamente, llama a Medicare al 800-633-4227 (TTY 877-486-2048) para impugnar la baja. Medicare investigará la situación. Además, contacta a tu plan y declara que deseas permanecer inscrito. El plan debe informarte por escrito para que puedas continuar con sus servicios mientras tu caso está bajo investigación. Si Medicare aprueba tu impugnación, tu inscripción será restablecida y retroactiva para asegurar una cobertura continua. Si pagaste de tu bolsillo por cualquier servicio durante este período, el plan debe reembolsarte.

## Qué sucede si has sido dado de baja del sistema

¿Qué pasa si te quedas sin cobertura? ¿Puedes recuperarla? Sí, pero solo en momentos específicos. Aquí están las reglas según el tipo de cobertura:

» **Si se dio la baja de la cobertura de la Parte A o Parte B:** puedes volver a inscribirte solo durante el período de inscripción general, que va del 1 de enero al 31 de marzo de cada año. La cobertura comienza el mes después de la inscripción. También puedes enfrentar penalizaciones permanentes por inscripción tardía, como se explica en el Capítulo 6.

» **Si se dio la baja de la cobertura de un plan de medicamentos de la Parte D:** puedes volver a inscribirte durante el período de inscripción abierta de otoño, que va del 15 de octubre al 7 de diciembre de cada año. Puedes pasar varios meses sin cobertura y enfrentar una penalización por inscripción tardía cuando te inscribas de nuevo (consulta Capítulo 6 para más detalles). Tu plan actual tiene el derecho de tomar acciones legales para recuperar primas que no has pagado o negar la reinscripción hasta que hayas pagado lo que debes.

» **Si se dio la baja de la cobertura de un plan de Medicare Advantage:** si te dan de baja de tu plan, todavía estarás cubierto para servicios médicos bajo Medicare Original, siempre y cuando hayas mantenido tus primas regulares de la Parte B. Sin embargo, pierdes la cobertura de medicamentos si tu plan de MA incluía servicios de la Parte D. Puedes inscribirte en un plan de MA diferente y recuperar la cobertura de medicamentos durante la inscripción abierta de otoño (del 15 de octubre al 7 de diciembre), a menos que califiques para un período de inscripción especial, como se explica en el Capítulo 15. Tu plan actual puede tomar acciones legales para recuperar primas que no hayas pagado y negar tu reinscripción en el mismo plan hasta que las hayas pagado.

# Cómo mantener un registro de tus gastos

Mantener registros precisos y actualizados es crucial, especialmente para los documentos de seguro médico. Mantener estos papeles organizados te ayuda a monitorear los gastos y proporciona evidencia en caso de disputas y necesites hechos concretos para defender tu caso.

En las secciones que figuran a continuación, analizo qué es el aviso de resumen de Medicare (MSN, por su sigla en inglés), que es un registro detallado de los servicios de la Parte A o Parte B que has recibido. Incluye información sobre costos y tus pagos. En esta sección explico cómo leer estos estados de cuenta, entender los gastos de Medicare en tu atención médica y verificar su precisión. Además, analizo los métodos para organizar y guardar tus registros médicos, incluso con opciones de almacenamiento en línea.

## Qué son los avisos de resumen de Medicare

Si estás inscrito en Medicare Original, recibirás un aviso de resumen de Medicare cada tres meses, pero solo si Medicare ha pagado por algún servicio médico durante ese período. También puedes acceder a estos avisos en cualquier momento en el sitio web de Medicare, como se explica en la sección "Rastrear información en línea" (Tracking information online).

Un MSN es similar a la Declaración de Beneficios que podrías conocer de otros seguros de salud. En este documento se detalla todo lo facturado a Medicare por tus servicios y suministros médicos, lo que Medicare pagó y lo que podrías deber a los proveedores. Hay dos tipos de MSN — Parte A y Parte B:

>> **Aviso de resumen de la Parte A:** en este documento se muestra la cantidad de días utilizados en el período de beneficios, el deducible de la Parte A cumplido, los pagos de Medicare y cualquier cantidad que puedas deber (en el Capítulo 14 explico los períodos de beneficios y en el Capítulo 3 el deducible) si has estado en hospitales, centros para enfermos terminales o centros de enfermería especializados (descritos en el Capítulo 3). Este aviso también incluye una sección de la Parte B en donde se detallan los servicios recibidos en el hospital u otra instalación, pero que se facturan, como, por ejemplo, servicios médicos, unidades de sangre o incluso una estancia hospitalaria completa en caso de observación en lugar de ser admitido formalmente en el hospital (en el Capítulo 14 analizo esta última situación).

>> **Aviso de resumen de la Parte B:** en este documento se detallan los servicios de médicos recibidos, como las consultas médicas, la atención ambulatoria como exámenes y análisis de laboratorio, así como equipos o suministros

médicos durante tres meses. Se incluyen los nombres de los proveedores, los montos que cobraron, la cantidad que Medicare considera razonable por cada servicio (el "monto aprobado por Medicare"), la cantidad que Medicare realmente pagó y cuánto (si corresponde) aún debes pagar a los proveedores. En este aviso también se muestra si Medicare negó el pago de una reclamación y, en caso de contar con un seguro complementario, como una póliza de Medigap, si fue enviada a otro asegurador para su pago.

**RECUERDA**

Los avisos de resumen de Medicare se han rediseñado para que sean mucho más accesibles que antes para los consumidores. Ahora son más fáciles de leer gracias a que se realizaron con una letra más grande, un lenguaje más sencillo, con mejores explicaciones e instrucciones más claras sobre cómo presentar una apelación. Sin embargo, te comparto algunos aspectos particulares que vale la pena conocer sobre los MSN:

>> **No son una factura.** Si en el MSN que recibiste te indican que debes dinero, espera la factura del proveedor y págala directamente.

>> **Debes comparar cuidadosamente los detalles del reclamo en tu MSN con las facturas que recibes de los proveedores.** Asegúrate de que los nombres de los proveedores, fechas, códigos de facturación y descripciones coincidan. Esto es muy fácil de hacer en el caso del MSN de la Parte B, donde cada servicio está desglosado.

Sin embargo, cada servicio que recibes en el hospital no aparece en el MSN de la A. Los funcionarios de Medicare dicen que la lista suele ser demasiado larga (y si alguna vez has revisado una factura hospitalaria, con cargos por cada aspirina, e incluso por el papel que cubre la mesa de operaciones, puedes entender a qué se refieren). Sí, recibirás una factura detallada del hospital, pero, ¿cómo puedes saber si le han facturado a Medicare correctamente sin un MSN detallado para compararlo? Los funcionarios de Medicare sugieren que puedes:

- Crea una cuenta personal en línea en Medicare.gov (como se explica en la sección posterior "Seguimiento de la información en línea") y utiliza el ícono del botón azul para acceder a una lista detallada de todos tus reclamos de la Parte A o la Parte B.

- Llama a Medicare al 800-633-4227 (TTY 877-486-2048). Un representante de servicio de atención al cliente puede acceder a tu historial completo de reclamos de la Parte A y brindarte la información que necesitas o enviarte una copia impresa, si así lo solicitas.

>> **Si encuentras un artículo en tu MSN que no recuerdas haber recibido, primero comunícate con el proveedor para consultarle.** Si es un error, solicita que lo corrijan. Si ves que Medicare ha denegado una reclamación que

crees que debería haber cubierto, pídele al proveedor que revise los códigos de identificación del servicio enviados, en caso de que se haya enviado el incorrecto.

Si sospechas que un proveedor ha presentado reclamaciones incorrectas a Medicare, y quizás haya realizado fraude, denúncialo. Con el MSN puedes hacerlo, incluso tiene una frase que dice "Si determinamos que tu aviso ayudó a descubrir un fraude, podrías calificar para una recompensa", que puede ser de hasta $1,000. ¡Vale la pena revistar tus MSN! (ese es el objetivo. Solo en el 2021, el Departamento de Justicia pudo recuperar más de $5,000 millones gracias a los informes de fraude). Denunciar una reclamación por un servicio o producto que nunca recibiste también puede evitarte muchos problemas. Por ejemplo, si un proveedor factura de manera fraudulenta a Medicare una silla de ruedas a tu nombre, más adelante podría denegar tu reclamación legítima para una silla de ruedas porque, según sus registros, ya tienes una. (Para más información, visita www.medicare.gov/fraud.)

» **Tiene derecho a presentar una apelación si Medicare niega una reclamación que consideras que se presentó correctamente.** En el MSN se indica cómo proceder con la apelación (también encontrarás más información sobre apelaciones en el Capítulo 16).

CONSEJO

Para obtener más ayuda para leer tu MSN, puedes consultar la herramienta en línea de decodificación de MSN desarrollada por AARP; puedes encontrarla en www.aarp.org/health/medicare-qatool/medicare-summary-notice.

*Nota:* si tienes un plan Medicare Advantage, recibirás Declaraciones de Beneficios en lugar de un MSN. Estas declaraciones detallan los servicios y suministros recibidos del plan. Si tienes cobertura de medicamentos de la Parte D, tu plan enviará declaraciones en donde se detallan los medicamentos que has usado, sus costos y también se indica qué tan cerca estás de alcanzar el deducible (si tu plan tiene uno) o de entrar en un período sin cobertura, tal como lo explico en el Capítulo 2.

# Lleva registros en papel en los que puedas confiar

CONSEJO

Si tienes problemas con tu cobertura de Medicare, querrás que tu papeleo sea fácil de encontrar y esté organizado. Aquí tienes algunos consejos para asegurarte de que puedas encontrar tus registros fácilmente cuando los necesites:

» **Mantén los registros de cada tipo de cobertura de salud en archivos separados.** Etiqueta cada carpeta con el nombre del plan y el tipo de seguro.

>> **Recuerda que tu folleto de evidencia de cobertura (EOC) es un documento importante, ya que detalla tu cobertura y derechos legales.** Si tienes múltiples planes, archiva cada EOC y los documentos relacionados en la carpeta adecuada para cada plan. (Describo estos folletos en otra sección al inicio de este capítulo "Más allá de las tarjetas: comprueba el alcance y los límites de tu cobertura").

>> **Rastrea tus gastos y nivel de cobertura: si tienes Medicare Original, archiva tus avisos de resumen de Medicare (MSN) en orden según las fechas.** Si tienes un plan de Medicare Advantage o de medicamentos de la Parte D, haz lo mismo con tus declaraciones de explicación de beneficios.

>> **Archiva notas de cualquier interacción con Medicare o tu plan, incluidas las conversaciones telefónicas, en la carpeta correspondiente.** Estos registros respaldarán tu caso si necesitas presentar una apelación.

## Realizar un seguimiento de la información en línea

Aquí te comparto dos formas de realizar un seguimiento de tu información de Medicare en línea, accesible en cualquier momento y cualquier día, según tu tipo de cobertura:

>> **Medicare Original:** Accede a www.medicare.gov/account/login para crear una cuenta personal gratuita y segura que puedes usar para:

- Rastrear tus reclamaciones de salud en Medicare Original.

- Verificar el estado de tus deducibles de la Parte A y Parte B.

- Pedir una nueva tarjeta de Medicare o una copia de un aviso de resumen de Medicare.

- Revisar tus pruebas y exámenes preventivos a los que tienes derecho.

- Mantener una lista de tus medicamentos.

>> **Planes Medicare Advantage y Parte D:** Muchos planes ofrecen un historial clínico personal (PHR, por su sigla en inglés) gratuito a sus miembros. Algunos PHR funcionan como un historial clínico electrónico real con acceso a los resultados de pruebas médicas anteriores, alertas para saber cuándo son los próximos chequeos, contactos por correo electrónico con tus médicos y programación de citas en línea. Con otros PHR puedes almacenar información médica que después quieras descargar, como tu lista de medicamentos. Comunícate con tu plan o visita su sitio web para verificar si ofrece un PHR.

# Cómo gestionar el contacto con los médicos

Los médicos son esenciales para tu atención médica. Al hacer la transición a Medicare, tu principal preocupación es si tus médicos actuales aún te aceptarán como paciente y si no lo hacen, cómo encontrar nuevos médicos que sí te acepten. En esta sección analizo esa preocupación y explico las reglas sobre cuánto pueden cobrar los médicos por los servicios de Medicare. *Nota:* esta información solo se aplica si estás inscrito en el programa Medicare Original. Los planes de Medicare Advantage funcionan de manera diferente, como se explica en el Capítulo 9.

## Cómo encontrar médicos que aceptan pacientes de Medicare

Según un informe del 2022 de la Kaiser Family Foundation, el 98% de los médicos de atención primaria todavía participan en el programa de Medicare, y el 83% acepta nuevos pacientes de Medicare. Esto significa que es probable que tu médico actual continúe tratándote cuando comiences con Medicare. Pero, si no es así, aquí hay algunas opciones que puedes considerar:

» **Usa el directorio de médicos de Medicare:** visita www.medicare.gov y haz clic en "Find care providers" (Buscar proveedores de atención médica) en la página principal. Esto te redirigirá a una página donde debes ingresar tu ubicación (código postal o ciudad y estado) y buscar por nombre, especialidad, grupo, parte del cuerpo o enfermedad. También puedes buscar por especialidad de la "A" a la "Z". Deberás comunicarte con las oficinas de los médicos listados para confirmar si aceptan nuevos pacientes de Medicare.

» **Comunícate con la asociación médica de tu estado:** estos grupos de médicos por lo general mantienen listas de médicos que aceptan nuevos pacientes. Busca en línea "Asociación médica de [nombre de tu estado]."

» **Considera un enfermero profesional (NP, por su sigla en inglés) para tu atención primaria:** los NP están capacitados para realizar muchas de las tareas que realizan los médicos, como diagnosticar, realizar tratamientos, recetar medicamentos y hacer referir pacientes a especialistas y laboratorios. Para encontrar NP licenciados en tu área, visita la Asociación Norteamericana de Enfermeros Profesionales en npfinder.aanp.org.

>> Busca atención médica en una clínica comunitaria que comúnmente se conoce como centro de urgencias o centros médicos sin cita previa. Quizás tengas que esperar un poco para que te atienda un médico, pero estas clínicas brindan buena atención y generalmente aceptan Medicare. Para encontrar una cerca de ti, busca en línea usando los términos mencionados.

## ¿Cuánto pueden cobrarte los médicos?

Cuando estás inscrito en Medicare Original y necesitas ver a un médico por primera vez, cuando llames para pedir una cita en su consultorio siempre pregunta si aceptan pacientes de Medicare y, de ser así, si aceptan asignación. Sus respuestas a estas preguntas afectan significativamente cuánto pagas:

>> **Asignación:** un médico que acepta *asignación* acuerda cobrarte no más del monto que Medicare ha aprobado para un servicio en particular. Básicamente, le estás *asignando* a Medicare que le pague al médico por tu atención. En estos casos, Medicare paga el 80% del monto aprobado, y tú eres responsable del 20% restante, a menos que tengas un seguro complementario que cubra tu parte.

>> **Sin asignación:** un médico que acepta pacientes de Medicare, pero *no* acepta asignación puede cobrarte hasta un 15% más de lo que Medicare paga por el servicio que recibes. Eres responsable de la cantidad extra (*facturación de saldo*) a menos que tengas una póliza Medigap u otro seguro que cubra estos cargos adicionales.

>> **Excluido:** un médico que ha decidido *no participar* en Medicare no puede facturar a Medicare por los servicios que recibes y no está sujeto a las limitaciones de cargos de Medicare. Estableces un contrato privado con el médico, en donde acuerdas pagar sus facturas directamente y en su totalidad. No puedes pedirle a Medicare un reembolso por la consulta bajo este arreglo.

En la Figura 13-1 a continuación se muestran las diferentes cantidades que puedes pagar en cada uno de estos escenarios, por ejemplo, $20, hasta $35, o $120 por una visita al médico. Esto demuestra porqué es prudente determinar el acuerdo del médico con Medicare de antemano. (Ten en cuenta que estos escenarios se aplican solo en Medicare Original. Si estás inscrito en un plan Medicare Advantage como un HMO o PPO, tu costo es el monto del copago que tu plan cobra en un año en particular. Estas opciones se discuten en detalle en el Capítulo 3).

| | Si el médico acepta la asignación | Si el médico no acepta la asignación | El médico decidió no partipar en Medicare |
|---|---|---|---|
| Factura del médico | $120 | $120 | $120 |
| Monto aprobado por Medicare | $100 | $100 | No corresponde |
| Monto que paga Medicare | $80 (el 80% del monto aprobado por Medicare) | $80 (el 80% del monto aprobado por Medicare) | $0 |
| Monto que tienes que pagar | $20 (el 20% del monto aprobado por Medicare) | $20 (el 80% del monto aprobado por Medicare) + hasta $15 (el 15% del monto aprobado por Medicare) | $120 |
| En total pagas | $20 | Hasta $35 | $120 |

© John Wiley & Sons, Inc.

FIGURA 13-1: Costos de muestra basados en la aceptación de Medicare por parte del médico.

Nota: las regulaciones sobre asignación y exclusión se aplican no solo a los médicos, sino también a otros tipos de proveedores de Medicare, como terapeutas y proveedores de equipos médicos. Independientemente de los proveedores que consultes, es útil averiguar de antemano si participan en Medicare.

En las siguientes secciones analizo en detalle cómo te afecta económicamente si realizas una consulta con un médico que ha optado por no participar en Medicare o que cobra una tarifa particular por servicios especiales.

## ¿Qué sucede con los médicos que deciden no participar en Medicare?

**ADVERTENCIA**

Los médicos que deciden no participar en Medicare deben permanecer fuera del programa durante al menos dos años. Estos médicos a menudo utilizan la *facturación directa* y, por lo general, no aceptan ningún seguro. En esos casos, el médico te pedirá que leas y firmes un contrato. Al firmar, aceptas pagar la factura completa sin reembolso de Medicare. Además, dado que Medicare no cubre el tratamiento de médicos que no participan en Medicare, tu seguro Medigap (si lo tienes) tampoco cubrirá estos costos.

Sin embargo, este contrato se aplica solo al médico o práctica específica. Si realizas una consulta con otros médicos que aceptan Medicare, sus servicios estarán cubiertos como de costumbre, y tu póliza Medigap, si corresponde, cubrirá tus costos de bolsillo.

### ¿Qué significa cuando los médicos ofrecen servicios especiales o privados?

Los términos "especiales" o "privados" se utilizan para describir los servicios que ofrecen los médicos de atención primaria, quienes te aceptan como paciente o continúan tratándote, solo si aceptas pagar una tarifa especial. Los pacientes que aceptan abonar esta tarifa reciben la promesa de un servicio de mayor calidad, como citas el mismo día, visitas más largas y atención más personalizada. Esta tarifa, a veces llamada *retención* o *cuota de membresía*, varía ampliamente entre los diferentes médicos, pero en promedio es alrededor de $200 al mes. Si este arreglo vale la pena depende de tu opinión personal y economía. Aquí, nos enfocaremos en la medicina privada en relación con Medicare.

Podrías suponer que los médicos de atención primaria que ofrecen servicios privados han decidido no participar en Medicare. Algunos están en esa categoría, son los que ofrecen la facturación directa descrita en la sección anterior.

Pero algunos médicos que ofrecen atención privada también aceptan paciente de Medicare, siempre y cuando esos pacientes paguen las tarifas adicionales. Medicare no prohíbe esta práctica, pero advierte que los médicos no pueden cobrar por servicios ya cubiertos por Medicare ni eximir los deducibles y copagos de Medicare. Algunos médicos han sido procesados y multados por violar estas reglas.

**ADVERTENCIA**

Antes de firmar un contrato para servicios privados, revisa cuidadosamente la letra pequeña para entender qué se promete por la tarifa. Por ejemplo, un "examen físico completo cada año" (que Medicare no cubre) es aceptable, pero una "evaluación general de salud anual" (si no es más de lo que Medicare cubre bajo su beneficio anual de bienestar) no lo es. Este asunto contiene muchas áreas grises, y solo un médico podría incurrir en problemas legales. Sin embargo, solo tú, con el transcurso del año, podrás determinar si el contrato realmente justifica el dinero invertido.

# Cómo completar las recetas por primera vez con un plan de la Parte D

Si eres nuevo en la Parte D y necesitas llenar tu primera receta, podrías preguntarte: "¿Qué tan bien funcionará este proceso con mi nueva cobertura?" En esta sección analizo preguntas comunes y explico el proceso, incluso qué puedes hacer si encuentras algún problema.

## ¿Cuándo comienza mi cobertura?

Tu cobertura de medicamentos de la Parte D comienza en la fecha en que se vuelve *efectiva*. Es decir, el primer día en que puedes completar una receta bajo tu plan de la Parte D. Incluso si recibes tu tarjeta de membresía antes de esta fecha, la cobertura no comienza hasta entonces. Por lo general, la cobertura comienza el primer día del mes después de que te inscribas durante tu período de inscripción inicial o cualquier período de inscripción especial descrito en el Capítulo 6.

Se produce una excepción si te inscribes durante la inscripción abierta (del 15 de octubre al 7 de diciembre). Esto podría suceder si no te inscribiste cuando debías (tal como se explica en el Capítulo 6) o si deseas cambiar de plan para el próximo año (tal como se explica en el Capítulo 15). En estos casos, la cobertura comienza el 1 de enero.

CONSEJO

¿Qué pasa si tu período de inscripción se superpone con la inscripción abierta? Por ejemplo, si tu cumpleaños número 65 es en diciembre y deseas que tu cobertura de medicamentos comience el 1 de diciembre, junto con tu cobertura de la Parte A y la Parte B, debes inscribirte en noviembre, durante la inscripción abierta. Debes indicar con la información en tu formulario de inscripción que este es tu período de inscripción inicial, por lo que tu cobertura debería comenzar el 1 de diciembre, no el 1 de enero. Sin embargo, es posible que necesites llamar al plan para confirmar la fecha de inicio correcta, ya que la inscripción abierta es un período muy ocupado y no quieres ningún retraso.

## ¿Qué tipo de farmacia puedo usar?

En esta sección describo las opciones que los planes de la Parte D ofrecen para completar las recetas. Puedes obtener tus medicamentos en una farmacia tradicional, por pedido por correo (si tu plan lo ofrece), en una farmacia especializada para tipos específicos de medicamentos o en una farmacia de atención a largo plazo para los que viven en residencias geriátricas o instalaciones similares.

No estás limitado a usar solo un tipo de farmacia. Por ejemplo, puedes elegir el pedido por correo para suministros de 90 días de medicamentos regulares y una farmacia tradicional para recetas de 30 días.

Para averiguar qué farmacias dentro de la red utiliza tu plan, y cualquier *farmacia preferida* designada donde podrías pagar un copago más bajo, consulta el Buscador de Planes de Medicare (como mencionamos anteriormente en los Capítulos 10 y 11) o los materiales informativos de tu plan (descritos en la sección anterior "Más allá de las tarjetas: comprueba el alcance y los límites de tu cobertura").

## Farmacias tradicionales

Una *farmacia tradicional* se refiere a una farmacia física que puedes visitar en persona, a diferencia de las farmacias por correo a las que se accede por teléfono o en línea. Los planes de la Parte D utilizan varias farmacias tradicionales, incluso grandes cadenas, instalaciones de dispensación en supermercados y pequeñas farmacias independientes.

Cada plan de la Parte D tiene su propia *red* de farmacias tradicionales que aceptan la tarjeta del plan. Los planes deben asegurar que al menos una farmacia dentro de la red esté a una distancia razonable de los hogares de los afiliados. La definición de una distancia razonable varía según la ubicación:

>> En las áreas urbanas es probable que tengas muchas farmacias tradicionales dentro de la red para elegir, a menudo a menos de medio kilómetro y algunas a poca distancia a pie.

>> En las áreas rurales acceder a la farmacia tradicional más cercana dentro de la red puede requerir conducir 32 kilómetros o más. Si solo hay una farmacia dentro de esta distancia, es probable que todos los planes de la Parte D en el área la incluyan en sus redes.

## Farmacias por correo

La mayoría de los planes ofrecen un servicio de farmacias por correo para las recetas, aunque no todos lo hacen. Esta opción puede ser conveniente y rentable. Considera los siguientes puntos al decidir sobre el pedido por correo:

>> El pedido por correo es adecuado para los medicamentos que tomas regularmente durante un largo período, ya que solo puedes comprar suministros de 90 días.

>> Tus medicamentos se envían directamente a tu hogar, lo cual es beneficioso si estás confinado en casa o vives lejos de una farmacia tradicional en la red de tu plan. El envío es gratuito.

>> Muchos planes (aunque no todos) ofrecen descuentos para pedidos por correo, lo que podría hacer que sea más barato que comprar en una farmacia tradicional.

>> Pagas por un suministro de tres meses por adelantado, lo que es más que un suministro mensual de 30 días. Esto podría hacer que alcances el período sin cobertura antes.

>> Necesitas recordar llamar para pedir tu próxima receta o hacer el pedido en línea y dejar de siete a diez días para la entrega, para evitar quedarte sin medicamentos antes de que lleguen los nuevos.

Para usar el servicio de farmacias por correo de tu plan, consulta el paquete de información del plan, visita su sitio web o llama al servicio al cliente. Probablemente necesitarás llenar un formulario para solicitar este servicio.

## Farmacias especializadas

Ciertos medicamentos, como los utilizados para el cáncer, el rechazo de trasplantes y la esclerosis múltiple, requieren un manejo especial durante su dispensación. Estos medicamentos deben comprarse en una farmacia especializada equipada para manejarlos. La Administración de Alimentos y Medicamentos de Estados Unidos (FDA, por su sigla en inglés) exige que algunos de estos medicamentos se distribuyan exclusivamente a través de farmacias especializadas.

El término *especializada* puede referirse a una farmacia regular que cumple con los criterios para dispensar estos medicamentos, un departamento de farmacia hospitalaria o el consultorio de un médico. La lista de farmacias de tu plan debería indicar qué farmacias especializadas están dentro de la red.

**ADVERTENCIA**

Si no hay una farmacia especializada dentro de la red en tu área, puedes usar una farmacia fuera de la red, pero primero contacta a tu plan para recibir orientación. Ten en cuenta que algunos planes de la Parte D no ofrecen servicios de pedidos por correo para este tipo de medicamentos.

## Farmacias de atención a largo plazo

Las residencias geriátricas utilizan *farmacias de atención a largo plazo* (LTC, por su sigla en inglés) especializadas que dispensan recetas en empaques especiales: los medicamentos se entregan en dosis individuales y selladas, en lugar de los envases convencionales. Este sistema se utiliza por razones de higiene y seguridad en un entorno donde las enfermeras puedan administrar muchos medicamentos diferentes a muchos pacientes. Las farmacias LTC pueden ser grandes empresas dedicadas a servir a residencias geriátricas y otras instalaciones de cuidado a largo plazo, o farmacias locales tradicionales capaces de suministrar medicamentos sellados adecuadamente.

Todos los planes de la Parte D deben incluir farmacias LTC en sus redes. Si la farmacia de tu residencia geriátrica no está en la red de tu plan, Medicare espera que el plan establezca un acuerdo con esa farmacia para evitar que tengas que cambiar de plan.

**RECUERDA**

Sin embargo, cuando ingresas a la residencia geriátrica, tú (o tu cuidador) debes verificar si la farmacia LTC está en la red de tu plan de la Parte D. Si no lo está, contacta a tu plan para ver si cubrirá los medicamentos de la farmacia LTC del hogar. O, también, considera cambiarte a un plan que incluya esta farmacia en su red. Recuerda, tienes dos derechos importantes al ingresar a una residencia geriátrica:

>> Puedes cambiarte a un plan diferente de la Parte D de inmediato (sin esperar a un período de inscripción abierta).

>> Tu plan actual de la Parte D debe cubrir todos tus medicamentos por al menos 90 días al ingresar a la residencia geriátrica, incluso si la farmacia LTC del hogar no cubre algunos de ellos. Este período de 90 días te da tiempo a cambiar de plan si es necesario.

# ¿Qué pasa si voy a una farmacia fuera de la red?

**ADVERTENCIA**

Excepto en emergencias, siempre completa tus recetas en las farmacias dentro de la red de tu plan. Si no lo haces, enfrentarás las siguientes consecuencias:

>> **Costos más altos:** probablemente pagarás el precio completo por tus medicamentos. Enviar recibos a tu plan para reembolso no funcionará; el plan no pagará.

>> **Los pagos por medicamentos comprados fuera de la red no cuentan para tu límite de gastos de bolsillo.** Si caes en el periodo sin cobertura, tu plan no toma en cuenta estos pagos al calcular el límite de gastos que te permite salir del período sin cobertura y acceder a la cobertura catastrófica. Recuerda que el periodo sin cobertura se cerrará en el 2025, y tus costos de los medicamentos cubiertos estarán limitados a $2,000. (Consulta los Capítulos 3 y 14 para obtener más detalles sobre este límite).

Sin embargo, hay situaciones en las que podrías necesitar usar una farmacia fuera de la red. Medicare requiere que todos los planes de la Parte D cubran medicamentos en farmacias fuera de la red bajo ciertas condiciones, siempre que el plan cubra los medicamentos y la solicitud sea razonable:

>> Si vas a viajar fuera del área de servicio de tu plan dentro de EE.UU. (y posiblemente en el extranjero si tu plan lo permite para emergencias) y te quedas sin medicinas, las pierdes o necesitas medicamentos para tratamiento.

>> Si necesitas completar una receta rápidamente fuera del horario comercial y no puedes encontrar una farmacia de la red abierta las 24 horas dentro de una distancia razonable.

» Si necesitas comenzar un medicamento especializado rápidamente y las farmacias dentro de la red no lo tienen en stock.

» Si estás en tratamiento de emergencia o urgente en un hospital, clínica o instalación ambulatoria y recibes medicamentos cubiertos por la Parte D de la farmacia de la instalación, que no está en la red de tu plan.

» Si tienes que salir de tu área de residencia después de un desastre local declarado como desastre estatal o federal o una emergencia de salud pública.

Para reclamar estas excepciones, paga el costo completo en la farmacia, luego envía los recibos a tu plan y solicita el reembolso. Si no puedes pagar el costo completo, llama a tu plan y solicita asistencia. Si tu plan rechaza tu reclamación, puedes presentar una queja y apelar la decisión, como se explica en el Capítulo 16.

Ten en cuenta que un plan puede cobrarte más por ir fuera de la red, incluso en estas circunstancias; si lo hace depende de la política del plan. Si tienes que pagar más, el extra cuenta para tu límite de gastos de bolsillo. Sin embargo, si recibes Ayuda Adicional (consulta el Capítulo 4), no pueden cobrarte más de lo que pagarías en una farmacia dentro de la red.

## ¿Cómo demuestro que tengo cobertura de la Parte D?

Cuando te inscribes en un plan de la Parte D, tu información se carga en el sistema informático de la farmacia. Normalmente, no necesitas demostrar tu cobertura. Simplemente ve a la farmacia con tu receta, muestra tu tarjeta de membresía del plan y paga la cantidad requerida. Sin embargo, durante tu primera visita bajo un nuevo plan de la Parte D, el farmacéutico debe verificar tu cobertura. Este proceso suele ser sencillo. Si no has recibido tu tarjeta o si tu información de inscripción aún no está en el sistema, sigue estos consejos para evitar retrasos:

» **Elige la farmacia correcta.** Asegúrate de que la farmacia esté en la red de tu plan. Puedes averiguar qué farmacias locas están dentro de la red y cuáles, si hay alguna, son las farmacias preferidas mediante el Buscador de Planes en el sitio web de Medicare (como se explicó en los Capítulos 10 y 11), revisa el paquete de información de tu plan (si lo has recibido) o llama al plan. También puedes llamar a la farmacia para confirmar que está en la red.

» **Si no has recibido tu tarjeta de membresía, pide al farmacéutico que se comunique con el plan para confirmar tu inscripción.** Puedes ayudar al brindar la mayor cantidad de información posible, como:

- El nombre del plan

- Una carta del plan confirmando tu inscripción

- Una carta del plan en donde se reconoce tu solicitud de inscripción (o una copia de tu solicitud de inscripción si el plan no te ha enviado una carta de reconocimiento o de confirmación)

- Una identificación con foto

» **Si calificas para Ayuda Adicional debido a ingresos limitados, presenta documentación la documentación correspondiente.** Tu tarjeta de membresía debería confirmar tu elegibilidad para la cobertura de medicamentos de la Parte D a bajo costo. Si no has recibido tu tarjeta, lleva uno de los siguientes documentos:

- Tu carta de confirmación de Ayuda Adicional del Seguro Social o Medicare

- Una copia de tu solicitud de Ayuda Adicional si completaste una

- Tu tarjeta de Medicaid si recibes asistencia médica estatal

- Documentos o cartas recientes que confirmen que recibes Seguridad de Ingreso Suplementario (SSI, por su sigla en inglés) o que tu estado paga tus primas de Medicare

## ¿Cómo puedo asegurarme de obtener mis medicamentos?

Si tu farmacéutico no puede confirmar tu afiliación al plan, dice que tu plan no cubre un medicamento o indica que necesitas permiso del plan, no te preocupes. Incluso si te piden pagar más de lo esperado o dicen que tu médico no puede recetar medicamentos para la Parte D, hay soluciones. Medicare aconseja: "No salgas de la farmacia sin tus medicamentos". Esto significa que el sistema tiene mecanismos para asegurar que obtengas tus medicamentos, si sabes cómo usarlos. Abordaré estos mecanismos en las siguientes secciones.

### ¿Qué hacer si el farmacéutico no puede confirmar tu inscripción en un plan?

Actualizar el sistema informático con los detalles de los nuevos inscritos puede tomar tiempo, especialmente a principios de enero cuando muchos cambian de plan. Si no tienes prueba de cobertura y el farmacéutico no puede verificar tu inscripción al llamar al plan, considera estas opciones:

» **Paga por tu medicamento (el precio completo), guarda los recibos y envía copias al plan para solicitar el reembolso.** El plan entonces te reembolsará el dinero que se te adeude. Ten en cuenta que si tu inscripción es denegada, el plan no cubrirá estos gastos.

**ADVERTENCIA**

¿Pueden denegarte la inscripción en un plan de la Parte D? Sí, puede ser denegada bajo circunstancias específicas, tales como: tu período de inscripción ha expirado; no resides en el área de servicio del plan; tu elegibilidad para Medicare no puede ser confirmada en los registros oficiales, entre otras. Entonces, si el farmacéutico te dice que no encuentra registro de tu inscripción, debes comunicarte con al plan para determinar la razón.

» **Si no puedes pagar las recetas pide al farmacéutico que llame a la línea directa de farmacias de Medicare diseñada para esta situación.**

## ¿Qué hacer si el farmacéutico te dice que el plan no cubrirá uno de tus medicamentos?

El farmacéutico te informará si tu plan no cubre un medicamento recetado o si tiene restricciones que requieren la aprobación del plan antes de que puedas obtenerlo (estas restricciones se detallan en el Capítulo 14). En esos casos, comunícate con tu plan para conocer los pasos a seguir necesarios.

**CONSEJO**

Si recientemente te inscribiste en el plan y estuviste tomando este medicamento, tienes derecho legal a un suministro de 30 días para evitar la interrupción del tratamiento. Pídele al farmacéutico que te complete la receta bajo la política de *transición* o *primera dispensación* de tu plan. Si el farmacéutico duda, pídele que se comunique con tu plan para obtener la aprobación. Esta regla de 30 días también se aplica si has cambiado de un plan Parte D a otro. Sin embargo, esto es solo una solución temporal. Debes cambiar rápidamente a un medicamento cubierto por tu plan o trabajar con tu médico para levantar la restricción, como se explica en el Capítulo 14.

## ¿Qué hacer si el farmacéutico te cobra más de lo esperado?

Aquí tienes algunas razones comunes por las que podrías tener que pagar más de lo anticipado en la farmacia:

» **Tu plan tiene un deducible.** Esto significa que debes pagar el costo total de tus medicamentos hasta que alcances el monto del deducible. Esto puede suceder al comienzo del año o cuando te unes por primera vez a un plan. Muchas veces, las personas no saben que sus planes tienen un deducible, en especial si años anteriores no habían cobrado uno, pero ahora sí. Ten en cuenta que los planes pueden cambiar sus políticas de deducible anualmente, tal como lo expliqué en el Capítulo 3.

>> **Tu plan puede haber cambiado el copago de tu medicamento.** Los planes pueden ajustar los copagos cada año calendario, tal como lo explico en el Capítulo 15.

>> **La farmacia no está en la red de tu plan.** En este caso, como lo mencioné antes en este capítulo, es probable que tengas que pagar el precio completo de tus medicamentos.

>> **Calificas para Ayuda Adicional, pero el farmacéutico no puede confirmarlo de inmediato por medio del sistema. Si tienes cobertura de Medicaid, muestra tu tarjeta.** Si recibes la Seguridad de Ingreso Suplementario (SSI) o si tu estado paga tus primas de Medicare, debes decirle al farmacéutico, ya que en todas estas situaciones, calificas para recibir Ayuda Adicional. Si solicitaste la Ayuda Adicional, puedes presentar la carta del Seguro Social en donde dicen que calificas para recibirla. De cualquier forma, solo deberías pagar copagos pequeños por tus medicamentos, tal como lo expliqué en el Capítulo 4.

>> **Solicitaste la Ayuda Adicional pero aún no has recibido la confirmación.** En este caso, tienes dos opciones:

- **Pagar los copagos normales del plan y guardar tus recibos.** Una vez que se confirme tu elegibilidad, el plan debe reembolsar la diferencia entre lo que pagaste y lo que deberías haber pagado por tener la Ayuda Adicional, desde el momento en que aplicaste para recibirla.

- **Si no puedes pagar los copagos, informa al farmacéutico. Según las reglas de Medicare, el farmacéutico puede asistirte.** Si te queda menos de un suministro de tres días de medicamento, el farmacéutico debe proporcionarte un suministro de emergencia. No dudes en pedir ayuda para asegurarte de recibir tus medicamentos.

## ¿Qué hacer si el farmacéutico dice que tu médico no es un prescriptor aprobado por Medicare?

Desde el 2019, Medicare exige que todos los médicos que hacen recetas deben estar formalmente inscritos en Medicare o haber decidido formalmente por no participar. Si no lo están, tu plan de medicamentos de la Parte D puede no cubrir la receta. Esta regla tiene como objetivo prevenir el fraude y la prescripción ilegal. Tus derechos en esta situación se explican en el Capítulo 14.

# Capítulo **14**

# Información clave sobre algunos beneficios de Medicare

A lo largo de los años, miles de personas me han enviado preguntas sobre Medicare. Las que más recuerdo son aquellas que me dejaron perpleja con preguntas difíciles y situaciones únicas que no había encontrado antes. Para encontrar respuestas, a menudo tuve que consultar a expertos legales en agencias gubernamentales como Medicare y el Seguro Social. Aunque este proceso a veces fue desafiante, ayudó a descubrir regulaciones poco conocidas y me permitió compartir información valiosa con una audiencia más amplia. Esta experiencia sirvió como una forma de educación superior para mí, y estoy agradecida a los lectores que la iniciaron.

Algunas de esas respuestas se cubren en otras partes de este libro. En este capítulo, me adentro en algunos puntos más finos de la cobertura de Medicare que no siempre se explican claramente en las guías oficiales. Puede que nunca enfrentes estos problemas, pero si lo haces, espero que la información aquí te ayude a maximizar tu cobertura y evitar posibles trampas en las regulaciones de Medicare.

# Detalles clave de la Parte A

Explico los aspectos de la Parte A, que principalmente ayuda a pagar los diferentes tipos de atención de enfermería a corto plazo en otros capítulos, por ejemplo, lo que cubre (Capítulos 1 y 2), lo que cuesta (Capítulo 3), quién es elegible (Capítulo 5) y cuándo y cómo inscribirse (Capítulos 6 y 7). En esta sección profundizo en los servicios de la Parte A, explico cómo funcionan los períodos de beneficio hospitalario y las prácticas en hospitales y centros de enfermería especializados (SNF, por su sigla en inglés), que quizás nunca hayas oído mencionar, pero que necesitas saber qué hacer si llegas a encontrarte con ellas.

## Qué son los períodos de beneficios hospitalarios

Un *período de beneficios hospitalarios* es un concepto de Medicare que muchos encuentran confuso. No es simplemente un período de tiempo durante el cual Medicare cubre tu atención hospitalaria.

Un período de beneficios comienza el día en que te admiten en el hospital y termina cuando has estado fuera del hospital por 60 días consecutivos. Por ejemplo, si sales del hospital el 5 de mayo y eres readmitido dentro de los 60 días (antes del 23 de junio), todavía estás en el mismo período de beneficios. Sin embargo, si eres readmitido más de 60 días después (después del 17 de julio), comienza un nuevo período de beneficios. Esta distinción puede afectar significativamente tus costos.

La complejidad aumenta al considerar el tiempo pasado en un centro de enfermería especializado, que también cuenta para un período de beneficios, pero sigue reglas diferentes e incurre en diferentes costos de bolsillo. Además, los gastos durante los períodos de beneficios pueden variar dependiendo de si tienes Medicare Original o un plan de Medicare Advantage (MA).

En las siguientes secciones, aclararemos cómo se aplican los períodos de beneficios en hospitales y centros de enfermería especializados, y las diferencias entre el programa Medicare Original y los planes MA.

### Cobertura hospitalaria en Medicare Original

**RECUERDA**

En cada período de beneficios, esto es lo que tú y Medicare pagan por la atención hospitalaria:

>> **Días 1 al 60:** tú pagas el deducible del hospital de la Parte A (hasta $1,632 en el 2024). Después del deducible, no pagas nada por la atención hospitalaria (cama, comidas y servicios de enfermería) dentro del mismo período de

beneficios. Sin embargo, necesitas pagar los copagos de la Parte B por los servicios de los médicos mientras estás en el hospital (se discute en detalle más adelante).

>> **Días 61 al 90:** pagas un copago diario ($408 en el 2024), sin importar si la estancia supera los 60 días consecutivos o implica readmisión dentro del mismo período de beneficios.

>> **Más allá de 90 días:** tú cubres el 100% de los costos. Sin embargo, puedes usar hasta 60 días de reserva de por vida con un copago diario ($816 en el 2024), como se explica en el Capítulo 3.

Medicare no limita el número de períodos de beneficios que puedes tener. Después de 60 días fuera del hospital, comienza un nuevo período de beneficios, que requiere que cumplas con un nuevo deducible de la Parte A (otros $1,632 en el 2024) antes de que la cobertura se reanude.

**CONSEJO**

Todas las pólizas Medigap ofrecen cobertura adicional para estancias hospitalarias más allá de los 60 días, y varias cubren el deducible completo de la Parte A (puedes consultar qué pólizas cubren estos beneficios en el Capítulo 4).

Quizás una fuente de confusión sobre los períodos de beneficios sea que tres de las reglas involucran un periodo de 60 días, pero cada una tiene un significado diferente. Para aclarar las reglas de los 60 días:

>> **60 días** = la cantidad de días que debes estar fuera del hospital o de un centro de enfermería especializado para comenzar un nuevo período de beneficios.

>> **60 días** = el tiempo máximo que Medicare cubre el 100% de tu atención hospitalaria después de cumplir con el deducible por período de beneficios.

>> **60 días** = la cantidad máxima de días de reserva de por vida disponibles para extender la cobertura de Medicare para la atención hospitalaria a través de los períodos de beneficios.

## Cuidados de enfermería especializada en Medicare Original

El tiempo pasado tanto en el hospital como en centros de enfermería especializados (SNF) cuenta para un período de beneficios. Para calificar para un nuevo período de beneficios, debes permanecer fuera de ambos por 60 días.

Tu parte de los costos en una SNF difiere de los de un hospital. En cualquier período de beneficios, pagas lo siguiente:

>> **Días 1 al 20:** nada por cama, comidas y cuidado de enfermería.

>> **Días 21 al 100:** un copago diario ($204 al día en el 2024).

>> **Más allá de 100 días:** todos los costos.

**ADVERTENCIA**

No puedes usar los días de reserva de por vida del hospital para extender la cobertura de Medicare en un SNF más allá de 100 días en cualquier período de beneficios. Sin embargo, puede haber cobertura adicional si tienes una póliza Medigap, seguro de cuidado a largo plazo, Medicaid o seguro de un empleador o sindicato. Consulta con tu plan para ver qué cargos del SNF están cubiertos.

## Cobertura de hospital y SNF en los planes de Medicare Advantage

Los planes de Medicare Advantage, incluidos los HMO y PPO, también utilizan los períodos de beneficios de Medicare. Sin embargo, sus cargos por atención hospitalaria y de enfermería especializada pueden variar significativamente de un plan a otro y pueden diferir de Medicare Original.

**RECUERDA**

Por lo general, los planes de Medicare Advantage no cobran el deducible de la Parte A por cada período de beneficios. En su lugar, a menudo imponen un copago diario fijo durante los primeros días, que puede oscilar entre $100 y más de $500 por día. Después de este período inicial, generalmente no hay cargo por el resto del período de beneficios. Además, los planes de Medicare Advantage pueden tener reglas diferentes en comparación con el programa de Medicare Original. Para entender su cobertura y costos específicos para una estancia en un hospital o un SNF, revise los documentos de su plan o contacte al plan directamente.

# Toma nota de la regla de los tres días

Si estás en el programa de Medicare Original, debes ser admitido como paciente internado en un hospital por al menos tres días consecutivos antes de que Medicare cubra tu estadía en SNF aprobado. Esta instalación, a menudo una residencia geriátrica, proporciona el cuidado adicional necesario después del alta hospitalaria, como inyecciones intravenosas o terapia física.

**RECUERDA**

Los tres días deben ser consecutivos e incluir el día de la admisión, pero no el día del alta, ya que un "día" cuenta solo si estás en el hospital a medianoche. El tiempo que pasas en la sala de emergencias no cuenta. Es importante que seas un paciente internado oficial durante estos tres días, no solo bajo el estado de observación, lo cual se explica en la siguiente sección.

Si no has cumplido con el requisito de los tres días como paciente internado, el personal del SNF debe informarte que Medicare no cubrirá tu estadía. Recibirás un Aviso anticipado de no cobertura (ABN, por su sigla en inglés), que debes firmar para reconocer que eres responsable de todos los costos si decides quedarte (analizo en más detalle los ABN en la sección "Qué sucede si recibo un aviso que dice que Medicare puede no pagar").

Sin embargo, si el SNF no proporciona esta advertencia y te quedas para recibir tratamiento sin cumplir con la regla de los tres días, la instalación no puede facturar a Medicare ni a ti por la estadía.

RECUERDA

Hay dos excepciones importantes a la regla de los tres días:

>> En general, no se aplica a aquellos inscritos en planes de Medicare Advantage.

>> Solo afecta la cobertura en un centro de enfermería especializado. Si te dan de alta a otro tipo de instalación para cuidados continuos específicos, como un hospital de rehabilitación, Medicare proporciona cobertura bajo reglas diferentes.

# Qué es el estado de observación

Cuando estás en el hospital, acostado en una cama, usando una bata, con una pulsera de identificación y comes comida del hospital y recibes cuidados de enfermería, podrías pensar que eres un paciente que ha sido ingresado. Sin embargo, podrías estar en *estado de observación*. Esto significa:

>> Oficialmente has sido clasificado como paciente ambulatorio.

>> Tu médico no ha escrito una orden de ingreso como paciente internado.

>> Los médicos del hospital aún están "observando" tu enfermedad para decidir si debes ser ingresado o dado de alta.

Las siguientes secciones explican las implicaciones de este estado y cómo evitar cargos significativos en la factura.

## Entender las consecuencias de estar en estado de observación

RECUERDA

Para muchos pacientes en Medicare Original, la distinción entre el estado de estar internado y el estado de estar en observación (ambulatorio) es crucial, ya que puede costar miles de dólares. Esto es importante por tres razones principales:

» **El costo de la estancia hospitalaria como paciente ambulatorio están cubiertos por la Parte B, no por la Parte A.** Esto significa que no pagarás el deducible hospitalario de la Parte A ($1,632 en el 2024). Sin embargo, bajo la Parte B, debes pagar un copago del 20% por cada servicio. Aunque ningún servicio individual costará más que el deducible de la Parte A, múltiples servicios pueden superarlo. Si no estás inscrito en la Parte B, debes cubrir toda la factura del hospital tú mismo.

» **La mayoría de los hospitales no permiten que los pacientes usen sus propios medicamentos, pero les proveen los medicamentos y cobrarán el precio completo por los medicamentos proporcionados.** Si tienes la Parte D u otra cobertura de medicamentos, debes pagar al hospital por adelantado y luego buscar el reembolso de tu plan de medicamentos.

» **La regla de Medicare requiere una estancia hospitalaria de tres días como paciente internado antes de cubrir la atención en un SNF.** Si estás en estado de observación durante cualquier parte de estos tres días, Medicare no cubrirá la atención en el SNF. Sin embargo, si tienes un plan de Medicare Advantage, la regla de los tres días puede no aplicarse; consulta con tu plan para obtener detalles.

Las regulaciones de Medicare establecen que los hospitales deben decidir admitir o dar de alta a los pacientes dentro de 24 horas y mantenerlos bajo observación por no más de 48 horas, excepto en casos raros y excepcionales. A pesar de esto, los hospitales han mantenido a los pacientes en estado de observación por períodos más largos, comúnmente 72 horas, y a veces incluso hasta 14 días. Medicare ahora requiere que los hospitales emitan Avisos de observación ambulatoria de Medicare (MOON, por sus sigla en inglés) a los pacientes que han estado en estado de observación por al menos 24 horas, y dentro de las 36 horas de su estancia hospitalaria, informándoles que no son pacientes admitidos.

## Protégete contra grandes facturas

Para evitar cargos por estar en estado de observación cuando tú o alguien a quien cuidas está hospitalizado, considera los siguientes pasos:

» **Revisa tu estado diariamente:** tu estado puede cambiar entre paciente interno y observación en cualquier momento. El hospital debe proporcionarte un aviso MOON dentro de las 36 horas posteriores a la admisión, confirmar tu estado y dar una justificación clínica general, por ejemplo "es necesario hacer un control constante de la enfermedad del paciente". Si no recibes este aviso, pídeselo.

» **Pregunta a tu médico si el estado de observación está justificado.** Si no lo está, solicita que contacten al hospital para explicar por qué deberías ser admitido como paciente interno. Muchos médicos no están al tanto de las implicaciones financieras de la observación para los pacientes de Medicare.

>> **Pide al médico del hospital que reconsidere tu estado o que remita tu caso al comité del hospital responsable de las decisiones de estado.**

>> **Explora opciones de atención continua:** si Medicare no cubre tu estancia en un centro de enfermería especializado debido al estado de observación, pregunta a tu doctor sobre calificar para una atención similar en casa a través del beneficio de salud a domicilio de Medicare o en un hospital de rehabilitación.

>> **Si vas a un centro de enfermería especializado y debes pagar de tu bolsillo, puedes apelar la decisión de Medicare. Resalta el cargo del SNF en tu Aviso de resumen de Medicare (consulta el Capítulo 13) y envíalo con una carta a la dirección** proporcionada, indica que deberías haber sido clasificado como paciente interno. Si te lo niegan, puedes seguir un nivel superior de apelación, como se explica en el Capítulo 16.

## Conocer el estándar de mejoría

Hasta hace poco, a los pacientes que recibían cuidados de enfermería especializada, atención domiciliaria o terapia física se les podía terminar la cobertura de Medicare si su enfermedad no "mejoraba". Esto ocurría a pesar de que estos servicios a menudo mantenían a los pacientes estables y prevenían un mayor deterioro de la salud. Los contratistas administrativos de Medicare, responsables de pagar las reclamaciones, utilizaban un "estándar de mejoría" para decidir si continuar la cobertura. (te explico más sobre los contratistas administrativos más adelante en la sección "Todo lo que necesitas saber sobre la Parte B").

En el 2013, la demanda colectiva *Jimmo v. Sebelius*, presentada por el Centro para la Defensa de Medicare, aclaró que esta práctica no debería ocurrir. Aunque el estándar de mejoría nunca formó parte de la ley o regulaciones de Medicare, el acuerdo de la demanda enfatizó que la cobertura no puede ser denegada si los servicios especializados son necesarios para prevenir o ralentizar un mayor deterioro, incluso si no hay potencial de mejoría.

Los funcionarios de Medicare emitieron una declaración en abril del 2013, en la que afirmaron esta política: "El acuerdo de conciliación tiene la intención de aclarar que cuando se requieren servicios especializados para proporcionar cuidados que sean razonables y necesarios para prevenir o ralentizar un mayor deterioro, *la cobertura no puede ser denegada basándose en la ausencia de potencial de mejoría o restauración*". Para obtener evidencia oficial de esta política, puedes consultar las preguntas frecuentes de Medicare sobre el tema en www.cms.gov/center/special-topic/jimmo-settlement/faqs.

**CONSEJO**

Los paquetes de autoayuda sobre cómo manejar y apelar decisiones de cobertura basadas en el estándar de mejoría están disponibles en el sitio web del Centro para la Defensa de Medicare en www.medicareadvocacy.org/take-action/self-help-packets-for-medicare-appeals.

# Cómo luchar contra el alta hospitalaria anticipada

Dentro de los dos días posteriores a tu admisión, el hospital debe proporcionarte un aviso titulado "Mensaje importante de Medicare sobre tus derechos". Este mensaje explica qué hacer si crees que el hospital te está dando de alta antes de que estés listo para ir a casa o a un centro de cuidados continuos.

**RECUERDA**

Si permaneces en el hospital por más de dos días después de firmar este aviso, el hospital debe darte otra copia antes de darte de alta. Esto puede hacerse hasta cuatro horas antes de tu alta programada, lo cual no es mucho tiempo para decidir tus próximos pasos si piensas que el hospital te está dando de alta demasiado pronto. Si esto sucede, debes llamar inmediatamente a la *Organización para la mejora de la calidad del cuidado centrado en el beneficiario y la familia* (BFCC-QIO, por su sigla en inglés) de tu área, una agencia de revisión independiente, y presentar una apelación inmediata, siguiendo las instrucciones del aviso. Debes contactar a la BFCC-QIO antes del mediodía del primer día hábil después de recibir el aviso de alta.

Cuando solicitas una revisión inmediata (también conocida como *decisión expedita* o *apelación rápida*), ocurrirá lo siguiente:

>> **El hospital debe darte un "Aviso detallado de alta" por escrito antes del mediodía del día siguiente a que la BFCC-QIO escuche que tu apelación ha comenzado.** Este aviso explica las razones de la decisión de alta del hospital. El hospital también debe enviar cualquier registro solicitado a la BFCC-QIO.

>> **La BFCC-QIO debe tomar su decisión un día después de recibir estos registros.** Todo el proceso, desde presentar tu apelación hasta recibir la decisión expedita de la BFCC-QIO, no debe tomar más de dos días. El hospital no puede darte de alta mientras tu caso está bajo revisión.

>> **No se te cobrará por el costo de tu estancia hospitalaria continuada mientras la BFCC-QIO revise tu caso, incluso si finalmente falla en tu contra.** Sin embargo, si la decisión es en tu contra y permaneces en el hospital más allá del mediodía del día en que recibes la decisión, serás responsable de todos los costos después de ese momento. Si la BFCC-QIO

falla a tu favor, puedes permanecer en el hospital con cobertura de Medicare hasta que se tome una nueva decisión de alta. Si no estás de acuerdo con la decisión de la BFCC-QIO, puedes solicitar una reconsideración, que debe emitirse dentro de tres días.

Por ejemplo, si a Helen le dicen que será dada de alta el martes y llama a la BFCC-QIO el martes por la tarde, el hospital debe enviar sus registros a la BFCC-QIO antes del mediodía del miércoles. La BFCC-QIO entonces informará a Helen y al hospital de su decisión el jueves. Debido a que Helen solicitó una revisión de la BFCC-QIO antes de la medianoche del martes, no será responsable de los costos de permanecer en el hospital el miércoles y el jueves mientras la BFCC-QIO considera su apelación.

## Cómo proceder si el hospital comete un error

A veces, los hospitales cometen errores graves conocidos como *errores evitables*. Estos incluyen cirugías en el miembro incorrecto, instrumentos que han sido olvidados dentro de los pacientes, transfusiones de sangre incorrectas, infecciones, coágulos de sangre después de procedimientos y úlceras graves por presión.

Si alguno de estos errores prevenibles listados por Medicare te sucede, el hospital no puede cobrarte a ti ni a Medicare por el tratamiento durante una readmisión para corregir el error. Hasta el 2008, los hospitales podían cobrar por rectificar sus propios errores, pero desde entonces Medicare se ha negado a pagar por tales tratamientos. Este cambio de política ha alentado a los hospitales a reducir los errores prevenibles. Por ejemplo, los cirujanos ahora a menudo firman la parte del cuerpo que se va a operar y usan listas de verificación de seguridad.

Sin embargo, estas precauciones no siempre se siguen. Si un hospital comete un error grave, te readmite para corregirlo y luego intenta cobrarte, no pagues la factura.

**RECUERDA**

En su lugar, contacta a la Organización de mejora de la calidad (QIO) de Medicare en tu área y presenta una queja. Para obtener información de contacto, llama a Medicare al 800-633-4227 (TTY 877-486-2048) o visita qioprogram.org/contact.

# Cuáles son tus derechos en un centro de cuidados especializado

Ingresar a un centro de enfermería especializado (SNF, por su sigla en inglés) a menudo ocurre durante un período vulnerable, generalmente después de una estancia en el hospital, cuando los pacientes aún no están listos para regresar a casa. Tanto las leyes federales como las estatales brindan numerosos derechos y protecciones para los residentes de las SNF. Estos derechos incluyen: respeto y privacidad; atención de calidad; elección de visitantes; gestión de las finanzas personales; libertad de todas las formas de discriminación, abuso y negligencia; libertad de restricciones físicas y farmacéuticas. Al ser admitido, la SNF debe proporcionar información escrita sobre sus derechos legales y las políticas de la instalación.

En las siguientes secciones, analizamos las situaciones en las que algunos administradores de los SNF pueden haber desinformado a los pacientes de Medicare. Esta información tiene como objetivo ayudarte a distinguir entre hechos y ficción y comprender las autoridades legales relevantes, en caso de que tu o un ser querido se enfrenten a tales problemas.

## Salir del SNF por cortos períodos

Una familia en Michigan compartió la historia de su madre, quien deseaba asistir a la boda de su nieto durante dos días, a pesar de estar en un centro de enfermería después de una cirugía. Su doctor aprobó su viaje, consideró su salud y el apoyo familiar. Sin embargo, el administrador del SNF afirmó que Medicare no cubriría su estadía al regresar. ¿Es esto cierto?

**RECUERDA**

No, no es cierto. Medicare permite breves excursiones desde un SNF para actividades que disfrutes, siempre que tu salud lo permita sin poner en peligro tu recuperación.

Aunque la cobertura de Medicare cesa si un paciente ya no necesita cuidados en el SNF, la sección 30.7.3 del Capítulo 8 del *Manual de políticas de beneficios de Medicare* establece que las salidas cortas para servicios religiosos, eventos familiares, paseos en coche o visitas de prueba a casa no indican que el paciente ya no requiere cuidados especializados. También especifica que no es "apropiado" que un SNF afirme que salir resultará en una denegación de cobertura.

La cobertura de Medicare para cuidados en un SNF se basa en períodos de 24 horas, de medianoche a medianoche. Salir de la instalación por unas horas y regresar antes de la medianoche significa que se te considera presente todo el día, sin pérdida de pago o cobertura de Medicare.

Para ausencias nocturnas, como visitas durante las vacaciones o viajes de varios días, Medicare no paga al SNF por los días en que estás ausente a medianoche. Tampoco eres responsable por los costos de esos días si sigues siendo elegible para la cobertura del SNF.

**ADVERTENCIA**

Sin embargo, el SNF puede cobrar una *tarifa de reserva de cama* para reservar tu cama durante tu ausencia. No todos los centros cobran esta tarifa, por lo menos no por una ausencia de 24 horas. Pero, confirma con el administrador del SNF si esta tarifa se aplica y si la cama puede ser reservada.

**RECUERDA**

Tu capacidad física y mental para manejar el viaje y la capacidad del lugar o las personas que visitas para satisfacer tus necesidades, como el acceso a sillas de ruedas y baños, son cruciales. Consulta a tu médico para obtener consejos. Ten en cuenta que los viajes frecuentes pueden sugerir que ya no necesitas cuidados en el SNF. De lo contrario, las regulaciones de Medicare permiten excursiones ocasionales si te sientes bien y cuentas con el apoyo necesario.

## Dejar un SNF (y regresar más tarde)

Una mujer de Carolina del Norte me contactó porque quería sacar a su esposo de un centro de enfermería especializado (SNF) donde estaba recuperándose después de una estancia en el hospital. Ella creía que él se recuperaría mejor en casa con la ayuda de servicios de atención médica domiciliaria. Sin embargo, tres miembros del personal del SNF le informaron que si él se iba, Medicare no cubriría los días que ya había pasado allí. ¿Era esta información precisa?

Absolutamente no, según los expertos legales de Medicare. Describieron la postura del personal del SNF como "totalmente sin fundamento". Este tipo de visita de prueba a casa, regreses al centro o no, "*nunca* invalidaría la cobertura médica necesaria de SNF que haya ocurrido antes de la visita a casa", agregaron los expertos.

**RECUERDA**

Además, salir del SNF no pone en peligro la cobertura futura de Medicare si tú y tu médico deciden que necesitas regresar. Si regresas al mismo o a un SNF diferente dentro de los 30 días, tu cobertura se reanuda sin la necesidad de otra estancia de tres días en el hospital. (La regla de los tres días se explica anteriormente en este capítulo). Esta regulación está detallada en la Sección 20.2.3 del Capítulo 8 del *Manual de políticas de beneficios de Medicare*. Sin embargo, si pasan más de 30 días, necesitarías pasar otros tres días en el hospital como paciente admitido.

## Consultar al médico de tu elección

Una mujer en Florida compartió que su madre, quien reside en un centro de enfermería especializado, deseaba consultar a su propio médico de atención primaria (PCP, por su sigla en inglés). El personal del SNF afirmó que traer a su propio médico resultaría en la pérdida de la cobertura de Medicare para su estancia. Además, añadieron que, aunque se podría traer a un especialista, no se podía traer a un PCP. ¿Es esto cierto?

Para nada. Los funcionarios de Medicare confirmaron que esta declaración es completamente infundada. Aclararon que contradice directamente los requisitos que todo SNF debe cumplir para participar en el programa de Medicare.

RECUERDA

Según el Código de Regulaciones Federales (Sección 483.10(d), bajo "Libre Elección"), cuando se encuentra en un centro de enfermería especializado o en un centro de cuidados a largo plazo, tiene el derecho legal de:

>> Elegir a un médico personal que lo atienda

>> Ser completamente informado de antemano sobre su cuidado y tratamiento, y cualquier cambio que pueda afectar su bienestar

>> Participar en la planificación de su cuidado y tratamiento, o cualquier cambio, a menos que sea declarado incompetente o incapacitado según las leyes estatales

## Presentar una reclamación incluso si te dicen que Medicare no pagará

En muchos casos, el personal de los centros de enfermería especializados (SNF) puede informar incorrectamente a los residentes que Medicare no cubrirá su atención si hacen esto o aquello. ¿Qué sucede si te dicen esto y no estás seguro de que sea cierto?

ADVERTENCIA

Si el personal de la instalación cree que Medicare puede no cubrir tu estancia o un servicio específico que deseas, deben proporcionarte un Aviso previo al beneficiario de no cobertura. Este aviso te informa sobre tus opciones si Medicare no paga. Sin embargo, recuerda que la declaración de una SNF sobre la cobertura no es una decisión oficial de Medicare. Confiar únicamente en su palabra significa que renuncias a tu derecho de apelación.

Puedes solicitar que la SNF presente una reclamación de cobertura de Medicare en tu nombre con el contratista de Medicare en tu área, un proceso conocido como *facturación por demanda*. El contratista emitirá entonces una decisión oficial sobre si la atención está cubierta. Si la reclamación es denegada, tienes el derecho de apelar la decisión (consulta el Capítulo 16 para obtener más detalles sobre el proceso de apelación).

Si el servicio no está cubierto y ya lo has recibido, debes pagar a la SNF de tu propio bolsillo. Sin embargo, mientras esperas la decisión del contratista respecto a la cobertura de la Parte A (como tu estancia en la instalación), la SNF no puede solicitar el pago.

# Todo lo que necesitas saber sobre la Parte B

La Parte B cubre tantos aspectos de la atención médica que no puedo poner todos en detalle aquí (en el Capítulo 2 brindo una visión general). Pero en esta sección analizo algunas preocupaciones clave sobre la cobertura: cómo determinar si Medicare ayudará a pagar por un tratamiento o artículo que necesitas (y su costo potencial), cómo maximizar tus posibilidades de cobertura, tus derechos a segundas opiniones y situaciones específicas donde podrías necesitar hacer una reclamación directamente a Medicare. *Nota:* estas secciones se aplican si estás en Medicare Original. Si estás inscrito en un plan Medicare Advantage, contacta al plan para obtener información.

## Comprobar si Medicare cubre tu tratamiento

¿Cómo puedes averiguar si Medicare pagará por un servicio médico específico que necesitas? Muchos asumen que la cobertura de Medicare es sencilla: un servicio está cubierto o no, y esto aplica para todos. Sin embargo, la cobertura puede variar según tu ubicación.

Medicare tiene dos tipos de categorías de cobertura:

>> *Determinaciones nacionales de cobertura (NCD, por su sigla en inglés)* estas son decisiones sobre qué servicios y artículos cubrirá Medicare, y bajo qué condiciones, para todos los beneficiarios en Estados Unidos.

>> *Determinaciones locales de cobertura (LCD, por su sigla en inglés)* estas las realizan contratistas administrativos de Medicare (MAC, por su sigla en inglés) regionales, empresas contratadas por Medicare para procesar reclamaciones de las Partes A y B. Los MAC pueden optar por cubrir servicios no incluidos bajo las NCD. Las LCD afectan a los beneficiarios dentro del área del contratista, que generalmente incluye varios estados.

**INFORMACIÓN TÉCNICA**

Tanto las NCD como las LCD se basan en evidencia científica, opiniones médicas y comentarios públicos para determinar si los servicios son "razonables y necesarios" para la cobertura.

Para verificar si Medicare cubre un servicio, prueba o artículo, puedes:

>> **Llamar a Medicare:** marca 800-633-4227 (TTY 877-486-2048). Los representantes de servicio al cliente tienen listas de servicios y artículos cubiertos. Si tu consulta no está en su lista, pide a tu proveedor los códigos de facturación de Medicare adecuados y llama a Medicare nuevamente con los códigos para verificar la cobertura.

>> **Consulta a los cirujanos o especialistas que te están tratando si Medicare cubre el procedimiento.** Si no lo saben, su oficina de facturación puede averiguarlo contactando al MAC local o utilizando la Base de datos de cobertura de Medicare.

**ADVERTENCIA**

>> **Visita un sitio web de Medicare que proporcione información sobre la cobertura e ingresa o selecciona el servicio, prueba o artículo que te interese.** Ve a http://www.medicare.gov/coverage para buscar información sobre la cobertura. Este sitio puede no incluir todas las LCD, pero puede proporcionar detalles útiles. Para una búsqueda más completa, usa la Base de datos de cobertura de Medicare (en www.cms.gov/medicare-coverage-database/), que contiene todas las NCD y LCD y se actualiza semanalmente. Ten en cuenta que este sitio es complejo y está principalmente destinado a profesionales de la salud.

# Qué sucede si recibo un aviso que dice que Medicare puede no pagar

Si hay una posibilidad de que Medicare no cubra un servicio que necesitas, es probable que recibas una advertencia previa. Cualquier proveedor, incluso médicos, hospitales, laboratorios, centros de enfermería especializados, agencias de salud a domicilio, proveedores de equipos médicos y compañías de ambulancias, puede emitir un Aviso anticipado de no cobertura (ABN, por su sigla en inglés) si creen que Medicare no pagará. En las siguientes secciones explico qué incluye un ABN y un escenario común en el que es probable que recibas uno: cuando llamas a una ambulancia.

**RECUERDA**

Los proveedores no están obligados a emitir un ABN para servicios o artículos que Medicare definitivamente no cubre, como audífonos o cuidado rutinario de los pies, pero pueden hacerlo como una cortesía profesional.

## Las opciones en un ABN

Un ABN requiere que selecciones y firmes una de tres opciones:

>> Quieres el servicio o artículo, y quieres que la factura se envíe a Medicare. Si Medicare no lo cubre, aceptas pagar el costo pero mantienes el derecho a apelar la decisión (como se describe en el Capítulo 16).

>> Quieres el servicio o artículo pero no quieres que la factura se envíe a Medicare. Aceptas pagar el costo total y no puedes apelar.

>> No quieres el servicio o artículo. No pagarás por ello y no puedes apelar para ver si Medicare lo cubriría.

**ADVERTENCIA**

Los defensores del consumidor suelen recomendar elegir la primera opción. Esta opción te permite mantener tu derecho a apelar. Medicare podría aún cubrir el servicio después de revisar tu solicitud. Sin embargo, si Medicare niega la reclamación, debes pagar la factura completa. El costo estimado del servicio debe mostrarse en el ABN para ayudarte a decidir.

Si seleccionas la opción uno, el proveedor puede pedirte que pagues por adelantado y quedarse con el dinero si Medicare niega la reclamación (ten en cuenta que las reclamaciones de la Parte B difieren de las de la Parte A. Para los servicios de la Parte A, no se te puede pedir que pagues mientras tu reclamación está bajo revisión, como se explica en la sección "Cuáles son tus derechos en un centro de enfermería especializado"). Si Medicare cubre el servicio, ya sea inicialmente o en apelación, el proveedor debe reembolsarte el dinero, menos cualquier copago o deducible, dentro de los 30 días.

**ADVERTENCIA**

La opción uno también es recomendable si tienes un seguro secundario (como beneficios del empleador) que cubre servicios que Medicare no cubre. Podrías necesitar una prueba de la negativa de Medicare para activar esta cobertura. Sin embargo, si tu seguro secundario es una póliza Medigap (consulta el Capítulo 4), ten en cuenta que no cubrirá los costos de un servicio de la Parte B que Medicare no cubra.

## Información sobre los servicios de ambulancia

**ADVERTENCIA**

Cuando llamas a una ambulancia, podrías recibir un Aviso de beneficiario avanzado (ABN). Simplemente marcar el 911 no garantiza la cobertura de Medicare. Medicare tiene condiciones estrictas para cubrir los servicios de ambulancia. Generalmente, Medicare cubre los servicios de ambulancia si te llevan al centro más cercano que pueda brindarte la atención que necesitas, y se cumple al menos una de las siguientes condiciones:

>> Estás experimentando una emergencia médica, como estar inconsciente, en shock, sangrando, con dolor severo, o necesitas atención especializada durante el viaje.

>> El transporte por cualquier otro medio pondría en peligro tu salud. En situaciones no urgentes, un médico debe proporcionar una orden escrita que indique que una ambulancia es médicamente necesaria.

>> Necesitas atención urgente y transporte rápido que no puede ser proporcionado por tierra, como en una ubicación remota o tráfico pesado, lo que requiere transporte en ambulancia aérea o helicóptero.

Medicare define una *ambulancia* como un vehículo equipado con una camilla y equipo para salvar vidas, atendido por personas capacitadas en primeros auxilios. Las camionetas para sillas de ruedas no cumplen con esta definición y no están cubiertas.

Si cumples con las condiciones de cobertura, Medicare pagará el servicio de ambulancia bajo la Parte B, y serás responsable del 20% del costo, a menos que Medigap u otro seguro complementario cubra tu parte.

Si el personal de la ambulancia cree que no cumples con las condiciones, te proporcionarán un ABN en donde explican tus opciones. El servicio de ambulancia puede pedirte que pagues la factura por adelantado, con un reembolso emitido si Medicare decide cubrir el servicio.

**CONSEJO**

Para más detalles, consulta "Cobertura de Medicare para servicios de ambulancia" en www.medicare.gov/Pubs/pdf/11021-Medicare-Coverage-of-Ambulance-Services.pdf.

# Determinar si puedes conocer el costo de un servicio por adelantado

Es razonable querer saber cuáles serán tus costos de bolsillo para un tratamiento o procedimiento, especialmente para aquellos costosos como una cirugía mayor. Sin embargo, obtener una respuesta anticipada puede ser un desafío.

**RECUERDA**

Esta dificultad no es exclusiva de Medicare; se aplica a todos los tipos de seguros. Los cargos pueden variar enormemente, a veces por miles de dólares, entre hospitales o médicos para el mismo tratamiento. La Parte B de Medicare añade otra capa de incertidumbre. Cubre el 80% del monto "aprobado por Medicare", dejándote con el 20%. Pero, ¿20% de qué? Esto no está claro porque los pagos de Medicare dependen de los costos médicos locales, que varían geográficamente. Medicare ofrece una herramienta de *Búsqueda de precios de procedimientos* en www.medicare.gov/procedure-price-lookup/, pero solo muestra promedios nacionales para procedimientos ambulatorios bajo la Parte B.

**RECUERDA**

Entonces, ¿qué puedes hacer? Tu mejor opción es preguntar a tu cirujano o especialista si Medicare cubre el procedimiento y cuáles serán tus costos. O, también, puedes comunicarte con la oficina de facturación del hospital. Ten en cuenta que es posible que no obtengas una cotización exacta, ya que pueden ocurrir eventos imprevistos durante la cirugía. Además, recuerda que otros especialistas, como los anestesistas, facturarán por separado del cirujano.

## Maximiza tus oportunidades de cobertura

**RECUERDA**

A veces, Medicare cubre un servicio en general, pero no lo cubrirá en tu caso particular. ¡No, eso no es porque Medicare haga una diferencia contigo! Es porque la cobertura de Medicare siempre tiene ciertas condiciones. Si estás inscrito en un plan de Medicare Advantage, esas condiciones están detalladas en tus documentos de evidencia de cobertura (consulta el Capítulo 13 para obtener más información sobre estos documentos). Pero Medicare Original no proporciona esos documentos. Por lo tanto, entender y cumplir con estas condiciones puede prevenir decepciones, frustraciones y pérdidas financieras. Aquí te mostramos cómo puedes maximizar tus oportunidades de cobertura:

» **Visitar al médico adecuado:** siempre pregunta a los nuevos médicos si participan en Medicare y aceptan *asignación* (aceptar la cantidad aprobada por Medicare como pago completo). Esto puede afectar significativamente tus costos y cobertura, como explico en más detalle en el Capítulo 13. Por ejemplo, las pruebas preventivas proporcionadas gratuitamente (como se describe en el Capítulo 2) por Medicare solo son gratis si las realiza un médico que acepta asignación.

» **Seleccionar un proveedor aprobado por Medicare:** para servicios como cuidados de enfermería especializada, rehabilitación, atención domiciliaria, diálisis o equipo médico, debes usar proveedores aprobados por Medicare. Las listas de proveedores aprobados están disponibles en el sitio web de Medicare (www.medicare.gov) o si llamas a Medicare al 800-633-4227 (TTY 877-486-2048).

» **Esperar el intervalo correcto entre servicios:** Medicare limita la frecuencia de ciertas pruebas rutinarias, especialmente las pruebas preventivas. Por ejemplo, eres elegible para una mamografía cada 12 meses y una prueba de detección cardiovascular cada cinco años (consulta el Capítulo 2 para una lista completa de pruebas cubiertas).

» **Ser específico sobre el servicio que deseas:** una mala comunicación puede llevar a cargos por servicios que Medicare no cubre. Por ejemplo, Medicare cubre una *visita de bienestar* anual gratuita, que incluye un análisis sobre tu salud y revisiones básicas como peso y presión arterial. Sin embargo, esto no es lo mismo que un *examen físico* completo. Si pides un examen físico en lugar de una visita de bienestar, Medicare no lo cubrirá y pagarás el precio completo.

» **Cumplir con otros requisitos:** algunos servicios tienen condiciones adicionales. Para la atención domiciliaria, debes estar confinado en casa y tu médico debe certificar tu necesidad. Para ciertos equipos médicos, se requiere un certificado de necesidad médica firmado por tu médico. Estas y otras condiciones se detallan más en el Capítulo 2.

# Reconocer tu derecho a segundas opiniones

Cuando enfrentas una cirugía no urgente u otros procedimientos serios, es natural preocuparse por tomar la decisión correcta. Medicare cubre las consultas con otro médico para una segunda opinión, y posiblemente una tercera.

En emergencias donde la acción rápida es crucial, esperar una segunda opinión no es aconsejable. Sin embargo, para cirugías electivas o procedimientos importantes, pero no urgentes, tienes tiempo para considerar tus opciones.

**RECUERDA**

Si estás inscrito en Medicare Original, puedes pedirle a tu médico de atención primaria que recomiende a otro especialista para una segunda opinión, o puedes elegir a otro especialista tú mismo (en el Capítulo 13 proporciono orientación sobre cómo encontrar un médico). Si la primera y la segunda opinión difieren, Medicare cubrirá una tercera opinión. En cada caso, pagas el 20% del costo aprobado por Medicare bajo la Parte B, siempre que el médico acepte la asignación (como se explica en el Capítulo 13), a menos que tengas un seguro suplementario como Medigap. Decidir qué médico realizará el procedimiento, o decidir no hacerlo, es completamente tu elección.

Si estás en un plan Medicare Advantage, tienes los mismos derechos. Sin embargo, muchos planes, especialmente los HMO, requieren que un médico de atención primaria te refiera a un segundo (o tercer) médico dentro de la red del plan. Tus copagos también serán diferentes.

# Cómo presentar una reclamación directamente a Medicare

En la mayoría de los casos, no necesitarás contactar directamente a Medicare para el pago de un servicio. Normalmente, tu médico o proveedor envía la factura a

Medicare, Medicare paga su parte y tú pagas la tuya. Si tienes un seguro secundario como Medigap o beneficios de tu empleador, la reclamación generalmente se envía automáticamente a la otra parte encargada de pagar bajo el sistema de coordinación de beneficios de Medicare (como lo analizamos en el Capítulo 8). Sin embargo, si estás inscrito en Medicare Original, hay dos situaciones en las que podrías necesitar presentar una reclamación directamente.

## Si el médico no presenta una reclamación

Esta situación es rara. Todos los médicos y proveedores de atención médica (como hospitales, laboratorios o proveedores de equipos médicos) que participan en el programa Medicare Original están legalmente obligados a presentar reclamaciones a Medicare. Sin embargo, los proveedores que optan por no participar en Medicare no pueden facturar a Medicare por tu tratamiento, ni tú tampoco, como lo expliqué con muchos detalles en el Capítulo 13. Si estás en un plan Medicare Advantage, tus médicos y proveedores deben enviar sus facturas a tu plan.

Si un proveedor no quiere o no puede facturar a Medicare, puedes presentar una reclamación tú mismo. Todas las reclamaciones, ya sea del proveedor o tuyas, deben presentarse dentro de los 12 meses desde la fecha del servicio; de lo contrario, Medicare no pagará. Revisa regularmente tus Avisos de resumen de Medicare (como se describe en el Capítulo 13) para asegurarte de que todas tus visitas, pruebas y tratamientos estén listados, y comprueba que las reclamaciones se presentaron correctamente y a tiempo. Si no es así, pídele al proveedor que presente la reclamación.

Si esto no funciona, envía una reclamación directamente a Medicare usando el formulario CMS-1490S, que incluye instrucciones sobre cómo llenarlo y dónde enviarlo. Obtén el formulario al comunicarte con la línea de ayuda de Medicare al 800-633-4227 (TTY 877-486-2048) o descárgalo en español e inglés desde www.cms.gov/Medicare/CMS-Forms/CMS-Forms/CMS-Forms-Items/CMS012949. Debes adjuntar una factura detallada por el servicio que recibiste.

## Si necesitas que Medicare rechace una reclamación

Solicitar que Medicare rechace una reclamación puede parecer inusual. Sin embargo, si tienes un seguro secundario (como beneficios de jubilación), ese plan podría necesitar una denegación oficial de Medicare (el encargado de pagar principal) antes de cubrir el servicio o tratamiento que recibiste.

Si recibes una denegación formal de Medicare después de recibir un Aviso previo al beneficiario de no cobertura (descrito en la sección "Qué sucede si recibo un aviso que dice que Medicare puede no pagar"), envía una copia de la carta de denegación a tu aseguradora secundaria. Si no, usa el formulario CMS-1490S, como se mencionó en la sección anterior. Básicamente, presentas una reclamación a Medicare y solicitas el reembolso por el servicio médico en cuestión. Cuando Medicare rechace la reclamación, puedes enviar el aviso de denegación a tu aseguradora secundaria.

# Información detallada de la Parte D

La Parte D cubre los medicamentos recetados para pacientes ambulatorios, que son los medicamentos que tomas tú mismo en lugar de aquellos administrados en un hospital o en el consultorio del médico. En esta sección abordaremos aspectos detallados del programa de medicamentos recetados de Medicare, incluso: cómo manejar las denegaciones o restricciones de tu plan de la Parte D; entender por qué los copagos varían para diferentes medicamentos; navegar las reglas para el periodo sin cobertura; obtener la vacuna contra el herpes zóster; utilizar un beneficio gratuito para ayudar a manejar los efectos de usar múltiples medicamentos regularmente.

RECUERDA

Esta información es relevante tanto si tienes un plan de medicamentos de la Parte D independiente como si tienes un plan Medicare Advantage.

## Entender cómo un plan puede restringir tu cobertura de medicamentos

Ningún plan de la Parte D cubre todos los medicamentos, como se explica en el Capítulo 2. Si tu plan no cubre algunos de tus medicamentos, puedes encontrar formas de solucionar esto. Más confusamente, en la farmacia podrían informarte que necesitas el permiso de tu plan para cubrir un medicamento que está en el *formulario* (lista de medicamentos cubiertos) del plan. ¿Qué está pasando aquí? Has encontrado la práctica de la Parte D de *restricciones*. En las siguientes secciones describo estas restricciones, cómo evitarlas, cómo solicitar una excepción con la ayuda de tu médico y cómo obtener una receta del médico adecuado.

### Qué es la autorización previa, el límite de cantidad y la terapia escalonada

Medicare permite que los planes de la Parte D utilicen la autorización previa, los límites de cantidad y la terapia escalonada, conocidos colectivamente como *herramientas de gestión de utilización*, para controlar los costos. Estas restricciones pueden ser desafiantes para los pacientes, ya que requieren pasos adicionales antes de que el plan cubra los medicamentos recetados. Aquí te explicamos cada término:

>> **Autorización previa:** esta restricción puede aplicarse si el medicamento es potente y podría plantear problemas de seguridad si se usa incorrectamente o durante demasiado tiempo. Tu médico debe demostrar la necesidad médica para levantar esta restricción. También puede aplicarse si la Parte B a veces cubre el medicamento; el plan necesita la opinión de tu médico para decidir si debe cubrirlo la Parte B o la Parte D.

>> **Límites de cantidad:** esto no significa que el plan dejará de cubrir tu medicamento después de un cierto período. En cambio, significa que tu dosis prescrita o cantidad excede lo que el plan considera normal. Por ejemplo, si tu médico prescribe una pastilla para tomar dos veces al día mientras que el estándar del plan es una vez al día, el plan no cubrirá la cantidad mayor a menos que tu médico justifique que es necesaria para un tratamiento efectivo.

>> **Terapia escalonada:** tu plan requiere que pruebes otros medicamentos similares pero de menor costo antes de considerar cubrir el más costoso recetado por tu médico. Para evitar esta restricción, tu médico debe demostrar que ya has probado alternativas de menor costo que no fueron tan efectivas para tu condición.

Cada plan decide qué medicamentos en su formulario tendrán estas restricciones, lo que significa que el mismo medicamento puede estar restringido de manera diferente en distintos planes. Esta variabilidad a veces puede ofrecer más opciones para obtener los medicamentos necesarios.

**CONSEJO**

Para evitar problemas con las restricciones de medicamentos o la falta de cobertura, considera lo siguiente

>> **Probar otro medicamento:** podrías usar un medicamento diferente en el formulario de tu plan que trate tu enfermedad igual de bien y cueste menos. Habla de esta posibilidad con tu médico (consulta el Capítulo 4 para más información sobre cómo los medicamentos genéricos y más antiguos pueden reducir tus gastos).

>> **Probar otro plan:** los planes de la Parte D varían significativamente en sus restricciones de medicamentos y cobertura. Durante la inscripción abierta (como se explica en el Capítulo 15), puedes cambiar a un plan que se adapte mejor a tus necesidades de medicamentos.

## Cómo solicitar una excepción con la ayuda de tu médico

Si no puedes cambiar a otro medicamento o plan de la Parte D, puedes pedirle a tu plan actual que cubra el medicamento que tu médico recetó solicitando una excepción. La ley de Medicare proporciona un proceso para esto, conocido como una *solicitud de determinación de cobertura*.

Tú o alguien que actúe en tu nombre puede presentar esta solicitud, pero necesitarás el apoyo de tu médico. Sin su declaración, el plan puede no considerar tu solicitud rápidamente. Así es como funciona el proceso:

» Es probable que tu médico que prescribe el medicamento esté familiarizado con la presentación de solicitudes de excepción de la Parte D y pueda hacerlo por ti. Otros profesionales de la salud calificados, como enfermeras profesionales y asistentes médicos, también pueden presentar la solicitud. Ellos pueden llamar a tu plan, llenar el formulario del plan o descargar un formulario de www.cms.gov. *Nota:* la Guía de quejas de inscritos en las Partes C y D, Determinaciones de organización/Cobertura y apelaciones se actualiza frecuentemente. La última actualización fue en agosto de 2022 y está disponible en www.cms.gov/Medicare/Appeals-and-Grievances/MedPrescriptDrugApplGriev.

» Las reglas de Medicare requieren que tu plan responda dentro de las 72 horas de recibir la declaración del médico. Si esperar tanto tiempo pone en peligro tu salud, tu médico puede solicitar una *excepción acelerada*, que requiere una respuesta dentro de 24 horas.

» Las excepciones generalmente son válidas hasta el final del año calendario. Sin embargo, para algunas restricciones de autorización previa, el plan puede requerir solicitudes más frecuentes, lo que significa que tú y tu médico podrían necesitar repetir el proceso varias veces al año.

» Si tu solicitud es denegada, puedes pedir una *reconsideración* de la decisión y, si es necesario, apelar a niveles superiores (como lo explico en el Capítulo 16). También puedes tomar estas acciones si el plan no responde dentro de los plazos requeridos.

## Obtener una receta del médico adecuado

Medicare ahora exige que los planes de la Parte D rechacen las reclamaciones de recetas de médicos y odontólogos que no se hayan inscrito formalmente en Medicare o que hayan optado por no participar en el programa. Esta regla tiene como objetivo excluir a los profesionales con licencias médicas suspendidas u otros problemas, para prevenir la prescripción ilegal.

Aunque esta regla afecta solo a un pequeño número de médicos y odontólogos, es importante estar al tanto de ella. Si te encuentras en esta situación, Medicare requiere que los farmacéuticos proporcionen un suministro provisional de tres meses del medicamento cubierto por la Parte D especificado en la receta. Este período de gracia permite que el médico que prescribe tenga tiempo para inscribirse en Medicare u optar por no participar, o te da tiempo para encontrar un nuevo prescriptor.

# Comprender el sistema de niveles de copagos

Los afiliados de la Parte D a menudo expresan frustración cuando sus copagos de medicamentos aumentan repentinamente. Por ejemplo, un lector compartió su experiencia en enero: "El mes pasado pagué $5 por mi medicamento. ¡Este mes, son $45 por el mismo medicamento genérico!" Este tipo de aumento es realmente preocupante. El momento de este cambio es importante. Los copagos pueden aumentar significativamente de diciembre a enero porque los planes tienen permitido ajustar sus cargos al inicio de cada año calendario. En este caso, el plan cambió el medicamento a un nivel de precios diferente. En las siguientes secciones proporciono más detalles sobre los niveles de precios en la Parte D.

## ¿Qué son los niveles de precios?

Con los *niveles de precios* se categorizan diferentes tipos de medicamentos en los planes de la Parte D y se asignan copagos variados para cada nivel. Esto resulta en costos diferentes para tus medicamentos:

>> **Nivel uno:** este nivel tiene el copago más bajo, cubre los medicamentos genéricos *preferidos* del plan, que son los menos costosos en su formulario.

>> **Nivel dos:** este nivel tiene un copago medio, cubre los medicamentos de marca preferidos, que no tienen equivalentes genéricos más baratos.

>> **Nivel tres:** este nivel tiene un copago más alto, cubre los medicamentos de marca *no preferidos* del plan. Son los medicamentos que el plan prefiere que no utilices, ya sea porque son caros o porque carecen de descuentos suficientes por parte del fabricante.

>> **Nivel de especialidad:** este nivel incluye medicamentos muy caros o especializados, como los medicamentos antirrechazo para trasplantes de órganos y ciertos tratamientos contra el cáncer. Medicare limita los copagos para estos medicamentos a no más del 25% del costo en planes con un deducible anual, y no más del 33% en planes sin deducible. A pesar de estos límites, los costos de bolsillo pueden seguir siendo significativos.

Algunos planes tienen más de estos niveles estándar, con seis niveles como algo común, mientras que unos pocos planes usan solo un nivel, generalmente cobran el 25% del costo para todos los medicamentos cubiertos.

**CONSEJO**

La Ley de Reducción de la Inflación del 2022 limitó el costo de un suministro de un mes de cada insulina cubierta por la Parte D a $35, sin necesidad de deducible. Para un suministro de 60 o 90 días, el costo no puede exceder los $35 por mes para cada insulina cubierta.

**RECUERDA**

Ten en cuenta que los planes de la Parte D usan los niveles de precios solo durante el período de cobertura inicial — después de que hayas cumplido con tu deducible anual (si aplica) y antes de llegar al periodo sin cobertura (si el costo de tu medicamento es tan alto), como se detalla en el Capítulo 2.

## ¿Cómo puedes averiguar los niveles de precios de tu plan?

Cada plan que ofrece medicamentos recetados Parte D tiene sus propios niveles de precios, lo que lleva a copagos diferentes para el mismo medicamento en diferentes planes (para obtener ejemplos, ve al Capítulo 10). Para averiguar los niveles de precios de tu plan y los costos asociados, puedes:

» Visitar el sitio web del plan y buscar el formulario, que enumera los medicamentos cubiertos y sus respectivos niveles de precios para el año en curso. El formulario incluye una clave que indica el copago (una cantidad fija en dólares) o el coseguro (un porcentaje del costo) para cada nivel.

» Llama al plan y pregunta por el nivel de precios y el copago de cada uno de tus medicamentos. Ten en cuenta que los niveles de los medicamentos pueden cambiar anualmente, así que si preguntas en noviembre o diciembre, también pregunta sobre los niveles y copagos vigentes en enero.

» Usa el Buscador de Planes de Medicare en su página web www.medicare.gov/find-ma-plan. Sigue las instrucciones hasta llegar a la página de detalles de tu plan seleccionado. En la sección "Drug coverage & costs" (Costos de cobertura de medicamentos), encontrarás tus medicamentos listados con sus niveles y copagos. También puedes seleccionar opciones para comprar en una farmacia tradicional estándar o preferida, o por correo, y para un suministro de uno o tres meses.

## ¿Qué pasa si cambian tu medicamento repentinamente a un nivel de precio más alto?

**RECUERDA**

Los planes de la Parte D a menudo mueven los medicamentos a niveles de precios más altos para mantener las primas bajas. Esto generalmente ocurre al inicio del año calendario cuando los planes pueden cambiar costos y beneficios. Sin embargo, si el nivel de tu medicamento cambia a mitad de año y ya lo estás tomando, tienes opciones

» Continúa pagando el copago más bajo por el resto del año. Tu plan podría mantener automáticamente el copago más bajo. Si no es así, contacta a tu plan para solicitar el copago más bajo o presenta una solicitud de determinación de cobertura como se explicó en la sección anterior "Solicitar una excepción con la ayuda de tu médico".

» Presenta una excepción de nivel de formulario. Puedes solicitar mover tu medicamento a un nivel de costo más bajo si tu medicamento de marca recetado está en un nivel más alto que otros medicamentos en el formulario de tu plan para la misma enfermedad. Esto requiere una declaración de apoyo de tu médico que indique que este medicamento es la única opción eficaz para ti. Ten en cuenta que no puedes solicitar que un medicamento en el nivel más caro se mueva a un nivel más bajo o que un medicamento de marca se coloque en un nivel bajo, todo genérico.

Si estas opciones no son viables, tu única alternativa es cambiar a otro plan de la Parte D antes de que comience el nuevo año. (Es por esto que en el Capítulo 15 hago tanto hincapié en la importancia de comparar planes durante la inscripción abierta).

## Qué es el periodo sin cobertura

El *periodo sin cobertura* (intervalo sin cobertura), es un aspecto bien conocido y a menudo desagradable del programa de la Parte D. Antes del 2011, las personas que entraban en este intervalo tenían que pagar el 100% de sus costos de medicamentos de su propio bolsillo. La Ley de Cuidado de Salud a Bajo Precio (ACA, por su sigla en inglés) del 2010 ha estado reduciendo gradualmente este intervalo, que se cerró completamente a finales del 2024. En el 2024, los beneficiarios solo pagaron el 25% de sus costos de medicamentos recetados mientras estén en el período sin cobertura. Una vez que hayas pagado $8,000 en costos de tu propio bolsillo, entras en la fase de cobertura catastrófica, donde no pagas nada por los medicamentos cubiertos por la Parte D durante el resto del año. (El periodo sin cobertura, técnicamente, es la fase 3 de la cobertura de la Parte D. Consulta el Capítulo 2 para obtener más detalles sobre todas las fases).

Aquí están los puntos clave sobre el período sin cobertura bajo la ACA:

» Todos los inscritos en la Parte D son elegibles para descuentos en medicamentos en el periodo sin cobertura, excepto aquellos que reciben Ayuda Adicional (que analizamos en el Capítulo 4), que proporciona cobertura durante todo el año sin caer en el intervalo.

» No se necesita ninguna solicitud o papeleo para estos descuentos; se deducen automáticamente en la farmacia.

» Los descuentos en medicamentos de marca proporcionados por los fabricantes cuentan para el límite de costos de tu propio bolsillo, aunque no los pagues. Sin embargo, los pagos en el periodo sin cobertura del gobierno para tus medicamentos no cuentan para este límite. Debes comprar tus medicamentos a través de tu plan de la Parte D para que cuenten.

» Los fabricantes de medicamentos deben proporcionar descuentos para los periodos sin cobertura en todos sus medicamentos de marca para que estén cubiertos bajo la Parte D. Si un fabricante no participa, sus medicamentos no estarán disponibles a través de un plan de la Parte D.

» Los descuentos también se aplican a los medicamentos que normalmente no están cubiertos por tu plan pero que son aprobados a través de un proceso de excepción (proceso que explicamos anteriormente en este capítulo).

» Si tu plan de la Parte D ofrece alguna cobertura en el intervalo, esta cobertura se aplica primero, y los descuentos se aplican al monto restante.

» Una pequeña tarifa de dispensación (alrededor de $2 a $5) se agrega al costo de tu receta en la farmacia, la cual no está incluida en los descuentos.

A partir del 2025, el periodo sin cobertura se cerrará completamente debido a la Ley de Reducción de la Inflación, que establece un límite máximo de gasto de $2,000 de tu propio bolsillo para todos los beneficiarios de Medicare Parte D. Se espera que este cambio reduzca los costos de medicamentos de tu propio bolsillo en $7,400 millones.

# Usar la Parte D para obtener la vacuna contra el herpes zóster

La mayoría de las vacunas comunes las cubre la Parte B. Esto significa que las recibes en el consultorio del médico, el médico factura a Medicare y Medicare cubre el costo total de las vacunas contra la gripe, COVID-19, neumonía y hepatitis B. Sin embargo, la vacuna contra el herpes zóster no es gratuita y solo la cubre la Parte D.

Para obtener la cobertura de Medicare para la vacuna contra el herpes zóster, debes estar inscrito en un plan de la Parte D (ya sea un plan de medicamentos independiente o un plan de salud Medicare Advantage que incluya cobertura de medicamentos). Necesitas recibir la vacuna a través de tu plan y pagar tu parte del costo.

Todos los planes de la Parte D deben cubrir la vacuna contra el herpes zóster, pero hay algunas cosas que debes tener en cuenta:

>> Asegúrate de que la farmacia esté en la red de tu plan. Si no, la vacuna costará más que el copago normal, posiblemente incluso el precio completo. Los farmacéuticos en todos los estados pueden administrar vacunas.

>> Si recibes la vacuna en el consultorio médico, asegúrate de que el médico pueda facturar directamente a tu plan de la Parte D a través de su sistema de facturación por computadora o trabajar con una farmacia de la red que pueda facturar al plan. Si no, tendrás que pagar la factura completa por adelantado y luego reclamar el reembolso a tu plan.

**RECUERDA**

En resumen: si quieres la vacuna contra el herpes zóster, llama a tu plan con anticipación para averiguar qué farmacias y médicos en tu área debes usar para recibir la vacuna con el copago regular del plan.

## Cómo aprovechar los beneficios gratuitos de la gestión de terapia de medicamentos

¿Necesitas todos esos medicamentos? Esta pregunta es crucial no solo para reducir los costos médicos, sino también para tu salud. Los medicamentos pueden tener efectos poderosos, a veces adversos, especialmente cuando interactúan múltiples fármacos. Esto puede llevar a síntomas adicionales que requieren más medicamentos. Por lo tanto, los expertos recomiendan revisiones periódicas de tus medicamentos por un médico o farmacéutico.

Si estás inscrito en un plan de la Parte D, puedes calificar para un servicio gratuito de Gestión de terapia de medicamentos (MTM, por su sigla en inglés). Vale la pena considerar este servicio beneficioso, aunque solo está disponible por invitación.

**RECUERDA**

Todos los planes de la Parte D, incluidos los planes independientes y los HMO y PPO de Medicare Advantage que proporcionan medicamentos recetados, deben ofrecer servicios de MTM. Sin embargo, te invitarán a participar solo si cumples ciertos criterios:

» Tomas un número mínimo específico de medicamentos cubiertos por la Parte D (generalmente entre dos y ocho).

» Tienes al menos dos o tres enfermedades crónicas (como diabetes, insuficiencia cardíaca, enfermedad ósea o problemas respiratorios).

» Tus costos totales de medicamentos (incluso lo que tú y tu plan pagan) superan una cantidad anual especificada ($5,330 en el 2024).

Si calificas, el servicio de MTM te conectará a ti o a tu representante designado (como un cuidador) con un farmacéutico clínico. Este farmacéutico realizará una revisión completa de todos tus medicamentos, incluidos los medicamentos sin receta, suplementos y vitaminas, al menos una vez al año. El MTM también puede ayudarte a desarrollar un plan de acción de medicamentos para mejorar tu salud.

El MTM no puede cambiar tu régimen de medicamentos; solo tu médico puede hacerlo. Sin embargo, el MTM puede contactar a tu médico para compartir recomendaciones sobre tus medicamentos. Deberías recibir una lista detallada de todos tus medicamentos. Mantén esta lista a mano para compartirla con tu médico actual o nuevo, o con el personal de la sala de emergencias, para que sepan exactamente qué estás tomando.

Capítulo **15**

# Cómo cambiar tu cobertura de Medicare y Medigap

**D**espués de elegir inicialmente tu cobertura de Medicare, cambiar de plan puede ser lo último en lo que quieras pensar. Sin embargo, es importante saber cuándo puedes cambiar de cobertura, abandonar un plan o comparar planes nuevamente al final del año.

**RECUERDA**

Puedes cambiar de cobertura durante los siguientes periodos, según tu plan actual y las razones para cambiar:

» **Del 15 de octubre al 7 de diciembre:** este es el periodo de inscripción abierta, cuando cualquier participante puede cambiar su cobertura para el año siguiente.

» **Del 1 de enero al 31 de marzo:** conocido como el *periodo de inscripción abierta de Medicare Advantage*, te permite cambiar de planes de MA o abandonar un plan de MA y regresar a Medicare Original, sin importar cuánto tiempo hayas estado en el plan.

» **Periodos de inscripción especial:** estos ocurren en cualquier momento del año, pero solo bajo circunstancias específicas, cada una con sus propios límites de tiempo.

En este capítulo se detallan estas opciones, se explica cuándo puedes abandonar un plan (o cuándo un plan puede abandonarte), y se aborda la decisión de fin de año de si quedarse con tu cobertura actual o cambiar. Además, se cubre el proceso de cambiar las pólizas suplementarias de Medigap.

# Cómo cambiar la cobertura durante el período de inscripción abierta

La mayoría de las personas cambian su cobertura para el próximo año durante dos períodos principales: el período de inscripción abierta y el período de inscripción abierta de Medicare Advantage. En las secciones a continuación se detallan los tipos de cambios de cobertura que puedes hacer durante estos tiempos. Para cambios fuera de estos períodos, consulta la sección "Aprovechar los períodos de inscripción especiales".

## El período de inscripción abierta

Algunas personas pueden preguntar: "Cumplo 65 en junio, pero la inscripción abierta no comienza hasta octubre. ¿Qué puedo hacer para recibir atención médica si no puedo inscribirme en Medicare hasta entonces?" La inscripción abierta es solo para personas ya inscritas en Medicare. Cuando eres nuevo en el programa, tienes un período de inscripción separado basado en tus circunstancias personales, como se detalla en el Capítulo 6.

La inscripción abierta es el momento principal en cada año cuando todos los inscritos pueden cambiar su cobertura de Medicare. Dura ocho semanas, desde el 15 de octubre hasta el 7 de diciembre. Durante este período, puedes:

>> Cambiar de Medicare Original a un plan de Medicare Advantage

>> Pasar de un plan Medicare Advantage a Medicare Original

>> Cambiar de un plan de medicamentos independiente de la Parte D a otro

>> Transferirte de un plan Medicare Advantage a otro

>> Cambiar de un plan Medicare Advantage sin cobertura de medicamentos a uno que la incluya, y viceversa

>> Eliminar por completo tu cobertura de medicamentos de Medicare

También puedes usar la inscripción abierta para inscribirte en la cobertura de la Parte D por primera vez si perdiste el período de inscripción inicial (los plazos y penalizaciones de la inscripción en la Parte D se discuten en el Capítulo 6).

La inscripción abierta te permite comparar los planes de la Parte D y Medicare Advantage para el próximo año. Los detalles de estos planes están disponibles en el sitio web del Buscador de Planes de Medicare a partir del 1 de octubre (las instrucciones para usar el Buscador de Planes están en los Capítulos 10 y 11). Aunque la inscripción abierta termina el 7 de diciembre, la cobertura de tu plan actual continúa hasta el 31 de diciembre.

Si cambias de plan durante la inscripción abierta, tu nueva cobertura comienza el 1 de enero. Inscribirse en un nuevo plan cancela automáticamente el anterior. Sin embargo, si pasas de un plan Medicare Advantage a Medicare Original o eliminas la cobertura de medicamentos de Medicare, debes informar a tu plan actual para cancelar su cobertura.

Si deseas mantener tu plan actual, no necesitas hacer nada. Tu inscripción continuará el próximo año. Sin embargo, ten en cuenta que la cobertura y los costos de tu plan pueden cambiar anualmente, como se explica en la sección "Leer tu aviso anual de cambio para entender las modificaciones del plan".

# El período de inscripción abierta de Medicare Advantage

Años anteriores, había un período de seis semanas del 1 de enero al 14 de febrero que permitía darse de baja de Medicare Advantage y regresar a Medicare Original. Esto ha sido reemplazado por un período de inscripción abierta más largo del 1 de enero al 31 de marzo. Durante este tiempo, las personas inscritas en planes de

Medicare Advantage (MA) pueden cambiar o abandonar su plan. Los puntos clave incluyen:

›› Puedes darte de baja de cualquier plan MA y regresar a Medicare Original, sin importar cuánto tiempo hayas estado inscrito. También puedes cambiar de plan del MA, incluso si elegiste uno nuevo durante el período de inscripción abierta de otoño con cobertura a partir del 1 de enero.

›› Tu nueva cobertura comenzará el primer día del mes siguiente a la inscripción (por ejemplo, si haces el cambio en enero, será efectivo el 1 de febrero).

›› Si dejas un plan del MA por Medicare Original, también puedes inscribirte en un plan de medicamentos de la Parte D durante este período. Retrasar la inscripción en la Parte D puede resultar en una penalización por inscripción tardía.

›› Puedes comprar una póliza de Medigap durante este período, pero las garantías y protecciones federales solo se aplican si este período coincide con un marco de tiempo en el que tienes esos derechos o si la ley estatal proporciona protección adicional (consulta los Capítulos 4 y 10 para más información sobre estas garantías).

# Cómo aprovechar los períodos de inscripción especial

A veces, las personas necesitan cambiar sus planes de Medicare Advantage o de medicamentos de la Parte D fuera del período de inscripción abierta anual. Para atender estas necesidades, Medicare ofrece *períodos de inscripción especial* (SEP, por su sigla en inglés) bajo ciertas condiciones. Puedes usar los SEP en cualquier momento del año, pero a menudo tienen límites de tiempo específicos. Si no cambias de plan dentro del plazo dado, debes esperar hasta el próximo período de inscripción abierta, lo que puede dejarte sin cobertura durante meses y sujeto a penalizaciones por tardanza.

A continuación, describo varias situaciones donde puedes obtener un SEP para cambiar de plan. También ofrezco orientación sobre cómo asegurar que tus registros y recetas se transfieran de manera segura al cambiar de plan. Ten en cuenta que los SEP para ciertas circunstancias se cubren en otros capítulos. Consulta el capítulo correspondiente si te encuentras en alguna de las siguientes situaciones:

›› Recibes Ayuda Adicional (ver el Capítulo 4)

>> Te inscribes en la Parte B tarde porque retrasaste la inscripción hasta que tú o tu cónyuge dejaron de trabajar (ver el Capítulo 6)

>> Te inscribes en la Parte D después de regresar de vivir en el extranjero o de estar en prisión (ver el Capítulo 6)

# Reconocer cuándo usar los SEP para cambiar los planes

Los períodos de inscripción especial (SEP) cubren varias situaciones que te permiten cambiar los planes de Medicare Advantage o de la Parte D. Algunos SEP también afectan la cobertura de Medicare Original y las pólizas complementarias de Medigap. El término *plan* se refiere tanto a los planes de medicamentos independientes de la Parte D como a los planes de Medicare Advantage, a menos que se especifique lo contrario.

**RECUERDA**

Para usar un SEP, generalmente no necesitas realizar ninguna acción especial. Simplemente inscríbete en el nuevo plan de tu elección. El nuevo plan confirmará tu elegibilidad para un SEP. Sin embargo, si crees que tu plan actual violó su contrato o te engañó para inscribirte, debes solicitar un SEP. En esos casos, llama a Medicare al 800-633-4227 (TTY 877-486-2048 para personas con problemas de audición), explica tu situación y solicita aplicar para un SEP para cambiar de plan. Medicare investigará y determinará si calificas.

**CONSEJO**

Puede haber SEP adicionales que no se cubren en las siguientes secciones. Para una lista completa, consulta la publicación de Medicare "Understanding Medicare Advantage Prescription Drug Plan Enrollment Periods" (Cómo entender los períodos de inscripción en el plan de medicamentos recetados de Medicare Advantage) disponible en https://www.medicare.gov/publications/11219-Understanding-Medicare-Advantage-Medicare-Drug-Plan-Enrollment-Periods.pdf.

## Te mudaste permanentemente fuera del área de servicio de tu plan

El período de tiempo para tu SEP para cambiar de plan depende de cuándo notificas a tu plan actual sobre tu mudanza (si es que lo haces):

>> Si notificas a tu plan con anticipación tu SEP comienza el mes anterior a tu mudanza y termina dos meses después del mes de tu mudanza.

>> Si notificas a tu plan después de tu mudanza, tu SEP comienza en la fecha en que notificas al plan y dura dos meses.

>> Si no notificas a tu plan de la mudanza, tu plan te dará de baja después de seis meses. Luego obtienes un SEP que dura dos meses.

En todos los casos, después de cambiar a otro plan, puedes elegir cuándo comenzará tu nueva cobertura: ya sea el primer día del mes después de inscribirte en el nuevo plan o hasta tres meses después.

RECUERDA

Incluso si la compañía que patrocina tu antiguo plan ofrece el mismo u otros planes en tu nueva área, tienes el derecho de cambiar a uno diferente si hay nuevos planes disponibles para ti. Sin embargo, si estás en un plan de medicamentos independiente de la Parte D, este cubre todo tu estado. Si te mudas dentro del mismo estado, tu cobertura continuará y no tendrás derecho a cambiar de plan hasta el próximo período de inscripción abierta.

RECUERDA

Si te mudas fuera del área de servicio de tu plan de Medicare Advantage, tienes el derecho de regresar a la cobertura de Medicare Original en lugar de inscribirte en otro plan. En este caso, también tienes el derecho de comprar una póliza de Medigap con todas las garantías y protecciones federales (si tienes 65 años o más), como se explica en los Capítulos 4 y 10.

## Mudarse a una residencia geriátrica o centro de cuidados a largo plazo

Tienes el derecho de cambiar tu plan de salud cuando ingresas o sales de una residencia geriátrica o un centro de cuidado a largo plazo. Esto se aplica tanto si es un centro de enfermería especializado para cuidados a corto plazo después de una estadía en el hospital, como si es un hogar residencial para cuidados a largo plazo. Tus necesidades de medicamentos recetados pueden cambiar significativamente durante estos tiempos, y necesitas un plan que incluya la farmacia a largo plazo utilizada por la instalación, como se analiza en el Capítulo 13.

RECUERDA

Este derecho a cambiar de plan está disponible si te encuentras en cualquier instalación institucional certificada por Medicare o Medicaid. Estas incluyen residencias geriátricas, centros de enfermería especializados, hospitales o unidades de rehabilitación, hospitales de cuidado a largo plazo, hospitales o unidades psiquiátricas, e instalaciones de cuidado intermedio para personas con discapacidades mentales.

Durante tu estadía en cualquiera de estas instalaciones y hasta dos meses después de que te vayas, puedes:

>> Cambiar de tu actual plan Medicare Advantage a otro

>> Cambiar de tu actual plan de medicamentos Parte D independiente a otro

>> Pasar de un plan Medicare Advantage a Medicare Original e inscribirte en un plan de medicamentos de la Parte D independiente

>> Cambiar de Medicare Original a un plan Medicare Advantage

>> Inscribirte por primera vez en un plan de medicamentos de la Parte D o en un plan Medicare Advantage que ofrezca cobertura de medicamentos recetados

Para cambiar de plan, no necesitas solicitar un período de inscripción especial (SEP) ni darte de baja de tu plan actual. Simplemente inscríbete en el nuevo plan y explica tu situación.

## Estás en un plan de Medicare Advantage y quieres cambiar a Medicare Original

Este SEP está disponible si cumples con las dos condiciones descritas a continuación:

>> Te uniste a este plan durante tu período de inscripción inicial cuando te volviste elegible para Medicare a los 65 años.

>> Este es tu primer año en el mismo plan.

Si estas condiciones se aplican, puedes cambiar a Medicare Original (y a un plan de medicamentos independiente si es necesario) dentro de los 12 meses desde que comenzó tu cobertura en este plan. Este período de 12 meses es un período de prueba para "probar" un plan del MA. También tienes el derecho garantizado de comprar un seguro suplementario Medigap, pero debes solicitarlo a más tardar 63 días después de que termine tu cobertura del plan del MA.

## Dejaste una póliza Medigap para inscribirte en un plan Medicare Advantage por primera vez

Este período de inscripción especial te otorga un derecho garantizado único para comprar otra póliza suplementaria Medigap y volver a Medicare Original si se cumplen las siguientes condiciones:

>> Has estado inscrito en el plan de Medicare Advantage (MA) por menos de un año.

>> El plan de MA es el primer plan de salud de Medicare en el que te has inscrito (no eres elegible para este SEP si anteriormente estuviste inscrito en un plan de salud de Medicare, incluso si en ese momento se llamaba Medicare+ Choice).

Si se aplican estas condiciones, tienes derecho a reinstaurar tu póliza Medigap anterior (o, si ya no está disponible, una póliza similar de otro asegurador) en cualquier momento durante tu período de prueba de 12 meses en el plan MA. Puedes usar este SEP para darte de baja del plan MA y volver a inscribirte en Medicare

Original. Además, puedes inscribirte en un plan de medicamentos independiente, con esta cobertura desde el primer día del mes después de inscribirte. Puedes solicitar la póliza Medigap hasta 60 días antes, y no más tarde de 63 días después de que termine tu cobertura del plan MA.

## Quieres cambiar a un plan de cinco estrellas de alta calidad

Si un plan de Medicare Advantage o un plan de medicamentos de la Parte D en tu área ha obtenido la calificación de cinco estrellas de Medicare, puedes cambiarte a ese plan en cualquier momento del año, excepto del 1 al 7 de diciembre. Tu cobertura actual será cancelada y tu nueva cobertura comenzará el primer día del mes después de que te inscribas en el plan de cinco estrellas. Para verificar si algún plan en tu área ha recibido cinco estrellas, utiliza el Buscador de Planes (como se explica en los Capítulos 10 y 11) en línea de Medicare o llama a la línea de ayuda de Medicare al 800-633-4227 (TTY 877-486-2048).

## Tu plan retira el servicio de tu área, no renueva su contrato con Medicare o cierra

En cada caso, se otorga un período de inscripción especial, aunque el tiempo permitido para cambiar de plan depende de la situación. Medicare, tu plan o ambos te enviarán una carta explicando las circunstancias. La carta detallará cuánto tiempo continuará tu cobertura, enumerará los planes disponibles en tu área y especificará cuándo puedes cambiarte a otro plan.

## Pierdes la cobertura de medicamentos de un empleador o sindicato, COBRA, o beneficios de jubilación

Este SEP te permite inscribirte en un plan de Medicare Advantage o en un plan de medicamentos de la Parte D dentro de los dos meses posteriores a la pérdida o abandono de la cobertura de medicamentos *acreditada* (equivalente o mejor que la de Medicare) proporcionada por un empleador o sindicato actual o anterior (para obtener más detalles sobre la cobertura acreditada consulta el Capítulo 6).

## Pierdes la elegibilidad para Medicaid o el Programa de Ahorros de Medicare

Este SEP te otorga tres meses para cambiar tus planes de Medicare Advantage o de medicamentos de la Parte D. El período comienza desde la fecha en que pierdes la elegibilidad o la fecha en que te notifican la pérdida de beneficios de Medicaid o MSP, lo que ocurra más tarde. Durante el tiempo que seas elegible para estos programas, puedes cambiar a un plan diferente una vez durante cada uno de los tres primeros trimestres del año (estos programas de asistencia se explican en el Capítulo 4).

## Un plan incumple su contrato contigo

Este SEP te permite darte de baja de tu plan si ha incumplido su contrato, por ejemplo, al no proporcionar los beneficios prometidos a tiempo o al no cumplir con los estándares de calidad de Medicare. Debes solicitar este SEP a Medicare. Si Medicare confirma una violación, el SEP comienza cuando te notifican. Puedes entonces darte de baja e inscribirte en otro plan o cambiarte a Medicare Original (si estás en un plan Medicare Advantage). El SEP dura 90 días después de la baja. Tu nueva cobertura comienza el primer día del mes después de que te inscribas.

## Te engañaron para unirte a un plan de Medicare Advantage

Este SEP te permite cambiar de un plan al que te uniste basado en información incorrecta, engañosa o incompleta. Debes solicitar este SEP a Medicare, e investigarán tu caso. Si Medicare encuentra que tu reclamo es válido, puedes unirte a otro plan de MA o cambiarte a Medicare Original y unirte a un plan de medicamentos independiente de la Parte D. Además, tienes el derecho garantizado de comprar una póliza suplementaria Medigap dentro de los 63 días posteriores al final de la cobertura de tu plan.

## Un empleado federal cometió un error al procesar tu inscripción o darte de baja en un plan

Este SEP te permite unirte o cambiar de un plan de medicamentos de la Parte D después de un error. Comienza el mes en que Medicare aprueba el SEP y dura dos meses adicionales.

## Cómo garantizar que tus registros y recetas se transfieran

**RECUERDA**

Cuando usas un SEP para cambiar de plan durante el año, el registro de tu uso de medicamentos recetados de la Parte D y pagos realizados hasta la fecha deben transferirse automáticamente de su plan anterior al nuevo. Esta transferencia es crucial ya que incluye:

>> El costo total de los medicamentos que has usado desde el comienzo del año, lo que determina tu nivel de cobertura.

» Tus gastos totales de bolsillo desde el comienzo del año, que cuentan para el límite que termina el período sin cobertura (si aplica; consulta el Capítulo 2 para más información sobre el periodo sin cobertura).

» Cuánto del deducible has pagado (si el plan tiene un deducible).

Presta especial atención a cómo se transfiere el deducible. Depende de si los planes anteriores y nuevos tienen deducibles y de los costos de los medicamentos que has usado desde el comienzo del año:

» **Si su plan antiguo tenía un deducible y lo cumpliste, no necesitarás pagar un deducible este año bajo tu nuevo plan.** Por ejemplo, si el Plan X tenía un deducible de $400 y tus costos totales de medicamentos hasta ahora este año han sido de $460, por lo que has cumplido con el deducible y comenzaste con la cobertura. Cuando te unes al Plan Y con un deducible de $400, recibes cobertura de inmediato.

» **Si tu plan antiguo no tenía deducible pero el nuevo sí, debes cumplir con el nuevo deducible antes de recibir cobertura.** Por ejemplo, si el Plan X no tenía deducible y has recibido medicamentos por el valor de $250, pero el Plan Y tiene un deducible de $290, debes pagar la diferencia de $40 ($290 – $250) antes de que comience la cobertura.

» **Si tu plan antiguo tenía un deducible que no has cumplido, lo que pagas este año depende del deducible del nuevo plan.** Por ejemplo, si el Plan X tenía un deducible de $310 y sus costos de medicamentos eran $100, pero el Plan Y tiene un deducible de $200, debes pagar la diferencia de $100 ($200 – $100). Si el Plan Y no tiene deducible, la cobertura comienza de inmediato.

En todas estas situaciones, los "costos totales de medicamentos" incluyen tanto lo que has pagado como lo que tu plan ha pagado por tus medicamentos.

RECUERDA

Medicare requiere que el plan antiguo transfiera tu registro de pagos al nuevo plan dentro de los siete días posteriores a que termine tu cobertura. Para asegurar la precisión, compara la primera declaración de Explicación de beneficios (EOB, por su sigla en inglés) de tu nuevo plan con la última EOB de tu plan antiguo. Si la información no se ha transferido correctamente, comunícate con el plan o con Medicare y presenta una queja como se explica en el Capítulo 16.

Si cambias a un nuevo plan, pero aún tienes recetas de recarga no dispensadas, estas pueden ser transferidas dependiendo del tipo de farmacia:

» **Servicio de pedido por correo:** las recargas no utilizadas solo pueden transferirse si tu farmacia actual de pedido por correo sirve a ambos planes. Llama a tu servicio al cliente para confirmar.

>> **Farmacias tradicionales:** puedes usar la misma receta si la farmacia está en la red de ambos planes, el antiguo y el nuevo.

# Cómo abandonar un plan (o que te den de baja)

Normalmente, puedes dejar voluntariamente un plan de Medicare Advantage o un plan de medicamentos de la Parte D solo durante los periodos de inscripción abierta o los periodos especiales de inscripción mencionados anteriormente. Esto suele ocurrir cuando cambias de un tipo de cobertura a otro. Sin embargo, hay casos en los que podrías necesitar dejar un plan sin unirte a otro. Además, hay situaciones en las que tu plan puede darte de baja. En las siguientes secciones se exploran ambos escenarios.

## Dejar un plan por tu cuenta

Puedes calificar para un período de inscripción especial para darte de baja de un plan de Medicare Advantage o de un plan de medicamentos de la Parte D sin unirte a otro en las siguientes circunstancias:

>> **Recibes beneficios de salud de un nuevo trabajo:** como lo explico en el Capítulo 7, puedes optar por no recibir la cobertura de la Parte B después de haberte inscrito si tu situación cambia o comienzas a recibir cobertura de salud a través de tu nuevo trabajo o el de tu cónyuge. También puedes eliminar tu cobertura de medicamentos de la Parte D en estas circunstancias. Esto es lo que debes hacer:

- **Averigua si tu nueva cobertura de medicamentos es acreditable.** Si no lo es, debes preguntar si mantener tu plan actual de medicamentos del a Parte D puede descalificarte del plan de salud del empleador.

- **Llama o escribe a tu plan actual, explícales tu situación y solicita la baja.** Necesitas coordinar la fecha en que finaliza tu cobertura de la Parte D con la fecha en que comienza tu nueva cobertura.

>> **Te vuelves elegible para la cobertura de medicamentos de TRICARE o VA.** Puedes usar un SEP para dejar tu plan actual si comienzas a calificar para los beneficios militares o de veteranos a través de los programas TRICARE o Asuntos de Veteranos. Los detalles sobre estos beneficios se proporcionan en el Capítulo 8.

>> **Te mudaste al extranjero.** Mudarse fuera de Estados Unidos significa que estás fuera del área de servicio de tu plan y no puedes obtener cobertura de medicamentos de la Parte D en el extranjero. Llama a tu plan para darte de baja. Si regresas a EE.UU., puedes solicitar un SEP de dos meses para inscribirte en un plan de la Parte D, como se explica en el Capítulo 6.

>> **Decides dejar tu plan.** No obtienes un período de inscripción especial para este propósito. Si estas en un plan de Medicare Advantage o un plan de la Parte D, necesitas esperar hasta el período de inscripción abierta (con la opción si estás en un plan de MA, de usar el periodo de inscripción abierta de MA entre enero y marzo). Sin embargo, si obtienes un SEP por otras razones (por ejemplo, mudarte fuera del área de servicio), no estás obligado a unirte a otro plan. De manera similar, no tienes que reinscribirte al final del año si solicitas la baja. Si dejas de pagar las primas, tu plan te dará de baja, como se explica en la siguiente sección.

ADVERTENCIA

Si dejas un plan con cobertura de medicamentos y no te inscribes en otro, Medicare puede enviarte una advertencia sobre posibles multas por inscripción tardía si te vuelves a inscribir más tarde. Más allá de las multas, considera las consecuencias de estar sin cobertura de medicamentos incluso por unos pocos meses. Consulta el Capítulo 6 para obtener más información sobre este tema.

# Te dieron de baja del plan

Un plan *debe* darte la baja en las siguientes situaciones:

>> **Te mudaste permanentemente fuera del área de servicio del plan.** Si no le cuentas al plan que te mudaste, eventualmente se enterará por Medicare o por la devolución del correo postal. El plan intentará confirmar que tu mudanza es permanente, pero si no puede contactarte dentro de seis meses o no recibe respuesta, debe proceder a darte de baja. (Sin embargo, si confirma que la mudanza es temporal, tu cobertura continuará).

>> **Si estás en la cárcel.** Al perder la cobertura de Medicare cuando estás en la cárcel, el plan debe darte de baja después de confirmar tu encarcelamiento a través de registros públicos. Sin embargo al ser liberado, tienes un SEP de dos meses para volver a inscribirte en un plan nuevamente.

>> **Pérdida de elegibilidad para Medicare:** este escenario es poco común, pero puede suceder en las siguientes circunstancias:

● Si tu elegibilidad para Medicare está basada en discapacidad, pero tu enfermedad mejora y tu pago por discapacidad termina, tu cobertura de Medicare eventualmente también terminará (consulta el Capítulo 5 para obtener más detalles sobre la elegibilidad basada en la discapacidad).

- Si pagas primas por la Parte A (como se explica en el Capítulo 5), también debes estar inscrito en la Parte B. No pagar estas primas, o notificar al Seguro Social que ya no desea esta cobertura, terminará con tu elegibilidad para Medicare, incluso de la Parte D.

>> **Has dado información falsa sobre otra cobertura que tienes:** si el plan recibe pruebas de que intencionalmente ocultaste o falsificaste información sobre otra cobertura que tienes de medicamentos de un empleador, en otras palabras, estás reclamando dos coberturas simultáneamente de forma inapropiada, el plan debe darte de baja con el permiso de Medicare. Tu cobertura se detiene el primer día del mes después de que te notifiquen que serás dado de baja del plan.

>> **Debes pagar un recargo por ingresos altos para la Parte D y no lo pagas a Medicare.** Pero el plan no puede darte la baja hasta que Medicare le pida que lo haga.

>> **Fallecimiento:** por supuesto que, a estas alturas, no debes preocuparte por Medicare. Pero aquí te comparto algo de información útil para el beneficio de los miembros de la familia: ellos pueden informar a tu plan Medicare Advantage o de medicamentos de la Parte D, pero no te darán de baja hasta que reciban una notificación oficial de fallecimiento de la Administración del Seguro Social por medio de Medicare. La baja sucede el último día del mes después del fallecimiento. El plan debe reembolsar cualquier prima que se pagó después de esa fecha.

Un plan *puede* darte de baja a su discreción en estas situaciones:

>> **No pagas las primas cuando se debe:** debido a que las bajas por falta de pago o por pago tardío de las primas varía según la política de cada plan, esta posibilidad la cubro en más detalle en el Capítulo 13.

>> **Comportamiento disruptivo:** Medicare no explica el significado de esta frase, pero la describe como un comportamiento que perjudica sustancialmente la capacidad del plan para proporcionar servicios a cualquiera de sus miembros. El plan no puede darte la baja sin intentar resolver este problema, primero debe intentar resolverlo, documentar el comportamiento, enviarle la documentación completa a Medicare y obtener la aprobación de Medicare para dar la baja. Según las circunstancias, tienes derecho a apelar la decisión, y Medicare puede otorgarte un SEP para cambiar de plan sin perder cobertura.

>> **Si permites que otra persona use tu tarjeta del plan para obtener servicios o medicamentos con receta, o proporcionaste información fraudulenta en tu formulario de inscripción.** El plan puede terminar tu cobertura el primer día del mes después de notificarte que serás dado de baja. El plan debe informar a Medicare, que investigará la acusación de fraude.

# Decidir si quedarse o cambiar a otro plan para el próximo año

Noviembre es un mes ocupado en Estados Unidos, lleno de preparativos para las festividades como el Día de Acción de Gracias. En medio de este ajetreo, surge otra tarea importante: decidir si quedarse con su plan actual de Medicare Advantage o Parte D de medicamentos, o cambiar a uno nuevo para el próximo año.

La inscripción abierta se lleva a cabo del 15 de octubre al 7 de diciembre, un período durante el cual puedes cambiar tu cobertura de Medicare. Muchas personas pasan por alto esta oportunidad. Sin embargo, es crucial revisar los cambios en los costos y beneficios de tu plan para el próximo año y compararlos con otros planes disponibles. El plan que te conviene este año podría no ser la mejor opción el próximo año.

Si decides no cambiar de plan, no necesitas hacer nada; serás automáticamente reinscrito en tu plan actual. Sin embargo, es beneficioso tomar una decisión informada después de considerar todas las alternativas. A continuación, explico cómo puedes cambiar tu plan de Medicare Advantage o Parte D de medicamentos, cómo te informarán de estos cambios, la importancia de comparar planes y los factores clave a considerar si decides cambiar.

## Entender tu aviso anual de cambios

Muchos beneficiarios de Medicare expresan frustración en enero al decir algo como: "Pagué $16 al mes por mi medicamento el mes pasado, y ahora mi plan me está cobrando $75. ¿Por qué?" Esto se debe a que la mayoría de los planes cambian anualmente, por lo que los costos y beneficios el 31 de diciembre pueden diferir significativamente el 1 de enero. Aquí hay algunos cambios potenciales:

>> El plan puede no estar disponible el próximo año. A veces los planes se retiran de ciertas áreas, no renuevan contratos con Medicare o cierran.

>> La compañía de seguros puede no ofrecer el mismo plan el próximo año.

>> El plan puede alterar su diseño de beneficios.

>> El plan puede ajustar las primas, deducibles y copagos, o reasignar medicamentos a diferentes niveles.

>> El plan puede actualizar su *formulario* (la lista de medicamentos que cubre) al agregar o eliminar medicamentos.

>> El plan puede cambiar las restricciones sobre algunos medicamentos, como autorizaciones previas, límites de cantidad o terapia escalonada, como lo explico en el Capítulo 14.

¿Cómo saber si alguno de estos cambios te afectará? En el caso de la primera posibilidad, que tu plan no existirá el próximo año, el plan o Medicare te notificarán con anticipación. En ese caso, necesitarás inscribirte en otro plan para mantener la cobertura. Para otros cambios, el plan debe enviarte un *Aviso anual de cambios* (ANOC, por su sigla en inglés). Este es, sin dudas, el correo más importante que recibirás de tu plan cada año, y debes leerlo cuidadosamente (consulta la sección destacada a continuación para conocer la experiencia de alguien que no lo leyó y de otra persona que se alegró de haberlo hecho).

CONSEJO

El ANOC debe llegarte antes del 30 de septiembre, permitiéndote comparar los detalles de tu plan con otros planes en el sitio web del Buscador de Planes de Medicare a partir del 1 de octubre. Si no has recibido tu ANOC para la primera semana de octubre, comunícate con tu plan (consulta los Capítulos 10 y 11 para obtener detalles sobre cómo usar el Buscador de Planes).

## Comparar planes (¡Sí, otra vez!)

RECUERDA

Puedo escuchar las quejas. ¡No, otra vez no! Puedes elegir si deseas comparar los planes de Medicare Advantage o los planes de medicamentos de la Parte D cada año. Sin embargo, los defensores del consumidor y yo estamos de acuerdo en que vale la pena el esfuerzo. Aquí está el porqué:

>> Tu plan puede cambiar sus costos y beneficios, y otros planes también lo harán. Un plan que no elegiste el año pasado podría ofrecer un mejor trato el próximo año, como una prima reducida, sin deducible, copagos más bajos, menos restricciones de medicamentos o (en los planes de MA) costos más bajos de servicios médicos o más beneficios cubiertos.

>> Tu enfermedad puede haber cambiado durante el año pasado, por lo tanto ahora necesitas diferentes medicamentos o tratamientos. Esto, también, altera cuál plan ofrece el mejor trato.

>> Si no tomas ningún medicamento y elegiste el plan de la Parte D con la prima más baja (como se explica en el Capítulo 10), otro plan podría tener la prima más baja el próximo año.

>> Comparar planes puede confirmar que tu plan actual sigue siendo el mejor para ti.

CONSEJO

Otra razón para comparar planes anualmente es que usar el Buscador de Planes de Medicare en línea se vuelve más fácil con la práctica. Una vez que te familiarices con el proceso, solo necesitarás unos pocos minutos para decidir si tu plan actual sigue siendo el mejor o si otro es mejor.

¿Convencido? Si es así, dirígete al Capítulo 10 para una guía paso a paso sobre cómo comparar planes de medicamentos de la Parte D en línea, al Capítulo 11 para comparar planes de Medicare Advantage en línea, o al Capítulo 12 para otras maneras de obtener la misma información.

# Considera factores adicionales para tomar tu decisión

Si estás leyendo esta sección, probablemente ya has comparado las ofertas de planes para el próximo año y estás pensando en cambiar tu plan actual. Los Capítulos 10 y 11 ofrecen varios consejos para tomar una decisión final entre una lista corta de opciones, que también son relevantes aquí. Sin embargo, al decidir si cambiar de plan en lugar de elegir uno por primera vez, debes tener en cuenta los puntos descritos en las siguientes secciones.

## Continuar con las excepciones de tu plan actual

¿Tu plan actual te otorgó una excepción al cubrir un medicamento que no está en su formulario o al renunciar a una restricción en alguno de tus medicamentos porque tu médico lo consideró necesario para tu salud? Si es así, necesitas determinar si estas excepciones continuarán el próximo año. Algunos planes permiten esto, mientras que otros pueden requerir que vuelvas a solicitar las excepciones en el nuevo año. Los materiales informativos del plan deberían aclarar esta política. Si no es así, contacta con el plan y solicita los detalles por escrito.

Si tu plan permite que las excepciones continúen, puede ahorrarte molestias y ser un factor importante para decidir quedarte con el plan el próximo año. Si no, puedes considerar cambiarte a otro plan. Sin embargo, al evaluar otros planes, revisa sus restricciones. Estas pueden aplicarse a los mismos medicamentos o a otros que necesites.

## Cambiar a un plan de Medicare Advantage

Si estás considerando cambiar de Medicare Original (y posiblemente un plan de medicamentos de la Parte D) a un plan Medicare Advantage, necesitas comparar sus costos médicos, beneficios y cobertura de medicamentos (consulta el Capítulo 11).

¿Qué pasa si tienes una póliza de seguro suplementario Medigap? Cuando dejas el seguro Medigap para unirte por primera vez a un plan Medicare Advantage, tus primeros 12 meses en el plan cuentan como un período de prueba. Durante este período, tienes derecho a un período de inscripción especial para cambiar de nuevo a Medicare Original y comprar una póliza Medigap de la misma compañía en los mismos términos que tenías antes. Después de este período, aún puedes comprar una nueva póliza, pero no vendrá con las mismas garantías y protecciones federales que explico en el Capítulo 4, y probablemente costará más que tu póliza anterior.

Por ejemplo, Erica cumplió 65 años en el 2020, se inscribió en Medicare Original y compró una póliza Medigap. En el 2022, se unió a un plan Medicare Advantage y dejó su seguro Medigap. Después de varios meses, decidió que este cambio fue un error. Como había estado en el plan por menos de un año y era el único plan de Medicare Advantage en el que se había inscrito, pudo regresar a Medicare Original de inmediato y recuperar su póliza Medigap anterior.

# Cambiar a otra póliza de Medigap

Medigap es un seguro suplementario privado que puedes comparar para cubrir muchos de tus gastos de bolsillo en Medicare Original. Este tipo de seguro tiene varios aspectos a considerar, que se discuten en diferentes capítulos de este libro. En el Capítulo, 4 explico los conceptos básicos de Medigap. En el Capítulo 9, destaco las diferencias entre Medigap y Medicare Advantage. En el Capítulo 10, detallo cómo elegir una póliza y los mejores momentos para comprarla. En este capítulo, asumo que ya tienes una póliza de Medigap, pero dudas si puedes o deberías cambiar a otra. Te explicaré el proceso, las posibles consecuencias y una protección clave para el consumidor para evitar errores costosos.

Los defensores del consumidor por lo general aconsejan a las personas que están a punto de comprar Medigap por primera vez que elijan la mejor póliza que puedan pagar, para evitar las complicaciones que puede implicar pasar a una póliza mejor más adelante. Aun así, a medida que pasan los años, es posible que tengas buenas razones para querer cambiar, por ejemplo, las siguientes:

>> Estás pagando por beneficios que no necesitas.

>> Ahora necesitas una póliza con más beneficios.

>> No estás satisfecho con tu compañía de seguros actual.

>> Crees que otra póliza o compañía puede ser más rentable.

RECUERDA

En esta sección, explico el funcionamiento de cambiar de una póliza de Medigap a otra, las posibles consecuencias de hacerlo y una protección al consumidor que vale la pena considerar. Pero primero, quiero abordar algunos conceptos erróneos que a veces llevan a las personas a creer que perderán la cobertura de Medigap si no toman alguna acción cada año. Para aclarar:

>> **A diferencia de los planes de medicamentos y salud de Medicare, Medigap no tiene períodos de inscripción abierta anuales.** El período de seis meses después de inscribirte en la Parte B, a menudo llamado "inscripción abierta de Medigap," cuando puedes comparar Medigap con todas las protecciones federales, es una oportunidad única para comprar una póliza sin el riesgo de ser rechazado.

>> **Una vez que compras una póliza de Medigap, tienes el derecho garantizado de renovarla cada año.** Por supuesto, siempre y cuando hayas dicho la verdad en tu solicitud y continúes pagando las primas.

>> **Tu seguro de Medigap es válido en todo el país con cualquier médico o proveedor que acepte Medicare.** No necesitas una nueva póliza si te mudas, excepto si tienes una póliza Medicare SELECT, que te limita a proveedores locales. Si te mudas fuera del área de servicio, puedes comprar otra póliza de Medigap en tu nueva ubicación.

## Cuáles son las consecuencias de cambiar las pólizas de Medigap

La ley federal no garantiza un derecho absoluto para cambiar de una póliza de Medigap a otra. Cuando compraste Medigap por primera vez, probablemente tenías todas las protecciones federales, pero estas no se aplican completamente al cambiar de póliza (como lo explico en el Capítulo 10). Sin embargo, cambiar tu póliza no es imposible. La facilidad de cambiar depende de tu ubicación, ya que algunos estados tienen requisitos más amigables para los consumidores que la ley federal u otros estados. También depende de si puedes persuadir a tu aseguradora actual u otra aseguradora de Medigap para que te venda una póliza diferente.

**RECUERDA**

Antes de comenzar el proceso, comprende lo siguiente bajo la ley federal:

>> Las aseguradoras **no pueden** excluir enfermedades preexistentes de tu nueva cobertura ni imponer períodos de espera si tu póliza actual ha estado vigente por seis meses o más.

>> Las aseguradoras **pueden** negar temporalmente la cobertura de beneficios en la nueva póliza que no están incluidos en la actual, pero solo por hasta seis meses después de que la nueva póliza entre en vigor.

>> Las aseguradoras **pueden** requerir que pagues primas más altas basadas en tu edad y estado de salud actuales.

>> Las aseguradoras **pueden** negarse a venderte una nueva póliza.

Pero algunos estados ofrecen más protecciones al proporcionar períodos más frecuentes en los que puedes cambiar de plan sin que tu estado de salud actual o enfermedades preexistentes se tomen en cuenta. Por ejemplo, California y Oregón te permiten cambiar tu póliza de Medigap actual por otra con los mismos beneficios o menos, o cambiar a otro asegurador, durante una ventana de 30 días después de tu cumpleaños cada año. En Maine, puedes cambiar a una póliza con los mismos beneficios o menos en cualquier momento del año. En Missouri, tienes un período de 60 días alrededor del aniversario de cuando compraste tu póliza de Medigap para comprar la misma póliza de otro asegurador. Para conocer las reglas de Medigap en tu propio estado, llama a tu departamento de seguros estatal o visita su sitio web (puedes encontrar la información de contacto en www.naic.org/state_web_map.htm.)

## Analiza un cambio de cobertura de Medigap

Puedes usar el sitio web de Medicare (ver el Capítulo 4) para comparar beneficios en diferentes pólizas de Medigap y encontrar información de contacto para aseguradoras locales. Sigue estos pasos:

1. **Decide cuál póliza estandarizada disponible (A, B, D, G, K, L, M o N) se adapta mejor a tus necesidades.**

2. **Llama a tu compañía de seguros actual para informarles que quieres cambiar de póliza.**

   Es posible que necesites llenar una solicitud y responder preguntas relacionadas con tu salud.

3. **Si tu aseguradora actual te rechaza o prefieres otra compañía, haz una lista de otras aseguradoras locales que vendan pólizas de Medigap.**

4. **Determina el sistema de calificación que usa cada aseguradora.**

   Si tu póliza actual tiene una *calificación por edad alcanzada* (las primas aumentan con la edad), busca aseguradoras que usen calificación comunitaria o por edad de emisión, que tienden a costar menos con el tiempo (ver el Capítulo 10).

5. **Contacta a las aseguradoras para verificar si te venderán la póliza deseada y pide una cotización de la prima.**

6. **Evalúa los pros y los contras de cambiar a una nueva póliza versus mantener la actual.**

# Ejercita tu derecho a un periodo de prueba de 30 días

**CONSEJO**

Cuando solicitas una nueva póliza de Medigap, debes aceptar cancelar la antigua. Sin embargo, la ley federal permite retrasar esta cancelación durante los primeros 30 días después de que comience tu nueva póliza. Este periodo de *prueba gratuita* actúa como una fase de prueba, ofreciendo protección al consumidor. Te permite asegurarte de que estás satisfecho con la nueva póliza. Si cambias de opinión, puedes cancelar la nueva póliza y mantener la antigua. Ten en cuenta que debes pagar las primas de ambas pólizas durante este mes.

# Capítulo **16**

# Cuáles son tus derechos

En algún momento, podrías enfrentar un problema con tu cobertura de Medicare. Nota que digo *podrías*, no *lo harás*. Si sucede, recuerda que tienes el derecho de desafiar decisiones con las que no estés de acuerdo, ya sea de Medicare, el Seguro Social, un plan de Medicare Advantage, o un plan de medicamentos de la Parte D. También puedes presentar una queja sobre la atención que recibes. Hay varias maneras de resolver problemas, que van desde solicitudes simples hasta apelaciones completas. En este capítulo te ayudo a entender estos procedimientos y sugiero formas de buscar ayuda profesional gratuita para realizar apelaciones. Pero primero, abordemos un derecho fundamental: tu derecho a tener información precisa.

## Entender tu derecho a recopilar información precisa

Una de las principales razones por las que escribí este libro es abordar la frecuente desinformación que las personas reciben sobre Medicare. A menudo, esta información incorrecta proviene de familiares, amigos, médicos, agentes de seguros y administradores de beneficios de los empleadores, que no son fuentes confiables sobre las complejidades de Medicare. Pero, a veces, la información errónea proviene de los propios funcionarios del Seguro Social y Medicare, cuyo trabajo es ayudar a los beneficiarios a comprender la ley y navegar por su laberinto de regulaciones. Escucho sobre algún nuevo incidente casi todas las semanas, y seguro, que eso es solo el comienzo de un problema mayor.

Muchos funcionarios se esfuerzan por ser útiles y a menudo proporcionan información confiable. Además, no puedo culparlos por no poder tener presente todas las reglas y regulaciones, son muchísimas. Sin embargo, sí los critico cuando, confiados en su conocimiento, no verifican las reglas. Aquí es donde entra en juego el manual del POMS (Sistema de Manual de Operaciones del Programa), que sirve como guía integral del Seguro Social. Los funcionarios de Medicare también tienen una gran cantidad de referencias en su sistema de manuales, que cubren regulaciones sobre cada aspecto de la cobertura, los pagos, la coordinación de beneficios y mucho más. Por eso, en este libro, a veces cito referencias específicas a instrucciones oficiales o regulaciones, especialmente las más recientes, para que puedas usarlas para respaldar tu caso si un funcionario parece no estar al tanto. En las siguientes secciones proporciono estrategias para ayudarte a obtener información precisa.

# ¿A quién puedes llamar?

Medicare es administrado por dos agencias federales: la Administración del Seguro Social (SSA, por su sigla en inglés) y los Centros de Servicios de Medicare y Medicaid (CMS, por su sigla en inglés). Saber a qué agencia contactar puede simplificar la resolución de tus preguntas sobre Medicare. En las siguientes secciones comparto información para que sepas con qué agencia comunicarte si tienes problemas relacionados con Medicare.

## Administración del Seguro Social

Para obtener información y asistencia, comunícate con la SSA al 800-772-1213 (TTY 800-325-0778) o visita su sitio web en www.ssa.gov. Ellos pueden ayudarte con:

>> Elegibilidad para Medicare

>> Inscripción y cancelación de Medicare

>> Solicitud de cobertura de medicamentos a bajo costo a través del programa Ayuda Adicional

>> Pago de primas para personas con ingresos más altos y solicitud de exenciones

>> Pago de penalizaciones por inscripción tardía en la Parte B

>> Reporte de un cambio de dirección o una muerte

>> Preguntas sobre beneficios de jubilación y sobreviviente del Seguro Social, beneficios por discapacidad (SSDI) y Seguridad de Ingreso Suplementario (SSI)

## Centros de Servicios de Medicare y Medicaid

Para obtener información sobre los servicios y la cobertura de Medicare, comunícate con CMS a través de la línea de ayuda de Medicare (800-633-4227 o TTY 877-486-2048) o visita su sitio web en (http://www.medicare.gov/) Puedes obtener ayuda con

>> Cobertura de Medicare para servicios y suministros médicos

>> Elegir un plan de Medicare Advantage o un plan de medicamentos de la Parte D

>> Seleccionar un seguro suplementario de Medicare (Medigap)

>> Consultas sobre facturación y pagos

>> Obtener una tarjeta de reemplazo de Medicare

>> Encontrar médicos que acepten pacientes de Medicare en tu área

>> Localizar un proveedor de equipos médicos aprobado por Medicare en tu área

>> Comparar la calidad de hospitales, residencias geriátricas y agencias de salud a domicilio en tu área

>> Apelar una decisión de pago o cobertura

>> Reportar fraude

# Buscar una segunda opinión

Los representantes capacitados atienden las líneas de atención al cliente para el Seguro Social y Medicare, pero es posible que no puedan responder todas tus preguntas. Si no saben la respuesta, deberían consultar a un supervisor, pero esto no siempre sucede. A veces, pueden dar una respuesta incorrecta con confianza.

**RECUERDA**

Si dudas de una respuesta, la solución más simple es colgar y llamar de nuevo. Podrías obtener un representante diferente y posiblemente una respuesta diferente. En ese caso, pide hablar con un supervisor y solicita que busque la regulación específica relacionada con tu pregunta. Siempre anota la fecha y hora de tu llamada, el nombre del representante y la cita de la regulación (si te la proporcionan).

Otra forma de verificar la información es contactar a tu Programa Estatal de Ayuda para Seguros de Salud (SHIP, por su sigla en inglés). El SHIP tiene consejeros capacitados que pueden responder preguntas sobre Medicare sin costo alguno. Puedes encontrar la información de contacto de cada SHIP en el Anexo A.

# Solicitar una investigación

En ciertas situaciones, podrías evitar el proceso de apelaciones formales (que analizaremos más adelante en este capítulo). Si crees que ha ocurrido un error, puedes solicitar una investigación para resolver el problema de manera rápida. En esta sección describo varios métodos para abordar esas circunstancias.

## Solicitar una compensación equitativa

El concepto *compensación equitativa* es poco conocido que permite al Seguro Social investigar casos y revertir decisiones si se determina que fueron causadas por un error de un empleado federal, la entrega de información errónea o la falta de información correcta. Esto puede ayudar a los beneficiarios, en especial si

>> Perdieron el plazo para inscribirse en la Parte B

>> Incurrieron en penalizaciones por inscripción tardía en la Parte B

La frase *empleados federales* incluye a cualquier funcionario del Seguro Social o Medicare, o a cualquier persona que actúe en su nombre, como representantes de servicio al cliente o empleados de un plan de la Parte D o Medicare Advantage.

Según las directrices oficiales (POMS HI 00805.170, "Condiciones para la compensación equitativa"), puedes calificar para la compensación si otra persona te informó mal (como tu empleador o compañía de seguros) y a su vez, a esta persona un empleado federal le dio información errónea. Si el Seguro Social encuentra evidencia de que recibiste información errónea, puede revertir su decisión, permitiendo la inscripción inmediata en la Parte B o la reinstauración y exonerando cualquier penalización por tardanza.

**ADVERTENCIA**

Sin embargo, la evidencia debe ser convincente. El Seguro Social requiere el nombre del funcionario que te informó mal, además del lugar y la fecha de la conversación, para poder considerar una investigación. Mantener notas detalladas de las interacciones con funcionarios federales es crucial. La compensación equitativa rara vez se concede, y algunos solo la han obtenido con la intervención del Congreso. No obstante, otros han tenido éxito de manera independiente, por lo que vale la pena intentarlo.

Para solicitar una compensación equitativa, escribe una carta detallada a tu oficina local del Seguro Social. Puedes llamar al número principal de la SSA, 800-772-1213, o al número TTY, 800-325-0778, para obtener la dirección. El Centro de Derechos de Medicare proporciona orientación y una carta modelo en www.medicarerights. org/PartB-Enrollment-Toolkit/Equitable-Relief.pdf, o puedes llamar al 800-333-4114 para obtener una copia.

# Contactar a un defensor

Un *defensor* es una persona designada para investigar y resolver quejas en situaciones específicas. Para Medicare, hay dos tipos de defensores que son particularmente útiles:

>> **Defensor de beneficiarios de Medicare:** en esta oficina se reciben e investigan quejas, se ayuda a resolverlas y se recomiendan cambios en las políticas si identifica alguna tendencia. No puedes contactar directamente a esta oficina. Pero, puedes solicitar que las quejas se envíen a ellos mediante la línea de ayuda de Medicare al 800-633-4227 (TTY 877-486-2048) o a través de tu Programa Estatal de Ayuda para Seguros de Salud (consulta el Anexo A para obtener información de contacto de SHIP).

>> **Defensor del cuidado a largo plazo:** estos defensores abogan por los adultos mayores que viven en las residencias geriátricas y otros centros de cuidados a largo plazo (LTC, por su sigla en inglés), atienden sus preocupaciones y resuelven problemas. Cada estado, el Distrito de Columbia, Puerto Rico y Guam tienen defensores del LTC. Para obtener información de contacto, visita theconsumervoice.org/get_help o llama a tu Agencia local de asuntos sobre la vejez (consulta las páginas estatales de tu guía telefónica local).

# Ponerse en contacto por temas relacionados con la calidad del servicio

Si experimentas un problema con la calidad del servicio médico de Medicare, ya sea de un médico, hospital u otro proveedor de atención médica, tienes el derecho de contactar a tu Organización para la mejora de la calidad del cuidado centrado en el beneficiario y la familia (BFCC-QIO, por su sigla en inglés) y presentar una queja. La BFCC-QIO es un panel de revisión independiente compuesto por médicos y expertos en atención médica capacitados para monitorear la atención que reciben los beneficiarios de Medicare. También toma decisiones en casos donde se termina la cobertura, como si crees que en un hospital te dieron el alta demasiado pronto, como se explica en el Capítulo 14. Medicare ha contratado BFCC-QIOs en cada estado, el Distrito de Columbia, Puerto Rico y las Islas Vírgenes de EE.UU. Para encontrar la dirección y el número de teléfono de tu BFCC-QIO, llama a la línea de ayuda de Medicare al 800-633-4227 o TTY 877-486-2048, o visita qioprogram.org/locate-your-bfcc-qio.

# Comunícate con tu plan

Si estás inscrito en un plan Medicare Advantage o en un plan de medicamentos recetados de la Parte D, la forma más simple y rápida de resolver una consulta suele ser llamar al número de servicio al cliente del plan que aparece en tu tarjeta de membresía.

Ten en cuenta que tu plan puede categorizar tu queja como una consulta, una queja formal o una determinación de cobertura, según la naturaleza de tu queja:

>> **Cuestiones de política general:** si tu queja es sobre una de las políticas del plan en términos generales, el plan puede tratarla como una consulta y responder con una explicación simple de la política.

>> **Impacto personal:** si tu queja se refiere a cómo una política te afecta personalmente, el plan debe tratarla como una queja formal o, si involucra cobertura o pago, como una determinación de cobertura. En estos casos, el plan está obligado a tomar medidas apropiadas.

# Cómo presentar una reclamación

Una *reclamación* abarca varias quejas que puedes tener contra tu plan de Medicare Advantage o de medicamentos de la Parte D, excluyendo aquellas relacionadas con la cobertura o el pago. Se refiere a cualquier aspecto del servicio o la calidad de la atención de un plan que requiera acción por parte del plan. Las situaciones que justifican una reclamación incluyen:

>> **Mal servicio al cliente:** los representantes lo dejan en espera por largos períodos, desconectan su llamada, no responden satisfactoriamente a sus preguntas, proporcionan información incorrecta o inadecuada, o se comportan de manera grosera.

>> **Información engañosa:** seleccionas un plan basado en información que resulta ser falsa después de la inscripción.

>> **Falta de notificaciones:** el plan no envía los avisos legalmente requeridos, como el Aviso anual de cambio (consulta el Capítulo 15), o los mensajes son difíciles de entender.

>> **Problemas con la farmacia:** una farmacia de la red dispensa el medicamento incorrecto o comete otros errores.

>> **Mala calidad de la atención:** dificultad para conseguir citas o largos tiempos de espera. Problemas con la atención de médicos, enfermeras, hospitales u otros proveedores, incluso comportamiento grosero y pobre limpieza de las instalaciones.

>> **Respuestas o decisiones retrasadas:** el plan no responde a su solicitud de determinación de cobertura o apelación dentro del plazo requerido.

Para presentar una reclamación, puedes llamar o escribir a tu plan. Revisa los materiales informativos que tu plan te envió cuando te inscribiste. En estos documentos se incluye la información de contacto adecuada para presentar una reclamación, así como las instrucciones de cómo proceder. También puedes encontrar esta información en el sitio web del plan.

Debes presentar la reclamación dentro de los 60 días posteriores al incidente. Puedes solicitar una extensión por una razón válida, como enfermedad o una crisis familiar. Envía una explicación por escrito, incluso si ya pasó el plazo de los 60 días. El plan debe responder dentro de los 30 días posteriores a la recepción de tu reclamación, o hasta 14 días adicionales si se necesita más tiempo para investigar.

**RECUERDA**

Si el plan determina que no se requiere ninguna acción, no puedes apelar más, excepto en cuestiones de calidad de la atención, que pueden presentarse ante una BFCC-QIO como se explica en la sección "Ponerse en contacto por temas relacionados con la calidad del servicio". Si el plan decide que su reclamación debe ser una determinación de cobertura, proporcionará instrucciones sobre cómo proceder.

# Cómo realizar una apelación

Una apelación de Medicare es un proceso formal que comienza después de tomar ciertos pasos:

>> Para problemas relacionados con el programa de Medicare Original o un plan de Medicare Advantage, primero debes recibir una denegación formal de cobertura o pago.

>> Para problemas relacionados con la cobertura de medicamentos de la Parte D, ya sea a través de un plan de medicamentos independiente o un plan de Medicare Advantage, necesitas solicitar primero una determinación de cobertura. Si el plan niega tu solicitud, entonces puedes proceder con una apelación.

En esta sección explico cómo funcionan estos desencadenantes según el tipo de desafío que quieras realizar. También sugiero un plan de acción para fortalecer tu caso si decides seguir adelante con una apelación.

# Cómo obtener una denegación formal

Si estás en el programa de Medicare Original, puedes obtener una denegación de cobertura para un servicio médico o equipo de dos maneras:

» **Controla tu Aviso de resumen de Medicare (MSN, por su sigla en inglés):** este documento es la declaración que Medicare te envía cada tres meses como un registro de los servicios que has recibido durante ese tiempo (consulta el Capítulo 13 para obtener la explicación de los MSN y cómo acceder a ellos). Si ves un servicio o artículo denegado, esta denegación significa que ya se ha tomado una determinación. Para apelar esa decisión, presenta tu solicitud dentro de los 120 días según las instrucciones detalladas en el aviso.

» **Controla la primera opción de la Notificación anticipada de no cobertura al beneficiario (ABN, por su sigla en inglés):** es posible que los proveedores (médicos, hospitales, centros de enfermería especializados, proveedores de equipos médicos, etc.) te entreguen esta notificación si creen que Medicare no cubrirá el servicio o artículo que has solicitado (en el Capítulo 14 explico en más detalle los ABN). Al seleccionar la primera opción en el ABN, solicitas una determinación sobre el pago de Medicare.

En ambos casos, el contratista administrativo de tu región hace la determinación. Para impugnar una denegación, procede al Nivel 1 del proceso de apelaciones, detallado más adelante en este capítulo.

Para aquellos en un plan Medicare Advantage (lo describo en los Capítulos 9 y 11), el proceso es diferente. Estos planes envían avisos regulares de Explicación de beneficios en lugar de MSN y no emiten ABN. Deben explicar las políticas de cobertura en los documentos anuales de evidencia de cobertura.

Si crees que tu plan debería cubrir un servicio o artículo, tienes derecho a solicitarlo. El plan debe responder dentro de 14 días, o dentro de 72 horas si tu médico indica urgencia. Si el plan niega tu solicitud, el aviso sirve como una denegación de cobertura, que puedes apelar. El aviso explicará cómo proceder con la apelación.

# Cómo solicitar una determinación de cobertura

La frase una *determinación de cobertura* se refiere a problemas de cobertura o pago dentro del programa de medicamentos recetados de la Parte D. Si la decisión es desfavorable, tienes derecho a apelar (los detalles se proporcionan más adelante en este capítulo).

Ya sea que tengas un plan de medicamentos de la Parte D independiente o un plan del Medicare Advantage que incluya medicamentos y atención médica, puedes solicitar determinaciones de cobertura en dos escenarios:

» **Solicitud de cobertura de medicamentos:** puedes pedirle a tu plan que tome las siguientes medidas (consulta el Capítulo 14 para obtener más detalles), pero asegúrate de hacerlo siempre con la ayuda de tu médico:

- **Cubrir un medicamento que no está en el *formulario* (lista de medicamentos):** solicitas una *excepción* a la política del plan basándote en la necesidad de ese medicamento por razones médicas.

- **Renunciar a una restricción:** quieres que el plan elimine una restricción que colocó sobre uno o más de tus medicamentos, como la autorización previa, límites de cantidad o terapia escalonada.

- **Cubrir un medicamento excluido:** en la mayoría de los casos, los planes pueden negarse a cubrir medicamentos que Medicare no incluye en la Parte D. Pero algunas veces Medicare cubre estos si se recetan para una enfermedad especifica que Medicare (para más información consulta el Capítulo 2).

- **Cobrar menos por el copago:** si tu médico cree que un medicamento de marca no preferido en el formulario de tu plan es la única opción eficaz para ti, pide que se cubra con el cargo del nivel preferido.

» **Solicitud de pago por ciertos costos:** también puedes solicitar a tu plan determinaciones de cobertura para asuntos relacionados con tu economía y tu salud. No necesitas el apoyo de tu médico en la situaciones que te explico a continuación:

- **Crees que el plan te está cobrando un nivel más alto del que debería:** algunas veces el plan mueve un medicamento a un nivel más alto. Si esto sucede cuando ya estás tomando el medicamento, el plan debería cobrarte el copago del nivel más bajo para el resto del año calendario.

- **Quieres un reembolso por compra en una farmacia fuera de la red:** utilizaste una farmacia fuera de la red por una razón válida (como se especifica en el Capítulo 13), pero el plan no te reembolsará los cargos extras que pagaste. Envía copias de los recibos de la farmacia cuando solicites este pedido de determinación.

- **Quieres que el plan te reembolse el pago de medicamentos que ya has pagado:** esto puede suceder en varias situaciones en las que puedes tener que pagar de tu bolsillo por un tiempo, como si se retrasa la confirmación de tu inscripción o tu elegibilidad para recibir la Ayuda Adicional (como se explica en el Capítulo 4).

- **Crees que te están cobrando incorrectamente por tu fase de cobertura.** Por ejemplo, crees que te están cobrando las tarifas correspondientes al periodo sin cobertura fuera del período (en el Capítulo 2 hago una descripción detallada de las fases).

**RECUERDA**

Para problemas relacionados con el pago, puedes llamar al plan o, preferiblemente, escribir una carta o usar el formulario proporcionado. Usar el formulario asegura que incluyas toda la información requerida. Si llamas o escribes, usa la terminología correcta, por ejemplo, puedes decir: "Quiero solicitar una determinación de cobertura porque. . .". El plan debería responder dentro de las 24 horas.

# Tener un plan de acción antes de solicitar una apelación

**RECUERDA**

Si recibiste una denegación de cobertura o pago por parte de Medicare o tu plan y has decidido impugnarla, considera los siguientes pasos para simplificar el proceso de apelación:

>> **Reúne documentos de apoyo:** todos los documento que respalden tu caso, como declaraciones de tu médico o recibos de la farmacia por medicamentos que crees que deberían estar cubiertos.

>> **Documenta tu problema por escrito:** podrías resolver algunos problemas al llamar directamente a Medicare o a tu plan. Pero es mejor presentar tu queja por escrito y guardar una copia con fecha para tus registros. Asegúrate de fechar todas las comunicaciones.

>> **Guarda toda la documentación:** conserva copias de toda la correspondencia relacionada con tu apelación, incluidos recibos y números de seguimiento de cualquier cosa enviada por correo certificado. Esto crea un rastro en pruebas documentales que puedes usar como evidencia.

>> **Registra las conversaciones:** lleva un registro de las personas con las que hablas en el Seguro Social, Medicare o tu Plan. Escribe sus nombres, números de teléfono, fechas, horas y resúmenes de las conversaciones. Estos registros pueden ser evidencia valiosa que puedes utilizar más tarde.

>> **Usa la terminología correcta:** las decisiones pueden retrasarse o desviarse si no usas la misma terminología que los funcionarios o administradores del plan. En este capítulo se proporcionan los términos correctos para varias situaciones para ayudarte a comunicarte eficazmente.

>> **Cumple con los plazos:** en cada nivel de apelación, generalmente tienes 60 días para solicitar una revisión de la decisión anterior. Si crees que puedes

perder un plazo debido a una enfermedad o una crisis familiar, puedes solicitar una extensión.

>> **Persevera:** si crees que tienes razón, no te desanimes por una denegación ni te intimides por los títulos oficiales. Los jueces de derecho administrativo a menudo fallan a favor de los consumidores. Si tienes un caso razonable, podrías ganar.

>> **Busca ayuda si la necesitas:** puedes nombrar a cualquier persona para que te ayude con tu apelación. Para niveles más altos de apelación o situaciones complejas, busca ayuda de defensores experimentados, como se sugiere en la sección "Cómo obtener ayuda para realizar una apelación".

# Presentar una apelación formal

El proceso de apelación comienza cuando Medicare niega la cobertura, o cuando tu plan de Medicare Advantage o de la Parte D rechaza su solicitud de una determinación de cobertura o no responde dentro del plazo requerido. En esta sección te comparto los cinco niveles de apelación, qué esperar y dónde buscar ayuda si es necesario.

**CONSEJO**

Para obtener más detalles, consulta la publicación oficial "Apelaciones de Medicare" en www.medicare.gov/Pubs/pdf/11525-Medicare-Appeals.pdf.

## Cuáles son los cinco niveles de apelación

Tienes hasta cinco oportunidades para argumentar tu caso a través del proceso de apelaciones. Sin embargo, no necesariamente tienes que pasar por los cinco niveles. En cada nivel, tienes la posibilidad de ganar, y si no lo logras, tienes la opción de pasar al siguiente nivel.

Los niveles específicos y quién revisa tu caso dependen de si estás desafiando una decisión relacionada con Medicare Original, un plan Medicare Advantage o un plan de medicamentos de la Parte D. Como se muestra en la Tabla 16-1 a continuación, el primer nivel tiene un panel de revisión diferente para cada tipo de cobertura. En el Nivel 2, los planes Medicare Advantage y de la Parte D comparten el mismo panel. Para los Niveles 3, 4 y 5, los tres programas usan un solo tipo de revisión por nivel.

TABLA 16-1

## Los cinco niveles de apelación de una decisión de Medicare

| Nivel de apelación | Quién revisa tu caso |
|---|---|
| 1 | Medicare Original: contratista administrativo de Medicare<br><br>Medicare Advantage: tu plan de MA<br><br>Parte D: tu plan de la Parte D |
| 2 | Medicare Original: contratista independiente calificado<br><br>MA y Parte D: entidad de revisión independiente |
| 3 | Juez de derecho administrativo o adjudicador de la Oficina de Audiencias y Apelaciones de Medicare (OMHA, por su sigla en inglés) |
| 4 | Consejo de Apelaciones de Medicare ("el Consejo") |
| 5 | Tribunal de distrito federal |

*Fuente: U.S. Department of Health and Human Services/Public Domain (Departamento de Salud y Servicios Humanos de EE.UU./Dominio público)*

En las siguientes secciones se proporcionan más detalles sobre cada nivel de apelación. *Nota:* en cada caso, si recibes una denegación, también recibirás instrucciones sobre cómo proceder al siguiente nivel.

## Nivel 1: redeterminación por Medicare o tu plan

La *redeterminación* es el primer nivel de apelación, que te permite impugnar una denegación de cobertura o una determinación inicial de cobertura. Si no estás de acuerdo con la decisión, puedes pedirle al contratista de Medicare (en el caso de Medicare Original) o a tu plan (en el caso de Medicare Advantage o Parte D) que reconsidere su primera decisión. En esencia, estás dejando en claro que no aceptarás un no como respuesta.

Tu debes apelar (o cualquier persona que actúe en tu nombre) dentro de un plazo específico desde la notificación de la denegación, según el programa o plan que estés impugnando: 120 días para Medicare Original o 60 días para Medicare Advantage o Parte D. Si tienes una razón válida para el retraso, como una enfermedad, puedes solicitar una extensión, pero asegúrate de tener la documentación de respaldo para apoyar tu apelación. Si tienes documentos relevantes, como una declaración del médico que usó en la solicitud original de determinación de cobertura o una nueva evidencia que no se presentó antes, asegúrate de enviarla ahora.

**CONSEJO**

El formulario CMS-20027 ("Formulario de solicitud de redeterminación de Medicare") es útil para hacer esta solicitud de Nivel 1 en Medicare Original. Puedes descargar, completar e imprimir el formulario desde www.cms.gov/Medicare/CMS-Forms/CMS-Forms/downloads/CMS20027.pdf.

El tiempo para recibir una decisión de reconsideración varía según el programa:

>> **Medicare Original:** dentro de 60 días, con un posible retraso de 14 días si se presenta nueva información después de la solicitud original.

>> **Plan Medicare Advantage:** dentro de 30 días para solicitudes estándar, 72 horas para solicitudes urgentes que necesitan una respuesta rápida porque el retraso podría poner en peligro tu vida o salud, o 60 días si su solicitud involucra problemas de pago.

>> **Plan de la Parte D:** dentro de 7 días para solicitudes estándar (o 14 días para solicitudes de pago) o 72 horas para solicitudes urgentes.

Si no estás de acuerdo con la decisión en el Nivel 1, puedes llevar tu apelación al siguiente nivel. En Medicare Original, debes hacerlo dentro de los 180 días posteriores a la recepción de la decisión de reconsideración del contratista administrativo de Medicare. En un plan de Medicare Advantage, tu caso se remite automáticamente al segundo nivel de apelación si la decisión del Nivel 1 es desfavorable. En un plan de la Parte D, puedes solicitar una reconsideración de Nivel 2 dentro de los 60 días posteriores a la fecha de la decisión del plan.

## Nivel 2: reconsideración por un panel independiente

En el Nivel 2, un panel independiente, separado del contratista de Medicare o tu plan revisa tu reclamación. Este panel es el Contratista Independiente Calificado (QIC, por su sigla en inglés) para los servicios de Medicare Original o la Entidad de Revisión Independiente (IRE, por su sigla en inglés) para los planes del Medicare Advantage o medicamentos de la Parte D.

Al solicitar una *reconsideración*, pides al panel que reevalúe la decisión de tu apelación de Nivel 1. El panel revisa las regulaciones de Medicare, tu expediente y cualquier información adicional que proporciones. Puedes solicitar una copia de tu expediente, aunque puede haber una tarifa por copias. Si el inglés no es tu primer idioma, puedes pedir que el QIC o la IRE te envíen las cartas en el idioma que mejor entiendas.

El proceso varía según tu situación:

» Si estás apelando un servicio de Medicare Original, el QIC te enviará una respuesta por escrito dentro de los 60 días posteriores a la recepción de tu solicitud de reconsideración. Si no estás de acuerdo, tienes 60 días para solicitar una audiencia con un juez de derecho administrativo (Nivel 3). Pero si no recibes una decisión a tiempo, puedes solicitar que el QIC envíe tu caso directamente al Nivel 3.

» Si tu plan de Medicare Advantage niega tu apelación de Nivel 1, debes enviar automáticamente tu caso a la IRE. Recibirás una carta explicando la denegación. Si deseas proporcionar más información a la IRE, hazlo dentro de los 10 días posteriores a la fecha de la denegación. La IRE emitirá una decisión dentro de 30 días para solicitudes estándar (60 días para problemas de pago) o dentro de 72 horas para solicitudes aceleradas si una demora puede poner en peligro tu salud. Si no estás de acuerdo, tienes 60 días para solicitar una audiencia en el Nivel 3.

» Si tu plan niega tu apelación de Nivel 1, te enviará un aviso de denegación y un formulario para solicitar la reconsideración (Nivel 2). Si no recibes este formulario, contacta a tu plan. Envía tu solicitud de reconsideración a la IRE con la información de contacto proporcionada. El panel debe decidir dentro de 7 días (14 días para solicitudes de pago) o dentro de 72 horas para respuestas aceleradas. Si no estás de acuerdo con la decisión de la IRE, tienes 60 días para solicitar una audiencia en el Nivel 3.

## Nivel 3: audiencia con un juez de derecho administrativo

Un *juez de derecho administrativo* (ALJ, por su sigla en inglés) es un abogado autorizado a realizar audiencias sobre disputas entre una agencia gubernamental y aquellos afectados por las acciones de la agencia.

**RECUERDA**

En el nivel de ALJ, hay un nuevo requisito llamado *monto en disputa* (o *monto en controversia*). Este es un mínimo de dólares especificado que representa el costo para ti si tu apelación es denegada. En el 2024, este monto fue de $180, pero aumenta ligeramente en algunos años. Si tu costo probable es menor que este monto, no puedes apelar ante un ALJ. Sin embargo, puedes combinar múltiples reclamaciones para cumplir con el monto mínimo.

Tú o tu representante deben solicitar una audiencia con un ALJ dentro de los 60 días posteriores a recibir la denegación del Nivel 2. Usa el formulario enviado con la denegación y envíalo a la dirección proporcionada junto con cualquier documento o declaración de apoyo. Puedes solicitar un traductor o intérprete en tu propio idioma, incluso en lenguaje de señas, si es necesario.

**CONSEJO**

En este nivel de apelación, puede ser beneficioso buscar ayuda profesional de las fuentes listadas más adelante en este capítulo. Un profesional experimentado puede guiarte a través del proceso y puede actuar en tu nombre.

Puedes solicitar que el ALJ realice una audiencia basada únicamente en pruebas escritas, pero generalmente es mejor participar. Las audiencias se llevan a cabo típicamente por teléfono, videoconferencia o en persona. Un representante de la parte opuesta (Medicare o tu plan) también es probable que participe. Tú y otros testigos serán interrogados bajo juramento, pero las audiencias con el ALJ son más informales que los casos en tribunales civiles. Los jueces generalmente son comprensivos y accesibles, y a menudo fallan a favor del beneficiario.

Las decisiones de ALJ se toman típicamente dentro de 90 días, aunque algunos casos se resuelven más rápido y otros toman más tiempo. Si la decisión no es a tu favor, tienes derecho a apelar ante el Consejo de Apelaciones de Medicare dentro de los 60 días.

## Nivel 4: revisión por el Consejo de Apelaciones de Medicare

**CONSEJO**

El Consejo de Apelaciones de Medicare (MAC, por su sigla en inglés) es parte del Departamento de Salud y Servicios Humanos de EE.UU. Si deseas llevar tu caso a esta etapa, el cuarto nivel de apelación es recomendable contar con un defensor o abogado experimentado que te represente. La revisión del MAC a menudo se centra en una cuestión legal (por ejemplo, si el ALJ interpretó correctamente la ley de Medicare), una cuestiones de equidad (por ejemplo, si el ALJ consideró todas las pruebas), una cuestión de hechos (por ejemplo, si las pruebas respaldan la decisión), una cuestión de política (por ejemplo, disputas sobre la interpretación de la ley por parte de Medicare). La mayoría de las personas no están preparadas para este nivel sin un defensor que las ayude.

En este nivel de apelación, el MAC revisa los casos basándose únicamente en pruebas escritas; no se requiere una audiencia y la cantidad en disputa es irrelevante. Si el MAC niega tu solicitud o falla en tu contra, puedes solicitar una audiencia en un tribunal federal.

## Nivel 5: audiencia en el tribunal federal

**RECUERDA**

En esta etapa final de apelación, que generalmente aborda problemas legales, es crucial estar representado por un abogado con licencia (consulta la siguiente sección para obtener información sobre asistencia legal). En este nivel, el monto en disputa sigue siendo un factor, pero la cantidad mínima de la reclamación es mucho más alta que en el nivel del ALJ: $1,840 en el 2024. Para solicitar esta revisión, debes presentar una apelación dentro de los 60 días posteriores a la decisión del MAC, siguiendo las instrucciones en la carta de denegación del MAC. Luego, un juez del tribunal federal revisará tu caso. Si el caso llega a la corte, el juez determinará si la decisión del MAC (al revocar o modificar la decisión del ALJ o permitir que esta se mantenga) está respaldada por pruebas sustanciales.

# Cómo obtener ayuda para presentar una apelación

Cualquiera puede ayudarte en la presentación de una apelación: ya sea un familiar, amigo, médico, defensor del consumidor o abogado. Sin embargo, si deseas que alguien te *represente*, o sea, preparen y presenten argumentos, esa persona debe completar un formulario según las instrucciones en cualquier carta de denegación que recibas.

CONSEJO

Si no tienes un abogado de Medicare en tu red, cuentas con ayuda legal gratuita de profesionales con experiencia en apelaciones de Medicare disponible en las siguientes fuentes:

>> **El Centro de Derechos de Medicare (MRC):** este servicio nacional sin fines de lucro ofrece asesoramiento gratuito. Llama a su línea gratuita al 800-333-4114, visita http://www.medicareinteractive.org/ para un recurso en línea completo, o visita http://www.medicarerights.org/.

>> **El Centro para la Defensa de Medicare (CMA):** este grupo nacional de defensa sin fines de lucro ocasionalmente litiga demandas colectivas para los beneficiarios de Medicare. Ofrecen paquetes de autoayuda gratuitos con orientación detallada sobre ciertas apelaciones de Medicare en http://www.medicareadvocacy.org/take-action/self-help-packets-for-medicare-appeals.

>> **Defensores de la Salud de California (CHA, por su sigla en inglés):** esta organización sin fines de lucro ayuda a los beneficiarios de Medicare y Medicaid de California. Para recursos sobre cómo hacer apelaciones, visita http://www.cahealthadvocates.org/appeals.

>> **Proyecto de Defensa de Medicare (MAP, por su sigla en inglés):** programa que funciona por Greater Boston Legal Services, MAP proporciona asistencia a través de oficinas de ayuda legal en todo Massachusetts. Ayudan a los beneficiarios de Medicare de bajos ingresos a obtener los servicios a los que tienen derecho. Llama al 800-323-3205 o visita www.gbls.org/our-work/elder-health-disability/elder-health-disability-community-partnerships.

>> **Programas Estatales de Ayuda para Seguro de Salud (SHIP):** cada estado tiene un SHIP que ofrece ayuda y asesoramiento gratuitos a los beneficiarios de Medicare. Si el programa de tu estado no proporciona ayuda legal directa con apelaciones de Medicare, puedes conectarte con servicios locales que sí lo hacen. Para encontrar el número de teléfono de tu SHIP, consulta el Anexo A.

Otras fuentes para encontrar un abogado con licencia que te represente incluyen:

>> La Academia Nacional de Abogados de Derecho de Adultos Mayores (http://www.naela.org/)

>> El directorio de referencia de abogados de la Asociación Norteamericana de Abogados (http://www.americanbar.org/directories/lawyer-referral-directory.html)

>> La Corporación de Servicios Legales (http://www.lsc.gov/)

>> LawHelp de ProBono Net (www.lawhelp.org/find-help)

# 5
# Los decálogos

Aprende sobre errores comunes en el sistema de Medicare y cómo evitarlos. Evitar estos errores puede reducir significativamente los costos y mejorar tu satisfacción con el programa.

Explora estrategias para mantenerte saludable, feliz y para ser independiente después de los 65 años. Con los resultados de diferentes investigaciones se demostró que muchas enfermedades y lesiones pueden prevenirse con métodos simples y económicos.

# Capítulo **17**

# Los diez errores principales de Medicare

Navegar por Medicare puede ser un desafío para las 10,000 personas que se unen al programa diariamente. Aunque no es exactamente un campo minado, hay trampas y obstáculos que pueden ser costosas si no se evitan.

Evitar los errores comunes de Medicare puede tener un impacto significativo en tus costos y satisfacción con el programa. Muchas personas enfrentan meses sin cobertura o primas más altas de por vida simplemente porque no estaban al tanto de las reglas de inscripción.

Actualmente, ninguna agencia gubernamental, incluso Medicare o el Seguro Social, está obligada a informar a las personas sobre la inscripción en Medicare cuando se acercan a los 65 años. Como resultado, muchos cometen errores costosos debido a la falta de información. Con suerte, esto cambiará en el futuro.

**INFORMACIÓN TÉCNICA**

Se ha presentado en el Congreso una legislación con la que se exigiría el envío de un aviso a los posibles inscritos unos meses antes de su cumpleaños número 65. El aviso explicaría cuándo y cómo deben inscribirse, según su situación y proporcionaría un número de contacto para realizar consultas. Con esta legislación, conocida como BENES Act 2.0, se logró un gran avance para ayudar a las personas a evitar problemas con la inscripción y se ofrecen protecciones adicionales que las analizamos en el Capítulo 6. Si bien el Congreso aprobó la primera versión de esta ley a finales del 2020, que ayudó a reducir los largos períodos de espera para obtener la cobertura de Medicare, hasta la fecha de escribir este libro, el Congreso aún no ha aprobado la segunda iteración de la legislación.

En este capítulo ofrezco una lista concisa de los diez errores principales de Medicare para ayudarte a evitarlos.

## Creer que debes alcanzar la edad completa de jubilación antes de inscribirte

Durante muchos años, las personas se inscribían en Medicare y comenzaban a recibir beneficios de jubilación del Seguro Social simultáneamente a los 65 años. Sin embargo, esto ha cambiado.

**RECUERDA**

La edad completa de jubilación del Seguro Social ahora es 67. Para evitar penalizaciones por inscripción tardía, debes inscribirte en Medicare a los 65 años, a menos que tengas cobertura de salud de tu trabajo o del empleo actual de tu cónyuge. No necesitas esperar hasta que comiences a recibir los beneficios del Seguro Social para inscribirte en Medicare.

## Suponer que no calificas si no has trabajado suficiente tiempo

Para evitar pagar primas por los beneficios de la Parte A (principalmente estancias hospitalarias) después de unirte a Medicare, necesitas al menos 40 créditos de trabajo, lo que equivale aproximadamente a 10 años de trabajo pagando impuestos sobre la nómina. Sin embargo, no necesitas ningún crédito de trabajo para la Parte B (que cubre servicios de médicos, atención ambulatoria y equipo médico) o la Parte D (cobertura de medicamentos recetados). Puedes acceder a estos beneficios al pagar las primas mensuales requeridas si tienes 65 años o más y eres ciudadano estadounidense o residente legal que ha vivido en Estados Unidos durante al menos cinco años.

También puedes calificar para los beneficios de la Parte A mediante el historial laboral de tu cónyuge, o puedes pagar primas por ellos, como se detalla en el Capítulo 5. Si demoras en inscribirte en la Parte B hasta ganar 40 créditos, podrías enfrentar varios meses sin cobertura y sufrir penalizaciones permanentes por inscripción tardía.

# No inscribirse en la Parte B cuando corresponde

**ADVERTENCIA**

Inscribirse en la Parte B en el momento adecuado es crucial. Si pierdes la ventana apropiada, enfrentas dos consecuencias principales:

>> **Cobertura retrasada:** solo puedes inscribirte durante el período general de inscripción (GEP, por su sigla en inglés), que comienza el 1 de enero hasta el 31 de marzo de cada año. La cobertura comenzará el mes después de que te inscribas.

>> **Penalidades por retraso:** tus primas mensuales de la Parte B aumentarán un 10% por cada período completo de 12 meses que retrasaste la inscripción, y esta penalidad se aplica para todos los años futuros.

Existe una excepción si tienes cobertura de salud después de los 65 años de un empleador donde tú o tu cónyuge trabajen activamente, y el empleador tiene 20 empleados o más. En este caso, puedes retrasar la inscripción en la Parte B sin penalidad hasta que termines el trabajo, como se detalla en el Capítulo 6.

De lo contrario, debes inscribirte durante tu período inicial de inscripción de siete meses. Típicamente, el cuarto mes de este período es el mes en que cumples 65 años, como se explica en el Capítulo 6.

# Creer que no necesitas la Parte B si tienes cobertura de jubilación o COBRA

La Parte B es opcional, por lo que no estás obligado a inscribirte. Sin embargo, ten en cuenta que los beneficios de jubilación y la cobertura COBRA, aunque son proporcionados por un empleador anterior, no cuentan como empleo "activo". Por lo tanto, no te protegen de la cobertura retrasada y las penalizaciones por inscripción tardía si decides inscribirte en la Parte B más tarde:

>> **Beneficios de jubilación:** consulta con tu plan de jubilación para aprender cómo se integra con Medicare. En la mayoría de los casos, Medicare se convierte en la cobertura principal y el plan de jubilación solo paga por los servicios que Medicare no cubre. Si no te inscribes en la Parte B cuando es necesario, esencialmente no tendrás cobertura.

>> **Cobertura COBRA:** esta cobertura te permite continuar en el plan de salud de tu antiguo empleador después de que termine tu trabajo, generalmente por unos 18 meses, pagando las primas completas. Para evitar penalizaciones por inscripción tardía, inscríbete en la Parte B antes de que termine tu período de inscripción inicial a los 65 años, o, si tu trabajo terminó después de ese período, no más tarde de ocho meses después de haber dejado de trabajar.

Consulta el Capítulo 6 para obtener más información sobre este tema.

# No inscribirse en la Parte D porque no usas medicamentos recetados

¿Por qué pagar las primas de la Parte D si no necesitas medicamentos? Porque no puedes predecir el futuro. Podrías enfrentar una enfermedad o una lesión inesperada que requiera medicamentos costosos. (Algunos medicamentos para el cáncer pueden costar miles de dólares al mes).

La Parte D, como todo seguro, proporciona cobertura cuando se necesita, pero no te permite esperar hasta que la situación sea urgente. Retrasar la inscripción puede resultar en penalizaciones permanentes por inscripción tardía que se añadirán a tus primas de la Parte D, a menos que tengas una cobertura de medicamentos "acreditable" de otra fuente (como beneficios para jubilados) que Medicare considere tan buena como la Parte D.

La consecuencia más seria de no inscribirse es quedarse sin cobertura. Si no te inscribes en un plan de la Parte D cuando eres elegible por primera vez y no tienes una cobertura de medicamentos acreditable de otra fuente, debes esperar hasta el próximo período de inscripción abierta. Este período comienza el 15 de octubre hasta el 7 de diciembre de cada año, y la cobertura empieza el 1 de enero. Una solución: elige el plan con la prima más baja para obtener cobertura al menor costo.

Consulta el Capítulo 6 para más obtener más información sobre la inscripción.

# Elegir un plan de medicamentos de la Parte D por las razones equivocadas

Elegir un plan de medicamentos Parte D por las razones "equivocadas" incluye seleccionar un plan basado en su prima, porque tiene un nombre familiar, o porque tu cónyuge o mejor amigo lo eligió.

La mejor manera de elegir un plan es basándose en los medicamentos recetados específicos que tomas. Los planes de la Parte D no cubren todos los medicamentos y tienen copagos variados, incluso para el mismo medicamento. Los copagos, más que las primas, determinan tus gastos de bolsillo.

Puedes comparar la cobertura y los costos de tus medicamentos entre diferentes planes de la Parte D mediante el Buscador de Planes en el sitio web de Medicare, como se explica paso a paso en los Capítulos 10 y 11, o al buscar ayuda en las fuentes listadas en el Capítulo 12.

# Malentendidos sobre los períodos de inscripción

Podrías pensar que el "período de inscripción abierta" es el único momento para inscribirse en Medicare. Esto no es cierto. La inscripción abierta (del 15 de octubre al 7 de diciembre de cada año) es *solo* para las personas que ya están en Medicare y quieren cambiar su cobertura para el próximo año.

Si te vas a inscribir a Medicare por primera vez, tienes tu propio período de inscripción. Este podría ser un período de inscripción inicial de siete meses alrededor de tu cumpleaños número 65 o un período de inscripción especial si tienes cobertura de salud a través de tu trabajo activo o el de tu cónyuge. Otras situaciones, como calificar para Medicare debido a una discapacidad, vivir fuera de Estados Unidos o ser inmigrante legal, también tienen períodos de inscripción específicos. Estos se detallan en el Capítulo 6.

**ADVERTENCIA**

Perder tu fecha límite personal mientras esperas la inscripción abierta puede llevar a una cobertura retrasada y penalizaciones permanentes por inscripción tardía.

# Tardar mucho tiempo para comprar Medigap con protecciones completas

Medigap es un seguro complementario que puedes comprar de manera privada para cubrir algunos o la mayoría de los gastos de tu bolsillo en Medicare Original, como deducibles y copagos. Para recibir todas las protecciones federales, debes comprar Medigap en el momento adecuado y tener 65 años o más. Si compras una póliza de Medigap dentro de los seis meses de inscribirte en la Parte B, o bajo ciertas circunstancias específicas, las aseguradoras no pueden negarte cobertura ni cobrarte primas más altas basadas en tu salud actual o enfermedades preexistentes. Fuera de estos plazos, las aseguradoras pueden hacer ambas cosas, a menos que vivas en un estado con protecciones adicionales.

La ventana de seis meses después de inscribirte en la Parte B es una oportunidad única. Si te inscribes en la Parte B a los 65 años, pero continúas con el seguro de tu empleador más allá de este período de seis meses, no calificarás para las protecciones federales cuando decidas comprar una póliza de Medigap después de que tú o tu cónyuge dejen de trabajar.

Sin embargo, si te inscribiste en la Parte B antes de los 65 años debido a discapacidades, tienes otra oportunidad de obtener protecciones federales si compras una póliza de Medigap dentro de los seis meses después de tu cumpleaños número 65.

Para obtener detalles completos sobre cómo comprar Medigap, consulta los Capítulos 4 y 10.

# No leer tu aviso anual de cambio

Cada septiembre, si estás inscrito en un plan Medicare Advantage (HMO o PPO) o en un plan de medicamentos recetados de la Parte D, recibirás un documento importante llamado Aviso anual de cambio. En este aviso se detalla cualquier cambio en los costos y la cobertura de tu plan para el próximo año. Por ejemplo, el plan puede ajustar sus primas o cambiar la categoría de precios de tus medicamentos, lo que lleva a copagos más altos de los que pagas actualmente.

Leer este aviso cuidadosamente te permite comparar tu plan actual con otras opciones disponibles para el próximo año. Puedes hacer esta comparación durante el período de inscripción abierta, que comienza el 15 de octubre hasta el 7 de diciembre. Sigue las guías paso a paso en el Capítulo 10 (para planes de medicamentos de la Parte D) o en el Capítulo 11 (para planes Medicare Advantage). Si encuentras un plan que se adapta mejor a tus necesidades, puedes cambiar a ese plan para el año siguiente, como lo analizamos en el Capítulo 15.

Ignorar este aviso puede llevar a sorpresas desagradables el 1 de enero si tu plan aumenta sus cargos.

# No darte cuenta de que puedes calificar para recibir ayuda para reducir tus costos

Tener Medicare equivale a tener muchos gastos, como primas, deducibles y copagos, que pueden ser difíciles de manejar. Si tus ingresos son limitados, considera estos tres programas que pueden reducir esos costos:

>> **Medicaid:** es un programa administrado por el estado que ofrece seguro de salud casi gratuito para aquellos con ingresos muy bajos. Si eres elegible, Medicare será tu seguro principal y Medicaid será secundario y cubrirá gastos de tu bolsillo y algunos servicios que Medicare no ofrece.

>> **Programas de ahorro de Medicare:** son programas administrados por el estado que pagan las primas de la Parte B y, a veces, otros gastos para individuos con ingresos por debajo de los límites establecidos por el estado.

>> **Ayuda Adicional:** es un programa federal que ofrece cobertura de medicamentos recetados de la Parte D a bajo costo o reducida para aquellos con ingresos y ahorros por debajo de cierto nivel.

Estos programas se describen en detalle en el Capítulo 4.

CONSEJO

Para determinar tu elegibilidad, comunícate con tu programa estatal de Ayuda para Seguros de Salud (SHIP, por su sigla en inglés), que ofrece asesoramiento gratuito sobre temas de Medicare y Medicaid. Para el número de teléfono gratuito de SHIP, consulte el Anexo A.

# Capítulo **18**

# Diez maneras de mantenerse saludable después de los 65 años

**M**uchas personas ya no se sienten "viejas" a los 65 años, y muchas pueden esperar vivir otros 20 años o más. Según la Oficina del Censo de EE.UU., se estima que 101,000 estadounidenses alcanzaron los 100 años en el 2024. Esta mayor longevidad es beneficiosa si te mantienes lo suficientemente saludable para disfrutarla.

Cuidar tu salud no solo te hace sentir bien, sino que también ayuda a mantener tu independencia para que puedas vivir muchos años más con tus propias reglas y en tu propia casa. En este capítulo analizamos diez maneras de lograr estos objetivos.

## Tomar medidas para evitar caídas

Prevenir caídas es crucial para mantener la independencia y evitar tratamientos médicos costosos. Según el Consejo Nacional de Seguridad, las caídas entre los adultos mayores llevaron a 3 millones de visitas a la sala de emergencias y 36,000 muertes en el 2020. Muchas caídas pueden prevenirse fácilmente siguiendo estos sencillos pasos:

>> Usa zapatos bien ajustados y antideslizantes.

>> Recorta tus uñas de los pies regularmente o haz que te las recorten.

>> Ve al oftalmólogo con regularidad para controles y mantén tus gafas limpias.

>> Retira alfombras sueltas o asegúralas con cinta adhesiva.

>> Usa alfombrillas antideslizantes en la bañera o la ducha.

>> Mantén los alimentos envasados o enlatados y los utensilios de cocina al alcance.

>> Repara alfombras o tablas del suelo desgastadas.

>> Mantén los pasillos y escaleras bien iluminados y libres de obstáculos.

>> Pinta el escalón más bajo de un color diferente o usa cinta de colores para marcar el borde.

>> Practica ejercicios que mejoren el equilibrio y la fuerza muscular.

Considera instalar equipos de seguridad básicos en tu hogar, incluso si aún no los necesitas, tales como

>> Barras de apoyo en el baño

>> Pasamanos en escaleras o escalones que no los tengan

>> Un asiento de ducha con patas antideslizantes para que te puedas sentar seguro para ducharte con una ducha de mano

>> Nuevas luces para iluminar áreas oscuras, con interruptores en la parte superior e inferior de las escaleras

**CONSEJO**

Medicare Original no cubre estos costos (consulta el Capítulo 2), pero algunos planes de Medicare Advantage pueden incluir dispositivos de seguridad para el hogar como parte de sus beneficios complementarios. Si tienes bajos ingresos y necesitas hacer reparaciones, contacta con *Rebuilding Together*. Ellos proporcionan voluntarios para hacer reparaciones e instalar medidas de seguridad de forma gratuita. Llama al 800-473-4229 o visita rebuildingtogether.org para obtener información local. También puedes contactar con el Eldercare Locator (localizador de servicios para adultos mayores) para otros recursos locales comunícate al 800-677-1116 o visita ldercare.acl.gov/Public/Index.aspx. Para más ideas sobre cómo hacer tu hogar más seguro a medida que envejeces, consulta la Guía HomeFit de AARP en aarp.org/homefit.

# Hacer ejercicio regularmente

Hacer ejercicio regularmente ofrece numerosos beneficios. Puede ayudarte a perder peso, reducir la presión arterial alta y el colesterol, y disminuir el riesgo de diabetes, enfermedades del corazón, accidentes cerebrovasculares y problemas respiratorios. A menudo, el ejercicio puede ser más efectivo que los medicamentos recetados para estas condiciones, sin los costos o efectos secundarios asociados. Además, el ejercicio aumenta los niveles de energía, mejora el sueño, fortalece los huesos, tonifica los músculos y mejora el equilibrio, en otras palabras, reduce significativamente el riesgo de caídas (consulta la sección anterior).

**RECUERDA**

No digo que necesitas realizar entrenamientos intensos en el gimnasio todos los días, que para la mayoría de los adultos mayores es contraproducente especialmente sin la aprobación de un médico, ni invertir en costosos equipos de ejercicio para el hogar. Considera estas alternativas efectivas:

>> **Caminar:** hace más de 2,400 años, Hipócrates afirmó: "Caminar es la mejor medicina del hombre". Con los resultados de la investigación moderna se confirma esta afirmación. Comienza con distancias cortas y aumenta gradualmente a unos pocos kilómetros varias veces a la semana.

>> **Nadar:** es un ejercicio ideal, en especial para quienes tienen artritis o problemas en las articulaciones que les cuesta caminar.

>> **Realizar ejercicios delicados:** prácticas como el yoga y el *tai chi* reducen el estrés, la ansiedad y la depresión, al tiempo que aumentan el tono muscular y la energía.

>> **Realizar pasatiempos activos:** sé creativo con otras actividades: participa en actividades como bailar, andar en bicicleta, jardinería, tirar a la canasta, jugar con bolos, empezar con el tiro con arco, cualquier cosa que te mantenga en movimiento.

**CONSEJO**

Para más información sobre los beneficios del ejercicio y prácticas seguras, visita la guía del Centro para el Control y la Prevención de Enfermedades (CDC, por su sigla en inglés) en https://www.cdc.gov/physical-activity-basics/benefits.

# Dejar de fumar

El consumo de tabaco es la principal causa de enfermedades prevenibles como enfermedades del corazón, accidentes cerebrovasculares, cáncer, enfermedades pulmonares y cataratas. Contribuye aproximadamente a una quinta parte de las muertes en Estados Unidos cada año.

**RECUERDA**

Si has fumado durante 30, 40 o 50 años y ahora tienes entre 60 y 70 años, la excusa clásica para no dejarlo es "no servirá de nada después de tanto tiempo. Es demasiado tarde para mí". Pero eso no es cierto. Se ha demostrado mediante estudios que el riesgo de sufrir un ataque al corazón se reduce en un 50% en el primer año después de dejar de fumar, y en cinco años, el riesgo de cáncer comienza a acercarse al de una persona que nunca ha fumado, según el Centro de Investigación e Intervención sobre el Tabaco de la Universidad de Wisconsin. Además, la Sociedad de Cirugía Vascular afirma que en solo 48 horas después de dejar de fumar, la presión arterial y la frecuencia del pulso disminuyen, las terminaciones nerviosas de los pulmones comienzan a regenerarse, el sentido del olfato y el gusto mejoran, y los niveles de monóxido de carbono en sangre se normalizan. Con el estudio más grande hasta la fecha, realizado por el Instituto Nacional del Cáncer en el 2016, se demostró que las personas que dejaron de fumar a sus 60 años tenían un 23% menos de riesgo de muerte por todas las causas en comparación con aquellos que no dejaron el hábito. El mensaje es claro: "Nunca es demasiado tarde para dejar de fumar."

La nicotina es altamente adictiva, lo que hace que dejar de fumar sea un desafío, especialmente para los fumadores de largo plazo. Muchos no pueden depender solo de la fuerza de voluntad. Pero varios dispositivos pueden ayudar en el proceso: parches y chicles de nicotina, cigarrillos electrónicos que suministran una pequeña dosis de nicotina en vapor de agua sin los químicos tóxicos del tabaco y los medicamentos para dejar de fumar.

**CONSEJO**

El asesoramiento también es efectivo, especialmente cuando se combina con medicamentos. Medicare cubre hasta ocho sesiones de asesoramiento para dejar de fumar dentro de un período de 12 meses sin costo para aquellos que desean dejar de fumar. Comunícate con tu médico o contacta a Medicare al 800-633-4227 (TTY 877-486-2048) para más información.

# Comer de manera saludable

La ciencia médica apoya cada vez más la idea de que eres lo que comes. La comida impacta significativamente en la salud, tanto de manera positiva como negativa. Los estudios sobre longevidad en ciertas regiones donde las personas viven muchos años a menudo revelan que sus dietas son pequeñas, pero ricas en frutas, verduras, pescado, granos enteros y nueces. Esto contrasta fuertemente con la dieta de comida rápida norteamericana, que enfatiza la carne roja, las grasas saturadas, los alimentos procesados, el azúcar y las porciones exageradas.

Ser obeso ha sido reconocido durante mucho tiempo como un factor de riesgo para la muerte prematura y enfermedades graves. En el 2013, la Asociación Médica Norteamericana clasificó la obesidad como una enfermedad. Esta designación tiene como objetivo alentar a más médicos a ofrecer tratamientos, como sesiones de asesoramiento gratuitas disponibles a través de Medicare (consulta el Capítulo 2) para ayudar al tercio de los adultos estadounidenses que son obesos.

Para comer de manera saludable y perder peso, no necesitas renunciar a todos tus alimentos favoritos ni seguir una dieta de solo hojas de lechuga, que tarde o temprano acabarás abandonando. Simplemente sé consciente de tu ingesta diaria y reduce el tamaño de las porciones. Evita los alimentos altos en calorías y bajos en nutrientes como los fritos, las carnes procesadas, el pan y el arroz blancos. Además, revisa con más detalle las etiquetas de los productos, ya que algunos etiquetados como "bajos en grasa" pueden tener mucha sal o azúcar, lo que también puede causar problemas graves de salud.

**CONSEJO**

El sitio web del Instituto Nacional sobre el Envejecimiento (http://www.nia.nih.gov/health/healthy-eating-nutrition-and-diet) ofrece excelente información sobre alimentación saludable para los adultos mayores, incluso enlaces a programas de asistencia alimentaria para aquellos con ingresos limitados.

# Eliminar refrescos y azúcar extra

Los altos niveles de azúcar y jarabe de maíz con alto contenido de fructosa en los refrescos y otras bebidas azucaradas causan obesidad, diabetes, enfermedades cardíacas, caries, gota y otros problemas de salud según numerosos estudios médicos. Solo una soda de casi 600ml contiene aproximadamente 15 cucharaditas de azúcar que según el Centro para la Ciencia en el Interés Público, esta cantidad supera con creces los máximos diarios recomendados por la Asociación Norteamericana del Corazón, que son 6 cucharaditas para mujeres y 9 cucharaditas para hombres.

Reducir o eliminar por completo los refrescos de tu dieta es una forma sencilla de perder peso y mejorar la salud. Además, ten cuidado con los aderezos para ensaladas y los alimentos procesados, que a menudo contienen azúcares ocultos. En una nota positiva, el chocolate amargo con al menos 70% de cacao puede bajar la presión arterial y ayudar a prevenir enfermedades del corazón al evitar el endurecimiento de venas y arterias.

# Controla los medicamentos recetados

Más de dos tercios de los estadounidenses de 60 años o más toman al menos un medicamento recetado, y aproximadamente un tercio toma al menos cinco, según los CDC. Estos medicamentos a menudo ayudan a mantener la salud y la funcionalidad. Sin embargo, los efectos secundarios graves de los medicamentos envían a más de 1,3 millones de estadounidenses a la sala de urgencias cada año.

No todos los efectos adversos de los medicamentos son lo suficientemente dramáticos como para requerir atención de urgencia, lo que los hace más difíciles de reconocer. Por ejemplo, los medicamentos pueden afectar el equilibrio o la visión (aumentando el riesgo de caídas), perturbar el sueño y causar depresión o pérdida de memoria. Los expertos en medicamentos recomiendan que, si experimentas síntomas, los médicos deberían considerar los medicamentos que tomas como las principales causas de tales síntomas. Esto es particularmente importante porque los nuevos medicamentos rara vez se prueban en adultos mayores o en aquellos con múltiples enfermedades.

No dejes de tomar tus medicamentos, pero mantente atento a los efectos secundarios. Como analizamos en los Capítulos 4 y 14, considera que tus médicos controlen los medicamentos regularmente para determinar si aún necesitas tomar todos ellos.

# Continuar trabajando o mantenerse activo

Cada vez más estadounidenses trabajan después de los 65 años, pero aún no está claro si las personas que continúan trabajando funcionan mejor que aquellos que se retiran. En muchos estudios se indica que las personas que trabajan están mentalmente más ágiles y tienen mejor memoria. Sin embargo, no está claro si trabajar causa estos beneficios o si las personas con estas características son más propensas a seguir trabajando.

Independientemente de lo que concluya la ciencia, mantenerse activo, ya sea a través de un trabajo remunerado o al participar en actividades interesantes al jubilarse, promueve sentimientos de satisfacción, autoconfianza y alegría. Este enfoque parece ser una buena estrategia para mantener la salud también.

# Mantenerse conectado y comprometido

Una y otra vez, con los resultados de las investigaciones se ha demostrado que los adultos mayores que interactúan regularmente con otros, como familiares, amigos y miembros de la comunidad, mantienen la agilidad física y mental por más tiempo que aquellos que se aíslan. También, se comprobó que participar en coros y grupos de canto puede fortalecer el sistema inmunológico de los adultos mayores, reducir el estrés y la depresión, y mejorar el bienestar general. Se observan beneficios similares en aquellos que hacen voluntariado en la comunidad y frecuentemente interactúan con sus nietos u otros jóvenes.

Hoy en día, los adultos mayores tienen oportunidades sin precedentes para mantenerse conectados, incluso a largas distancias, y seguir comprometidos con el mundo. ¡Utiliza tu computadora, laptop, tableta o teléfono: conéctate a través de las redes sociales y explora algunas aplicaciones!

## Mantener tu cerebro en forma

Olvidar ocasionalmente tus llaves, gafas, el nombre de un vecino, o por qué entraste a una habitación es una parte normal del envejecimiento y no indica Alzheimer. Sin embargo, podrías preguntarte si hay formas de prevenir o retrasar estos problemas de memoria y otras enfermedades mentales asociadas con el envejecimiento.

**RECUERDA**

Aún no se conocen las causas exactas del Alzheimer y demencias similares, al igual que sus curas o métodos de prevención. Los ejercicios mentales como crucigramas, Sudoku y otros rompecabezas pueden ayudar a mantener la función cerebral y son divertidos. Sin embargo, actividades como hacer ejercicio, comer saludablemente, mantenerse activo y socializar, que se analizaron anteriormente en este capítulo, contribuyen significativamente más a la salud del cerebro.

**CONSEJO**

Hay innumerables formas de mantener tu cerebro activo: tomar clases en la comunidad, aprender un nuevo idioma o habilidad, seguir las noticias en línea, descargar conferencias gratuitas, investigar la historia de tu familia, u ofrecer tus habilidades como voluntario para una buena causa, entre otras.

## Abordar decisiones difíciles antes de que sean necesarias

¿Cuándo deberías dejar de conducir, mudarte con la familia, considerar vivir en una residencia de asistencia o en un centro de atención a largo plazo, elaborar un testamento vital o nombrar a alguien como tu apoderado? Estas son decisiones desafiantes para cualquiera, pero los expertos recomiendan discutirlas con tiempo con la familia o amigos cercanos. Algunos temas, como dejar de conducir en el momento adecuado o decidir dejar de vivir solo, pueden jugar un papel directo en preservar tu vida y salud. Otros, como hacer un testamento vital, pueden brindarte tranquilidad.

**RECUERDA**

Tener un plan de acción que hayas ideado cuando aún te sientas relativamente saludable facilita las decisiones futuras para ti y tus cuidadores. De esta manera, puedes estar más seguro de que tus deseos sean respetados incluso si llega un momento en que no puedes tomar decisiones más adelante. Puedes encontrar mucha información sobre estos temas en la sección de cuidado en el sitio web de AARP en aarp.org/caregiving y consulta el libro de AARP *The Other Talk: A Guide to Talking with Your Adult Children About the Rest of Your Life* (La otra charla: una guía para hablar con sus hijos adultos sobre el resto de tu vida) en aarp.org/OtherTalk. Además, el libro de Sally Hurme *Checklist for My Family: A Guide to My History, Financial Plans, and Final Wishes* (Guía para mi familia: una guía sobre mi historia, mis planes financieros y mis últimos deseos) disponible en aarp.org/formyfamily, es un recurso invaluable para compilar en un solo lugar la información esencial que tu familia necesita saber si te sucede algo.

# Índice

# Sobre la autora

**Patricia Barry,** reconocida experta en Medicare, dedicó 18 años a explorar este sistema desde la perspectiva del consumidor mientras trabajaba como editora senior del *AARP Bulletin* —periódico que representa a los 37 millones de miembros — y otros medios de AARP, hasta el 2017. Además, durante nueve años lideró la columna Pregúntale a la Sra. Medicare en el sitio web de AARP, donde respondió más de 14,000 preguntas de beneficiarios de todo el país. Esta amplia experiencia inspiró el libro *Medicare para dummies.* Patricia comenzó a trabajar con temas relacionados a Medicare en 1999, cuando asistió a una conferencia de prensa en la Casa Blanca. En ese evento, el presidente Bill Clinton presentó una propuesta para incluir un beneficio de medicamentos recetados a Medicare. Durante años, Patricia documentó las intensas disputas políticas en Washington que llevaron a que el presidente George W. Bush firmara la ley de beneficio de medicamentos de la Parte D en el 2003. Además, escribió numerosos artículos y guías para ayudar a los consumidores a entender las complejidades únicas del programa de la Parte D, esfuerzo que culminó con la publicación de Cobertura de medicamentos recetados de Medicare para dummies, *Medicare Prescription Drug Coverage For Dummies,* (Wiley) en el 2008. Cuando los primeros integrantes de la generación baby boomer cumplieron 65 años en el 2011, armando la ola de 78 millones de personas que se unirán a Medicare para el 2030, Patricia escribió "Bienvenido a Medicare" (*Medicare Starter Kit*), una guía concisa y práctica para los boomers que se publicó como un suplemento especial en el *AARP Bulletin* y en el sitio web de AARP. También escribió "Manual de usuario para la reforma de la atención médica" (*A User's Guide to Health Care Reform*) en donde explica cómo la Ley del Cuidado de Salud a Bajo Precio (Obamacare) afectaría a los consumidores. Durante su carrera periodística en Europa y Norteamérica, Patricia ha escrito miles de artículos de periódicos, de revistas y también seis libros. Nativa de Gran Bretaña, ha vivido en Maryland desde 1985, donde ella y su esposo criaron a sus tres hijos con valores multiculturales. También es beneficiaria de Medicare.

# Agradecimientos de la autora

En primer lugar, quiero agradecer a los expertos de los Centros de Servicios de Medicare y Medicaid y de la Administración del Seguro Social. Su guía a través de las complejas normativas que rigen la elegibilidad, inscripción y cobertura de Medicare resultaron fundamentales y su disposición a responder con paciencia cada pregunta ayudó significativamente a AARP. También quiero reconocer el valioso trabajo de los especialistas de las organizaciones de ayuda al consumidor como el Centro de derechos de Medicare (*Medicare Rights Center*), el Centro de defensa de Medicare (*Center for Medicare Advocacy*), los Defensores del sistema de salud de California y los Programas Estatales de Asistencia para Seguros de Salud. Estas organizaciones ayudan diariamente a los beneficiarios de Medicare en sus interacciones con el programa.

Quiero continuar con un agradecimiento especial al equipo de AARP, al actual como al anterior, por sus consejos y experiencia a lo largo de los años. En especial a Joyce Dubow, Gerry Smolka, Lee Rucker, Ed Dale, John Rother, David Gross, Mike Schuster, Andrew Scholnick, Leigh Purvis y Harriet Komisar. También, quiero agradecer a Gabrielle Redford, exeditora ejecutiva de cobertura de salud para las publicaciones de AARP y a Jodi Lipson, directora de la división de libros de AARP. Gracias a Brandy Bauer, Xavier Vaughn y Marisa Vigilante por sus valiosas contribuciones a la actualización de esta 5.ª edición.

Muchísimas gracias a Linda Brandon, la editora de desarrollo de este libro y a Christy Pingleton, correctora literaria, por su meticuloso trabajo. Ha sido un placer colaborar con la directora de proyecto Michelle Hacker y la editora de adquisiciones Tracy Boggier de John Wiley & Sons, Inc. Además, quiero agradecer al Medicare Rights Center por su crítica experta durante el proceso de elaboración de este libro.

## Agradecimientos de la editorial

**Editora de adquisiciones senior:** Tracy Boggier

**Directora de proyecto:** Kristie Pyles

**Correctora literaria:** Jerelind Charles

**Editora técnica:** Micaela Pronsky

**Editor de producción:** Magesh Elangovan

**Imagen de portada:** © FatCamera/Getty Images